ANÁLISE LINEAR DE SINAIS

Teoria, ensaios práticos e exercícios

ANÁLISE LINEAR DE SINAIS

Teoria, ensaios práticos e exercícios

José C. Geromel
Faculdade de Engenharia Elétrica
e de Computação, UNICAMP

Grace S. Deaecto
Faculdade de Engenharia Mecânica,
UNICAMP

Análise linear de sinais: teoria, ensaios práticos e exercícios
© 2019 José C. Geromel, Grace S. Deaecto
Editora Edgard Blücher Ltda.

1ª reimpressão – 2019

Blucher

Rua Pedroso Alvarenga, 1245, 4º andar
04531-934 – São Paulo – SP – Brasil
Tel.: 55 11 3078-5366
contato@blucher.com.br
www.blucher.com.br

Segundo o Novo Acordo Ortográfico, conforme 5. ed. do *Vocabulário Ortográfico da Língua Portuguesa*, Academia Brasileira de Letras, março de 2009.

É proibida a reprodução total ou parcial por quaisquer meios sem autorização escrita da editora.

Todos os direitos reservados pela Editora Edgard Blücher Ltda.

Dados Internacionais de Catalogação na Publicação (CIP)
Angélica Ilacqua CRB-8/7057

Geromel, José C.
  Análise linear de sinais : teoria, ensaios práticos e exercícios / José C. Geromel e Grace S. Deaecto. – São Paulo : Blucher, 2019.
  334 p. : il.

  Bibliografia
  ISBN 978-85-212-1415-1 (impresso)
  ISBN 978-85-212-1416-8 (e-book)

  1. Processamento de sinais 2. Sistemas lineares 3. Análise de sistemas 4. Engenharia elétrica 5. Teoria dos sinais I. Deaecto, Grace S.

18-2278   CDD 621.3823

Índice para catálogo sistemático:
1. Processamento de sinais – Engenharia elétrica

Este livro é dedicado ao professor

Yaro Burian Jr.

por suas contribuições ao ensino de
engenharia no Brasil.

Conteúdo

Prefácio & Agradecimentos   **xi**

1 Considerações Preliminares   **1**
- 1.1 Introdução 1
  - 1.1.1 A Função Zeta 2
  - 1.1.2 Modelagem de Vazão 4
  - 1.1.3 Oscilações Mecânicas 7
  - 1.1.4 Oscilações Elétricas 13
- 1.2 Requisitos Básicos 17
- 1.3 Descrição dos Capítulos e Apêndices 19
- 1.4 Notação 27
- 1.5 Notas Bibliográficas 28

2 Sinais   **29**
- 2.1 Introdução 29
- 2.2 Propriedades Básicas 33
  - 2.2.1 Sinais a Tempo Contínuo 33
  - 2.2.2 Sinais a Tempo Discreto 40
- 2.3 Sistemas 48
  - 2.3.1 Sistemas a Tempo Contínuo 50
  - 2.3.2 Sistemas a Tempo Discreto 56
- 2.4 Notas Bibliográficas 63
- 2.5 Exercícios 63

3 Análise de Sinais Periódicos   **69**
- 3.1 Introdução 69
- 3.2 Representação de Sinais 69
- 3.3 Sinais a Tempo Contínuo 73
- 3.4 Sinais a Tempo Discreto 79

viii   *CONTEÚDO*

3.5	Notas Bibliográficas	87
3.6	Exercícios	88

4 Transformada de Fourier   **93**

4.1	Introdução	93
4.2	Sinais a Tempo Contínuo	94
	4.2.1 Propriedades Básicas	104
	4.2.2 Sistemas	112
4.3	Sinais a Tempo Discreto	114
	4.3.1 Propriedades Básicas	124
	4.3.2 Sistemas	130
4.4	Análise Numérica	132
4.5	Notas Bibliográficas	136
4.6	Exercícios	137

5 Amostragem   **141**

5.1	Introdução	141
5.2	Amostragem de Sinais	142
	5.2.1 Amostragem e Reconstrução Aproximada de Sinais	153
	5.2.2 Amostragem Dual	162
5.3	Discretização de Sistemas	165
	5.3.1 Função de Transferência Pulsada	168
5.4	Notas Bibliográficas	173
5.5	Exercícios	174

6 Filtragem Determinística   **179**

6.1	Introdução	179
6.2	Filtragem a Tempo Contínuo	181
	6.2.1 O Filtro de Wiener	181
	6.2.2 Filtros Analógicos	191
6.3	Filtragem a Tempo Discreto	203
	6.3.1 O Filtro de Wiener	203
	6.3.2 Filtros Digitais	210
6.4	Notas Bibliográficas	217
6.5	Exercícios	218

7 Filtragem Estocástica   **223**

7.1	Introdução	223
7.2	Filtragem a Tempo Contínuo	224
	7.2.1 O Filtro de Wiener	226

CONTEÚDO

ix

7.3	Filtragem a Tempo Discreto	240
	7.3.1 O Filtro de Wiener	242
7.4	Determinístico versus Estocástico	253
7.5	Notas Bibliográficas	258
7.6	Exercícios	258

8 Modelagem e Ensaios Práticos   **263**

8.1	Introdução	263
8.2	Eletrocardiograma	263
8.3	Rádio AM	268
8.4	Vibrações Mecânicas	276
8.5	Notas Bibliográficas	282
8.6	Exercícios	282

A Noções Básicas de Cálculo e Simulação   **285**

A.1	Vetores e Matrizes	285
A.2	Problema de Norma Mínima	289
A.3	Funções de Variáveis Complexas	293
A.4	Simulação	296

B Probabilidade   **299**

B.1	Definições e Conceitos Básicos	299
B.2	Variável Aleatória	302
B.3	Duas Variáveis Aleatórias	309

Bibliografia   **317**

Índice   **319**

Prefácio & Agradecimentos

Com este livro conclui-se um projeto que o primeiro autor perseguiu por mais de trinta anos. O de disponibilizar, em língua portuguesa, aos nossos colegas, aos alunos e aos demais eventuais leitores, uma visão inédita sobre sinais, sistemas e controle. Temas que estão na base do aprendizado dos diversos cursos de graduação e de pós-graduação em engenharia e ciências exatas. Embora, de uma série de três, este seja o último a ter sido escrito, ele deve ser encarado como sendo o primeiro, pois alicerça os conteúdos dos demais, a saber:

- José C. Geromel e Alvaro G. B. Palhares, *Análise Linear de Sistemas Dinâmicos: Teoria, Ensaios Práticos e Exercícios*, 2ª ed., Edgard Blücher, São Paulo, 2011.

- José C. Geromel e Rubens H. Korogui, *Controle Linear de Sistemas Dinâmicos: Teoria, Ensaios Práticos e Exercícios*, 1ª ed., Edgard Blücher, São Paulo, 2011.

Ao todo, eles perfazem mais de mil páginas de material acadêmico e científico que colocam em clara evidência o objetivo comum de todos os autores de contribuir para o desenvolvimento de uma literatura técnica autóctone do nosso país. Desde o início, e esta é uma marca presente neste conjunto de livros, todos eles têm em comum o atributo *Linear*, que se mostrou essencial para circunscrever os temas tratados em um ambiente teórico unificado, com grande potencial para generalizações e aplicações práticas.

Não foi fácil escrever este livro. Achar o tom adequado para expor, mais uma vez, os diversos temas que já foram tratados de forma magistral por diversos outros autores, nos livros clássicos citados no seu conjunto de referências, constituiu um obstáculo quase intransponível. Entretanto, acreditamos tê-lo ultrapassado ao colocarmos em evidência, desde o seu início, o imenso potencial dos assuntos considerados na abordagem e resolução de problemas que enfrentamos cotidianamente. Neste sentido, o cálculo numérico foi utilizado de maneira intensa, como

PREFÁCIO & AGRADECIMENTOS

ferramenta útil e eficaz no tratamento de problemas de análise e de síntese reais, os quais, em geral, necessitam a manipulação de grande quantidade de dados.

Embora de forma diversa da usual, não poderíamos deixar de abordar os temas centrais, como por exemplo a Série e a Transformada de Fourier, o Teorema de Parseval e o Teorema da Amostragem, dentre outros. Entretanto, fomos além ao oferecermos particular atenção ao célebre *Filtro de Wiener*, atuando tanto em ambiente determinístico como estocástico. Acreditamos que, por sua importância teórica, ele merece ser ensinado para alunos de graduação, o que não se vê atualmente na literatura técnica disponível. Esperamos que este esforço seja do agrado de todos os leitores.

Fomos beneficiados com a paciência e a compreensão de muitos colegas e alunos aos quais apresentamos e discutimos partes do texto quando ele ainda estava em elaboração. As palavras de incentivo, sempre recebidas, foram essenciais para que a sua conclusão, de fato, pudesse ocorrer.

Por fim, agradecemos ao CNPq - *Conselho Nacional de Desenvolvimento Científico e Tecnológico* e à FAPESP - *Fundação de Amparo à Pesquisa do Estado de São Paulo* pelo apoio que nos tem dado ao longo dos anos. Em especial, desejamos mencionar o programa Produtividade em Pesquisa - CNPq, do qual fazemos parte, que torna possível a execução de projetos de longa duração como este.

O texto e as figuras foram editados pelos autores, em LaTeX.

Campinas, São Paulo, janeiro de 2019.

José C. Geromel
Grace S. Deaecto

Capítulo 1

Considerações Preliminares

1.1 Introdução

Começa uma aventura!

Na verdade é uma aventura que continua, ela começou há pelo menos 2.300 anos com Euclides e sua obra monumental *Os Elementos*, livro que até os dias atuais inspira todos aqueles que desejam aprender os meandros fantásticos da Matemática e suas aplicações.

O Teorema Fundamental da Aritmética (TFA), provado por Euclides, enuncia que todo número inteiro positivo (maior do que um) pode ser escrito como o produto de números primos. Deixando de lado permutações, esta forma de expressar os números inteiros positivos é única. Como consequência, Euclides também provou o que hoje chamamos de Teorema de Euclides, que diz: *O conjunto dos números primos contém um número infinito de elementos.* Tendo em vista que os números primos parecem se tornar cada vez mais raros à medida que se avança no eixo dos números inteiros positivos, este resultado causa certa surpresa e tem um impacto singular na teoria dos números e em várias áreas da ciência. Além disso, para poder provar tal afirmação, Euclides lançou mão, pela primeira vez, de um argumento lógico que seria muito utilizado em tempos futuros: *a prova por redução ao absurdo.*

Mas o TFA permite uma outra interpretação muito interessante. O conjunto dos números primos é a parte fundamental do conjunto dos números inteiros positivos - embora seja apenas parte, com ela se gera o todo. A parte fundamental de qualquer conjunto recebe o nome de *base*. Conhecemos e operamos com muitos outros conjuntos e suas bases. Por exemplo, sendo $\mathbb{R}^3$ o conjunto de todos os vetores v com três componentes reais, se escolhermos três deles, v_1, v_2 e v_3,

2   CAPÍTULO 1.   CONSIDERAÇÕES PRELIMINARES

linearmente independentes, isto é, de tal forma que a matriz quadrada $V = [v_1\ v_2\ v_3] \in \mathbb{R}^{3\times3}$ seja não singular, então esses três vetores formam uma base (que não é única) para o $\mathbb{R}^3$. Esta afirmação se comprova pela existência de três números reais α_1, α_2 e α_3 que são capazes de gerar qualquer vetor $v \in \mathbb{R}^3$, através da operação

$$v = \alpha_1 v_1 + \alpha_2 v_2 + \alpha_3 v_3 \tag{1.1}$$

denominada combinação linear. Existem outros conjuntos e suas bases que são de grande utilidade. Considere o intervalo de tempo $t \in [-T_0/2, T_0/2] \subset \mathbb{R}$ com $T_0 > 0$ e as funções

$$f_i(t) = e^{j\omega_i t}, \quad \omega_i = \frac{2\pi}{T_0} i \tag{1.2}$$

para todo $i \in \mathbb{Z}$ com domínio em $\mathbb{R}$ e imagem em $\mathbb{C}$. São infinitas funções que formam uma base para o conjunto das funções contínuas $g(t)$ com domínio $|t| \leq T_0/2$ e imagem em $\mathbb{C}$. Ou seja, toda e qualquer função $g(t)$ desse conjunto pode ser escrita na forma de uma combinação linear com infinitos termos

$$g(t) = \sum_{i=-\infty}^{\infty} \alpha_i f_i(t) \tag{1.3}$$

desde que os coeficientes α_i para todo $i \in \mathbb{Z}$ sejam apropriadamente determinados. O ponto central é que a base assegura a existência de coeficientes de tal forma que (1.3) seja satisfeita. A escolha desta base e a determinação surpreendentemente simples dos coeficientes α_i para todo $i \in \mathbb{Z}$ resulta na célebre *série de Fourier*, que é uma das ferramentas matemáticas de maior uso no âmbito da análise e da síntese de sinais e sistemas. Aliás, como tentaremos ilustrar em seguida, trata-se de uma ferramenta de largo uso em vários campos da engenharia e das ciências exatas.

1.1.1   A Função Zeta

Como primeira aplicação a ser estudada, vamos voltar a analisar um aspecto da teoria dos números. Foi Euler que aplicou o TFA de uma forma que levou a uma igualdade surpreendente, que permitiu a formulação de um problema matemático até hoje não resolvido - a hipótese de Riemann. Obviamente não é nosso propósito analisar de maneira geral este difícil problema, mas desejamos calcular, a partir de um ponto de vista alternativo, em alguns casos particulares, a chamada *função zeta*. Nesses casos, ela assume a forma mais simples

$$\zeta(n) = \sum_{i=1}^{\infty} \frac{1}{i^n} \tag{1.4}$$

1.1. INTRODUÇÃO

em que $n \geq 2$ é um número inteiro. Sabemos que para $n \geq 2$ esta série infinita converge, mas o problema que se coloca é como determinar o seu valor. Euler notou que o TFA poderia se aplicado para determinar a soma

$$\sum_{i=1}^{\infty} \frac{1}{i} = \prod_{p \in \mathbb{P}} \sum_{k=0}^{\infty} \frac{1}{p^k}$$

$$= \prod_{p \in \mathbb{P}} \frac{1}{1 - p^{-1}} \tag{1.5}$$

em que $\mathbb{P}$ denota o conjunto de todos os números primos. Observe que $0 < 1/p < 1$ para todo $p \in \mathbb{P}$, o que assegura a convergência de cada série geométrica com razão $1/p$. Com o mesmo raciocínio determinamos a função zeta que assume a forma alternativa

$$\zeta(n) = \prod_{p \in \mathbb{P}} \frac{1}{1 - p^{-n}} \tag{1.6}$$

e dá uma medida da dificuldade que se tem para avaliar esta função. Como já foi dito, vamos usar a série de Fourier para este propósito. Na verdade, vamos utilizar um resultado que deriva da série de Fourier, conhecido como Teorema de Parseval, que estabelece a veracidade da igualdade

$$\sum_{i=-\infty}^{\infty} |\alpha_i|^2 = \frac{1}{T_0} \int_{-T_0/2}^{T_0/2} |g(t)|^2 dt \tag{1.7}$$

Ela surpreende, pois, se o seu lado direito for finito, a série infinita que está no seu lado esquerdo converge para um valor que é, em geral, simples de ser calculado. Observe que estudar a convergência de uma série infinita é muito mais difícil do que calcular uma simples integral. Entretanto, o Teorema de Parseval coloca esses dois procedimentos em igual nível de dificuldade, sempre que os coeficientes α_i, $i \in \mathbb{Z}$, forem gerados pela série de Fourier, que permite expressar a função $g(t)$ através da igualdade (1.3). Neste momento, não é necessário saber calculá-los, basta saber que eles existem e que a igualdade (1.7) é satisfeita. A relação de (1.7) com a função zeta é estabelecida nos seguintes exemplos que passamos a discutir, nos quais, para simplificar os cálculos envolvidos, fixamos $T_0 = 1$, sem perda de generalidade. Em cada caso, a função $g(t)$ foi escolhida de tal forma que o lado esquerdo de (1.7) permita determinar $\zeta(n)$ definida em (1.4).

- Para $g(t) = t$ os resultados do Capítulo 3 determinam os coeficientes $\alpha_0 = 0$ e

$$|\alpha_i| = \frac{1}{2\pi|i|}, \ i \neq 0 \tag{1.8}$$

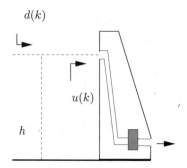

Figura 1.1: Esquema de uma usina hidrelétrica

que levados em (1.7) permitem calcular imediatamente $\zeta(2) = \pi^2/6$. Este valor já tinha sido calculado por Euler, um dos gênios da nossa história.

- Para $g(t) = t^2$, utilizando uma vez mais os resultados do Capítulo 3, determinamos $\alpha_0 = 1/12$ e

$$|\alpha_i| = \frac{1}{2\pi^2 i^2}, \quad i \neq 0 \qquad (1.9)$$

Como a integral definida no lado direito de (1.7) é igual a 1/80, esta mesma relação fornece $\zeta(4) = \pi^4/90$, que é o resultado correto, já disponível na literatura.

O que acabamos de obter com a série de Fourier coloca em clara evidência que o seu campo de aplicação é extremamente amplo, vai muito além da análise e da síntese de sinais e sistemas. Na verdade, a série e a transformada de Fourier, que, aliás, se aplicam nos domínios de tempo contínuo e discreto, são ferramentas matemáticas poderosas que estão à disposição para serem adotadas na abordagem dos mais variados tipos de problemas, como aqueles que passamos a considerar em seguida. Eles versam sobre aspectos relevantes de sinais presentes no âmbito da geração de energia elétrica através de usinas hidrelétricas e de vibrações mecânicas e elétricas.

1.1.2 Modelagem de Vazão

Vamos agora discutir uma segunda possível aplicação, muito diversa daquela que acabamos de analisar. Trata-se da geração de energia elétrica em uma usina hidrelétrica que está esquematizada na Figura 1.1. Vamos considerar a operação de longo prazo em que a unidade de tempo é o mês. Cada $k \in [0, N_0)$ representa

1.1. INTRODUÇÃO

um mês. Em um instante de tempo k a usina tem um volume de água armazenado $v(k)$ [m^3] e decide abrir as pás de tal forma que passe pelas turbinas a vazão média de $u(k)$ [m^3/s]. Neste mesmo instante a usina recebe, de afluentes que desembocam no seu reservatório, a vazão média de $d(k)$ [m^3/s]. Desta forma, imaginando que não ocorram perdas devido à evaporação, o balanço do volume de água no reservatório da usina é

$$v(k+1) = v(k) - \kappa u(k) + \kappa d(k) \tag{1.10}$$

em que $\kappa = 2{,}592 \times 10^6$, igual ao número de segundos em um mês, é o fator de conversão das vazões para a base de tempo mensal. Ao passar pela turbina, a potência média gerada é calculada como sendo $P_m(k) = \rho h(v(k))u(k)$, em que $\rho = 9{,}8 \times 10^3$ [kg/m^{2}s^2] é uma constante igual ao produto da aceleração da gravidade pela densidade da água. A função $h(v)$, denominada cota-volume, determina, a partir dos dados topográficos do reservatório, a altura do nível da água para um certo volume armazenado. Desta maneira, a energia total gerada durante todo o horizonte de tempo considerado é expressa por

$$
\begin{aligned}
E_{tot} &= \kappa \rho \sum_{k=0}^{N_0-1} h(v(k))u(k) \ [\text{Joules}] \\
&\approx 7{,}05 \sum_{k=0}^{N_0-1} h(v(k))u(k) \ [\text{MWh}]
\end{aligned} \tag{1.11}
$$

Operar um conjunto de usinas interligadas ou mesmo apenas uma usina isolada não é uma tarefa fácil. Ela requer determinar $u(k)$ em todo o intervalo de tempo $k \in [0, N_0)$ de tal forma que a energia total gerada E_{tot} seja a maior possível. Na prática é ainda preciso levar em conta restrições de manejo do reservatório, como por exemplo manter o volume $v(k)$ entre limites previamente estabelecidos. É importante notar que a determinação de qualquer política de operação de uma usina requer o conhecimento prévio da vazão $d(k)$, para todo $k \in [0, N_0)$, que é o insumo a ser utilizado. Determinar esta quantidade com precisão é a questão central que devemos nos colocar neste momento.

A vazão $d(k)$ depende de inúmeros fatores sendo o mais importante deles o clima. De fato, $d(k)$ depende do regime de chuvas a que está submetida a bacia hidrológica onde se encontra o reservatório. Uma maneira de enfrentar a sua determinação é considerar $d(k)$ uma variável aleatória gaussiana e tentar estimar suas características estocásticas tais como média e desvio padrão. Vamos apresentar uma outra alternativa, qual seja, assumir que $d(k)$ é um sinal e determinar o seu espectro com auxílio da transformada de Fourier.

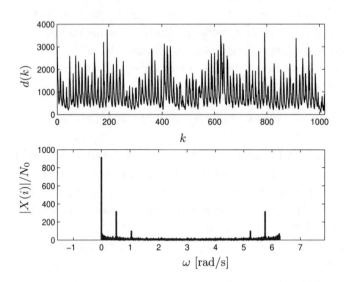

Figura 1.2: A vazão em Furnas e o seu espectro

Na parte superior da Figura 1.2 mostramos a vazão média $d(k)$ [m^3/s] para a usina de Furnas, mês a mês, de 1931 a 2015, o que corresponde a $N_0 = 1020$ meses. Estes são dados reais que estão disponíveis no site do *Operador Nacional do Sistema*, órgão responsável pela operação do sistema elétrico do nosso país. Na parte inferior da mesma figura vemos o módulo da transformada de Fourier discreta $X(\omega)$ calculado com a implementação numérica do algoritmo de *Transformada Rápida de Fourier*, disponível como uma rotina numérica que resolve (4.92).

Visualmente não vemos nada de especial com a vazão em Furnas durante 85 anos. Nenhuma regularidade do sinal pode ser notada. Entretanto, o espectro mostra claramente que, além da componente $X(0)/N_0 = 912$ [m^3/s], apenas duas outras podem ser consideradas significativas, se adotarmos o critério $|X(\omega)| > 0{,}1X(0)$ [m^3/s]. Essas harmônicas mais significativas se destacam claramente no espectro do sinal que está colocado na parte inferior da Figura 1.2. Elas ocorrem para $i = 85$ e $i = 170$, seus valores são

$$X(85)/N_0 = 279 - j140, \quad X(170)/N_0 = 86 - j45 \qquad (1.12)$$

e as frequências a elas associadas $\omega_i = (2\pi/N_0)i$ [rad/mês] são determinadas

$$\omega_{85} = 0{,}5236, \quad \omega_{170} = 1{,}0472 \qquad (1.13)$$

1.1. INTRODUÇÃO

Com estes valores, julgados os mais significativos do espectro da transformada de Fourier discreta, podemos reconstruir a vazão $d(k)$, mas impondo um truncamento em (4.93) que leva em conta apenas as harmônicas desejadas, ou seja,

$$d_{trun}(k) = 912 + 624\cos(0{,}5236k - 0{,}4668) + 194\cos(1{,}0472k - 0{,}4886) \quad (1.14)$$

Dois aspectos devem ser ressaltados. O primeiro diz respeito à precisão com que este sinal truncado $d_{trun}(k)$ representa o sinal verdadeiro $d(k)$. Esta questão é respondida pelo cálculo do valor eficaz do erro entre os dois sinais tomado em relação ao valor eficaz do sinal. Com a definição de valor eficaz de sinais dada em (2.28), vem

$$\frac{\|d - d_{trun}\|_{ef}^2}{\|d\|_{ef}^2} = 0{,}1345 \quad (1.15)$$

o que coloca em evidência que o truncamento sugerido introduz uma perda de aproximadamente 13% em termos de potência do sinal original. O segundo aspecto diz respeito à periodicidade do sinal truncado. Cada uma das funções cosseno que aparece em (1.14) é periódica com período $2\pi/\omega_i = N_0/i = \{6, 12\}$ meses, fazendo com que o sinal truncado $d_{trun}(k)$ tenha um período igual a 12 meses. Isto faz todo o sentido, pois a vazão $d(k)$ certamente depende do ciclo climático definido periodicamente pelas estações do ano. O fato interessante é que o espectro da transformada discreta de Fourier foi capaz de capturar este fenômeno natural através de uma função periódica simples, que resulta da composição de uma constante e dois cossenos.

1.1.3 Oscilações Mecânicas

Oscilações mecânicas, ou vibrações, podem ser observadas em diversos sistemas dinâmicos as quais, em geral, ocorrem com dissipação de energia, fazendo com que cessem no decorrer do tempo. Oscilações mecânicas que ocorrem em uma única dimensão do espaço são, por exemplo, aquelas produzidas pelo sistema esquematizado na parte superior da Figura 1.3. Trata-se de uma massa $M = 10$ [kg] que se desloca sob a ação de uma força externa, com intensidade $g(t)$ [N], que está conectada a uma mola com *coeficiente de elasticidade* $K = 50$ [N/m] que satisfaz a lei de Hooke e cujo movimento está livre de atrito com o solo. Entretanto, ao se movimentar, ela está sujeita a uma força de atrito viscoso, proporcional à sua velocidade, com coeficiente $B = 10$ [Ns/m]. Assim sendo, considerando que a origem do referencial inercial y foi determinada com a mola na situação normal, o deslocamento horizontal da massa é dado pela equação diferencial de segunda ordem

$$M\ddot{y} = -B\dot{y} - Ky + g \quad (1.16)$$

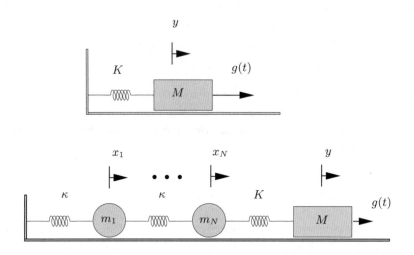

Figura 1.3: Osciladores mecânicos

que foi obtida pelo equilíbrio dinâmico das forças que agem na massa. Com as propriedades da transformada de Fourier estudadas no Capítulo 4 determina-se a função de transferência entre a força $\hat{g}(\omega)$ (entrada) e o deslocamento da massa $\hat{y}(\omega)$ (saída), que se escreve na forma

$$H(\omega) = \hat{h}(s)\Big|_{s=j\omega} = \frac{1}{10s^2 + 10s + 50}\Big|_{s=j\omega} \qquad (1.17)$$

Trata-se de uma função de transferência que é sempre causal (pois existe na vida real) e é assintoticamente estável (pois está dissipando energia através do atrito viscoso), sendo que os seus dois polos estão localizados no interior do semiplano esquerdo complexo. Esta última propriedade decorre do fato de todos os parâmetros M, B e K serem positivos. Desejamos saber como a massa se move sob a ação de uma força periódica, com período $T > 0$, cujo primeiro período é dado por

$$g(t) = \begin{cases} g_0 &, \quad 0 \leq t < r_0 T_0 \\ 0 &, \quad r_0 T_0 \leq t < T_0 \end{cases} \qquad (1.18)$$

em que $T_0 = 10$ [s] e $g_0 = 50$ [N] e $r_0 = 0,1$ é denominado fator de ocupação. Como se trata de um sinal periódico, a sua série de Fourier é calculada segundo o procedimento dado no Capítulo 3, ou seja,

$$g(t) = \sum_{i=-\infty}^{\infty} \alpha_i e^{j\omega_i t} \qquad (1.19)$$

1.1. INTRODUÇÃO

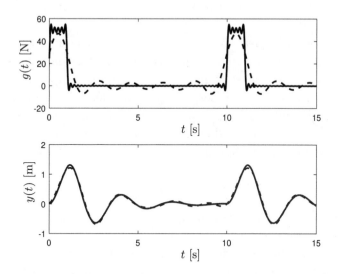

Figura 1.4: Oscilações amortecidas com força externa

em que $\omega_i = (2\pi/T_0)i$ e

$$\begin{aligned} \alpha_i &= \frac{1}{T_0} \int_0^{T_0} g(t) e^{-j\omega_i t} dt \\ &= r_0 g_0 e^{-j\pi r_0 i} \operatorname{sinc}(\pi r_0 i) \end{aligned} \quad (1.20)$$

para todo $i \in \mathbb{Z}$. A função $\operatorname{sinc}(\omega) = \operatorname{sen}(\omega)/\omega$, definida para todo $\omega \in \mathbb{R}$, inclusive em $\omega = 0$, será utilizada inúmeras vezes neste livro. É uma função par cujo máximo $\operatorname{sinc}(0) = 1$ ocorre para $\omega = 0$ e é nula nos pontos em que $\omega \in \{\pi i\}_{i \in \mathbb{Z}}$.

Se o sinal periódico $g(t)$ for substituído por sua série de Fourier (1.19), a resposta do sistema dinâmico é também periódica e a sua série de Fourier é composta por funções exponenciais que dependem das mesmas frequências $\omega_i = (2\pi/T_0)i$ para todo $i \in \mathbb{Z}$. Ademais, os coeficientes desta série são dados por $\beta_i = \hat{h}(j\omega_i)\alpha_i$, $i \in \mathbb{Z}$ sendo, portanto, calculados sem nenhuma dificuldade. A parte superior da Figura 1.4 mostra em linha contínua o sinal correspondente à força externa $g(t)$ calculada com os termos $i \in [-50, 50]$ e, em linha tracejada, o mesmo sinal calculado com apenas os termos $i \in [-5, 5]$. A diferença entre os dois sinais é visível. Na parte inferior da Figura 1.4 mostramos os deslocamentos da massa obtidos com as aproximações mencionadas. A diferença praticamente desaparece devido à atenuação imposta pela função de transferência $\hat{h}(s)|_{s=j\omega}$ em

10 *CAPÍTULO 1. CONSIDERAÇÕES PRELIMINARES*

altas frequências. A série de Fourier constitui uma ferramenta notável na análise de sinais e de sistemas lineares invariantes no tempo, um importante atributo a ser estudado mais adiante.

Na parte inferior da Figura 1.3 mostramos uma situação muito mais complexa, mas que pode ser analisada com o mesmo ferramental matemático. Agora o sistema massa-mola anterior está ligado a um conjunto composto por N massas-molas com massas $m_1, m_2, \cdots m_N$ [kg] e com molas idênticas, cada uma delas com coeficiente de elasticidade κ [N/m] e com coeficiente de atrito viscoso b [Ns/m]. As equações que descrevem os deslocamentos das massas, segundo os referenciais inerciais indicados na mesma figura, resultam do equilíbrio dinâmico de forças, ou seja,

$$m_i \ddot{x}_i + b\dot{x}_i + \kappa(x_i - x_{i-1}) + \kappa(x_i - x_{i+1}) = 0 \qquad (1.21)$$

para $i = 1, 2, \cdots, N - 1$. Como a primeira mola está com uma das suas extremidades engastada na parede, devemos impor a condição de contorno $x_0 = 0$. Por outro lado, como a última massa do conjunto está conectada a uma mola com coeficiente de elasticidade diferente dos demais, a equação do seu deslocamento torna-se

$$m_N \ddot{x}_N + b\dot{x}_N + \kappa(x_N - x_{N-1}) + K(x_N - x_{N+1}) = 0 \qquad (1.22)$$

em que, por conveniência, denotamos $y = x_{N+1}$. Finalmente, com esta mesma notação, a equação que descreve o deslocamento da massa M sob a ação da força externa g se expressa na forma

$$M\ddot{x}_{N+1} + B\dot{x}_{N+1} + K(x_{N+1} - x_N) = g \qquad (1.23)$$

Ao compararmos as equações (1.16) e (1.23), notamos que agora o deslocamento da massa M depende não apenas da ação da força externa, mas também da força produzida pela mola devido à sua posição relativa medida em relação à última massa do conjunto. Definindo o vetor coluna de dimensão $N + 1$ composto pelos deslocamentos de cada uma das massas

$$x = \begin{bmatrix} x_1 \\ \vdots \\ x_{N+1} \end{bmatrix} \qquad (1.24)$$

as matrizes diagonais com $N + 1$ elementos, respectivamente, de massa e de coeficiente de atrito viscoso

$$M_c = \text{diag}\{m_1, \cdots, m_N, M\} \qquad (1.25)$$

$$B_c = \text{diag}\{b, \cdots, b, B\} \qquad (1.26)$$

1.1. INTRODUÇÃO

bem como a matriz $(N+1) \times (N+1)$ simétrica de coeficiente de elasticidade

$$
K_c = \begin{bmatrix}
2\kappa & -\kappa & 0 & 0 & \cdots & 0 & 0 \\
-\kappa & 2\kappa & -\kappa & 0 & \cdots & 0 & 0 \\
 & & \vdots & \vdots & & & \\
0 & \cdots & 0 & -\kappa & 2\kappa & -\kappa & 0 \\
0 & \cdots & 0 & 0 & -\kappa & \kappa+K & -K \\
0 & \cdots & 0 & 0 & 0 & -K & K
\end{bmatrix}
\tag{1.27}
$$

podemos escrever as equações do modelo dinâmico (1.21)-(1.23) na seguinte forma matricial mais compacta:

$$
M_c \ddot{x} + B_c \dot{x} + K_c x = G_c g
\tag{1.28}
$$

em que $G_c' = [0 \ \cdots \ 0 \ 1]$ é um vetor com $N+1$ componentes, sendo que apenas a última, diferente de zero, é igual a um. Devemos enfatizar que o deslocamento da massa M se encontra na última componente do vetor x e pode ser extraída através da operação $y = x_{N+1} = G_c' x$. Na verdade, o deslocamento de qualquer massa do conjunto corresponde a uma das componentes deste mesmo vetor. A equação (1.16), que descreve o comportamento dinâmico de um sistema massa-mola com apenas uma massa sob a ação de uma força externa, e a equação (1.28), que descreve o comportamento dinâmico de um sistema massa-mola, mas com $N+1$ massas sob a ação da mesma força externa, são formalmente idênticas. O que ocorre é que a equação (1.28) é expressa através de vetores e de matrizes que são entidades matemáticas manipuladas com grande eficiência pelas rotinas numéricas disponíveis atualmente. Neste contexto, a complexidade de análise não se modifica na medida em que a dimensão (medida pelo número de massas) aumenta. O que aumenta é o esforço computacional requerido para resolver cada caso de interesse.

A função de transferência entre a entrada $\hat{g}(\omega)$ e a saída $\hat{y}(\omega)$ é calculada aplicando-se a transformada de Fourier em (1.28), o que nos leva a

$$
(-M_c \omega^2 + j B_c \omega + K_c)\hat{x}(\omega) = G_c \hat{g}(\omega)
\tag{1.29}
$$

$$
\hat{y}(\omega) = G_c' \hat{x}(\omega)
\tag{1.30}
$$

Para qualquer $\omega \in \mathbb{R}$, trata-se de um sistema de equações lineares que pode ser resolvido extraindo-se o vetor $\hat{x}(\omega)$ da primeira relação e substituindo o resultado na segunda, isto é

$$
H_c(\omega) = \hat{h}_c(s)\Big|_{s=j\omega} = G_c' \Big(M_c s^2 + B_c s + K_c\Big)^{-1} G_c \Big|_{s=j\omega}
\tag{1.31}
$$

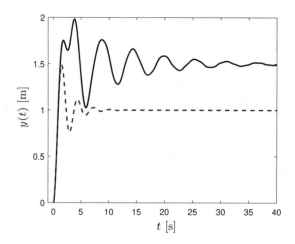

Figura 1.5: Respostas a uma força constante

Sempre é possível realizar esta operação, a não ser para certos valores isolados de $\omega \in \mathbb{R}$ tais que $s = j\omega$ sejam soluções da equação algébrica

$$\det\left(M_c s^2 + B_c s + K_c\right) = 0 \qquad (1.32)$$

denominadas polos de $\hat{h}_c(s)$. Como se trata de um sistema dissipativo, devido à presença do atrito viscoso entre o ar e todas as massas, isto jamais ocorre, pois o fato de ser um sistema assintoticamente estável faz com que todos os seus polos se situem no interior do semiplano esquerdo complexo.

A Figura 1.5 mostra dois sinais nulos para todo $t < 0$ que foram obtidos como sendo as respostas dos dois sistemas a uma mesma força constante da forma $g(t) = g_0, \forall t \geq 0$. Em linha tracejada aparece a resposta do sistema com apenas uma massa cujo deslocamento é oscilatório, mas rapidamente atinge a posição de repouso $y_{rep} = g_0/K = 1$ [m]. O outro sistema simulado tem seis massas, a saber, $m_i \in \{10, 20, 40, 40, 20, 10\}_{i=1}^{6}$ [kg] com molas caracterizadas por $\kappa = 600$ [N/m] e coeficiente de atrito viscoso $b = 1$ [Ns/m]. A linha contínua mostra o deslocamento da massa M que também é oscilatório, mas é muito mais complicado e demora muito mais para atingir a posição de repouso, dada por $y_{rep} = G'_c K_c^{-1} G_c g_0 = 1{,}5$ [m]. É interessante notar que inicialmente, logo após o instante $t = 0$ em que a força começa a ser aplicada na massa M, os dois sistemas se comportam de maneira similar. Entretanto, à medida que o tempo avança o efeito das outras massas se faz sentir e os sinais correspondentes tornam-se muito diferentes.

1.1. INTRODUÇÃO

Com estas manipulações algébricas e simulações numéricas que acabamos de apresentar, desejamos colocar em evidência a versatilidade e o grande potencial de análise dos conceitos que envolvem a transformada de Fourier de sinais e sistemas. Para se ter uma ideia mais precisa, basta mencionar que o sistema dinâmico com $N+1 = 7$ massas e função de transferência com $2N+2 = 14$ polos considerado foi tratado numericamente sem nenhuma dificuldade conceitual, a não ser a grande quantidade de cálculos que foram realizados rapidamente pelo computador utilizado. É importante ter em mente que o suporte computacional disponível atualmente permite manipular grande volume de dados gerados por sinais e sistemas, o que tem grande impacto na nossa capacidade de poder tratar problemas de real interesse prático com os quais convivemos cotidianamente.

1.1.4 Oscilações Elétricas

Oscilações elétricas ocorrem naturalmente como consequência da emissão, transmissão e captação de sinais dos mais variados tipos e características. Dentre eles podemos citar os sinais de rádio AM e FM, de televisão e de telefonia móvel. Os tipos de sinais são também diversos. De fato, no presente momento, deixamos o sistema analógico de televisão e migramos para o sistema digital, com maior capacidade e de melhor qualidade sobretudo no que diz respeito à eliminação de imprecisões e de ruídos, que estão sempre presentes em qualquer processo de transmissão e recepção de sinais.

Para ilustrar o que acabamos de afirmar, vamos discutir em seguida duas manipulações de sinais denominadas *modulação* e *demodulação*, bem como analisar como o projeto de *filtros analógicos* se insere neste contexto. Estas duas operações importantes são bastante simples e, por este motivo, estão presentes desde a origem do sistema de rádio AM. O material disponível no Capítulo 4, que será introduzido oportunamente, apresenta as bases teóricas que permitem abordar as duas técnicas de manipulação de sinais que desejamos ilustrar. Ademais, o Capítulo 6 aborda o projeto de filtros analógicos e digitais. Convém mencionar que uma seção inteira do Capítulo 8 trata com mais detalhes diversos aspectos práticos da transmissão e recepção de sinais de rádio AM. No presente momento, nosso objetivo é colocar em evidência a utilidade das técnicas que iremos aprender no decorrer dos próximos capítulos deste livro.

Conforme é discutido com algum detalhe adicional no Capítulo 4, a *modulação de amplitude* de um sinal $g(t)$ se dá pela sua multiplicação por uma função denominada *portadora* para obter $f(t) = g(t)\cos(\omega_c t)$. O efeito causado por esta simples operação é surpreendente. Utilizando os conceitos tratados naquele capítulo, se $G(\omega)$ for a transformada de Fourier do sinal $g(t)$, resulta que a transformada

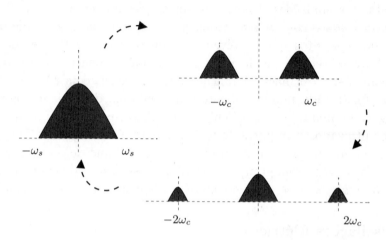

Figura 1.6: Espectro da modulação em amplitude - AM

de Fourier do sinal modulado $f(t)$ é dada por

$$F(\omega) = \frac{1}{2}\Big(G(\omega - \omega_c) + G(\omega + \omega_c)\Big) \qquad (1.33)$$

A Figura 1.6 mostra graficamente o que ocorre. O sinal $g(t)$ com banda limitada $|\omega| \leq \omega_s$, ao ser modulado, fornece o sinal $f(t)$ a ser transmitido, cujo espectro se mantém idêntico na forma ao do original (a menos de uma constante), mas que é centralizado nas frequências $\pm\omega_c$ da portadora. Desta forma, é interessante observar que diversas portadoras com frequências situadas em uma faixa de 1000 [kHz] viabilizam a transmissão simultânea de 50 sinais de áudio em que $\omega_s = 20$ [kHz].

Depois de o sinal modulado $f(t)$ ser transmitido, devemos recuperar o sinal original $g(t)$. Em uma situação ideal, sem ruídos ou interferência de outros sinais, esta recuperação se dá através de uma operação denominada *demodulação*, que também está ilustrada na Figura 1.6. Ela se baseia em mais uma propriedade surpreendente que emerge de uma nova multiplicação do sinal $f(t)$ pela portadora, ou seja,

$$\begin{aligned} y(t) &= f(t)\cos(\omega_c t) \\ &= \frac{1}{2}g(t) + \frac{1}{2}g(t)\cos(2\omega_c t) \end{aligned} \qquad (1.34)$$

sendo que a segunda relação vem da utilização da igualdade bem conhecida $\cos^2(\theta) = (1 + \cos(2\theta))/2$, válida para todo ângulo $\theta \in \mathbb{R}$ expresso em radianos. Neste ponto, podemos adotar o mesmo raciocínio empregado em (1.33),

1.1. INTRODUÇÃO

para obter a transformada de Fourier do sinal $y(t)$ na forma

$$Y(\omega) = \frac{1}{2}G(\omega) + \frac{1}{4}\Big(G(\omega - 2\omega_c) + G(\omega + 2\omega_c)\Big) \qquad (1.35)$$

onde fica claro que (a menos da mesma constante) o sinal original pode ser recuperado por um filtro passa-baixas que atua na faixa de frequências do sinal, $|\omega| \leq \omega_s$. Desta maneira, a frequência de corte ω_s deste filtro é definida apenas pela faixa do sinal de áudio que se deseja transmitir, sendo completamente independente da frequência da portadora. Um único filtro desta classe é capaz de extrair o sinal de áudio $g(t)$ associado a uma portadora específica. Para tanto, basta selecionar, ou seja, basta *sintonizar* a portadora desejada e com ela fazer a demodulação do sinal transmitido $f(t)$.

Apenas para fins de ilustração, a partir dos procedimentos fornecidos e discutidos no Capítulo 6, projetamos dois filtros analógicos de classes diferentes. Antes, porém, é importante nos preocuparmos com os aspectos numéricos envolvidos nestes projetos, de modo a melhor condicionar numericamente os cálculos que devem ser realizados. Com este objetivo em mente, os valores de frequência passam a ser expressos em [rad/μs] ou [MHz], enquanto que, nesta mesma escala, o tempo é expresso em microssegundos [μs].

- **Filtro passa-faixa:** Foi projetado um filtro do tipo Butterworth para atuar em 0,620$\pm$0,020 [MHz] com um ganho $K_{dB} \approx 6\ dB$ para duplicar a intensidade do sinal. Este ganho serve para anular o efeito da redução de amplitude, em 50%, que é introduzido pelo processo de modulação, veja (1.33). Com as frequências definidoras da faixa, $\omega_a = 2\pi \times 0{,}600$ [rad/μs] e $\omega_b = 2\pi \times 0{,}640$ [rad/μs] podemos imediatamente calcular os dois parâmetros que definem o filtro desejado, a saber, o seu fator de qualidade e a sua frequência central

$$Q_{ab} = 15{,}49, \quad \omega_{ab} = 2\pi \times 0{,}6197\ [\text{rad}/\mu\text{s}] \qquad (1.36)$$

respectivamente. Verifica-se que a frequência central ω_{ab} é bem próxima da frequência da portadora $\omega_c = 0{,}620$ [MHz]. Como regra geral, podemos adotar $Q_{ab} = \omega_c/L = 15{,}5$ e $\omega_{ab} = \omega_c = 2\pi \times 0{,}620$ [rad/μs], em que L é a largura de faixa, no presente caso, estipulada como sendo $L = 2\pi \times 0{,}040$ [rad/μs]. Com estes dados projetamos o filtro passa-faixa cuja transformada de Fourier da sua função de transferência é expressa na forma $F_{pf}(\omega) = \hat{f}_{pf}(s)|_{s=j\omega}$, em que

$$\hat{f}_{pf}(s) = \frac{0{,}1263s^2}{s^4 + 0{,}3554s^3 + 30{,}38s^2 + 5{,}388s + 229{,}8} \qquad (1.37)$$

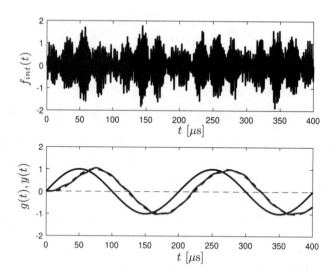

Figura 1.7: Filtragem de um sinal com ruído

a qual pode ser implementada através de um circuito linear passivo de quarta ordem, composto por dois indutores e dois capacitores com valores adequados.

- **Filtro passa-baixas:** Foi projetado um filtro do tipo Butterworth com frequência de corte $\omega_s = 2\pi \times 0{,}020$ [rad/μs]. A transformada de Fourier da sua função de transferência é expressa na forma $F_{pb}(\omega) = \hat{f}_{pb}(s)|_{s=j\omega}$, em que

$$\hat{f}_{pb}(s) = \frac{0{,}01579}{s^2 + 0{,}1777s + 0{,}01579} \quad (1.38)$$

sendo de segunda ordem, pode ser implementada por um simples circuito linear passivo do tipo RLC.

Construímos, numericamente, um sistema de sintonia e de recepção para sinais de áudio com modulação, demodulação e os dois filtros analógicos que acabamos de descrever. Diversas simulações numéricas foram realizadas com auxílio do material disposto no Apêndice A para validar com os procedimentos adotados. Consideramos a situação ideal de transmissão de um sinal senoidal com amplitude unitária $g(t) = \text{sen}((1/4)\omega_s t)$, que corresponde a um som audível de 5 kHz, visto em linha cheia na parte inferior da Figura 1.7.

Em uma primeira simulação, após ter sido modulado pela portadora, o sinal $f(t)$ transmitido é filtrado através do filtro passa-faixa $F_{pf}(\omega)$. A sua saída

1.2. REQUISITOS BÁSICOS

é demodulada pela portadora e, em seguida, é filtrado pelo filtro passa-baixas $F_{pb}(\omega)$. Como resultado, obtém-se o sinal $y(t)$ que idealmente deveria ser igual ao sinal de áudio transmitido $g(t)$. Entretanto, o sinal obtido é aquele que está representado em linha tracejada na parte inferior da mesma figura. Verifica-se nitidamente que $y(t) \approx g(t - \tau)$, em que $\tau \approx 23$ $[\mu s]$ é um pequeno atraso. A ocorrência deste fenômeno ilustra um aspecto sempre presente em filtragem de sinais. A forma do sinal pode ser reproduzida com precisão, isto é, sem distorção, mas paga-se um preço, devido a imprecisões nunca totalmente eliminadas, de ser necessário suportar um atraso que no presente contexto e na magnitude observada não causa nenhum problema.

Em seguida, uma segunda simulação foi realizada. Tudo foi feito como na primeira, a não ser que o sinal modulado $f(t)$ foi alterado para

$$f_{int}(t) = f(t) + r(t)\cos\Big((\omega_c + 2\omega_s)t\Big) \tag{1.39}$$

em que o sinal original $f(t)$ sofre a interferência de um sinal espúrio com frequência 0,660 [MHz] que corresponde à frequência central de um sinal emitido na faixa imediatamente superior àquela de $f(t)$. O sinal $r(t)$ é considerado um sinal aleatório com distribuição de probabilidades uniforme no intervalo $[0, 1]$. A parte superior da Figura 1.7 mostra uma ocorrência do sinal (1.39). A saída correspondente do filtro passa-baixas é mostrada em linha contínua na parte inferior da mesma figura, na qual nota-se uma leve flutuação na amplitude do sinal recebido. Esta flutuação, devido ao sinal espúrio, é muito pequena e, assim, coloca em evidência que a interferência foi quase completamente eliminada, o que atesta a boa qualidade do sistema que acabamos de projetar.

Mostramos, através de exemplos, como algumas ferramentas matemáticas que serão estudadas neste livro podem ser utilizadas para abordar a análise de sinais e a síntese de sistemas em um contexto bastante amplo. De fato, nosso objetivo é colocar em evidência os resultados mais relevantes para análise de sinais e os procedimentos mais eficientes de projeto de sistemas. Eles serão abordados de tal forma a dar ao leitor todas as informações úteis a respeito dos temas de interesse. Exemplos ilustrativos permitem melhorar o entendimento dos resultados teóricos, ao serem resolvidos com detalhes para colocar em evidência e esclarecer os mais importantes aspectos envolvidos.

1.2 Requisitos Básicos

Este livro tem a proposta de dar uma visão pessoal dos autores a respeito dos diversos assuntos tratados e, ao mesmo tempo, ser o mais autocontido possível.

18   CAPÍTULO 1.   CONSIDERAÇÕES PRELIMINARES

Neste sentido, os resultados necessários para o entendimento do texto são discutidos com bastantes detalhes e, quando necessário, são ilustrados através de exemplos resolvidos. Os dois apêndices tratam, com mais profundidade, alguns tópicos que necessitam maior atenção e cuidado. Ademais, deve ser ressaltado que os seguintes requisitos básicos facilitam a leitura e o aprendizado.

- **Funções de Variáveis Complexas**

Trata-se de ferramenta importante para o tratamento de sinais e sistemas, tanto em tempo contínuo como em tempo discreto. Dominar o cálculo operacional envolvendo números complexos é recomendado. Uma função de variável complexa associa elementos do plano complexo $\mathbb{C}$ a elementos deste mesmo conjunto. É definida na forma $f(z) : \mathcal{D} \to \mathbb{C}$, onde $\mathcal{D}$ é um domínio situado em $\mathbb{C}$. Entretanto, estaremos particularmente interessados em funções mais simples, com domínio em $\mathbb{R}$ ou $\mathbb{Z}$, que são as funções exponenciais, isto é, aquelas que se apresentam na forma

$$g(t) = e^{j\omega t} : \mathbb{R} \to \mathbb{C}, \quad g(k) = e^{j\omega k} : \mathbb{Z} \to \mathbb{C} \tag{1.40}$$

em que $\omega \in \mathbb{R}$ é um parâmetro dado. A fórmula de Euler

$$e^{j\theta} = \cos(\theta) + j\mathrm{sen}(\theta) \tag{1.41}$$

é essencial em várias situações. Ela permite verificar que $g(t)$ é uma função periódica com período $T_0 = 2\pi/\omega$. Permite também concluir que $g(k)$ é periódica apenas se $2\pi/\omega$ for um número racional. Manipulações algébricas envolvendo números complexos em geral e as funções exponenciais (1.40) permeiam a obtenção de praticamente todos os resultados que serão apresentados em seguida. Por este relevante motivo, esses temas devem ser objeto de dedicação para que os conceitos apresentados possam ser devidamente compreendidos.

- **Noções Básicas de Vetores e Matrizes**

Vetores e matrizes definidos em $\mathbb{R}$ ou em $\mathbb{C}$ são entidades matemáticas importantes sobretudo quando a *linearidade* é a propriedade que se deseja explorar, como é o caso deste livro. Um ponto P_0 no $\mathbb{R}^n$ pode ser escrito com um vetor $x_0 \in \mathbb{R}^n$, sendo que cada um dos seus elementos são as componentes de P_0 em relação a uma base escolhida. O sistema de equações lineares $Ax = b$ é definido pela matriz $A \in \mathbb{R}^{m \times n}$ e pelo vetor $b \in \mathbb{R}^m$, que contém dados para um caso específico que se quer considerar, e pelo vetor $x \in \mathbb{R}^n$, que é a incógnita a ser determinada. Sob condições bem conhecidas: $n = m$ e A ser uma matriz não singular, a sua única solução se escreve na forma

$$x = A^{-1}b \tag{1.42}$$

1.3. DESCRIÇÃO DOS CAPÍTULOS E APÊNDICES

Além disso, com vetores e matrizes podemos fazer um grande número de operações algébricas. Por exemplo, o *produto escalar* de vetores induz o conceito de *norma* e permite generalizar, para qualquer dimensão, o conceito de *ortogonalidade*. Algumas classes de matrizes e suas propriedades específicas são importantes. Dentre elas devemos citar as matrizes complexas conjugadas e as matrizes simétricas. No decorrer deste texto, sempre que for preciso, as propriedades que forem usadas serão brevemente discutidas e ilustradas através de exemplos.

- **Simulação e Cálculo Numérico**

Nos dias de hoje é importante, para não dizer essencial, que o acesso a rotinas de simulação numérica seja possível. A validação final dos projetos e mesmo a verificação dos cálculos intermediários requerem a realização de simulações para que sejam testados não apenas os casos típicos, mas também em contingências frente a erros e imprecisões sempre presentes na vida real. Neste contexto, o cálculo numérico envolvendo números complexos, mínimo e máximo de funções reais e problemas de mínimos quadrados, dentre outros, passa a compor um conjunto importante de rotinas que são bastante utilizadas. Assim sendo, elas devem ser conhecidas com detalhes teóricos, incluindo as suas eventuais limitações do ponto de vista de aplicação e uso.

1.3 Descrição dos Capítulos e Apêndices

Em seguida, passamos a descrever sucintamente cada capítulo e cada apêndice para que o leitor possa ter algumas informações preliminares a respeito dos seus respectivos conteúdos. O objetivo central é dar ênfase aos pontos que julgamos importantes e que necessitam, desde logo, ser alvo de particular atenção. No decorrer de cada capitulo, procuramos ilustrar os resultados teóricos apresentados através de diversos exemplos resolvidos. Todos os capítulos terminam com notas bibliográficas que situam os resultados apresentados no contexto da literatura atual. Todos eles também contêm uma série de exercícios propostos que devem ser enfrentados e resolvidos como forma de consolidar o aprendizado adquirido.

- **Cap. 2: Sinais**

Neste capítulo introduzimos as definições e as propriedades básicas de sinais e sistemas a tempo contínuo e a tempo discreto. Características básicas de sinais, tais como analógicos ou digitais e periódicos ou aperiódicos, são definidas, discutidas e ilustradas. Essas características são importantes pois definem qual

20   CAPÍTULO 1. CONSIDERAÇÕES PRELIMINARES

ferramenta matemática deve ser empregada para tratar cada uma dessas classes
de sinais. Os sinais são expressos através de funções do tipo

$$g(t) : \mathbb{R} \to \mathbb{C}, \quad g(k) : \mathbb{Z} \to \mathbb{C} \tag{1.43}$$

segundo ele seja definido no domínio de tempo contínuo ou discreto, respectivamente. Com relação aos sistemas, nosso estudo será quase que exclusivamente
dedicado à classe mais importante formada pelos sistemas lineares invariantes no
tempo (LIT) causais. Como propriedade básica e fundamental, um sistema LIT
é inteiramente definido pela sua resposta ao impulso unitário, tendo em vista
que a resposta a uma entrada qualquer resulta da sua convolução com a resposta ao impulso. Um importante atributo dos sistemas desta classe denominado
estabilidade é definido e completamente caracterizado.

Como é usual na literatura, adotamos a mesma notação, a saber, $\delta(t)$ para
o impulso unitário a tempo contínuo (impulso de Dirac) e $\delta(k)$ para o impulso
unitário a tempo discreto (impulso de Kronecker). Embora sejam entes matemáticos diversos, o contexto deixará claro de qual deles estamos tratando. O
primeiro é definido indiretamente através das propriedades

$$\delta(t) = 0, \ \forall t \neq 0, \ \int_{-\infty}^{\infty} \delta(t)dt = 1 \tag{1.44}$$

que exigem $\delta(0) = +\infty$. Em $t = 0$ o impulso a tempo contínuo diverge, mas de
forma particular, com integral finita e normalizada igual à unidade. O segundo
é definido por

$$\delta(k) = 0, \ \forall k \neq 0, \ \delta(0) = 1 \tag{1.45}$$

e sempre se mantém finito. Não há possibilidade de confusão, pois o impulso a
tempo contínuo tem como domínio o conjunto dos números reais $\mathbb{R}$, enquanto que
o impulso a tempo discreto tem como domínio o conjunto dos números inteiros
$\mathbb{Z}$. Ambos são essenciais no estudo de sinais e sistemas nos domínios de tempo
contínuo e discreto, respectivamente. Além disso, como veremos em seguida,
o primeiro é empregado de forma mais abrangente, pois é através dele que a
divergência de séries e integrais pode ser estudada.

- **Cap. 3: Análise de Sinais Periódicos**

Este capítulo é inteiramente dedicado ao estudo de sinais periódicos a tempo
contínuo e a tempo discreto, através da série de Fourier. Seu resultado mais importante aparece no início e diz respeito à solução do problema de erro quadrático
mínimo que constitui um sólido alicerce para a obtenção dos resultados deste e
do próximo capítulo. Em conjunto com a escolha de uma base de sinais ortogonais, ele torna possível a determinação das várias versões da série de Fourier e

1.3. DESCRIÇÃO DOS CAPÍTULOS E APÊNDICES

do Teorema de Parseval, que passamos agora a disponibilizar de forma direta e resumida para facilitar a consulta:

- **Sinais a tempo contínuo:** O sinal considerado é da forma $g(t)$, com domínio em $t \in \mathbb{R}$, imagem em $\mathbb{C}$, período $T_0 \in \mathbb{R}_+$ e frequências $\omega_i = (2\pi/T_0)i$ para todo $i \in \mathbb{Z}$.

$$\alpha_i = \frac{1}{T_0} \int_{T_0} g(t)e^{-j\omega_i t}dt, \ i \in \mathbb{Z} \tag{1.46}$$

$$g(t) = \sum_{i=-\infty}^{\infty} \alpha_i e^{j\omega_i t}, \ t \in \mathbb{R} \tag{1.47}$$

$$\sum_{i=-\infty}^{\infty} |\alpha_i|^2 = \frac{1}{T_0} \int_{T_0} |g(t)|^2 dt \tag{1.48}$$

A primeira relação fornece os coeficientes da série de Fourier, os quais, ao serem colocados na segunda equação, recuperam o sinal. A terceira igualdade resulta do Teorema de Parseval e serve para determinar o valor eficaz do sinal operando no domínio do tempo ou no domínio da frequência. Observe que, como a notação indica, os extremos inicial e final de integração são irrelevantes; o que é relevante é a diferença entre eles, que deve ser exatamente igual ao período $T_0 > 0$.

- **Sinais a tempo discreto:** O sinal considerado é da forma $g(k)$, com domínio em $k \in \mathbb{Z}$, imagem em $\mathbb{C}$, período $N_0 \in \mathbb{N}$ e frequências $\omega_i = (2\pi/N_0)i$ para todo $i \in \mathbb{Z}$.

$$\alpha_i = \frac{1}{N_0} \sum_{k \in \langle N_0 \rangle} g(k)e^{-j\omega_i k}, \ i \in \mathbb{Z} \tag{1.49}$$

$$g(k) = \sum_{i \in \langle N_0 \rangle} \alpha_i e^{j\omega_i k}, \ k \in \mathbb{Z} \tag{1.50}$$

$$\sum_{i \in \langle N_0 \rangle} |\alpha_i|^2 = \frac{1}{N_0} \sum_{i \in \langle N_0 \rangle} |g(k)|^2 \tag{1.51}$$

A primeira relação permite calcular os coeficientes da série de Fourier, a segunda faz a operação inversa para recuperar o sinal e a terceira é a igualdade que resulta diretamente do Teorema de Parseval. É muito importante observar que, como a notação indica, os extremos inicial e final das somas são irrelevantes; o que é relevante é somar um número de termos exatamente igual ao período $N_0 > 0$.

Os sistemas LIT causais são analisados sob o enfoque da determinação da sua resposta a uma entrada periódica decomposta em série de Fourier. Como

22 CAPÍTULO 1. CONSIDERAÇÕES PRELIMINARES

resultado, determina-se de maneira quase imediata, em função da sua resposta ao impulso, os coeficientes da série de Fourier da saída. Assim sendo, a resposta em relação ao tempo é calculada sem dificuldades. Exemplos ilustram a aplicação dos resultados teóricos com ênfase na utilização de rotinas numéricas para tentar resolvê-los.

- ## Cap. 4: Transformada de Fourier

A transformada de Fourier generaliza, para sinais quaisquer, os resultados obtidos com a série de Fourier que são restritos a sinais periódicos. Este capítulo mostra como essa generalização é possível de ser feita tanto para sinais a tempo contínuo quanto para sinais a tempo discreto. Como consequência, as respectivas versões do Teorema de Parseval são obtidas sem dificuldades. Ademais, as respostas de sistemas LIT causais tendo como entrada sinais genéricos são determinadas.

- **Sinais a tempo contínuo:** O sinal considerado é da forma $g(t)$, com domínio em $t \in \mathbb{R}$ e imagem em $\mathbb{C}$.

$$G(\omega) \;=\; \int_{-\infty}^{\infty} g(t)e^{-j\omega t}dt, \ \omega \in \mathbb{R} \tag{1.52}$$

$$g(t) \;=\; \frac{1}{2\pi}\int_{-\infty}^{\infty} G(\omega)e^{j\omega t}d\omega, \ t \in \mathbb{R} \tag{1.53}$$

$$\frac{1}{2\pi}\int_{-\infty}^{\infty} |G(\omega)|^2 d\omega \;=\; \int_{-\infty}^{\infty} |g(t)|^2 dt \tag{1.54}$$

A primeira relação fornece a transformada de Fourier do sinal, ao passo que a segunda recupera o sinal através da transformada de Fourier inversa. A terceira igualdade traduz o Teorema de Parseval para a classe de sinais em estudo. Estas relações exibem diversas propriedades que são apresentadas e discutidas ao longo do capítulo. Uma delas, denominada dualidade, resulta da simetria destas equações, que têm inclusive domínios idênticos $t \in \mathbb{R}$ e $\omega \in \mathbb{R}$.

- **Sinais a tempo discreto:** O sinal considerado é da forma $g(k)$, com domínio em $k \in \mathbb{Z}$ e imagem em $\mathbb{C}$.

$$G(\omega) \;=\; \sum_{k=-\infty}^{\infty} g(k)e^{-j\omega k}, \ \omega \in \Omega \tag{1.55}$$

$$g(k) \;=\; \frac{1}{2\pi}\int_{\Omega} G(\omega)e^{j\omega k}d\omega, \ k \in \mathbb{Z} \tag{1.56}$$

$$\frac{1}{2\pi}\int_{\Omega} |G(\omega)|^2 d\omega \;=\; \sum_{k=-\infty}^{\infty} |g(k)|^2 \tag{1.57}$$

1.3. DESCRIÇÃO DOS CAPÍTULOS E APÊNDICES 23

em que Ω é um intervalo de frequências cujos extremos inicial e final são irrelevantes; o que é relevante é o seu comprimento, que deve ser exatamente igual a 2π. A primeira relação determina a transformada de Fourier discreta, a segunda faz a operação inversa para recuperar o sinal e a terceira é a igualdade que resulta diretamente do Teorema de Parseval.

Este capítulo termina com uma análise numérica a respeito de como resolver essas equações. Deste importante ponto de vista, as duas versões da série e as duas versões da transformada de Fourier que foram estudadas neste e no capítulo anterior podem ser agrupadas em apenas uma delas. Isto é possível desde que algumas aproximações, cujo impacto na precisão do resultado final pode ser avaliado *a priori*, sejam introduzidas. Isto viabiliza o uso de rotinas numéricas eficientes que podem manipular sinais reais, geralmente descritos através de uma grande quantidade de dados.

- **Cap. 5: Amostragem**

Amostragem, no sentido mais amplo, indica como representar no domínio de tempo discreto sinais que são definidos no domínio de tempo contínuo. Isto pode ser feito de maneira exata para uma classe de sinais, ou de maneira aproximada no caso geral. Um sinal limitado em frequência, cuja transformada de Fourier é nula para $|\omega| \geq W$, pode ser exatamente reconstruído a partir de suas amostras $s(kT)$, $k \in \mathbb{Z}$, desde que elas sejam colhidas com uma periodicidade tal que $T \leq \pi/W$. Este é um célebre resultado conhecido como Teorema da Amostragem, que será discutido segundo a abordagem proposta por Shannon. Nela, o ponto central é a igualdade

$$s(t) = \sum_{k=-\infty}^{\infty} s(kT)\,\operatorname{sinc}(W(t - kT)) \qquad (1.58)$$

válida não apenas nos instantes de amostragem, mas para todo $t \in \mathbb{R}$. As funções $\operatorname{sinc}(\cdot)$ deslocadas no tempo constituem uma base ortogonal completa para esta classe de sinais. A reconstrução aproximada de sinais que não pertencem a esta classe, a partir dos chamados segurador de ordem zero (causal) e segurador de ordem um (não causal), é analisada em detalhe. Amostragem dual, que corresponde a amostrar não o sinal, mas sim a sua transformada de Fourier, é estudada dentro de um contexto similar que se estabelece a partir da igualdade

$$S(\omega) = \sum_{i=-\infty}^{\infty} S(W_i)\,\operatorname{sinc}\left(\frac{T}{2}(\omega - W_i)\right) \qquad (1.59)$$

CAPÍTULO 1. CONSIDERAÇÕES PRELIMINARES

que exibe perfeita simetria com a sua versão primal (1.58). Por fim, e de maneira natural, sinais amostrados são processados por sistemas LIT causais definidos no domínio de tempo discreto que são determinados a partir de uma operação denominada discretização. O capítulo termina com uma discussão sobre um tema relevante e atual, que é o processamento digital de sinais.

• Cap. 6: Filtragem Determinística

Filtragem é um tema central em sinais e sistemas. Este capítulo é inteiramente dedicado ao projeto de filtros que atuam em sinais determinísticos. Apresenta as ferramentas teóricas que serão, em seguida, generalizadas para manipular sinais aleatórios. Os projetos de filtros a tempo discreto adotam, sempre que possível, manipulações algébricas semelhantes àquelas empregadas para projetar filtros a tempo contínuo. O capítulo inicia com um diagrama de blocos, que é a estrutura básica de qualquer filtro a ser projetado. As funções correlação $\varphi_{sg}(\omega) : \mathbb{R} \to \mathbb{C}$ e autocorrelação $\varphi_{ss}(\omega) : \mathbb{R} \to \mathbb{R}_+$ envolvendo sinais determinísticos quaisquer s e g, a tempo contínuo ou a tempo discreto, permitem escrever a transformada de Fourier da resposta ao impulso do célebre filtro de Wiener na forma

$$F_w(\omega) = \frac{\varphi_{sg}(\omega)}{\varphi_{gg}(\omega)} \tag{1.60}$$

em que s é o sinal a ser recuperado e g é o sinal de entrada. O filtro de Wiener é caracterizado de forma alternativa, mas equivalente, através da sua resposta ao impulso em cada um dos domínios de tempo mencionados, ou seja,

$$\phi_{sg}(t) = \int_{-\infty}^{\infty} f_w(\tau)\phi_{gg}(t - \tau)d\tau \tag{1.61}$$

$$\phi_{sg}(k) = \sum_{i=-\infty}^{\infty} f_w(i)\phi_{gg}(k - i) \tag{1.62}$$

Estas duas condições podem ser resolvidas impondo-se que a solução seja causal. Exemplos ilustram o procedimento adotado. Em seguida, premissas e procedimentos de projeto de filtros analógicos e de filtros digitais clássicos das classes passa-baixas, passa-altas, passa-faixa e bloqueia-faixa são discutidos. A tempo contínuo, todos resultam da aplicação de transformações racionais sobre um filtro passa-baixas com ganho unitário e frequência de corte normalizada. A tempo discreto, envolvendo inclusive sinais amostrados com período $T > 0$ dado, o filtro é obtido através da aplicação suplementar da denominada transformação bilinear

$$z|_{z=e^{j\omega T}} = \left.\frac{1+s}{1-s}\right|_{s=j\operatorname{tg}(\omega T/2)} \tag{1.63}$$

1.3. DESCRIÇÃO DOS CAPÍTULOS E APÊNDICES

válida para toda frequência que satisfaz a condição $\omega T \in [0, \pi)$, que é necessária para garantir a aplicação do Teorema da Amostragem. Os procedimentos de projeto são sumarizados através de dois algoritmos. Embora qualquer outro possa ser adotado, o filtro passa-baixa normalizado do tipo Butterworth foi sempre o escolhido. Diversos exemplos ilustrativos são resolvidos e mostram a efetiva qualidade dos filtros projetados. Os exercícios propostos, no final do capítulo, tentam chamar a atenção do leitor para aspectos mais específicos e relevantes dos temas tratados, que merecem ser considerados durante a leitura e o aprendizado.

- **Cap. 7: Filtragem Estocástica**

Este capítulo trata de filtragem em ambiente estocástico para sinais e sistemas a tempo contínuo e a tempo discreto. A estrutura do filtro é idêntica àquela que foi introduzida no capítulo anterior. Antes de abordar este tema, vários conceitos foram apresentados e discutidos, a começar pelo de processo estocástico. Em seguida, processos estacionários no sentido estrito e no sentido amplo são caracterizados, pois é para os da segunda classe que praticamente todos os resultados teóricos apresentados são válidos. Neste contexto, o *ruído branco* é descrito. A transformada de Fourier das funções correlação e autocorrelação fornecem $R_{sg}(\omega) : \mathbb{R} \to \mathbb{C}$ e a densidade espectral de potência $\hat{R}_{ss}(\omega) : \mathbb{R} \to \mathbb{R}_+$, respectivamente. O filtro de Wiener é então obtido de uma maneira inédita, de tal forma a não requerer do leitor nenhum conhecimento que se situe além do seu atual estágio de aprendizado. Em ambos os domínios de tempo, a função de transferência do filtro de Wiener é expressa na forma unificada

$$F_w(\omega) = \frac{\hat{R}_{sg}(\omega)}{\hat{R}_{gg}(\omega)} \tag{1.64}$$

enquanto que a sua resposta ao impulso é caracterizada, em cada domínio de tempo, de maneira diversa, ou seja,

$$R_{sg}(\tau) = \int_{-\infty}^{\infty} f_w(\theta) R_{gg}(\tau - \theta) d\theta \tag{1.65}$$

$$R_{sg}(n) = \sum_{i=-\infty}^{\infty} f_w(i) R_{gg}(n - i) \tag{1.66}$$

O cálculo da função de transferência não permite de forma simples incorporar a restrição de que o filtro seja causal. Isso é feito através do cálculo da sua resposta ao impulso. Os procedimentos numéricos envolvidos são apresentados e discutidos com bastantes detalhes. Por fim, os conceitos e resultados deste capítulo são interpretados no âmbito de sinais e sistemas determinísticos com o intuito de colocar em evidência aspectos que ajudam a melhor compreendê-los. O capítulo contém vários exemplos resolvidos que ilustram diversas partes da teoria apresentada e o seu potencial para futuras aplicações em problemas de interesse prático.

- **Cap. 8: Modelagem e Ensaios Práticos**

Modelagem é, sem dúvida, o aspecto central de qualquer aplicação prática. Um modelo simples e preciso retrata bem a realidade e permite que um sinal seja analisado ou sintetizado. Este capítulo é dividido em três partes. Na primeira, dados brutos de um eletrocardiograma (ECG) são tratados através de um filtro digital projetado para eliminar eventuais ruídos, sem distorcer as informações que são relevantes do ponto de vista clínico. A segunda parte é dedicada a implementar numericamente um sistema de transmissão de rádio AM. De fato, todas as etapas que envolvem a modulação, demodulação, sintonia e filtragem do sinal de áudio foram implementadas a partir de rotinas numéricas. O sistema foi testado com a transmissão de um sinal de voz muito conhecido denominado *Handel's Hallelujah Chorus* por uma estação e pela transmissão simultânea de um ruído audível por uma outra estação de rádio AM. Ambas ocupam canais consecutivos de transmissão AM, de tal forma a tornar mais difícil a filtragem do ruído. O filtro digital do tipo *resposta ao impulso finita - RIF* mostrou-se muito efetivo para bloquear o ruído e amplificar o sinal de voz. Finalmente, na terceira parte, a ocorrência de vibrações em um sistema mecânico montado em laboratório foi detectada com o auxílio do tratamento de sinais através da transformada de Fourier discreta das suas amostras.

- **Apêndice A: Noções Básicas de Cálculo e Simulação**

Este apêndice contém um breve material de apoio ao leitor como fonte de informações mais detalhadas a respeito de alguns pontos específicos que foram abordados rapidamente em diversos capítulos. Ele versa sobre algumas noções básicas de cálculo, tais como vetores, matrizes, problema de norma mínima e funções de variáveis complexas no que diz respeito a transformações conforme. Em seguida, este apêndice trata de aspectos de cálculo numérico com ênfase na simulação de sistemas LIT causais.

- **Apêndice B: Probabilidade**

O material que consta deste apêndice pretende dar uma visão bastante abrangente de probabilidade, mas aborda apenas os aspectos mais relevantes, para que a leitura do Capítulo 7 ocorra sem grandes dificuldades. Inicialmente, o conceito

1.4. NOTAÇÃO

de probabilidade é introduzido através de manipulações algébricas com conjuntos e evolui até o cálculo de probabilidade condicional. Os conceitos de variável aleatória e funções densidade e distribuição de probabilidade são discutidos com especial ênfase nas variáveis aleatórias uniforme e gaussiana. Em seguida, as definições de média e variância são dadas, bem como é feita a apresentação e análise do operador esperança matemática. O apêndice é concluído com um estudo sucinto de duas variáveis aleatórias, colocando em evidência os conceitos de independência, covariância, correlação e ortogonalidade. Ademais, uma breve discussão comparativa sobre as classes de estimadores linear e não linear é apresentada. Ela tem particular importância no contexto de filtragem estocástica.

1.4 Notação

A notação usada no decorrer do texto é padrão.

Os símbolos $\mathbb{R}$, $\mathbb{N}$, $\mathbb{Z}$ e $\mathbb{C}$ denotam, respectivamente, os conjuntos dos números reais, naturais, inteiros e complexos. O conjunto $\mathbb{R}_+$ refere-se aos reais não negativos. Para funções (ou sinais) em tempo contínuo ou discreto são usadas letras minúsculas indicando sua variável independente $t \in \mathbb{R}$ ou $k \in \mathbb{Z}$, como, por exemplo, $f(t)$ e $f(k)$. Da mesma forma, o n-ésimo elemento de uma sequência $\{s_n\}_{n \in \mathbb{Z}}$ é denotado por $s(n)$. O valor de uma função avaliada em um instante $t_k = kT$ com $k \in \mathbb{Z}$ é denotado por $f(t_k) = f(kT)$ e também por $f_T(k)$, sempre deixando explícita a sua dependência de $T > 0$. A transformada de Fourier de uma função a tempo contínuo $f(t)$ ou de uma função a tempo discreto $f(k)$ são denotadas indistintamente como $F(\omega)$, $\hat{f}(\omega)$, $\mathcal{F}[f(t)]$ ou $\mathcal{F}[f(k)]$. Sempre que possível, empregamos letras minúsculas para a resposta ao impulso e a mesma letra maiúscula para denotar a função de transferência a ela associada. Da mesma forma, matrizes são denotadas com letras maiúsculas e vetores com letras minúsculas, assim, $A \in \mathbb{R}^{n \times m}$ denota uma matriz real com n linhas e m colunas e $v \in \mathbb{R}^n$ denota um vetor real com n elementos, sempre considerado um vetor coluna. O vetor linha, transposto de v, é denotado por v'. Para números complexos $z \in \mathbb{C}$, empregamos z^* para denotar o seu conjugado e para vetores ou matrizes complexas $v \in \mathbb{C}^n$ o seu conjugado transposto é denotado como $v^{\sim}$. As operações de convolução em tempo contínuo e em tempo discreto são denotadas da mesma forma $f(t) * h(t)$ e $f(k) * h(k)$, respectivamente. O contexto indica de qual domínio estamos tratando. Finalmente, as derivadas primeira e segunda de uma função $y(t)$, exclusivamente em relação ao tempo, são denotas por $\dot{y}(t)$, $\ddot{y}(t)$ ou por $y^{(1)}(t)$, $y^{(2)}(t)$ e assim sucessivamente.

28 CAPÍTULO 1. CONSIDERAÇÕES PRELIMINARES

1.5 Notas Bibliográficas

No final de cada capítulo, incluímos uma breve discussão a respeito da bibliografia disponível sobre o tema tratado. Ela também tenta dar ao leitor maiores informações quanto aos aspectos considerados importantes, mas que foram tratados de forma subsidiária por fugirem do escopo central do livro. Um deles é, sem dúvida, a implementação numérica de vários resultados teóricos apresentados.

A bibliografia que se encontra no final deste livro contém as referências que julgamos bastante relevantes sob dois aspectos distintos. O primeiro diz respeito a resultados bem consolidados que são apresentados de maneiras ou com propósitos diversos e que devem ser conhecidos através de uma fonte de informação alternativa. Acreditamos que, dessa forma, o leitor possa ter uma visão mais abrangente do assunto. O segundo está ligado a resultados mais recentes, cuja fonte primária procuramos fornecer. Como toda bibliografia, a deste livro não é exaustiva nem completa, mas deve ser tomada como um conjunto inicial de referências que precisa ser aprimorado segundo a opinião e o interesse específico do leitor. Por fim, este capítulo inicial tenta colocar em perspectiva a importância dos resultados matemáticos que serão apresentados ao longo do texto. Neste sentido, acreditamos que a referência [8] tenha particular interesse ao traçar, com sucesso, o desenvolvimento da matemática sob uma precisa e clara visão histórica.

Capítulo 2

Sinais

2.1 Introdução

A todo instante estamos imersos em um ambiente que está pleno de *sinais*. As ondas de rádio e de televisão, as que chegam no nosso telefone fixo (através do fio) e no celular (através do ar) sabemos classificar, corretamente, como sinais. Mais ainda, o número de ovos colhidos cada dia em um aviário também é um sinal. De forma bastante genérica, *todo conjunto de dados organizados segundo uma ordem preestabelecida é um sinal*. A ordenação mencionada é realizada com o uso de uma variável independente, em geral, o tempo $t \in \mathbb{R}$, que é número real em tempo contínuo, ou $k \in \mathbb{Z}$, um número inteiro em tempo discreto.

Para tornar mais claro este conceito vamos imaginar que um hospital tenha armazenado na posição (i, j) de uma matriz A o número de batimentos cardíacos de cada um dos seus pacientes $i \in [1, 100]$ durante cada hora $j \in [1, 168]$ de uma semana. Esta matriz, com elementos a_{ij}, contém 16.800 números, dispostos em 100 linhas e 168 colunas, que podem ser facilmente acessados. Por exemplo, para saber como se comportou o coração do paciente número $i = 57$, basta verificar o sinal a_{ij} para $i = 57$ e todo $j \in [1, 168]$. Da mesma forma, se desejarmos saber como estavam os pacientes em uma determinada hora $j = 127$, basta analisar o sinal a_{ij} para $j = 127$ e todo $i \in [1, 100]$. No primeiro caso a variável independente é o tempo, mas no segundo é o número atribuído a cada paciente. Como veremos mais adiante, os sinais são representados matematicamente por funções que levam elementos de $\mathbb{R}$ ou $\mathbb{Z}$ para $\mathbb{R}$ ou $\mathbb{C}$. Neste sentido, podemos manipular, transformar e representar sinais através da aplicação de qualquer operação matemática válida, com o objetivo de armazená-lo ou dele extrair informações da maneira mais simples e eficiente possível.

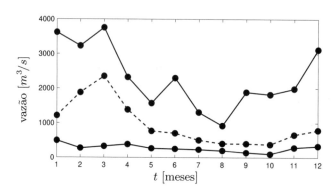

Figura 2.1: Série histórica de vazões da usina de Furnas

Exemplo 2.1 (Série histórica de vazões) A operação eficiente das várias usinas hidrelétricas que temos no nosso país requer o conhecimento antecipado das vazões de água nos diversos rios que alimentam cada bacia hidrográfica. A Figura 2.1 mostra as vazões mínima e máxima mensais expressas em [m³/s] calculadas a partir de medições realizadas mensalmente entre os anos de 1931 e 2014 no reservatório da usina de Furnas. Entre as vazões mínima e máxima desenhadas em linhas contínuas, colocamos em linha tracejada a vazão média mensal do ano 1952. Podemos entender esta figura como a representação gráfica de um sinal que tem como variável independente o tempo. □

O exemplo que acabamos de apresentar serve para colocar em evidência algumas características importantes dos sinais. Elas permitem dividi-los em classes que são tratadas através de ferramentas matemáticas específicas. Para bem evidenciar as diferenças mais marcantes entre os diversos sinais, vamos denotar um sinal genérico na forma de uma função

$$s : \mathfrak{D} \to \mathfrak{I} \qquad (2.1)$$

com domínio $\mathfrak{D}$ e conjunto imagem (ou simplesmente imagem) $\mathfrak{I}$. Podemos descrever as seguintes classes:

- **Sinais a tempo contínuo ou sinais a tempo discreto:** Os sinais a tempo contínuo são aqueles em que o domínio é o conjunto dos números reais, isto é, $\mathfrak{D} \equiv \mathbb{R}$. São, portanto, expressos por funções do tipo $s(t)$, definidas para todo $t \in \mathbb{R}$. Os sinais a tempo discreto são aqueles em que o domínio é o conjunto dos números inteiros, isto é, $\mathfrak{D} \equiv \mathbb{Z}$. São modelados por sequências numéricas do tipo $s(k)$, definidas para todo $k \in \mathbb{Z}$. Pode-se obter um sinal a tempo discreto a partir de um sinal a tempo contínuo através de uma operação denominada *amostragem*, que é caracterizada por

2.1. INTRODUÇÃO

um determinado período $T > 0$, ou seja, $s(k) = h(kT)$ é o valor do sinal a tempo contínuo $h(t)$ avaliado, periodicamente, nos instantes de amostragem $t = kT$ para todo $k \in \mathbb{Z}$.

- **Sinais analógicos ou sinais digitais:** Um sinal é dito analógico se a sua imagem $\mathfrak{I}$ for o conjunto dos números reais $\mathbb{R}$ ou, ainda mais geral, o conjunto dos números complexos $\mathbb{C}$. Se, no entanto, a sua imagem for um conjunto com um número finito de elementos, ele será um sinal digital. Um dos mais conhecidos é o sinal binário para o qual a sua imagem $\mathfrak{I} = \{0, 1\}$ tem apenas dois elementos. Pode-se também obter um sinal digital a partir de um sinal analógico através de um processo chamado *codificação*. Neste processo, o sinal analógico é amostrado e, em seguida, é representado por um número binário que pode assumir apenas um número finito de valores que depende do número de bits disponível. Quanto maior o número de bits, mais próximo o sinal digital se torna do sinal analógico original.

- **Sinais periódicos ou sinais aperiódicos:** Um sinal $s(t)$ é periódico se existir $T_0 > 0$ tal que $s(t) = s(t + T_0)$, em que $t + T_0 \in \mathfrak{D}$ para todo $t \in \mathfrak{D}$ e aperiódico caso contrário. O menor valor de $T_0 > 0$ é denominado *período*. É claro que a restrição $t + T_0 \in \mathfrak{D}$ delimita os possíveis valores para T_0. De fato, para sinais a tempo contínuo $T_0 \in \mathbb{R}_+$ e para sinais a tempo discreto $T_0 \in \mathbb{N}$. Nota-se imediatamente, e isso é muito importante, que para ser periódico é necessário que o sinal seja definido em todo o intervalo de tempo correspondente ao seu domínio, isto é, $t \in \mathbb{R}$ ou $k \in \mathbb{Z}$.

- **Sinais determinísticos ou sinais estocásticos:** Sinais perfeitamente conhecidos, como por exemplo a tensão em um capacitor de um circuito RC alimentado por uma fonte de tensão conhecida, são denominados sinais determinísticos. Os sinais que só podem ser conhecidos em termos probabilísticos, tais como sua média e seu desvio padrão em cada instante de tempo, são denominados sinais estocásticos. Por exemplo, a vazão em uma usina pode ser modelada como um sinal estocástico. Este tipo de modelagem permite fazer estimações sobre comportamentos futuros que são bastante úteis.

Essas classes são as mais importantes para os nossos propósitos. De fato, elas são suficientemente delimitadas, mas ao mesmo tempo bastante abrangentes, o que torna conveniente estabelecer estudos específicos para cada uma delas. Por exemplo, sinais periódicos são mais simples de ser analisados pois são completamente conhecidos desde que se conheça o seu comportamento em um intervalo de tempo correspondente a apenas um único período.

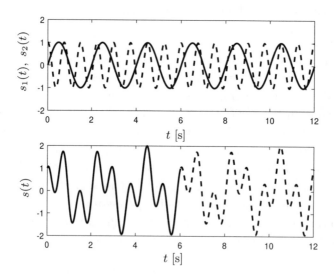

Figura 2.2: Sinais periódicos

Exemplo 2.2 O sinal $s(t) = \text{sen}(t)$ tem domínio $\mathbb{R}$ e imagem $[-1,1] \subset \mathbb{R}$. É um sinal a tempo contínuo, analógico e periódico com período $T_0 = 2\pi$. O sinal $s(k) = \text{sen}(k)$ tem domínio $\mathbb{Z}$ e imagem $[-1,1] \subset \mathbb{R}$. Portanto, trata-se de um sinal a tempo discreto, analógico e aperiódico. É aperiódico pois a igualdade $\text{sen}(k+N_0) = \text{sen}(k)$ não tem como ser satisfeita para todo $k \in \mathbb{Z}$ e algum $N_0 \in \mathbb{N}$. O sinal $s(k) = \text{sen}((\pi/2)k)$ tem domínio $\mathbb{Z}$ e imagem $\{-1,0,1\}$. Verificamos imediatamente que se trata de um sinal a tempo discreto, digital e periódico, com período $N_0 = 4$. □

Exemplo 2.3 O sinal $s(t) = s_1(t) + s_2(t)$ é a soma de dois sinais periódicos $s_1(t) = \text{sen}(\pi t)$ com período $T_{01} = 2$ [s] e $s_2(t) = \text{sen}(4t)$ com período $T_{02} = \pi/2$ [s], mas não é periódico. Note que, se assim fosse, $s(t) = s(t+T_0) = s_1(t+T_0) + s_2(t+T_0)$. Como $s_1(t) = s_1(t+nT_{01})$ e $s_2(t) = s_2(t+mT_{02})$ com $m, n \in \mathbb{N}$, então, $nT_{01} = mT_{02} = T_0$ e, portanto, $T_{01}/T_{02} = m/n$ deve ser um número racional. No caso em questão, $T_{01}/T_{02} = 4/\pi$, o que indica que o sinal $s(t)$ é aperiódico. Se o segundo sinal for $s_2(t) = \cos(8\pi t/3)$ com período $T_{02} = 3/4$ [s], então $T_{01}/T_{02} = 8/3$, o que indica que o sinal $s(t)$ torna-se periódico. O seu período é obtido determinando-se o mínimo múltiplo comum de ambos os períodos $\{2, 3/4\}$, o que fornece $T_0 = 6$ [s]. Como pode ser observado na Figura 2.2, esta operação identifica o menor intervalo de tempo $t \in [0, T_0]$, com $T_0 > 0$, em que os ciclos periódicos de ambos os sinais coincidem. □

A seguir, passamos a estudar algumas propriedades básicas dos sinais a tempo contínuo e a tempo discreto. Nosso objetivo é introduzir manipulações e colocar em evidência várias propriedades algébricas que permitam tornar operacional o cálculo envolvendo esta entidade matemática.

2.2 Propriedades Básicas

É importante sabermos como operar com sinais de uma mesma classe. Daquelas descritas anteriormente, as duas mais abrangentes são as que caracterizam os sinais a tempo contínuo e a tempo discreto. As ferramentas matemáticas que devemos empregar para o estudo de cada uma delas, embora tenham como base os mesmos conceitos e princípios, exigem tratamentos diferenciados e específicos. Por este motivo, vamos estudá-las separadamente para podermos colocar em evidência as suas semelhanças e eventuais diferenças.

2.2.1 Sinais a Tempo Contínuo

Inicialmente, consideramos os sinais com domínio $\mathbb{R}$ e imagem $\mathbb{C}$ para, em seguida, fazermos as simplificações necessárias para tratarmos sinais reais, que são aqueles com imagem no conjunto dos números reais $\mathbb{R}$. O conceito básico, do qual todos os demais derivam, é o de produto escalar de dois sinais, que é introduzido através da seguinte definição.

Definição 2.1 (Produto escalar) *O produto escalar de dois sinais $f(t)$ e $g(t)$ com o mesmo domínio $\mathbb{R}$ e imagem $\mathbb{C}$ é um número complexo dado por*

$$\langle f, g \rangle = \int_{-\infty}^{\infty} f(t)g(t)^* dt \tag{2.2}$$

Pode-se provar que os axiomas da simetria ($\langle f, g \rangle = \langle g, f \rangle^*$), da distributividade ($\langle f + h, g \rangle = \langle f, g \rangle + \langle h, g \rangle$), da homogeneidade ($\langle \lambda f, g \rangle = \lambda \langle f, g \rangle$ para $\lambda \in \mathbb{C}$) e da positividade ($\langle f, f \rangle \geq 0$ e é igual a zero se e apenas se $f(t) = 0$ para todo $t \in \mathbb{R}$) são válidos para a relação (2.2), desde que os sinais f e g sejam restritos ao conjunto dos sinais contínuos por partes. Em particular, o da positividade permite calcular a norma induzida de um sinal, que é um número real não negativo dado por

$$\|f\| = \sqrt{\langle f, f \rangle} = \sqrt{\int_{-\infty}^{\infty} |f(t)|^2 dt} \tag{2.3}$$

em que é importante observar a possibilidade de a integral divergir. Este é o caso de sinais limitados no tempo por uma constante. Se existir uma constante real $\alpha > 0$ tal que $|f(t)| \leq \alpha$ para todo $t \in \mathbb{R}$, então $\|f\| \leq +\infty$. A norma de um sinal constante no tempo é $+\infty$. Para que a sua norma seja finita é necessário (mas

34   CAPÍTULO 2.   SINAIS

não suficiente) que $|f(t)| \to 0$ quando $|t| \to \infty$. Podemos então concluir que todo sinal periódico tem norma infinita. Uma outra medida do tamanho de um sinal é dada em seguida.

Definição 2.2 (Valor eficaz) *O valor eficaz de um sinal $f(t)$ com domínio $\mathbb{R}$ e imagem $\mathbb{C}$ é um número real não negativo dado por*

$$\|f\|_{ef} = \sqrt{\lim_{\tau \to \infty} \frac{1}{2\tau} \int_{-\tau}^{\tau} |f(t)|^2 dt} \tag{2.4}$$

Esta definição indica que o valor eficaz de um sinal tem a simples interpretação de valor médio do seu módulo. Desta forma, sob as mesmas condições anteriores, para um sinal limitado no tempo por uma constante, obtém-se $\|f\|_{ef} \leq \alpha$. O valor eficaz de um sinal constante no tempo é igual ao módulo desta constante. De maneira similar, o valor eficaz de um sinal periódico é igual ao valor eficaz calculado em apenas um período. De fato, particionando (2.4) em segmentos de tamanho $T_0 > 0$, o seu período, podemos calcular

$$\begin{aligned} \|f\|_{ef}^2 &= \lim_{m \to \infty} \frac{1}{2m+1} \sum_{n=-m}^{m} \frac{1}{T_0} \int_{nT_0}^{(n+1)T_0} |f(t)|^2 dt \\ &= \frac{1}{T_0} \int_0^{T_0} |f(t)|^2 dt \end{aligned} \tag{2.5}$$

Os exemplos resolvidos em seguida permitem ilustrar os diversos aspectos dessas duas definições no contexto de sinais a tempo contínuo, periódicos ou aperiódicos. O objetivo é deixar claro como essas grandezas são calculadas e quais são as interpretações possíveis que resultam dos cálculos realizados.

Exemplo 2.4 Considere o sinal $f(t) = e^{\alpha t}$ com domínio $\mathbb{R}$ e imagem $\mathbb{R}_+$. Sua norma sempre é $+\infty$ para qualquer valor $\alpha \in \mathbb{R}$. Seu valor eficaz é $+\infty$ para todo $\alpha \neq 0$ e é igual a $\|f\|_{ef} = 1$ para $\alpha = 0$. Note que o sinal $g(t) = e^{(\alpha+j\beta)t}$ com domínio $\mathbb{R}$ e imagem $\mathbb{C}$ é tal que $|g(t)| = f(t) = |f(t)|$ para todo $t \in \mathbb{R}$. Assim sendo, a norma e o valor eficaz de g e de f coincidem. A norma e o valor eficaz de $g(t)$ não dependem de $\beta \in \mathbb{R}$.   □

Exemplo 2.5 Considere o sinal $f(t) = a\,\mathrm{sen}(\omega t)$ com domínio $\mathbb{R}$ e imagem $[-a, a] \subset \mathbb{R}$, em que a e ω são números reais positivos. Trata-se de um sinal periódico com período $T_0 = 2\pi/\omega$ e, portanto, a sua norma é $+\infty$. Seu valor eficaz é determinado por (2.5), isto é,

$$\begin{aligned} \|f\|_{ef}^2 &= \frac{a^2 \omega}{2\pi} \int_0^{2\pi/\omega} \mathrm{sen}(\omega t)^2 dt \\ &= \frac{a^2}{2\pi} \int_0^{2\pi} \mathrm{sen}(\xi)^2 d\xi \\ &= \frac{a^2}{2\pi} \int_0^{2\pi} \frac{1 - \cos(2\xi)}{2} d\xi = \frac{a^2}{2} \end{aligned}$$

2.2. PROPRIEDADES BÁSICAS

e, assim, $\|f\|_{ef} = a/\sqrt{2}$. Neste caso, nota-se que o valor eficaz do sinal não depende do seu período. □

Exemplo 2.6 Considere o sinal periódico, com período T_0, definido para todo $t \in \mathbb{R}$, denominado *dente de serra*. O seu valor no intervalo de tempo correspondente ao primeiro período $|t| \leq T_0/2$ é dado por $f(t) = a\,t$, com $a > 0$. A sua norma é $+\infty$. Utilizando novamente a expressão (2.5), o seu valor eficaz é determinado, ou seja,

$$
\begin{aligned}
\|f\|_{ef}^2 &= \frac{a^2}{T_0} \int_{-T_0/2}^{T_0/2} t^2 dt \\
&= \frac{a^2 T_0^2}{12}
\end{aligned}
$$

e, assim, $\|f\|_{ef} = (aT_0)/(2\sqrt{3})$. Portanto, neste caso, o valor eficaz do sinal depende do seu período. □

Um aspecto interessante do cálculo de norma ocorre quando um sinal é obtido como resultado da combinação linear de m sinais elementares $f_1(t), \cdots, f_m(t)$, ou seja,

$$
g(t) = \sum_{i=1}^{m} c_i f_i(t) \tag{2.6}
$$

em que $c_i \in \mathbb{C}$ para todo $i = 1, \cdots, m$ são escalares conhecidos. Os sinais elementares funcionam como se constituíssem uma base no espaço dos sinais, a partir da qual outros sinais mais complexos são construídos através de combinações lineares adequadas. Aplicando a definição de norma e fazendo uso da sua distributividade, obtemos

$$
\|g\|^2 = \sum_{i=1}^{m} \sum_{n=1}^{m} c_i c_j^* \langle f_i, f_n \rangle \tag{2.7}
$$

o que coloca em evidência que a igualdade

$$
\|g\|^2 = \sum_{i=1}^{m} |c_i|^2 \|f_i\|^2 \tag{2.8}
$$

se verifica para sinais elementares que satisfaçam as relações

$$
\langle f_i, f_n \rangle = \int_{-\infty}^{\infty} f_i(t) f_n(t)^* dt = 0 \tag{2.9}
$$

para todo $i \neq n = 1, \cdots, m$. Estes sinais são ditos *ortogonais* e se, além disso, forem normalizados $\|f_i\| = 1$ para todo $i = 1, \cdots, m$ então tornam-se *ortonormais*. Neste caso, a igualdade (2.8) se reduz a $\|g\|^2 = |c_1|^2 + \cdots + |c_m|^2$. É claro

36   CAPÍTULO 2. SINAIS

que o ponto central deste desenvolvimento situa-se no conhecimento ou na determinação de um conjunto de sinais ortonormais, sobretudo quando o número de
sinais elementares for arbitrariamente grande. Este aspecto, por sua importância
específica, será objeto de análise detalhada a ser feita mais adiante.

Definição 2.3 (Sinal par e sinal ímpar) *Um sinal $f(t)$ com domínio $\mathbb{R}$ é denominado par se $f(t) = f(-t)$ para todo $t \in \mathbb{R}$ e é denominado ímpar se
$f(t) = -f(-t)$ para todo $t \in \mathbb{R}$.*

Nota-se que, em ambos os casos, os valores de $f(t)$ em cada ponto simétrico do
seu domínio $t > 0$ e $t < 0$ guardam alguma simetria entre si. É claro que um sinal
qualquer pode não ser par nem ímpar, mas qualquer sinal pode ser decomposto
na forma $f(t) = f_p(t) + f_i(t)$, em que $f_p(t)$ é a sua *componente par* e $f_i(t)$ é a sua
componente ímpar. De fato, as componentes par e ímpar de um sinal qualquer
$f(t)$ são dadas por

$$f_p(t) = \frac{1}{2}\left(f(t) + f(-t)\right) \tag{2.10}$$

$$f_i(t) = \frac{1}{2}\left(f(t) - f(-t)\right) \tag{2.11}$$

pois, a partir da simples aplicação da Definição 2.3, conclui-se que o sinal $f_p(t)$
é par e que o sinal $f_i(t)$ é ímpar. É também possível verificar com algum esforço
que, para qualquer sinal, as suas componentes par e ímpar são ortogonais. Esta
importante propriedade decorre do cálculo do produto escalar

$$\begin{aligned}
\langle f_p, f_i \rangle &= \int_{-\infty}^{\infty} f_p(t) f_i(t)^* dt \\
&= \frac{1}{4}\int_{-\infty}^{\infty}\left(|f(t)|^2 + f(-t)f(t)^*\right) dt - \\
&\quad -\frac{1}{4}\int_{-\infty}^{\infty}\left(|f(-t)|^2 + f(t)f(-t)^*\right) dt \\
&= \frac{1}{4}\int_{-\infty}^{\infty} h(t)dt - \frac{1}{4}\int_{-\infty}^{\infty} h(-t)dt \tag{2.12}
\end{aligned}$$

em que $h(t) = |f(t)|^2 + f(-t)f(t)^*$. Como pode ser verificado pela simples mu-
dança de variável $\tau = -t$, as duas integrais são iguais e assim temos $\langle f_p, f_i \rangle = 0$.
Em muitas situações é útil lembrar que, para qualquer sinal $f(t)$, o sinal produto
a ele associado $s(t) = f(t)f(-t)$ é sempre um sinal par. Observe que o mesmo
não ocorre com o sinal resultante da divisão $s(t) = f(t)/f(-t)$, ainda que esta
operação possa ser realizada para todo $t \in \mathbb{R}$.

2.2. PROPRIEDADES BÁSICAS

Exemplo 2.7 Considere o sinal $f(t) = e^{\alpha t}$ com domínio $\mathbb{R}$ e imagem $\mathbb{R}_+$. Este sinal real não é par e também não é ímpar, mas as suas componentes são imediatamente calculadas como sendo $f_p(t) = \cosh(\alpha t)$ e $f_i(t) = \operatorname{senh}(\alpha t)$. O sinal $g(t) = e^{(\alpha + j\beta)t}$ com domínio $\mathbb{R}$ e imagem $\mathbb{C}$ tem a componente par $g_p(t) = \cosh(\alpha t)\cos(\beta t) + j\operatorname{senh}(\alpha t)\operatorname{sen}(\beta t)$ e ímpar $g_i(t) = \operatorname{senh}(\alpha t)\cos(\beta t) + j\cosh(\alpha t)\operatorname{sen}(\beta t)$. É interessante notar que para $\alpha = 0$ obtém-se $g_p(t) = \cos(\beta t)$ e $g_i(t) = j\operatorname{sen}(\beta t)$, de tal forma que a soma destas duas componentes reproduz o sinal original, como era de se esperar. $\qquad\square$

Exemplo 2.8 (Energia e Potência) Um resistor com resistência unitária de $R = 1\ [\Omega]$, ao ser submetido a uma tensão $f(t)$ [V], dissipa a potência instantânea $P(t) = f(t)^2$ [W] e a energia

$$E = \int_{-\infty}^{\infty} P(t)dt \ [\text{Joules}]$$

Neste caso, sendo $f(t)$ um sinal com imagem em $\mathbb{R}$, verifica-se que $E = \|f\|^2$, ou seja, a norma ao quadrado do sinal de tensão é igual ao valor total da energia dissipada no resistor. Por outro lado, se calcularmos a potência média dissipada em todo o intervalo de tempo $(-\infty, \infty)$ como sendo

$$P = \lim_{\Delta t \to \infty} \frac{1}{2\Delta t} \int_{-\Delta t}^{\Delta t} P(t)dt \ [\text{Watts}]$$

então verifica-se imediatamente que $P = \|f\|_{ef}^2$. Ou seja, o valor eficaz ao quadrado do sinal de tensão é igual à potência média dissipada no resistor padrão. Estas duas interpretações físicas ajudam a entender a natureza dos sinais segundo os valores (finitos ou não) da sua norma e do seu valor eficaz. $\qquad\square$

No estudo de sinais, existem algumas funções que são especiais e que, portanto, merecem ser apresentadas e estudadas de maneira mais detalhada. Todas elas são definidas no domínio real $\mathbb{R}$ e têm imagem neste mesmo conjunto.

- **Degrau unitário:** Trata-se de uma das funções mais importantes no estudo de sinais. Ela é definida por

$$v(t) = \begin{cases} 1 & , \quad t \geq 0 \\ 0 & , \quad t < 0 \end{cases} \tag{2.13}$$

  observe que ela é descontínua em $t = 0$, sendo que $v(0) = 1$.

- **Retângulo unitário:** Trata-se de uma função usada para selecionar partes simétricas (em relação à origem) de sinais. Ela é definida na forma

$$\vartheta(t) = \begin{cases} 1 & , \quad |t| < 1 \\ 0 & , \quad |t| > 1 \end{cases} \tag{2.14}$$

  e tem dois pontos de descontinuidade que satisfazem $|t| = 1$. Ao ser escrita como uma composição de dois degraus unitários deslocados, ou seja, $\vartheta(t) = v(t+1) - v(t-1)$, os valores $\vartheta(-1) = 1$ e $\vartheta(1) = 0$ ficam determinados.

38   CAPÍTULO 2. SINAIS

- **Seno normalizado:** Trata-se de uma função definida na forma

$$\text{sinc}(t) = \begin{cases} 1 & , \quad t = 0 \\ \text{sen}(t)/t & , \quad t \neq 0 \end{cases} \tag{2.15}$$

Deve ser imediatamente notado que esta é uma função contínua em todos os pontos do seu domínio, em particular, em $t = 0$. Ela se anula nos instantes $t_n = n\pi$ para todo $n \in \mathbb{Z}$.

Por fim, desejamos introduzir não uma função, mas um ente matemático que tem importância capital no estudo de sinais (e de sistemas). Trata-se do chamado **impulso unitário**, que é denotado por $\delta(t)$ e é definido através das propriedades

$$\delta(t) = 0, \ \forall t \neq 0, \ \int_{-\infty}^{\infty} \delta(t) dt = 1 \tag{2.16}$$

Como o impulso pode ser diferente de zero apenas em $t = 0$, a integral em (2.16) exige que o valor do impulso em $t = 0$ seja ilimitado. Várias são as possibilidades para obtermos $\delta(t)$ a partir destas duas condições. Uma delas é determinar o impulso unitário através do limite

$$\delta(t) = \lim_{\varepsilon \to 0^+} \frac{\upsilon(t) - \upsilon(t - \varepsilon)}{\varepsilon} \tag{2.17}$$

que não pode ser confundido com o valor usual da derivada temporal $\delta(t) = \dot{\upsilon}(t)$, pois a função degrau não é nem mesmo contínua em $t = 0$. É possível interpretar esta relação como sendo uma *derivada generalizada* que pode ser calculada em pontos onde a função envolvida não é contínua. Outra possibilidade é

$$\delta(t) = \lim_{\varepsilon \to 0^+} \left(\frac{1}{\varepsilon}\right) e^{-t/\varepsilon} \upsilon(t) \tag{2.18}$$

em que a função no lado direito, para qualquer $\varepsilon > 0$ dado, é descontínua em $t = 0$. Entretanto, a seguinte forma

$$\delta(t) = \lim_{\varepsilon \to 0^+} \left(\frac{t}{\varepsilon^2}\right) e^{-t/\varepsilon} \upsilon(t) \tag{2.19}$$

também é válida e tem a vantagem de ser uma função contínua em todos os pontos do seu domínio, inclusive em $t = 0$, para qualquer $\varepsilon > 0$ dado. Um outro aspecto ligado ao impulso unitário merece especial atenção. Veremos mais adiante durante o estudo da transformada de Fourier que a seguinte igualdade é verdadeira:

$$\frac{1}{2\pi} \int_{-\infty}^{\infty} e^{j\omega t} d\omega = \delta(t) \tag{2.20}$$

2.2. PROPRIEDADES BÁSICAS

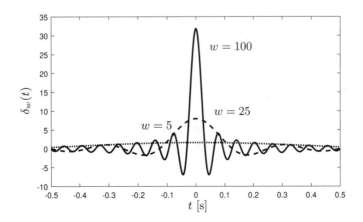

Figura 2.3: Aproximação do impulso unitário

Isto quer dizer que, para $t \neq 0$ dado, o valor da integral converge para zero. De fato, considerando $w = n\pi/t$ com $n \in \mathbb{Z}$ podemos calcular o valor principal do limite

$$\begin{aligned}
\lim_{w \to \infty} \frac{1}{2\pi} \int_{-w}^{w} e^{j\omega t} d\omega &= \lim_{n \to \infty} \frac{1}{2\pi} \int_{-n\pi/t}^{n\pi/t} e^{j\omega t} d\omega \\
&= \lim_{n \to \infty} \left(\frac{1}{\pi |t|} \right) \operatorname{sen}(n\pi) \\
&= 0
\end{aligned} \qquad (2.21)$$

Por outro lado, para $t = 0$, verificamos diretamente de (2.20) que o valor da integral diverge para $+\infty$. A Figura 2.3 mostra as funções

$$\begin{aligned}
\delta_w(t) &= \frac{1}{2\pi} \int_{-w}^{w} e^{j\omega t} d\omega \\
&= \left(\frac{w}{\pi} \right) \operatorname{sinc}(wt)
\end{aligned} \qquad (2.22)$$

calculadas no intervalo de tempo $|t| \leq 1/2$ [s] para os valores indicados do limite máximo de frequência w expresso em [rad/s]. Nota-se a convergência para valores de $t \neq 0$ e a divergência para $t = 0$, conforme $w > 0$ aumenta. O impulso, portanto, pode ser interpretado como um indicador da ocorrência de uma divergência em uma determinada operação matemática, resultado de um processo de passagem ao limite para $\pm\infty$. Entretanto, para ser da forma impulsiva, a referida divergência deve ocorrer de maneira especial, qual seja, mantendo o valor da sua integral igual a um. Lembrando uma integral conhecida, temos

$$\int_{-\infty}^{\infty} \delta_w(t)dt = \left(\frac{w}{\pi}\right) \int_{-\infty}^{\infty} \text{sinc}(wt)dt$$

$$= \int_{-\infty}^{\infty} \text{sinc}(\pi\xi)d\xi = 1 \tag{2.23}$$

que é independente do valor de $w > 0$ e atesta que $\delta(t) = \lim_{w\to\infty} \delta_w(t)$. Como ficará claro no decorrer deste livro, o impulso unitário tem um papel central no estudo de sinais e sistemas. Talvez isso se deva ao fato de que a igualdade

$$\int_{-\infty}^{\infty} f(t)\delta(t - \tau)dt = f(\tau) \tag{2.24}$$

seja verdadeira para toda função contínua com domínio em $\mathbb{R}$. O impulso permite individualizar o valor de uma função contínua em qualquer instante $\tau \in \mathbb{R}$ do seu domínio. Como $\delta(t-\tau) = 0$ para todo $t \neq \tau$, a verificação da veracidade de (2.24) é imediata. Com o impulso podemos também construir funções mais elaboradas, como por exemplo

$$v(t) = \int_{-\infty}^{t} \delta(\xi)d\xi \tag{2.25}$$

pois a integral acima, levando em conta as propriedades do impulso (2.16), é nula para todo $t < 0$ e é igual a 1 para todo $t \geq 0$. As manipulações algébricas com o impulso requerem certa atenção e cautela, sobretudo quando envolvem diferenciação em relação ao tempo.

Por fim, desejamos enfatizar que apresentamos as mais variadas propriedades dos sinais a tempo contínuo de forma bastante genérica. Neste sentido, considera-mos $\mathbb{R}$ o seu domínio e $\mathbb{C}$ o seu conjunto imagem. O tratamento no domínio complexo e não real, ao contrário do que se possa imaginar, simplifica as manipulações matemáticas, sobretudo aquelas que envolvem as funções trigonométricas seno e cosseno. Esta afirmação ficará mais evidente no decorrer do texto. Para o tratamento exclusivo de sinais com imagem real a única modificação requerida é a substituição do conjugado de um sinal por ele próprio.

2.2.2 Sinais a Tempo Discreto

Os sinais a tempo discreto são aqueles com domínio $\mathbb{Z}$ e com imagem em $\mathbb{R}$ ou $\mathbb{C}$. Vamos seguir exibindo resultados similares àqueles que apresentamos na seção anterior. Em larga medida, quase tudo pode ser refeito, mas com um ferramental

2.2. PROPRIEDADES BÁSICAS

matemático um pouco diverso. É preciso alertar que, em geral, calcular somas é mais trabalhoso e mais complicado do que calcular integrais.

Definição 2.4 (Produto escalar) *O produto escalar de dois sinais $f(k)$ e $g(k)$ com o mesmo domínio $\mathbb{Z}$ e imagem $\mathbb{C}$ é um número complexo dado por*

$$\langle f, g \rangle = \sum_{k=-\infty}^{\infty} f(k)g(k)^* \tag{2.26}$$

Assim definido, o produto escalar satisfaz os axiomas da simetria, da distributividade, da homogeneidade e da positividade. Em consequência, a norma induzida é então dada por

$$\|f\| = \sqrt{\langle f, f \rangle} = \sqrt{\sum_{k=-\infty}^{\infty} |f(k)|^2} \tag{2.27}$$

e é importante ressaltar a possibilidade da soma indicada divergir. De fato, se existir uma constante real $\alpha > 0$ tal que $|f(k)| \leq \alpha$ para todo $k \in \mathbb{Z}$, então $\|f\| \leq +\infty$. A norma de um sinal constante no tempo é $+\infty$. Para que a sua norma seja finita é necessário (mas não suficiente) que $|f(k)| \to 0$ quando $|k| \to \infty$. Podemos então concluir que todo sinal periódico tem norma infinita. Uma outra medida do tamanho de um sinal é dada em seguida.

Definição 2.5 (Valor eficaz) *O valor eficaz de um sinal $f(k)$ com domínio $\mathbb{Z}$ e imagem $\mathbb{C}$ é um número real não negativo dado por*

$$\|f\|_{ef} = \sqrt{\lim_{m \to \infty} \frac{1}{2m+1} \sum_{k=-m}^{m} |f(k)|^2} \tag{2.28}$$

Como o intervalo a tempo discreto $[-m, m]$ tem $2m + 1$ elementos, o valor eficaz de um sinal a tempo discreto tem também a simples interpretação de valor médio do seu módulo. Desta forma, para um sinal limitado no tempo por uma constante, obtém-se $\|f\|_{ef} \leq \alpha$. O valor eficaz de um sinal constante no tempo é igual ao módulo desta constante. O valor eficaz de um sinal periódico é igual ao valor eficaz calculado em apenas um período. De fato, particionando (2.28) em segmentos de tamanho $N_0 \in \mathbb{N}$, sendo $N_0 > 0$ o seu período, podemos calcular

$$\begin{aligned} \|f\|_{ef}^2 &= \lim_{m \to \infty} \frac{1}{(2m+1)} \sum_{n=-m}^{m} \frac{1}{N_0} \sum_{k=nN_0}^{(n+1)N_0-1} |f(k)|^2 \\ &= \frac{1}{N_0} \sum_{k=0}^{N_0-1} |f(k)|^2 \end{aligned} \tag{2.29}$$

em que deve ser notado que, devido à periodicidade do sinal, os valores da soma interna são iguais para todo $n \in [-m, m]$, fazendo com que a segunda igualdade se estabeleça. Como já foi possível notar, para manipular sinais a tempo discreto devemos ter bastante destreza com séries, inclusive envolvendo números complexos. Nesta direção, um dos resultados mais básicos entre os mais importantes é dado no seguinte lema. Ele torna explícita a condição de convergência da soma dos elementos de uma progressão geométrica com razão complexa.

Lema 2.1 *Considere* $1 \neq z \in \mathbb{C}$ *e* $1 \leq i \in \mathbb{N}$. *A igualdade*

$$\sum_{k=0}^{i-1} z^k = \frac{1-z^i}{1-z} \tag{2.30}$$

é verdadeira. Além disso, $\sum_{k=0}^{\infty} z^k = 1/(1-z)$ *converge se e somente se* $|z| < 1$.

Prova: A prova é simples e bastante conhecida. Definido $S = 1 + z + \cdots + z^{(i-1)}$, então a multiplicação por z leva a $zS = z + z^2 + \cdots + z^i$. A subtração permite calcular $(1-z)S = 1 - z^i$, que fornece (2.30), pois $z \neq 1$. O cálculo do limite de (2.30) para $i \to \infty$ pode ser feito desde que $\lim_{i \to \infty} z^i$ exista. Como $|z^i| = |z|^i$, isso é assegurado se e apenas se $|z| < 1$. Neste caso, o referido limite é nulo e a igualdade desejada é obtida. $\qquad\square$

A sequência de números complexos

$$1, z, z^2, z^3, \cdots, z^{(i-1)} \tag{2.31}$$

ao ser vista como uma progressão geométrica com razão $z \in \mathbb{C}$ permite afirmar que o Lema 2.1 generaliza para o campo complexo, um resultado já bastante conhecido para sequências reais. Os exemplos resolvidos em seguida ilustram os diversos aspectos das duas últimas definições no contexto de sinais a tempo discreto. Em particular, eles são importantes para indicar como as diversas somas que aparecem nas mencionadas definições são calculadas com auxílio do Lema 2.1. A estratégia consiste em utilizar a fórmula de Euler para converter funções trigonométricas em exponenciais complexas. Assim procedendo, somas de funções trigonométricas se convertem em somas de progressões geométricas que são manipuladas sem dificuldade. Entretanto, é preciso ficar alerta para o fato de a soma em (2.30) iniciar em $k = 0$ e terminar em $k = i - 1$, envolvendo portanto $i \in \mathbb{N}$ elementos.

Por outro lado, o resultado do Lema 2.1 pode ser manipulado sem qualquer problema desde que se observe o seu domínio de validade. Assim sendo, derivando

2.2. PROPRIEDADES BÁSICAS

em relação a z ambos os lados da soma infinita de potências, obtemos uma nova igualdade

$$\sum_{k=0}^{\infty} k z^k = \frac{z}{(1-z)^2} \tag{2.32}$$

que é válida para todo $z \in \mathbb{C}$ tais que $|z| < 1$. Este tipo de manipulação algébrica permite obter várias relações úteis, sobretudo no âmbito de sinais a tempo discreto.

Exemplo 2.9 Sejam os sinais $f(t)$ e $g(t)$ a tempo contínuo, considerados no Exemplo 2.4 e $T > 0$ um escalar dado. Define-se o sinal a tempo discreto $s(k) = f(kT) = e^{\alpha T k}$ com domínio $\mathbb{Z}$ e imagem $\mathbb{R}_+$. Sua norma sempre é $+\infty$ para qualquer valor de $\alpha \in \mathbb{R}$. Seu valor eficaz é $+\infty$ para todo $\alpha \neq 0$ e é igual a $\|f\|_{ef} = 1$ para $\alpha = 0$. Note que o sinal $h(k) = g(kT) = e^{(\alpha + j\beta)T k}$ com domínio $\mathbb{Z}$ e imagem $\mathbb{C}$ é tal que $|h(k)| = s(k) = |s(k)|$ para todo $k \in \mathbb{Z}$. Assim sendo, a norma e o valor eficaz de $s(k)$ e de $h(k)$ coincidem. A norma e o valor eficaz de $h(k)$ não dependem de $\beta \in \mathbb{R}$. $\square$

Exemplo 2.10 Considere o sinal senoidal $f(t)$ já estudado no Exemplo 2.5 e $T > 0$ dado. Definimos o seguinte sinal a tempo discreto, resultante de uma operação de amostragem periódica, como sendo $s(k) = f(kT) = a \operatorname{sen}(\omega T k)$ com domínio $\mathbb{Z}$ e imagem $[-a, a] \subset \mathbb{R}$, em que $a > 0$ e $\theta = \omega T \in (0, \pi)$. Em primeiro lugar, desejamos saber se este sinal é periódico. Devemos determinar o menor valor de $N_0 > 0$ tal que $f(k) = f(k + N_0)$ para todo $k \in \mathbb{Z}$ e $k + N_0 \in \mathbb{Z}$. Desenvolvendo o lado direito da igualdade $\operatorname{sen}(\theta k) = \operatorname{sen}(\theta(k + N_0))$, verificamos que ela é satisfeita se e apenas se $\cos(\theta N_0) = 1$, ou seja $N_0 = q(2\pi/\theta)$ para algum $q \in \mathbb{Z}$. Como N_0 tem que ser um número natural, concluímos que $s(k)$ é um sinal periódico desde que a relação $2\pi/\theta$ seja um número racional. Sendo ou não periódico, vamos fazer os cálculos sem levar em conta esta informação. Lembrando que a função cosseno é par, temos

$$\begin{aligned}
\sum_{k=-m}^{m} \operatorname{sen}(\theta k)^2 &= \frac{1}{2} \sum_{k=-m}^{m} (1 - \cos(2\theta k)) \\
&= \frac{2m+1}{2} - \frac{1}{2} \sum_{k=-m}^{m} \cos(2\theta k) \\
&= \frac{2m+1}{2} - \frac{1}{2} \left(1 + 2 \sum_{k=1}^{m} \cos(2\theta k) \right)
\end{aligned}$$

Resta determinar a soma das funções cosseno. Isto é feito com a aplicação do Lema 2.1, mas com o cuidado necessário para ajustar os limites inferior e superior da soma com

$z = e^{j2\theta} \neq 1$ e $z = e^{-j2\theta} \neq 1$, respectivamente, ou seja,

$$
\begin{aligned}
1 + 2 \sum_{k=1}^{m} \cos(2\theta k) &= 1 + \sum_{k=1}^{m} \left(e^{j2\theta k} + e^{-j2\theta k} \right) \\
&= 1 - \frac{1 - e^{j2\theta m}}{1 - e^{-j2\theta}} - \frac{1 - e^{-j2\theta m}}{1 - e^{j2\theta}} \\
&= \frac{\cos(2\theta m) - \cos(2\theta(m+1))}{1 - \cos(2\theta)}
\end{aligned}
$$

a qual, em seguida, segundo é solicitado no Exercício 2.17, pode ser convertida para a forma $\rho \cos(2\theta_m + \psi)$, em que os parâmetros (ρ, ψ) dependem exclusivamente de θ. Obtemos então o limitante

$$
\left| 1 + 2 \sum_{k=1}^{m} \cos(2\theta k) \right| \leq \rho = \sqrt{\frac{2}{1 - \cos(2\theta)}}
$$

que é válido para todo $m \in \mathbb{N}$. Com (2.27), os cálculos anteriores indicam que $\|s\| = +\infty$. Ademais, (2.28) fornece $\|s\|_{ef} = a/\sqrt{2}$, que é exatamente igual ao valor eficaz do sinal a tempo contínuo estudado no Exemplo 2.5. Os casos extremos caracterizados pelos ângulos $\theta = 0$ ou $\theta = \pi$ geram sinais nulos, ou seja, $s(k) = 0$ para todo $k \in \mathbb{Z}$, o que leva obviamente a $\|s\| = \|s\|_{ef} = 0$. $\qquad\square$

Exemplo 2.11 Considere o sinal $f(t)$ a tempo contínuo, com período $T_0 > 0$, denominado *dente de serra*, estudado no Exemplo 2.6. Definimos o sinal periódico, a tempo discreto, cujo primeiro período $|k| \leq r \in \mathbb{N}$ é dado por $s(k) = f(hk) = ah\,k$, com $a > 0$ e $r = T_0/2h$. O valor de $h > 0$ foi escolhido de forma a fazer com que $r \in \mathbb{N}$. Assim sendo, observe que o sinal $s(k)$ é periódico com período $N_0 = 2r + 1$. A sua norma é $+\infty$ e o seu valor eficaz é determinado por uma relação equivalente a (2.29), isto é,

$$
\begin{aligned}
\|f\|_{ef}^2 &= \frac{(ah)^2}{2r+1} \sum_{k=-r}^{r} k^2 \\
&= \frac{2(ah)^2}{2r+1} \sum_{k=1}^{r} k^2 \\
&= (ah)^2 \frac{r(r+1)}{3}
\end{aligned}
$$

na qual, substituindo o valor de r, obtemos

$$
\|f\|_{ef} = \frac{aT_0}{2\sqrt{3}} \sqrt{1 + \frac{2h}{T_0}}
$$

Comparando com o caso a tempo contínuo nota-se que o valor eficaz do sinal discreto $s(k)$ é sempre maior que o valor eficaz de $f(t)$. Esses valores tornam-se arbitrariamente próximos desde que o passo de discretização h satisfaça $h \ll T_0/2$, isto é, seja muito pequeno se comparado com meio período do sinal $f(t)$. $\qquad\square$

2.2. PROPRIEDADES BÁSICAS

45

No caso de sinais a tempo discreto, também é importante considerar o cálculo de normas para sinais obtidos como resultado da combinação linear de um certo número de sinais elementares $f_1(k), \cdots, f_m(k)$, ou seja,

$$g(k) = \sum_{i=1}^{m} c_i f_i(k) \tag{2.33}$$

em que $c_i \in \mathbb{C}$ para todo $i = 1, \cdots, m$ são escalares conhecidos. Aplicando a definição de norma e fazendo uso da sua distributividade, obtemos

$$\|g\|^2 = \sum_{i=1}^{m} \sum_{n=1}^{m} c_i c_j^* \langle f_i, f_n \rangle \tag{2.34}$$

o que coloca em evidência que a igualdade

$$\|g\|^2 = \sum_{i=1}^{m} |c_i|^2 \|f_i\|^2 \tag{2.35}$$

se verifica para sinais elementares que satisfaçam as relações

$$\langle f_i, f_n \rangle = \sum_{k=-\infty}^{\infty} f_i(k) f_n(k)^* = 0 \tag{2.36}$$

para todo $i \neq n = 1, \cdots, m$. Se estes sinais elementares forem *ortonormais*, então a igualdade (2.35) se reduz a $\|g\|^2 = |c_1|^2 + \cdots + |c_m|^2$. Podemos interpretar um conjunto destes sinais elementares como uma base que permite escrever outros sinais a partir de combinações lineares específicas. A determinação de conjuntos de sinais ortonormais é um tema de grande relevância que será abordado mais adiante. A seguinte definição, embora idêntica ao caso a tempo contínuo, será incluída para tornar mais fácil a leitura.

Definição 2.6 (Sinal par e sinal ímpar) *Um sinal $f(k)$ com domínio $\mathbb{Z}$ é denominado par se $f(k) = f(-k)$ para todo $k \in \mathbb{Z}$ e é denominado ímpar se $f(k) = -f(-k)$ para todo $k \in \mathbb{Z}$.*

É claro que um sinal qualquer pode não ser par nem ímpar, mas qualquer sinal pode ser decomposto na forma $f(k) = f_p(k) + f_i(k)$, em que $f_p(k)$ é a sua *componente par* e $f_i(k)$ é a sua *componente ímpar*, que são dadas por

$$f_p(k) = \frac{1}{2} \left(f(k) + f(-k) \right) \tag{2.37}$$

$$f_i(k) = \frac{1}{2} \left(f(k) - f(-k) \right) \tag{2.38}$$

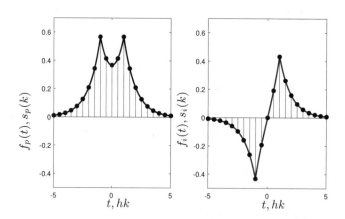

Figura 2.4: Componentes par e ímpar de um sinal

A partir da simples aplicação da Definição 2.6 conclui-se que, de fato, o sinal $f_p(k)$ é par e que o sinal $f_i(k)$ é ímpar. É também possível verificar que para qualquer sinal as suas componentes par e ímpar são ortogonais. Esta importante propriedade decorre do cálculo do produto escalar $\langle f_p, f_i \rangle$ exatamente como foi feito no caso a tempo contínuo. Em muitas situações é útil lembrar que, para qualquer sinal $f(k)$, o sinal produto a ele associado $s(k) = f(k)f(-k)$ é sempre um sinal par. Observe que o mesmo não ocorre com o sinal resultante da divisão $f(k)/f(-k)$, ainda que esta operação possa ser realizada para todo $k \in \mathbb{Z}$.

Exemplo 2.12 Seja o sinal a tempo contínuo $f(t) = e^{-|t-1|}$ com domínio $t \in \mathbb{R}$. A partir dele construímos o sinal a tempo discreto $s(k) = f(kh)$ com domínio $k \in \mathbb{Z}$. A Figura 2.4 mostra as componentes par e ímpar de cada sinal no intervalo de tempo $t \in [-5,5]$ e $k \in [-10,10]$. A fim de representar ambos os sinais na mesma abscissa temporal, para o sinal a tempo discreto consideramos $t = hk$ com $k \in [-10, 10]$ e $h = 0{,}5$. Como foi dito, pode-se verificar numericamente que, em ambos os casos, as componentes par e ímpar são ortogonais. □

Exemplo 2.13 (Energia e Potência) De maneira similar aos sinais a tempo contínuo, para os sinais a tempo discreto a quantidade $E = \|f\|^2$ quando finita classifica-o como um sinal de energia. Por outro lado, se $P = \|f\|_{ef}^2$ for finita ele é classificado como um sinal de potência. Eventuais interpretações físicas dessas quantidades são feitas de maneira aproximada via amostragem. □

No estudo de sinais a tempo discreto também existem algumas funções que são especiais e que, portanto, merecem ser apresentadas de maneira mais detalhada. Todas elas são definidas no domínio $k \in \mathbb{Z}$ e têm imagem em $\mathbb{R}$.

2.2. PROPRIEDADES BÁSICAS

47

- **Degrau unitário:** Trata-se de uma das funções mais importantes no estudo de sinais. Ela é definida por

$$v(k) = \begin{cases} 1 & , \quad k \geq 0 \\ 0 & , \quad k < 0 \end{cases} \tag{2.39}$$

e observe que $v(0) = 1$.

- **Retângulo unitário:** Trata-se de uma função usada para selecionar partes simétricas (em relação à origem) de sinais. Ela é definida na forma

$$\vartheta(k) = \begin{cases} 1 & , \quad |k| \leq n \\ 0 & , \quad |k| > n \end{cases} \tag{2.40}$$

sendo $1 \leq n \in \mathbb{N}$. Ela pode ser escrita como uma composição de dois degraus unitários deslocados, ou seja, $\vartheta(k) = v(k+n) - v(k-n-1)$. É claro que a sua largura pode ser alterada segundo o valor de $n \in \mathbb{N}$ escolhido.

Por fim, desejamos introduzir o chamado **impulso unitário**, que tem importância singular no estudo de sinais (e de sistemas) a tempo discreto. Como é usual, adotamos a mesma notação $\delta(k)$, mas se trata de um ente matemático muito diferente do impulso unitário a tempo contínuo e é definido por

$$\delta(k) = \begin{cases} 1 & , \quad k = 0 \\ 0 & , \quad k \neq 0 \end{cases} \tag{2.41}$$

Em algumas situações é conveniente identificar $\delta(k) = 0^k$, lembrando que $0^0 = 1$, por definição. A seguinte igualdade se estabelece

$$\sum_{k=-\infty}^{\infty} f(k)\delta(k-n) = f(n) \tag{2.42}$$

a qual seleciona, para cada $n \in \mathbb{Z}$ dado, o valor da função $f(k)$ no instante $k = n \in \mathbb{Z}$. Como $\delta(k-n) = 0$ para todo $k \neq n$ e $\delta(k-n) = 1$ para $k = n$, verifica-se a validade da relação (2.42) de maneira trivial. Funções elementares podem ser escritas com o impulso unitário. O degrau unitário é uma delas

$$v(k) = \sum_{n=-\infty}^{k} \delta(n) \tag{2.43}$$

como pode ser verificado sem dificuldades. O impulso unitário em tempo discreto não tem as singularidades do seu homônimo $\delta(t)$ em tempo contínuo. São

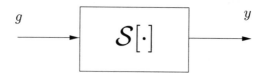

Figura 2.5: Diagrama de blocos de um sistema

entidades matemáticas diversas. Como já foi dito, ambos têm grande utilidade não só no estudo de sinais, mas também no estudo de sistemas dinâmicos, como ficará claro no decorrer dos próximos capítulos deste livro.

Vale ressaltar que tudo foi feito para sinais com imagem em $\mathbb{C}$. Os mesmos resultados para o caso específico de sinais com imagem em $\mathbb{R}$ decorrem de forma imediata. Trabalhar diretamente com o conjunto $\mathbb{C}$ facilita os cálculos, mas requer uma certa destreza com números complexos e funções de variável complexa, o que pode ser conseguido com a ajuda das referências discutidas nas notas bibliográficas deste capítulo. Este tópico é tão importante que uma parte expressiva do Apêndice A é a ele dedicada. Por este motivo, sugerimos fortemente a sua leitura.

2.3 Sistemas

De forma bastante genérica, um sistema é todo dispositivo que processa sinais. Um sistema pode ser representado na forma de um *diagrama de blocos* como ilustrado na Figura 2.5. Ele atua no sinal g presente na sua entrada e fornece como resultado o sinal y que disponibiliza na sua saída. Nosso propósito é estudar os sistemas denominados *dinâmicos* cuja saída depende não só da entrada em um determinado instante, mas eventualmente de todo o seu passado.

Um sistema é completamente caracterizado pelo operador $\mathcal{S}[\cdot]$, que nada mais é que uma relação matemática que permite determinar o sinal de saída y como resposta ao sinal de entrada g, ou seja,

$$y = \mathcal{S}[g] \tag{2.44}$$

Para ficar mais claro, imaginemos um sistema a tempo contínuo composto por um resistor com resistência R [Ω]. Tomamos como entrada o sinal de tensão g em [V] colocado nos seus terminais e como saída o sinal de corrente resultante em [A]. A lei de Ohm imediatamente fornece $\mathcal{S}[g] = g/R$. Trata-se de um sistema denominado *algébrico*, pois a sua saída, em cada instante de tempo, depende da

2.3. SISTEMAS

entrada apenas naquele mesmo instante. Se o resistor for trocado por um indutor com indutância L $[H]$ o novo sistema é caracterizado pelo operador

$$\mathcal{S}[g] = \frac{1}{L} \int_{-\infty}^{t} g(\tau) d\tau \qquad (2.45)$$

onde se assume que no início do tempo $t = -\infty$ o sistema estava isolado, inoperante. Nota-se que agora o valor da saída $y(t)$ em um determinado instante $t \in \mathbb{R}$ depende de toda a história da entrada $\{g(\tau), \ \forall \tau \leq t\}$ até aquele instante. Assim como os sinais, existem sistemas a tempo contínuo e sistemas a tempo discreto. Os primeiros processam sinais com domínio $t \in \mathbb{R}$, enquanto que os últimos processam sinais com domínio $k \in \mathbb{Z}$. Independentemente desta característica importante, os sistemas são classificados segundo as seguintes classes que colocam em evidência as suas características mais relevantes:

- **Sistemas lineares:** São aqueles que respeitam o *Princípio da superposição*. Se y_i é a saída correspondente à entrada g_i para todo $i = 1, 2, \cdots, m$ então $y = \sum_i \alpha_i y_i$ é a saída correspondente à entrada $g = \sum_i \alpha_i g_i$. Assim sendo, para todas entradas g_i e escalares α_i com $i = 1, 2, \cdots, m$ temos

$$\mathcal{S}\left[\sum_{i=1}^{m} \alpha_i g_i\right] = \sum_{i=1}^{m} \alpha_i \mathcal{S}[g_i] \qquad (2.46)$$

o que torna evidente que a linearidade do sistema preserva na saída a mesma combinação linear da entrada.

- **Sistemas invariantes no tempo:** São assim chamados quando um atraso arbitrário na entrada implicar o mesmo atraso na saída. Sendo $g(t)$ e $y(t)$ sinais de entrada e de saída que, portanto, satisfazem a relação $y = \mathcal{S}[g]$, se definirmos os sinais atrasados $g_\tau(t) = g(t - \tau)$ e $y_\tau(t) = y(t - \tau)$, então

$$y_\tau = \mathcal{S}[g_\tau] \qquad (2.47)$$

Para esta classe de sistemas podemos arbitrar, sem perda alguma, o instante inicial $t_0 = 0$ em que sua resposta começa a ser calculada.

- **Sistemas causais:** Causalidade é um importante conceito que também é bastante intuitivo. A sua saída $y(t)$ depende apenas da entrada $g(\tau)$ para todo $\tau \leq t$. Ou seja, um sistema causal só pode ser influenciado pelo passado e pelo presente, jamais pelo futuro. Apenas os sistemas causais podem ser realizados.

50   CAPÍTULO 2. SINAIS

Neste texto trataremos sobretudo os sistemas lineares invariantes no tempo, identificados pela sigla (LIT), e causais. Esse é, sem dúvida, o caso mais importante não só pelas suas implicações teóricas, mas também por sua ampla utilização prática. A seguir, tendo em vista a importância e as particularidades de cada um deles, passamos a estudar separadamente os sistemas LIT a tempo contínuo e a tempo discreto.

2.3.1   Sistemas a Tempo Contínuo

A análise de sistemas a tempo contínuo tem como base a chamada operação de *convolução de dois sinais*. Sejam dois sinais $g(t)$ e $h(t)$ com domínio $\mathbb{R}$ e imagem $\mathbb{R}$. A convolução de g por h, denotada por $g * h$, tem como resultante um outro sinal $f(t)$ com mesmo domínio e mesmo conjunto imagem, dado por

$$f(t) = g * h = \int_{-\infty}^{\infty} g(\tau)h(t - \tau)d\tau \qquad (2.48)$$

Esta operação é associativa, distributiva e comutativa. Em particular, esta última propriedade decorre da mudança da variável de integração. De fato, definindo a nova variável $\xi = t - \tau$, vem

$$\begin{aligned}
g * h &= \int_{-\infty}^{\infty} g(\tau)h(t - \tau)d\tau \\
&= \int_{-\infty}^{\infty} g(t - \xi)h(\xi)d\xi \\
&= h * g \qquad (2.49)
\end{aligned}$$

que é o resultado desejado. Assim sendo, não há necessidade de se preocupar com qual sinal deve ser aquele que aparece atrasado no cálculo da integral, pois ambas as possibilidades fornecem o mesmo resultado. Um caso particular tem importância singular. Trata-se da convolução de um sinal $g(t)$ com o impulso unitário $\delta(t)$, que, a partir de (2.48), resulta em

$$g * \delta = \int_{-\infty}^{\infty} g(\tau)\delta(t - \tau)d\tau = g(t) \qquad (2.50)$$

Isto indica que o impulso é o elemento neutro da operação de convolução, tendo em vista que a convolução de qualquer sinal com o impulso unitário fornece o próprio sinal. Para se conhecer tudo a respeito de um sistema LIT representado pelo operador $\mathcal{S}[\cdot]$, basta conhecer a sua resposta ao impulso unitário denotada por

$$h = \mathcal{S}[\delta] \qquad (2.51)$$

2.3. SISTEMAS

Isto quer dizer que todas as respostas possíveis são obtidas a partir desta resposta fundamental, como fica demonstrado no próximo teorema.

Teorema 2.1 *Para qualquer sinal de entrada $g(t)$ dado, o sinal de saída $y(t)$ de um sistema LIT definido por (2.44) é dado por*

$$y(t) = g * h = \int_{-\infty}^{\infty} g(\tau)h(t - \tau)d\tau \qquad (2.52)$$

em que $h(t)$ é a sua resposta ao impulso unitário.

Prova: Escrevendo o sinal de entrada $g(t)$ como em (2.50), assumindo que o sistema é LIT e calculando a saída correspondente, vem

$$
\begin{aligned}
y(t) &= \mathcal{S}\left[\int_{-\infty}^{\infty} g(\tau)\delta(t - \tau)d\tau\right] \\
&= \int_{-\infty}^{\infty} g(\tau)\mathcal{S}[\delta(t - \tau)]d\tau \\
&= \int_{-\infty}^{\infty} g(\tau)h(t - \tau)d\tau \qquad (2.53)
\end{aligned}
$$

ou seja, $y = g * h$ como se desejava demonstrar. $\qquad \square$

É importante ficar claro que em (2.53) a linearidade do sistema foi utilizada na primeira igualdade para passar o operador $\mathcal{S}[\cdot]$ para dentro da integral e para retirar do seu interior a constante $g(\tau)$, tendo em vista que ele se aplica à variável $t \in \mathbb{R}$. Finalmente, como se trata de um sistema invariante no tempo, a terceira igualdade é obtida. O teorema foi provado sem que a causalidade fosse utilizada. De fato, como evidencia o próximo lema, a causalidade de um sistema se reflete na sua resposta ao impulso.

Lema 2.2 *Um sistema LIT definido por (2.44) é causal quando a sua resposta ao impulso for tal que $h(t) = 0$, $\forall t < 0$.*

Prova: Como a fórmula (2.52) é válida, calculando-a com $h(t) = 0$ para todo $t < 0$, obtemos

$$y(t) = \int_{-\infty}^{t} g(\tau)h(t - \tau)d\tau \qquad (2.54)$$

o que torna aparente que, apenas sob esta condição, a saída $y(t)$ depende da entrada $g(\tau)$ para todo $\tau \in (-\infty, t]$, provando assim o lema proposto. $\qquad \square$

52   *CAPÍTULO 2. SINAIS*

Um caso especial, bastante frequente, ocorre quando o sinal de entrada for nulo para todo $t < 0$. A aplicação do Lema 2.2 leva imediatamente a

$$y(t) = \begin{cases} \displaystyle\int_0^t g(\tau)h(t-\tau)d\tau & , \quad t \geq 0 \\ 0 & , \quad t < 0 \end{cases} \tag{2.55}$$

Como se trata de um sistema LIT causal o sinal de saída permanece nulo para todo $t < 0$, pois o sinal de entrada é nulo neste mesmo intervalo de tempo. Este resultado é utilizado na resolução dos exemplos discutidos em seguida, nos quais consideramos alguns sinais de entrada básicos, de grande ocorrência e utilidade no estudo de sinais e sistemas.

Exemplo 2.14 (Resposta ao degrau unitário) Assumindo que o sistema seja LIT e considerando o sinal de entrada $g(t) = v(t)$ obtemos, pela aplicação direta de (2.52), a resposta correspondente na forma

$$\begin{aligned} y(t) &= \int_{-\infty}^{\infty} g(\tau)h(t-\tau)d\tau \\ &= \int_0^{\infty} h(t-\tau)d\tau \\ &= \int_{-\infty}^t h(\xi)d\xi \end{aligned}$$

onde realizamos a mudança de variável $\xi = t - \tau$ para obter a última igualdade. Se o sistema além de LIT for causal, teremos como resposta ao degrau unitário

$$y(t) = \int_0^t h(\tau)d\tau$$

para todo $t \geq 0$ e $y(t) = 0$ para todo $t < 0$. Desta forma, podemos concluir que a resposta ao degrau unitário é a integral da resposta ao impulso unitário. □

Exemplo 2.15 (Resposta ao sinal exponencial) O sinal de entrada é da seguinte forma $g(t) = e^{\lambda t}$ com $\lambda \in \mathbb{C}$. Este sinal tem domínio $\mathbb{R}$ e imagem $\mathbb{C}$. Assumindo que o sistema seja LIT, o resultado do Teorema 2.1 fornece

$$\begin{aligned} y(t) &= \int_{-\infty}^{\infty} e^{\lambda\tau}h(t-\tau)d\tau \\ &= \int_{-\infty}^{\infty} e^{\lambda(t-\xi)}h(\xi)d\xi \\ &= \left(\int_{-\infty}^{\infty} e^{-\lambda\xi}h(\xi)d\xi\right)e^{\lambda t} \end{aligned}$$

2.3. SISTEMAS

onde realizamos a mudança de variável $\xi = t - \tau$ para obter a segunda igualdade. Se o sistema em estudo também for causal, a sua reposta tem a forma mais simples

$$y(t) = \left(\int_0^\infty e^{-\lambda\xi} h(\xi) d\xi \right) e^{\lambda t}$$

válida para todo $t \in \mathbb{R}$. Nota-se que a quantidade entre parênteses só depende da resposta ao impulso do sistema em consideração e do parâmetro $\lambda \in \mathbb{C}$ que define o sinal de entrada. É uma constante em relação ao tempo que, ao ser denotada por $\hat{h}(\lambda)$, coloca em evidência que o sinal de saída é dado por $y(t) = \hat{h}(\lambda)e^{\lambda t}$, $\forall t \in \mathbb{R}$. Retomando (2.44) obtemos, finalmente, a relação

$$\mathcal{S}[e^{\lambda t}] = \hat{h}(\lambda)e^{\lambda t}$$

que permite dizer que a função exponencial $e^{\lambda t}$, $\forall t \in \mathbb{R}$, é uma *autofunção* e o escalar $\hat{h}(\lambda) \in \mathbb{C}$ é o respectivo *autovalor* do operador $\mathcal{S}[\cdot]$. $\qquad\square$

Para um sistema causal é importante analisarmos como podemos identificar, isto é, determinar a sua resposta ao impulso $h(t)$ com domínio em $\mathbb{R}_+$. Para isso, escolhemos uma entrada do tipo exponencial $g(t) = e^{\lambda t} v(t)$ com $\lambda \in \mathbb{C}$ e assumimos que a saída correspondente, que é do tipo $y(t) = y_0(t)v(t)$, seja conhecida. Reescrevendo (2.55) na forma alternativa

$$y(t) = \int_0^t g(t - \tau) h(\tau) d\tau \tag{2.56}$$

e substituindo os sinais que acabamos de descrever, vem

$$\int_0^t e^{-\lambda\tau} h(\tau) d\tau = e^{-\lambda t} y_0(t) v(t), \ \forall t \in \mathbb{R}_+ \tag{2.57}$$

que é um equação integral que, ao ser resolvida, fornece $h(t)$ para todo $t \in \mathbb{R}_+$. Nota-se que a solução deste problema é obtida pela derivação em relação ao tempo dos dois membros desta igualdade, mas para isso é preciso saber derivar o degrau unitário que nem mesmo é uma função contínua em $t = 0$. Como será visto mais adiante, em especial no Capítulo 4, isto pode ser feito a partir da generalização do conceito de derivada que resulta do estudo da Transformada de Fourier. Essas considerações permitem concluir que $dv(t)/dt = \delta(t)$. Derivando (2.57) em relação ao tempo, com algumas manipulações algébricas, obtemos

$$h(t) = (\dot{y}_0(t) - \lambda y_0(t))v(t) + y_0(0)\delta(t) \tag{2.58}$$

em que utilizamos a propriedade do impulso unitário $y_0(t)\delta(t) = y_0(0)\delta(t)$. Em geral, ocorre que $y_0(0) = 0$, pois o sinal de entrada é nulo para todo $t < 0$ e o sistema em estudo parte do repouso. Neste caso, mais frequente, o impulso que aparece em $h(t)$ é eliminado.

54 CAPÍTULO 2. SINAIS

Exemplo 2.16 Um circuito RC série é alimentado por uma tensão $g(t)$. Se escolhermos a tensão no capacitor como sendo a saída de interesse $y(t)$, a sua resposta ao impulso é dada por $y(t) = 0$ para todo $t < 0$ e

$$h(t) = (1/c_0)e^{-t/c_0}, \ \forall t \geq 0$$

em que $c_0 = RC$ [s] é a sua constante de tempo. Portanto, a dimensão física de $h(t)$ é $[s^{-1}]$. Trata-se, claro, de um sistema LIT causal. Como já vimos, a sua resposta a um degrau de amplitude V_0 [V], isto é, $g(t) = V_0 v(t)$ pode ser determinada por mera integração, ou seja,

$$\begin{aligned} y(t) &= V_0(1/c_0) \int_0^t e^{-\tau/c_0} d\tau \\ &= V_0 \left(1 - e^{-t/c_0}\right) \ [\text{V}] \end{aligned}$$

para todo $t \geq 0$ e $y(t) = 0$ para todo $t < 0$. Como a entrada considerada é igual ao degrau unitário multiplicado por V_0, apenas multiplicamos a saída correspondente pela mesma constante. Isto é possível pois o sistema é linear. □

Exemplo 2.17 Se no exemplo anterior substituirmos o resistor por um indutor com indutância L [H], a resposta ao impulso torna-se $y(t) = 0$ para todo $t < 0$ e

$$h(t) = \omega_0 \, \text{sen}(\omega_0 t), \ \forall t \geq 0$$

em que $\omega_0 = 1/\sqrt{LC}$ [rad/s] é a sua frequência natural de oscilação. Portanto, a dimensão física de $h(t)$ é [rad/s]. O sinal de entrada que desejamos considerar é $g(t) = \cos(\omega t)v(t)$. O sinal de saída correspondente é dado em (2.55), isto é, $y(t) = 0$ para todo $t < 0$ e

$$\begin{aligned} y(t) &= \omega_0 \int_0^t \cos(\omega\tau)\text{sen}(\omega_0(t - \tau))d\tau \\ &= \frac{\omega_0}{2} \int_0^t \left(\text{sen}(\omega_0 t + (\omega - \omega_0)\tau) + \text{sen}(\omega_0 t - (\omega + \omega_0)\tau)\right) d\tau \\ &= \frac{\omega_0^2}{\omega^2 - \omega_0^2}(\cos(\omega_0 t) - \cos(\omega t)), \ \forall t \geq 0 \end{aligned}$$

em que assumimos $\omega \neq \omega_0$. Para $\omega = \omega_0$ as contas podem ser refeitas para se obter

$$y(t) = \frac{\omega_0}{2} t \, \text{sen}(\omega_0 t), \ \forall t \geq 0$$

e neste caso, um sinal de entrada limitado em um sistema com resposta ao impulso limitada produz um sinal de saída ilimitado. Este fenômeno é chamado de *ressonância* e ocorre quando a resposta ao impulso e o sinal entrada são sinais periódicos com a mesma frequência natural ou, equivalentemente, com períodos iguais. Este comportamento será estudado com maiores detalhes em seguida. □

2.3. SISTEMAS

Um conceito fundamental relativo aos sistemas é o de *estabilidade*. De maneira não muito rigorosa, sistemas estáveis tendem a atenuar os sinais de entrada, enquanto que os instáveis tendem a amplificá-los. Por este motivo, instabilidade é um indicador de sérios problemas, sobretudo em sistemas físicos que podem ser levados a transitar longe dos seus pontos normais de operação.

Definição 2.7 (Estabilidade) *Um sistema é estável se a todo sinal de entrada limitado corresponder um sinal de saída limitado.*

Como vimos anteriormente, a resposta ao impulso unitário define o comportamento de qualquer sistema LIT. Dessa forma, para esta classe, a definição acima deve ser traduzida em alguma característica particular da sua resposta ao impulso. Como mostra o próximo teorema, isto de fato ocorre.

Lema 2.3 *Um sistema LIT com resposta ao impulso $h(t)$ é estável se e apenas se*

$$M_h = \int_{-\infty}^{\infty} |h(\tau)| d\tau \tag{2.59}$$

for um valor finito.

Prova: Inicialmente, assumimos que (2.59) é satisfeita e que a entrada é limitada, isto é, $|g(t)| \le M_g < \infty$ para todo $t \in \mathbb{R}$. Com a resposta correspondente a esta entrada dada por (2.52), verificamos a partir de

$$
\begin{aligned}
|y(t)| &= \left| \int_{-\infty}^{\infty} g(\tau)h(t-\tau)d\tau \right| \\
&\le \int_{-\infty}^{\infty} |g(\tau)||h(t-\tau)|d\tau \\
&\le M_g \int_{-\infty}^{\infty} |h(\xi)|d\xi = M_g M_h \tag{2.60}
\end{aligned}
$$

que ela é limitada para todo $t \in \mathbb{R}$ e assim concluímos que o sistema é estável. Inversamente, vamos calcular $y(0)$ para a entrada limitada $g(t) = 1$ se $h(-t) \ge 0$ e $g(t) = -1$ se $h(-t) \le 0$. Com a saída correspondente dada por (2.52), temos

$$
\begin{aligned}
y(0) &= \int_{-\infty}^{\infty} g(\tau)h(-\tau)d\tau \\
&= \int_{-\infty}^{\infty} |h(-\tau)|d\tau \\
&= \int_{-\infty}^{\infty} |h(\xi)|d\xi = M_h \tag{2.61}
\end{aligned}
$$

56   CAPÍTULO 2. SINAIS

e concluímos que a saída correspondente a esta entrada limitada será também
limitada apenas se a constante M_h for finita.   □

Para sistemas LIT causais a constante M_h se simplifica para

$$M_h = \int_0^\infty |h(\tau)|d\tau \qquad (2.62)$$

e fica claro que uma condição necessária (mas não suficiente) para que M_h seja
finita é que $\lim_{t\to+\infty} |h(t)| = 0$. Uma condição suficiente para que isso ocorra é
que existam constantes $\alpha > 0$ e $\beta \geq 0$ tais que $|h(t)| \leq \beta e^{-\alpha t}$ para todo $t \in \mathbb{R}_+$,
pois $M_h = \beta/\alpha$. Neste caso o sistema é dito *assintoticamente estável*. O gráfico
do módulo da resposta ao impulso em função do tempo permite estimar esses
parâmetros.

Exemplo 2.18 Para um sistema LIT causal com resposta ao impulso da forma

$$h(t) = \sum_{i=1}^n \theta_i e^{\lambda_i t}, \ \forall t \geq 0$$

se $\mathrm{Re}(\lambda_i) \leq -\alpha < 0$ para todo $i = 1, 2, \cdots, n$ verificamos imediatamente que com
$\beta = \sum_{i=1}^n |\theta_i|$ a desigualdade $|h(t)| \leq \beta e^{-\alpha t}$ para todo $t \geq 0$ é verdadeira e a estabilidade
assintótica é assegurada. Note que, se para algum $1 \leq i \leq n$ ocorrer $\mathrm{Re}(\lambda_i) > 0$, o
sistema é instável. Neste contexto, o Exemplo 2.17 é emblemático. É claro que para
aquele sistema tem-se $|h(t)| \leq \omega_0$ e $\alpha = 0$. Ele não obedece a definição de estabilidade,
pois a constante $M_h = +\infty$, isto é, torna-se ilimitada. Por este motivo, e levando em
consideração que a condição do Lema 2.3 é necessária e suficiente, existe um sinal de
entrada limitado cuja saída correspondente é ilimitada.   □

2.3.2   Sistemas a Tempo Discreto

Como ocorreu com o estudo de sinais, o de sistemas a tempo discreto é bastante parecido com o que foi feito para os sistemas a tempo contínuo. Mesmo
assim, mais uma vez, vale a pena colocar em evidência as similitudes e as eventuais diferenças das ferramentas matemáticas que são utilizadas. A operação de
base é a *convolução de dois sinais* $g(k)$ e $h(k)$ com domínio $\mathbb{Z}$ e imagem $\mathbb{R}$. A
convolução de g por h, denotada por $g * h$, tem como resultante um outro sinal
$f(k)$ com mesmo domínio e mesmo conjunto imagem, dado por

$$f(k) = g * h = \sum_{n=-\infty}^\infty g(n)h(k - n) \qquad (2.63)$$

2.3. SISTEMAS

A notação utilizada para convolução em tempo discreto é a mesma que foi adotada para sinais em tempo contínuo. O contexto define de forma inequívoca em qual domínio estamos operando. Trata-se de uma operação associativa, distributiva e comutativa. Em particular, esta última propriedade pode ser verificada com a mudança de variável $m = k - n$, que permite calcular

$$\begin{aligned}
g * h &= \sum_{n=-\infty}^{\infty} g(n)h(k-n) \\
&= \sum_{m=-\infty}^{\infty} g(k-m)h(m) \\
&= h * g
\end{aligned} \tag{2.64}$$

que é o que se desejava obter. Como os resultados finais são idênticos, não é preciso se preocupar com qual das duas fórmulas se deve operar em cada caso específico. A importante operação de convolução de um sinal $g(k)$ com o impulso unitário $\delta(k)$ decorre imediatamente de (2.63), que, neste caso, fornece

$$g * \delta = \sum_{n=-\infty}^{\infty} g(n)\delta(k-n) = g(k) \tag{2.65}$$

Isto indica que o impulso é o elemento neutro da operação de convolução tendo em vista que a convolução de qualquer sinal com o impulso unitário fornece o próprio sinal. Para se conhecer tudo a respeito de um sistema LIT representado pelo operador $\mathcal{S}[\cdot]$, basta conhecer a sua resposta ao impulso unitário denotada por

$$h = \mathcal{S}[\delta] \tag{2.66}$$

Isto quer dizer que todas as respostas possíveis são obtidas a partir desta resposta fundamental, como fica demonstrado no próximo teorema, que é bastante similar à sua versão em tempo contínuo.

Teorema 2.2 *Para qualquer sinal de entrada $g(k)$ dado, o sinal de saída $y(k)$ de um sistema LIT definido por (2.44) é dado por*

$$y(k) = g * h = \sum_{n=-\infty}^{\infty} g(n)h(k-n) \tag{2.67}$$

em que $h(k)$ é a sua resposta ao impulso unitário.

Prova: Escrevendo o sinal de entrada $g(k)$ com (2.65), assumindo que o sistema é LIT e calculando a saída correspondente, obtemos

$$y(k) = \mathcal{S}\left[\sum_{n=-\infty}^{\infty} g(n)\delta(k-n)\right]$$

$$= \sum_{n=-\infty}^{\infty} g(n)\mathcal{S}[\delta(k-n)]$$

$$= \sum_{n=-\infty}^{\infty} g(n)h(k-n) \qquad (2.68)$$

ou seja, $y = g * h$, como se desejava demonstrar. $\qquad\square$

Exatamente como foi feito no caso a tempo contínuo, a linearidade do sistema foi utilizada na primeira igualdade para passar o operador $\mathcal{S}[\cdot]$ para dentro da soma e para retirar do seu interior a constante $g(n)$, pois ele se aplica à variável independente $k \in \mathbb{Z}$. Finalmente, a invariância no tempo faz com que a terceira igualdade seja obtida. O teorema foi provado sem que a causalidade tenha sido utilizada. De fato, como evidencia o próximo lema, a causalidade de um sistema a tempo discreto também se reflete na sua resposta ao impulso.

Lema 2.4 *Um sistema LIT definido por (2.44) é causal quando a sua resposta ao impulso for tal que $h(k) = 0$, $\forall k < 0$.*

Prova: Levando em conta (2.67) e usando o fato de que $h(k) = 0$, $\forall k < 0$, obtemos

$$y(k) = \sum_{n=-\infty}^{k} g(n)h(k-n) \qquad (2.69)$$

fazendo com que $y(k)$ dependa exclusivamente de $g(n)$ para todo $n \in (-\infty, k]$, o que prova o lema proposto. $\qquad\square$

Um caso especial, bastante frequente, ocorre quando o sinal de entrada for nulo para todo $k < 0$. A aplicação do Lema 2.4 leva imediatamente a

$$y(k) = \begin{cases} \displaystyle\sum_{n=0}^{k} g(n)h(k-n) & , \quad k \geq 0 \\ \\ 0 & , \quad k < 0 \end{cases} \qquad (2.70)$$

A resposta assim obtida deriva especialmente da causalidade e da classe especial dos sinais de entrada. Este resultado é utilizado na resolução dos exemplos

2.3. SISTEMAS

discutidos em seguida, nos quais consideramos alguns sinais de entrada básicos e de grande ocorrência no estudo de sinais e sistemas a tempo discreto.

Exemplo 2.19 (Resposta ao degrau unitário) Assumindo que o sistema seja LIT e considerando o sinal de entrada $g(k) = v(k)$ obtemos, pela aplicação direta de (2.67), a resposta correspondente na forma

$$
\begin{aligned}
y(k) &= \sum_{n=-\infty}^{\infty} g(n)h(k-n) \\
&= \sum_{n=0}^{\infty} h(k-n) \\
&= \sum_{m=-\infty}^{k} h(m)
\end{aligned}
$$

onde realizamos a mudança de variável $m = k - n$ para obter a última igualdade. Se o sistema além de LIT for causal, teremos como resposta ao degrau unitário

$$
y(k) = \sum_{n=0}^{k} h(n)
$$

para todo $k \geq 0$ e $y(k) = 0$ para todo $k < 0$. Ou seja, para obter a resposta ao degrau unitário basta somar a resposta ao impulso. $\square$

Exemplo 2.20 (Resposta ao sinal geométrico) O sinal de entrada é da seguinte forma $g(k) = \lambda^k$ com $\lambda \in \mathbb{C}$. Este sinal tem domínio $\mathbb{Z}$ e imagem $\mathbb{C}$. Observe que os seus elementos formam uma progressão geométrica. Assumindo que o sistema seja LIT, o resultado do Teorema 2.2 fornece

$$
\begin{aligned}
y(k) &= \sum_{n=-\infty}^{\infty} \lambda^n h(k-n) \\
&= \sum_{m=-\infty}^{\infty} \lambda^{(k-m)} h(m) \\
&= \left(\sum_{m=-\infty}^{\infty} \lambda^{-m} h(m) \right) \lambda^k
\end{aligned}
$$

onde realizamos a mudança de variável $m = k - n$ para obter a segunda igualdade. Se o sistema em estudo também for causal, a sua resposta tem a forma mais simples

$$
y(k) = \left(\sum_{m=0}^{\infty} \lambda^{-m} h(m) \right) \lambda^k
$$

válida para todo $k \in \mathbb{Z}$. Nota-se que a quantidade entre parênteses só depende da resposta ao impulso do sistema em consideração e do parâmetro $\lambda \in \mathbb{C}$ que define o sinal

60   CAPÍTULO 2. SINAIS

de entrada. É uma constante em relação ao tempo que, ao ser denotada por $\hat{h}(\lambda)$, coloca em evidência que o sinal de saída é dado por $y(k) = \hat{h}(\lambda)\lambda^k$, $\forall k \in \mathbb{Z}$. Retomando (2.44), obtemos, finalmente, a relação

$$\mathcal{S}[\lambda^k] = \hat{h}(\lambda)\lambda^k$$

que permite dizer que a função geométrica λ^k, $\forall k \in \mathbb{Z}$, é uma *autofunção* e o escalar $\hat{h}(\lambda) \in \mathbb{C}$ é o respectivo *autovalor* do operador $\mathcal{S}[\cdot]$.   □

Como foi feito no caso de sistemas a tempo contínuo, é importante sabermos identificar a resposta ao impulso de um sistema a tempo discreto causal a partir do conhecimento de uma entrada, por exemplo, $g(k) = \lambda^k v(k)$ com $\lambda \in \mathbb{C}$. Assumimos que a saída correspondente $y(k) = y_0(k)v(k)$ seja conhecida. Devemos resolver a forma alternativa da equação (2.70), isto é,

$$y(k) = \sum_{n=0}^{k} g(k - n)h(n) \tag{2.71}$$

a qual, após algumas manipulações e substituições dos sinais de entrada e de saída, resulta na igualdade

$$\sum_{n=0}^{k} \lambda^{-n}h(n) = \lambda^{-k}y_0(k), \forall k \in \mathbb{N} \tag{2.72}$$

que, ao ser avaliada em dois instantes genéricos sucessivos $k - 1 \in \mathbb{N}$ e $k \in \mathbb{N}$, a subtração dos resultados fornece os valores da resposta ao impulso do sistema em estudo que pode ser colocada na forma final

$$h(k) = \begin{cases} y_0(k) - \lambda y_0(k - 1) & , \quad k \geq 1 \\ y_0(0) & , \quad k = 0 \end{cases} \tag{2.73}$$

Em geral, $y_0(0) = 0$, pois a entrada considerada é nula para todo $k < 0$ e o sistema parte do repouso. Isto faz com que a resposta ao impulso inicie em $h(0) = 0$. Este mesmo procedimento permite determinar $h(k)$ para outras classes de entradas, mas é imperativo assumir que o sistema a ser identificado seja causal.

Exemplo 2.21 A resposta ao impulso de um sistema LIT causal é dada por $h(k) = a^k v(k)$, em que $a \in \mathbb{R}$. Para o sinal de entrada $g(k) = \cos(\theta k)v(k)$ com $\theta \in [0, 2\pi]$, a saída correspondente pode ser calculada através de (2.70). Como já vimos, para realizar somas é mais conveniente expressar as funções trigonométricas através de exponenciais complexas, ou seja,

$$g(k) = \frac{1}{2}\left(e^{j\theta k} + e^{-j\theta k}\right)v(k)$$

2.3. SISTEMAS

e, assim, $y(k) = 0$ para todo $k < 0$ e

$$
\begin{aligned}
y(k) &= \sum_{n=0}^{k} g(n)h(k-n) \\
&= \frac{a^k}{2} \sum_{n=0}^{k} \left(e^{j\theta n} + e^{-j\theta n}\right) a^{-n} \\
&= \frac{(a - \cos(\theta))a^{k+1} + \cos(\theta k) - a\,\cos(\theta(k+1))}{a^2 - 2a\,\cos(\theta) + 1}, \ \forall k \geq 0
\end{aligned}
$$

onde utilizamos o Lema 2.1 para calcular os valores das duas somas, lembrando que é preciso exigir que $e^{j\theta}/a \neq 1$ e $e^{-j\theta}/a \neq 1$. Tomemos o caso particular em que $\theta = 0$. A fórmula acima se reduz a

$$
y(k) = \frac{1 - a^{k+1}}{1 - a}, \quad \forall k \geq 0
$$

que é o resultado esperado, pois $g(k) = v(k)$ e, portanto, no instante $k \in \mathbb{N}$ a saída deve ser igual à soma dos $k+1$ primeiros elementos de uma progressão geométrica com razão a. A solução para $a = 1$ pode ser calculada pelo limite de $y(k)$ para $a \to 1$, ou seja, $y(k) = (k+1)v(k)$. Ocorre novamente o fenômeno da ressonância, pois, para um sinal de entrada limitado (degrau unitário) e para um sistema com resposta ao impulso limitada (degrau unitário), o sinal de saída correspondente é ilimitado. $\qquad \square$

O conceito de estabilidade é fundamental e básico no contexto de sistemas a tempo contínuo e também a tempo discreto. A Definição 2.7 de estabilidade dada anteriormente permanece a mesma em ambos os casos. Naturalmente, como a resposta ao impulso define completamente o comportamento de um sistema, a exigência de ser estável deve ser traduzida em alguma propriedade específica desta função. O próximo lema explicita esta propriedade.

Lema 2.5 *Um sistema LIT com resposta ao impulso $h(k)$ é estável se e apenas se*

$$
M_h = \sum_{n=-\infty}^{\infty} |h(n)| \tag{2.74}
$$

for um valor finito.

Prova: Inicialmente, assumimos que (2.74) é satisfeita e que a entrada é limitada, isto é, $|g(k)| \leq M_g < \infty$ para todo $k \in \mathbb{Z}$. Com a resposta correspondente a esta entrada (2.67), verificamos a partir de

$$
\begin{aligned}
|y(k)| &= \left| \sum_{n=-\infty}^{\infty} g(n)h(k-n) \right| \\
&\leq \sum_{n=-\infty}^{\infty} |g(n)||h(k-n)| \\
&\leq M_g \sum_{m=-\infty}^{\infty} |h(m)| = M_g M_h
\end{aligned}
\tag{2.75}
$$

que ela é limitada para todo $k \in \mathbb{Z}$ e assim concluímos que o sistema é estável. Inversamente, vamos calcular $y(0)$ para a entrada limitada $g(k) = 1$ se $h(-k) \geq 0$ e $g(k) = -1$ se $h(-k) \leq 0$. Com a saída correspondente dada por (2.67), temos

$$
\begin{aligned}
y(0) &= \sum_{n=-\infty}^{\infty} g(n)h(-n) \\
&= \sum_{n=-\infty}^{\infty} |h(-n)| \\
&= \sum_{m=-\infty}^{\infty} |h(m)| = M_h
\end{aligned}
\tag{2.76}
$$

e concluímos que a saída correspondente a esta entrada limitada será também limitada apenas se M_h for um valor finito. $\qquad\square$

Para sistemas LIT causais a tempo discreto, a constante M_h se simplifica para

$$
M_h = \sum_{n=0}^{\infty} |h(n)|
\tag{2.77}
$$

e uma condição necessária (mas não suficiente) para que M_h seja finita é que $\lim_{k \to +\infty} |h(k)| = 0$. Por outro lado, uma condição suficiente para que isso ocorra é que existam constantes $|\alpha| < 1$ e $\beta \geq 0$ tais que $|h(k)| \leq \beta \alpha^k$ para todo $k \in \mathbb{N}$ pois $M_h = \beta/(1 - \alpha)$. Neste caso, o sistema é *assintoticamente estável*.

Com vimos, qualquer sistema LIT a tempo contínuo ou a tempo discreto é completamente definido por sua resposta ao impulso unitário. Trata-se de um atributo específico de cada sistema. Por este motivo, para se conhecer um sistema LIT de interesse é preciso determinar a sua resposta ao impulso através de simulações ou ensaios práticos. Isto é feito através do estabelecimento de

2.4. NOTAS BIBLIOGRÁFICAS

um modelo matemático que leva em conta as leis básicas que definem o seu comportamento. Desta forma, é preciso se preocupar em aprender e usar de forma correta a modelagem matemática de sinais e sistemas.

2.4 Notas Bibliográficas

A literatura dispõe de um número expressivo de livros que tratam de sinais e sistemas. Em [13], [16] e [18], estes dois temas são tratados de forma conjunta, como estamos fazendo. Entretanto, é preciso salientar que eles também são tratados em outros excelentes textos que são dedicados a assuntos mais específicos, tais como [4] e [6], entre muitos outros. Este capítulo torna explícita a forma como os demais serão trabalhados. Na maioria das vezes vamos manipular ferramentas básicas de cálculo tais como vetores, matrizes, números complexos e funções de variáveis complexas, com certa profundidade, o que exige destreza a ser conseguida nos textos sobre o assunto ou através do material disponibilizado no Apêndice A. Com este propósito, os livros [2], [14], [15] e [17] são referências básicas de apoio. Os conceitos de causalidade e estabilidade, tão importantes no mundo real, foram analisados com a precisão e o cuidado necessários. No contexto de aplicações práticas, modelagem e projeto de sistemas de controle, o leitor é convidado a consultar [11], [12] e, eventualmente, as suas próprias referências.

Este capítulo inicial é dedicado, sobretudo, ao estudo de sinais. Os sistemas que os processam também são estudados, mas de forma mais simples e imediata. Mesmo assim, acreditamos ter dado todas as informações relevantes a respeito de como eles operam e como interagem entre si. Embora de forma diversa, o material aqui exposto pode ser encontrado em outras referências bibliográficas, como aquelas já citadas. Acreditamos, entretanto, termos lançado as bases para dar um tratamento mais abrangente a sinais e sistemas sem que o entendimento seja prejudicado pela dificuldade excessiva ou pelo óbvio. É importante salientar que, mesmo sendo entidades matemáticas bastante diferentes, o impulso unitário a tempo contínuo $\delta(t)$ e o impulso unitário a tempo discreto $\delta(k)$ foram denotados de forma única. Vários exemplos resolvidos ilustram e sedimentam os conceitos apresentados.

2.5 Exercícios

Exercício 2.1 *Considere o sinal $f(t)$ a tempo contínuo mostrado na Figura 2.6. Apresente um esboço de cada um dos seguintes sinais:*

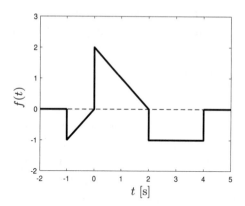

Figura 2.6: Sinal para ser usado no Exercício 2.1

a) $f(t-2)$.

b) $f(3-t)$.

c) $f(3-2t)$.

Exercício 2.2 *Considere o sinal $f(t) = e^{j\omega_1 t} + e^{j\omega_2 t}$ com domínio $\mathbb{R}$. Mostre que para este sinal ser periódico é necessário que a relação ω_1/ω_2 seja um número racional. Se isto ocorrer, qual é o seu período? Aplique o resultado nos seguintes casos:*

a) $\omega_1 = 2$ e $\omega_2 = 3$.

b) $\omega_1 = 2\pi$ e $\omega_2 = 3\pi$.

c) $\omega_1 = 2/\pi$ e $\omega_2 = 3/\pi$.

Exercício 2.3 *Verifique se os seguintes sinais com domínio $\mathbb{R}$ são periódicos. Em caso afirmativo, determine o respectivo período.*

a) $f(t) = \cos(\sqrt{2}t)$
b) $f(t) = 2\cos(3t+2) - 3\text{sen}(4t-1)$
c) $f(t) = \cos(t) + \cos(\sqrt{2}t)$
d) $f(t) = e^{j(2\pi/3)t}$

e) $f(t) = e^{(-1+j2\pi/3)t}$
f) $f(t) = e^{jt} + 2e^{jt/3}$
g) $f(t) = \sum_{k=0}^{10} e^{j(\pi/2)kt}$
h) $f(t) = \text{sen}(2\pi t) + \cos(5\pi t) + \text{sen}(3\pi t)$

Exercício 2.4 *Para os sinais a tempo discreto dados abaixo e definidos para todo $k \in \mathbb{Z}$, verifique quais são periódicos e determine seus respectivos períodos.*

a) $f(k) = \cos(\sqrt{2}k)$
b) $f(k) = \cos(8\pi k/31 + 2)$
c) $f(k) = 2\cos(3\pi k + 2) - 3\text{sen}(2\pi k/3 - 1)$

d) $f(k) = e^{(-1+j2\pi/3)k}$
e) $f(k) = e^{j\pi k} + 2e^{j(\pi/3)k}$
f) $f(k) = 1 + e^{j(4\pi/9)k} + e^{j(2\pi/5)k}$

2.5. EXERCÍCIOS 65

Exercício 2.5 *Mostre que a relação (2.24) é verdadeira. Em seguida, generalize este resultado e mostre que para $\alpha \in \mathbb{R}_+$ e $\tau \in \mathbb{R}$ a igualdade*

$$\int_{-\infty}^{\infty} f(t)\delta(\alpha t - \tau)dt = f(\tau/\alpha)/\alpha$$

também é verdadeira.

Exercício 2.6 *Para os sinais a tempo contínuo dados abaixo, determine sua energia total E e sua potência média P.*

a) $f(t) = \alpha$ *para todo* $t \in \mathbb{R}$ *e* $\alpha \in \mathbb{R}$.

b) $f(t) = e^{-|t|}$ *para todo* $t \in \mathbb{R}$.

c) $f(t) = 0$ *para* $t < 0$ *e* $f(t) = e^{-2t}$ *para* $t \geq 0$.

d) $f(t) = e^{(1+j)t}$ *para* $t < 0$ *e* $f(t) = 0$ *para* $t \geq 0$.

Exercício 2.7 *Considere o sinal $f(t) = e^{t+1}v(-t-1)$ definido para todo $t \in \mathbb{R}$.*

a) *Esboce a sua componente par $f_p(t)$ e a sua componente ímpar $f_i(t)$.*

b) *Determine a energia total do sinal E e de suas componentes par E_p e ímpar E_i.*

c) *Qual é a relação que existe entre E_p e E_i? Determine para qual classe de sinais esta relação permanece válida.*

Exercício 2.8 *Considere um circuito RC série com constante de tempo $\tau = 0.5$ [s], alimentado por uma fonte de tensão $f(t)$. Em $t = 0$ a tensão no capacitor é nula e a fonte é conectada. Determine a energia total E e a potência média P da tensão produzida no capacitor $f_c(t)$, considerando*

a) $f(t) = 10$ [V] *para todo* $t \geq 0$.

b) $f(t) = 10\mathrm{sen}(t/4)$ [V] *para todo* $t \geq 0$.

Exercício 2.9 *Para os sinais a tempo discreto dados abaixo, determine sua energia total E e sua potência média P.*

a) $f(k) = \alpha$ *para todo* $k \in \mathbb{Z}$ *e* $\alpha \in \mathbb{Z}$.

b) $f(k) = e^{-|k|}$ *para todo* $k \in \mathbb{Z}$.

c) $f(k) = 0$ *para* $k < 0 \in \mathbb{Z}$ *e* $f(k) = e^{-2k}$ *para* $k \geq 0 \in \mathbb{Z}$.

d) $f(k) = e^{(1+j)k}$ *para* $k < 0 \in \mathbb{Z}$ *e* $f(k) = 0$ *para* $k \geq 0 \in \mathbb{Z}$.

Exercício 2.10 *Considere o sinal $f(t) = e^{-|t-1|}$, definido para todo $t \in \mathbb{R}$.*

a) *Determine a sua componente par $f_p(t)$ e a sua componente ímpar $f_i(t)$.*

b) *Em um mesmo gráfico, esboce $f(t)$, $f_p(t)$ e $f_i(t)$ para $-5 \leq t \leq 5$.*

66   CAPÍTULO 2.   SINAIS

c) *Para cada um dos sinais $f(t)$, $f_p(t)$ e $f_i(t)$ determine E, E_p e E_i.*

d) *Qual é a relação que existe entre E e $E_p + E_i$? Esta relação é válida para qualquer sinal $f(t)$ dado?*

Exercício 2.11 *Considere $g(t)$ e $h(t)$ dois sinais reais definidos para todo $t \in \mathbb{R}$, ambos com energia finita. A partir desses sinais defina $f(t) = g(t) + h(t)$.*

a) *Qual é a condição para assegurar que $E_f = E_g + E_h$?*

b) *Para $f(t) = e^{-|t+1|}$, determine $g(t)$ e $h(t)$ que satisfaçam a condição do item anterior e não sejam as componentes par e ímpar de $f(t)$.*

c) *Determine a potência média de $f(t)$ no intervalo $-5 \le t \le 5$.*

Exercício 2.12 *Considere o sinal a tempo discreto $f(k) = (1/2)^{|k-2|}$ definido para todo $k \in \mathbb{Z}$.*

a) *Determine a sua componente par $f_p(k)$ e a sua componente ímpar $f_i(k)$.*

b) *Em um mesmo gráfico, esboce $f(k)$, $f_p(k)$ e $f_i(k)$ para $-5 \le k \le 5$.*

c) *Para cada um dos sinais $f(k)$, $f_p(k)$ e $f_i(k)$ determine E, E_p e E_i.*

d) *Qual é a relação que existe entre E e $E_p + E_i$? Esta relação é válida para qualquer sinal $f(k)$ dado?*

e) *Considerando $f(k) = g(k) + h(k)$, qual é a condição para assegurar que $E_f = E_g + E_h$?*

f) *Determine $g(k)$ e $h(k)$ que satisfaçam a condição do item anterior e não sejam as componentes par e ímpar de $f(k)$.*

h) *Determine a sua potência média no intervalo $-5 \le k \le 5$.*

Exercício 2.13 *Um sistema com entrada $g(t)$ ou $g(k)$ possui saída $y(t)$ ou $y(k)$, respectivamente. Verifique para cada um dos casos se o sistema é linear, invariante no tempo e causal.*

a) *$y(t) = \alpha g(t) + \beta$, $\alpha \in \mathbb{R}$ e $\beta \in \mathbb{R}$.*

b) *$y(t) = g(\text{sen}(t))$.*

c) *$y(k) = g(k-2)^2$.*

d) *$y(k) = g(k+1) - g(k-1)$.*

Exercício 2.14 *Um sistema linear, causal e invariante no tempo apresenta a saída $y(t)$ correspondente à entrada $g(t)$. Determine a sua resposta ao impulso unitário, a sua resposta ao degrau unitário e verifique se o sistema é estável.*

a) *$g(t) = 2e^{-t}v(t)$, $y(t) = e^{-t}v(t)$.*

b) *$g(t) = e^{-2t}v(t)$, $y(t) = (e^{-t} - e^{-2t})v(t)$.*

2.5. EXERCÍCIOS

$\quad$ *c) $g(t) = e^{-t}v(t)$, $y(t) = \operatorname{sen}(t)v(t)$.*

$\quad$ *d) $g(t) = e^{-t}v(t)$, $y(t) = \cos(t)v(t)$.*

Exercício 2.15 *Um sistema linear, causal e invariante no tempo apresenta a saída $y(k)$ correspondente à entrada $g(k)$. Determine a sua resposta ao impulso unitário, a sua resposta ao degrau unitário e verifique se o sistema é estável.*

$\quad$ *a) $g(k) = 2^k v(k)$, $y(k) = 2^k v(k)$.*

$\quad$ *b) $g(k) = 2^k v(k)$, $y(k) = (3^k - 2^k)v(k)$.*

$\quad$ *c) $g(k) = 2^{-k}v(k)$, $y(k) = \operatorname{sen}(\pi k/4)v(k)$.*

$\quad$ *d) $g(k) = 2^{-k}v(k)$, $y(k) = \cos(\pi k/4)v(k)$.*

Exercício 2.16 *Para uma entrada $g(t)$ um sistema causal a tempo contínuo apresenta uma saída $y(t)$ que satisfaz $y(t) - \alpha y(t - T) = g(t)$, onde $\alpha \in \mathbb{R}$ e $T > 0$.*

$\quad$ *a) Este sistema é linear? É invariante no tempo?*

$\quad$ *b) Determine a sua resposta ao impulso unitário.*

$\quad$ *c) Determine a sua resposta ao degrau unitário.*

$\quad$ *d) Determine os valores de α para os quais ele é estável.*

$\quad$ *e) Refaça todos os itens acima, mas agora considerando a sua versão a tempo discreto dada por $y(k) - \alpha y(k - 1) = g(k)$.*

Exercício 2.17 *Verifique se o valor da fase ψ do sinal estudado no Exemplo 2.10 pode ser expresso na forma*

$$\psi = -\operatorname{tg}^{-1} \left\{ \frac{1 - \cos(2\theta)}{\operatorname{sen}(2\theta)} \right\}$$

Exercício 2.18 *Uma estratégia útil para determinar somas de potências é ilustrada através dos seguintes cálculos, que devem ser realizados analiticamente.*

$\quad$ *a) Considerando que $\sum_{k=1}^{r}(k + 1)^2 - \sum_{k=1}^{r} k^2 = (r + 1)^2 - 1$, determine $\sum_{i=1}^{r} k$.*

$\quad$ *b) Considerando que $\sum_{k=1}^{r}(k + 1)^3 - \sum_{k=1}^{r} k^3 = (r + 1)^3 - 1$, determine $\sum_{i=1}^{r} k^2$.*

Capítulo 3

Análise de Sinais Periódicos

3.1 Introdução

Este capítulo é inteiramente dedicado ao estudo de sinais periódicos a tempo contínuo e a tempo discreto. Uma entidade matemática absolutamente singular denominada *Série de Fourier* será apresentada e analisada com bastante detalhe. Em linhas gerais, podemos dizer que qualquer sinal periódico definido no domínio do tempo, em $\mathbb{R}$ ou $\mathbb{Z}$, pode ser decomposto em um número infinito de componentes que compõem o seu espectro de frequências. A luz, por exemplo, é um sinal que tem um espectro denominado *espectro eletromagnético* bem conhecido. A série de Fourier permite decompor e aproximar um sinal através de uma combinação linear das suas componentes fundamentais. Como consequência, permite também calcular a sua potência média através de um resultado importante e famoso denominado *Teorema de Parseval*. O estudo começa com a formulação e resolução de um *problema de erro quadrático mínimo*, cuja solução se torna uma ferramenta essencial para o estudo de sinais e sistemas.

3.2 Representação de Sinais

Considere um conjunto de vetores $v_i \in \mathbb{R}^n$ para todo $i = 1, \cdots, m$ em que $m \leq n$. Uma pergunta importante que deve ser respondida é: Dado um vetor $y \in \mathbb{R}^n$, existem constantes $\alpha_i \in \mathbb{R}$, $i = 1, 2, \cdots, m$ não todas nulas de tal forma que y seja expresso como $y = \sum_{i=1}^{m} \alpha_i v_i$? A resposta a esta pergunta, que pode ou não ser afirmativa, permitiu o desenvolvimento de importantes conceitos em diversas áreas da matemática, tais como os de combinação linear e de base

70   CAPÍTULO 3.   ANÁLISE DE SINAIS PERIÓDICOS

em um espaço vetorial. Como y é um vetor arbitrário com n componentes, a resposta, para ser afirmativa, exige que $m = n$ e que os vetores sejam *linearmente independentes*, o que quer dizer que a matriz quadrada $V = [v_1 \; \cdots \; v_n] \in \mathbb{R}^{n \times n}$ deve ser não singular $\det(V) \neq 0$. Mas existem outras importantes situações que devem ser consideradas. Por exemplo, como já discutimos no Capítulo 1, há mais de 23 séculos, Euclides provou o Teorema Fundamental da Aritmética (TFA), que diz: Todo número inteiro maior do que um pode se decomposto, de maneira única, no produto de números primos. O conjunto dos números primos forma uma base para o conjunto dos números naturais.

No estudo de sinais a tempo contínuo $g(t)$ com domínio $\mathbb{R}$ e imagem $\mathbb{C}$, desejamos determinar um conjunto de m (que pode ser infinito) sinais $f_i(t)$, $i = 1, 2, \cdots, m$ com os mesmos domínios e imagens, de tal forma que existam escalares $\alpha_i \in \mathbb{C}$, $\forall i = 1, 2, \cdots, m$ capazes de garantir a igualdade

$$g(t) = \sum_{i=1}^{m} \alpha_i f_i(t), \; \forall t \in \mathbb{R} \tag{3.1}$$

Neste sentido, formulamos o seguinte problema de otimização denominado erro quadrático mínimo

$$\min_{\alpha_1, \alpha_2, \cdots, \alpha_m} \left\| g - \sum_{i=1}^{m} \alpha_i f_i \right\|^2 \tag{3.2}$$

em que $\|\cdot\|$ é a norma introduzida no capítulo anterior. A solução ótima deste problema remonta aos tempos do Teorema de Pitágoras, pois exige ortogonalidade. De fato, para cada conjunto de parâmetros $\alpha_1, \alpha_2, \cdots, \alpha_m$ escolhidos definimos o sinal de erro como sendo

$$\epsilon(t) = g(t) - \sum_{i=1}^{m} \alpha_i f_i(t), \; \forall t \in \mathbb{R} \tag{3.3}$$

e para resolver (3.2) devemos determinar os parâmetros, que são as nossas variáveis de decisão, de tal forma que a norma do erro seja a menor possível (idealmente, zero). A Figura 3.1 ilustra o que ocorre com as funções transformadas em vetores para que a ilustração geométrica seja possível. A combinação ótima de f_1 e f_2 deve gerar um ponto que é exatamente a projeção ortogonal do ponto O no plano definido por f_1 e f_2, pois essa situação define a menor distância entre o ponto O e qualquer ponto do referido plano. Dito de outra forma, o erro deve ser ortogonal a f_1 e a f_2.

Retomando o problema (3.2), sua condição de otimalidade se expressa na forma $\langle \epsilon, f_n \rangle = 0$ para todo $n = 1, 2, \cdots, m$, o que leva ao sistema de equações

3.2. REPRESENTAÇÃO DE SINAIS

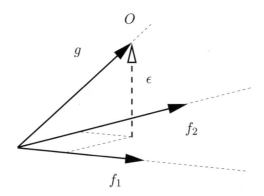

Figura 3.1: Interpretação da condição de otimalidade

lineares

$$\langle g, f_n \rangle - \sum_{i=1}^{m} \alpha_i \langle f_i, f_n \rangle = 0, \ n = 1, 2, \cdots, m \qquad (3.4)$$

Trata-se de um sistema com m equações e m incógnitas que depende de alguma condição para que possa se resolvido e, eventualmente, tenha solução única. Isto ocorre sempre que os sinais que constituem a base f_i, $i = 1, 2, \cdots, m$ forem ortogonais entre si. Colocando em (3.4) este fato que se traduz por $\langle f_i, f_n \rangle = 0$ para todo $i \neq n = 1, 2, \cdots, m$, as equações se desacoplam e fornecem imediatamente a solução procurada

$$\alpha_i = \frac{\langle g, f_i \rangle}{\langle f_i, f_i \rangle}, \ i = 1, 2, \cdots, m \qquad (3.5)$$

Tendo conhecimento da solução ótima, podemos avaliar o valor mínimo da norma ao quadrado do erro correspondente, que é dado por

$$\begin{aligned} \|\epsilon\|^2 &= \langle \epsilon, g - \sum_{i=1}^{m} \alpha_i f_i \rangle \\ &= \langle g - \sum_{i=1}^{m} \alpha_i f_i, g \rangle \\ &= \|g\|^2 - \sum_{i=1}^{m} |\alpha_i|^2 \|f_i\|^2 \end{aligned} \qquad (3.6)$$

onde utilizamos a relação que decorre de (3.5) e permite determinar o conjugado

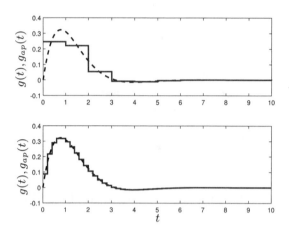

Figura 3.2: O sinal e duas aproximações

do parâmetro ótimo

$$\alpha_i^* = \frac{\langle g, f_i \rangle^*}{\langle f_i, f_i \rangle}$$
$$= \frac{\langle f_i, g \rangle}{\|f_i\|^2} \qquad (3.7)$$

O ponto central é como escolher um conjunto de funções ortogonais de tal forma que para sinais de uma certa classe sempre existam parâmetros $\alpha_i \in \mathbb{C}$, $i = 1, 2, \cdots, m$ que tornem o erro nulo. Como veremos em seguida, esta talvez seja a maior contribuição de Fourier ao propor uma base para os sinais periódicos a tempo contínuo ou a tempo discreto que exibe esta importante propriedade.

Exemplo 3.1 Não é difícil construir uma base ortogonal de sinais. Uma possibilidade é fazer $f_i(t) = v(t - \tau_i) - v(t - \tau_{i+1})$, em que $\tau_{i+1} - \tau_i = d > 0$ com $i \in \mathbb{Z}$. O i-ésimo sinal é igual a 1 para todo $\tau_i \leq t < \tau_{i+1}$ e zero para todo $t \in \mathbb{R}$ fora deste intervalo. Portanto, todos são ortogonais entre si. Ademais, é fácil determinar $\|f_i\|^2 = \tau_{i+1} - \tau_i$ e que para um sinal $g(t)$ dado

$$\alpha_i = \frac{1}{\tau_{i+1} - \tau_i} \int_{\tau_i}^{\tau_{i+1}} g(t) dt$$

A Figura 3.2 ilustra este resultado aplicado ao sinal $g(t) = e^{-t}\text{sen}(t)v(t)$. Na sua parte superior aparece o sinal $g(t)$ e a função aproximada $g_{ap}(t) = \sum_{i=0}^{\infty} \alpha_i f_i(t)$ com $d = 1$ [s]. Nota-se uma grande diferença entre as duas funções, o que indica um erro quadrático mínimo bastante elevado. Na parte inferior mostramos o mesmo sinal e sua aproximação, mas com $d = 0.2$. A redução do erro quadrático mínimo é visível. Para $d \to 0^+$ ele tende a zero. □

3.3 Sinais a Tempo Contínuo

Consideramos, exclusivamente, sinais periódicos com período $T_0 > 0$ a tempo contínuo com domínio em $\mathbb{R}$ e com imagem $\mathbb{C}$. Em várias situações, que são as mais importantes em aplicações práticas, a imagem do sinal de interesse será o conjunto dos números reais $\mathbb{R}$. Como já sabemos, um sinal $g(t)$ é periódico se existir $T_0 > 0$ tal que $t + T_0 \in \mathbb{R}$ para todo $t \in \mathbb{R}$ e

$$g(t) = g(t + T_0), \ \forall t \in \mathbb{R} \tag{3.8}$$

o menor T_0 que satisfaz estas condições é o seu período. Para esta classe de sinais, vamos restringir o seu domínio a $t \in [0, T_0] \subset \mathbb{R}$, pois toda propriedade que vale para um período vale também para todos os demais. O resultado central, neste caso, diz respeito à existência de um conjunto infinito de sinais ortogonais, a saber

$$f_i(t) = e^{j\omega_i t}, \ \omega_i = \frac{2\pi}{T_0} i \tag{3.9}$$

para todo $i \in \mathbb{Z}$. As frequências ω_i, expressas em [rad/s], são denominadas *harmônicas*, ou seja, ω_1 é a primeira harmônica, ω_2 a segunda harmônica e assim por diante. Ao restringirmos nossa atenção a apenas um período, podemos verificar sem dificuldades que, de fato, todos estes sinais são ortogonais entre si. Retomando a definição de produto escalar de sinais com domínio em $t \in [0, T_0]$ e imagem $\mathbb{C}$, temos imediatamente que

$$\langle f_i, f_n \rangle = \int_0^{T_0} e^{j(\omega_i - \omega_n)t} dt = \left\{ \begin{array}{ccc} T_0 & , & i = n \\ 0 & , & i \neq n \end{array} \right. \tag{3.10}$$

Para este conjunto de sinais, com (3.5), podemos calcular os coeficientes que correspondem ao erro quadrático mínimo, ou seja,

$$\alpha_i = \frac{1}{T_0} \int_0^{T_0} g(t) e^{-j\omega_i t} dt, \ i \in \mathbb{Z} \tag{3.11}$$

e concluir que, se o erro quadrático mínimo for nulo, então a seguinte igualdade

$$g(t) = \sum_{i=-\infty}^{\infty} \alpha_i e^{j\omega_i t}, \ t \in \mathbb{R} \tag{3.12}$$

é válida. Isto decorre de $g(t)$ ser um sinal periódico, com período $T_0 > 0$. Como o erro é periódico com período $T_0 > 0$, se ele for nulo em um período, então ele será nulo em todos os demais períodos, ou seja, para todo $t \in \mathbb{R}$. O próximo lema torna explícita as condições para que a igualdade (3.12) ocorra.

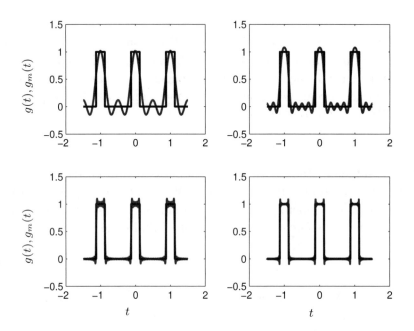

Figura 3.3: O sinal $g(t)$ e sua série de Fourier

Lema 3.1 *Os sinais $\{f_i\}_{i\in\mathbb{Z}}$ definidos em (3.9) formam um conjunto completo, isto é, o erro quadrático mínimo*

$$\|\epsilon\|^2 = \int_0^{T_0} |\epsilon(t)|^2 dt \tag{3.13}$$

é nulo.

A prova deste resultado vai além do escopo deste livro e, portanto, será omitida. É preciso ficar claro que isto não implica que $\epsilon(t) = 0$ para todo $t \in [0, T_0)$. De fato, pode ocorrer que $\epsilon(t) \neq 0$ em pontos isolados e a integral (3.13) se mantenha nula. Isto ocorre nos pontos onde o sinal $g(t)$ é descontínuo, o que é muito frequente, sobretudo nos pontos extremos dos intervalos de tempo $t \in [kT_0, (k+1)T_0)$ com $k \in \mathbb{Z}$ que se sucedem indefinidamente. Este e outros importantes aspectos serão ilustrados através dos exemplos que passamos a discutir em seguida. A expressão (3.12) com α_i, $i \in \mathbb{Z}$ dados em (3.11) é denominada *Série de Fourier* do sinal $g(t)$.

3.3. SINAIS A TEMPO CONTÍNUO

Exemplo 3.2 Vamos determinar a série de Fourier para um sinal periódico cujo primeiro período é dado por

$$g(t) = \left\{ \begin{array}{ll} 1 & , \quad |t| \le a/2 \\ 0 & , \quad a/2 < |t| \le T_0/2 \end{array} \right.$$

a relação $r = a/T_0$ é o seu fator de ocupação. Trata-se de um sinal conhecido como *trem de pulsos*. Com (3.11) determinamos os coeficientes da série, sendo que mudamos os limites de integração para facilitar os cálculos. O resultado permanece inalterado pois mantém-se a integração em um período completo. Obtemos

$$\begin{aligned} \alpha_i &= \frac{1}{T_0} \int_{-T_0/2}^{T_0/2} g(t) e^{-j\omega_i t} dt \\ &= \frac{1}{T_0} \int_{-a/2}^{a/2} e^{-j\omega_i t} dt \\ &= \frac{a}{T_0} \mathrm{sinc}(\omega_i a/2) \end{aligned}$$

para todo $i \in \mathbb{Z}$. Como $\omega_i a/2 = \pi(a/T_0)i$, cada coeficiente α_i depende apenas do fator de ocupação r. A Figura 3.3 mostra três períodos do sinal $g(t)$ com $T_0 = 1$ [s], $a = 0{,}25$ e as aproximações obtidas pelo truncamento da série de Fourier $g_m(t) = \sum_{i=-m}^{m} \alpha_i e^{j\omega_i t}$ com $m \in \{2, 5, 20, 50\}$. Nota-se perfeitamente que a precisão da aproximação torna-se melhor conforme m aumenta, de tal forma que, para $m = 50$, o erro é desprezível. Nota-se também que a série converge para os valores médios nos pontos de descontinuidade da função. Finalmente, como o sinal $g(t)$ é real, os coeficientes da série de Fourier são tais que as contribuições de cada parcela da série se compensam de tal forma que o resultado seja uma aproximação real do sinal em estudo. $\square$

Exemplo 3.3 Um caso interessante é o sinal periódico denominado *trem de impulsos*, definido por $g(t) = \sum_{k=-\infty}^{\infty} \delta(t - kT_0)$, que é muito parecido com o sinal do exemplo anterior, mas com os pulsos sendo substituídos por impulsos unitários. Com (3.11) determinamos os coeficientes da série de Fourier como sendo

$$\alpha_i = \frac{1}{T_0} \int_{-T_0/2}^{T_0/2} \delta(t) e^{-j\omega_i t} dt = \frac{1}{T_0}$$

para todo $i \in \mathbb{Z}$ e, assim, estabelece-se a igualdade

$$\sum_{k=-\infty}^{\infty} \delta(t - kT_0) = \frac{1}{T_0} \sum_{i=-\infty}^{\infty} e^{j(2\pi/T_0)it}, \ \forall t \in \mathbb{R}$$

Esta relação é muito útil em diversas situações e deve ser entendida de uma maneira peculiar. Para todo $t \in \mathbb{R}$ a série de Fourier converge para um sinal real. Ademais, para todo $t \ne kT_0$, $\forall k \in \mathbb{Z}$, a série converge para zero. Nos instantes $t = kT_0$, $\forall k \in \mathbb{Z}$, a série de Fourier diverge para $+\infty$ com a forma de um impulso, tendo em vista que

$$\frac{1}{T_0} \int_{-T_0/2}^{T_0/2} \sum_{i=-\infty}^{\infty} e^{j(2\pi/T_0)it} dt = \sum_{i=-\infty}^{\infty} \mathrm{sinc}(\pi i) = 1$$

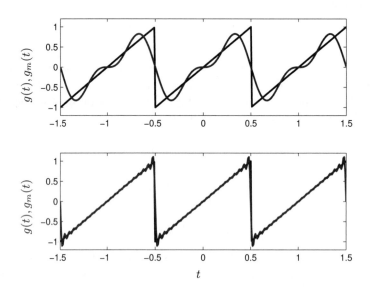

Figura 3.4: O sinal $g(t)$ e sua série de Fourier

ou seja, a integral no interior do primeiro período é igual a um. A divergência da série de Fourier, nesses instantes de tempo, não ocorre de qualquer maneira, pois sua integral, em cada período, se mantém constante. □

Exemplo 3.4 Vamos agora obter a série de Fourier de um sinal denominado *dente de serra*, cujo primeiro período é definido por $g(t) = a\,t$, $|t| \leq T_0/2$, em que $a \in \mathbb{R}$. Novamente com (3.11), mas com um pouco mais de trabalho, determinamos os coeficientes da série de Fourier, que são dados por $\alpha_0 = 0$ e

$$\begin{aligned}\alpha_i &= \frac{a}{T_0}\int_{-T_0/2}^{T_0/2} t e^{-j\omega_i t} dt \\ &= j\frac{aT_0}{2\pi i}\cos(\pi i)\end{aligned}$$

para todo $0 \neq i \in \mathbb{Z}$. Observamos que os coeficientes são números imaginários puros, mas a aproximação $g_m(t) = \sum_{i=-m}^{m} \alpha_i e^{j\omega_i t}$ fornece um valor real tendo em vista que o sinal $g(t)$ é real. A Figura 3.4 mostra o sinal com $T_0 = 1$ [s] e $a = 2$ e as aproximações obtidas com $m = 2$ e $m = 20$. Nota-se novamente que, nos pontos de descontinuidade, as duas aproximações fornecem os valores médios do sinal naquele ponto. Observa-se também como a série de Fourier converge rapidamente, isto é, com um número relativamente pequeno de termos. □

3.3. SINAIS A TEMPO CONTÍNUO

Exemplo 3.5 (Fenômeno de Gibbs) Os exemplos anteriores mostram um fenômeno, até certo ponto inesperado, que ocorre quando se faz o truncamento da série de Fourier. Era de se esperar que o truncamento $g_m(t) = \sum_{i=-m}^{m} \alpha_i e^{j\omega_i t}$ fornecesse aproximações mais precisas com o aumento de m. Isto ocorre em todos os pontos, salvo naqueles em que o sinal $g(t)$ não é contínuo. Neles, os exemplos sempre mostram que, com o aumentar de m, picos maiores aparecem. Estes picos têm valores limitados e têm duração temporal cada vez menor, de tal forma que o erro quadrático mínimo não é impactado. □

Exemplo 3.6 (Espectro) Os gráficos do módulo e do argumento dos coeficientes $\alpha_i \in \mathbb{C}$ em função das frequências ω_i para todo $i \in \mathbb{Z}$ (ou, de forma equivalente, em função de $i \in \mathbb{Z}$) definem os espectros de módulo e de fase do sinal periódico $g(t)$. Para o Exemplo 3.4 o espectro de módulo é o gráfico de $(aT_0)/(2\pi i)$ e o espectro de fase é o gráfico de $(\pi/2)\cos(\pi i)$, ambos em função de ω_i para todo $i \in \mathbb{Z}$. □

A série de Fourier permite calcular o valor eficaz (ou a potência média) de um determinado sinal manipulando diretamente os seus coeficientes. Esta propriedade decorre do Teorema de Parseval, um resultado bastante conhecido que tem larga utilização no estudo de sinais e sistemas.

Teorema 3.1 (Teorema de Parseval) *Se $\alpha_i \in \mathbb{C}$ são os coeficientes da série de Fourier do sinal $g(t)$, então*

$$\|g\|_{ef}^2 = \sum_{i=-\infty}^{\infty} |\alpha_i|^2 \tag{3.14}$$

Prova: A prova é feita de maneira direta pelo cálculo do valor eficaz do sinal e e pelo uso da relação (3.12) cuja validade é assegurada pela série de Fourier. Neste sentido, temos

$$
\begin{aligned}
\|g\|_{ef}^2 &= \frac{1}{T_0} \int_0^{T_0} g(t)g(t)^* dt \\
&= \frac{1}{T_0} \sum_{i=-\infty}^{\infty} \sum_{n=-\infty}^{\infty} \alpha_i \alpha_n^* \int_0^{T_0} e^{j(\omega_i - \omega_n)t} dt \\
&= \sum_{i=-\infty}^{\infty} \alpha_i \alpha_i^* \tag{3.15}
\end{aligned}
$$

onde utilizamos (3.10) para obter a terceira igualdade. Isto prova o teorema proposto. □

A prova do Teorema de Parseval coloca em clara evidência que o seu resultado assenta-se na ortogonalidade dos sinais elementares adotados na série de Fourier.

Como cada elemento da soma em (3.14) é não negativo e o resultado final é limitado para sinais de potência limitada, certamente ocorrerá $\lim_{|i|\to\infty}|\alpha_i| = 0$. Ou seja, os termos subsequentes da série de Fourier tendem a perder importância para o cálculo do valor eficaz do sinal.

Finalmente, devemos fazer um breve estudo dos sinais reais, ou seja, aqueles com domínio e imagem em $\mathbb{R}$. Para esta classe, existem algumas relações úteis entre os coeficientes da série de Fourier. A primeira decorre de (3.11), que fornece

$$\begin{aligned} \alpha_i^* &= \frac{1}{T_0}\int_0^{T_0} g(t)e^{\omega_i t}dt \\ &= \alpha_{-i} \end{aligned} \tag{3.16}$$

para todo $i \in \mathbb{Z}$. Portanto, os coeficientes situados em posições simétricas em relação à origem são complexos conjugados. Ademais, reescrevendo (3.11) na forma equivalente

$$\alpha_i = \frac{1}{T_0}\int_{-T_0/2}^{T_0/2} g(t)\big(\cos(\omega_i t) - j\,\text{sen}(\omega_i t)\big)dt \tag{3.17}$$

para todo $i \in \mathbb{Z}$, fica claro que, se o sinal for par, então $\text{Im}(\alpha_i) = 0$ e, assim, todos os coeficientes são reais. Por outro lado, se o sinal for ímpar, então $\text{Re}(\alpha_i) = 0$ e, assim, todos os coeficientes são imaginários puros. Os dois casos foram ilustrados através dos Exemplos 3.2 e 3.4, respectivamente. Estas relações podem ser úteis para a verificação de cálculos realizados em situações específicas.

A série de Fourier é uma ferramenta bastante eficaz para se calcular a resposta de um sistema LIT causal, definido pelo operador linear $\mathcal{S}[\cdot]$, a um sinal de entrada genérico, mas periódico. O Exemplo 2.15 do capítulo anterior estabelece que $\mathcal{S}[e^{j\omega_i t}] = \hat{h}(j\omega_i)e^{j\omega_i t}$ com

$$\hat{h}(j\omega_i) = \int_0^\infty e^{-j\omega_i t}h(t)dt \tag{3.18}$$

sendo $h(t)$ a resposta ao impulso do sistema em consideração. Desenvolvendo a entrada periódica $g(t)$ em série de Fourier, com (3.12), a resposta $y(t)$ correspondente a esta entrada é determinada através de

$$\begin{aligned} y(t) &= \mathcal{S}\left[\sum_{i=-\infty}^\infty \alpha_i e^{j\omega_i t}\right] \\ &= \sum_{i=-\infty}^\infty \alpha_i \mathcal{S}\left[e^{j\omega_i t}\right] \\ &= \sum_{i=-\infty}^\infty \alpha_i \hat{h}(j\omega_i)e^{j\omega_i t} \end{aligned} \tag{3.19}$$

3.4. SINAIS A TEMPO DISCRETO

Portanto, se definirmos $\beta_i = \alpha_i \hat{h}(j\omega_i)$ para todo $i \in \mathbb{Z}$, podemos concluir que a resposta do sistema é um sinal periódico, com o mesmo período do sinal de entrada, sendo β_i para todo $i \in \mathbb{Z}$ os coeficientes da sua série de Fourier. Este fato tem uma consequência interessante. A resposta a qualquer sinal com domínio real resulta em um sinal de saída real, o que implica em termos $\beta_{-i} = \beta_i^*$ sempre que $\alpha_{-i} = \alpha_i^*$ para todo $i \in \mathbb{Z}$. Levando em conta que $\omega_{-i} = -\omega_i$, estes cálculos levam à conclusão de que

$$\hat{h}(-j\omega_i) = \hat{h}(j\omega_i)^* \tag{3.20}$$

para todo $i \in \mathbb{Z}$. A resposta ao impulso de qualquer sistema LIT causal exibe esta propriedade. O exemplo dado a seguir ilustra a aplicação desses resultados.

Exemplo 3.7 Um trem de pulsos como definido no Exemplo 3.2 passa por um sistema LIT causal (circuito RC) com resposta ao impulso dada no Exemplo 2.16, isto é, $h(t) = e^{-t}v(t)$, que permite determinar com (3.18) os coeficientes

$$\beta_i = \frac{\alpha_i}{1 + j\omega_i}$$

da série de Fourier da resposta correspondente. Observe que $\beta_{-i} = \beta_i^*$ para todo $i \in \mathbb{Z}$ como esperado, pois o sinal de saída é real. $\qquad\square$

3.4 Sinais a Tempo Discreto

Vamos refazer os mesmos cálculos realizados na seção anterior, mas agora para sinais a tempo discreto, que são todos aqueles com domínio $\mathbb{Z}$ e imagem em $\mathbb{C}$. Tendo em vista sua importância em aplicações práticas, especial atenção é reservada aos sinais com imagem em $\mathbb{R}$. Um sinal $g(k)$ é periódico se existir $N_0 > 0$ tal que $k + N_0 \in \mathbb{Z}$ para todo $k \in \mathbb{Z}$ e também

$$g(k) = g(k + N_0), \ \forall k \in \mathbb{Z} \tag{3.21}$$

o menor N_0 que satisfaz estas duas condições é o seu período. Como fizemos anteriormente, é conveniente restringir nossa atenção ao conjunto $[0, N_0) \subset \mathbb{Z}$, sendo importante perceber que este conjunto é composto pelos números inteiros não negativos $\{0, 1, 2, \cdots, N_0 - 1\}$. Para a obtenção da chamada série de Fourier discreta, a questão central é determinar um conjunto de sinais ortogonais para que sejam utilizados como uma base no espaço de sinais que se deseja representar. Tendo como inspiração o que foi feito para sinais a tempo contínuo, consideramos

$$f_i(k) = e^{j\omega_i k}, \ \omega_i = \frac{2\pi}{N_0}i \tag{3.22}$$

80   CAPÍTULO 3. ANÁLISE DE SINAIS PERIÓDICOS

para todo $i \in \mathbb{Z}$ e todo $k \in [0, N_0)$ que corresponde a um período do sinal $g(k)$. Observe que estes sinais são periódicos em relação ao tempo, pois $f_i(k + N_0) = e^{j\omega_i k}e^{j2\pi i} = f_i(k)$ e apenas N_0 são distintos entre si, pois $f_{i+N_0}(k) = e^{j\omega_i k}e^{j2\pi k} = f_i(k)$. As constantes ω_i, são frequências e, por conseguinte, são expressas em [rad/s]. De maneira similar ao caso a tempo contínuo, são também denominadas *harmônicas*. Na verdade, deve-se entender $2\pi/N_0 = (2\pi)/(N_0 T)$ em que $T = 1$ [s], o que permite expressar ω_i em [rad/s]. O produto escalar de dois deles é calculado com auxílio do Lema 2.1, que fornece

$$\langle f_i, f_n \rangle = \sum_{k=0}^{N_0-1} e^{j(\omega_i - \omega_n)k} = \left\{ \begin{array}{ll} N_0 & , \quad i = n \\ 0 & , \quad i \neq n \end{array} \right. \tag{3.23}$$

pois $(\omega_i - \omega_n)N_0 = 2\pi(i - n)$ é um múltiplo de 2π para todo $i \neq n \in \mathbb{Z}$. Neste ponto uma discussão importante deve ser feita e diz respeito ao número de coeficientes que devemos considerar. Como o erro $\epsilon(k)$ a ser levado em conta no problema (3.2) se refere a um período, ou seja, $k \in [0, N_0)$, e como neste intervalo os sinais elementares são ortogonais, com N_0 coeficientes podemos fazer com que o erro seja nulo em todos os pontos do intervalo de tempo $k \in [0, N_0)$. Neste sentido, a fórmula (3.5) pode ser aplicada e os coeficientes que minimizam o erro quadrático são dados por

$$\alpha_i = \frac{1}{N_0} \sum_{k=0}^{N_0-1} g(k)e^{-j\omega_i k}, \ i \in [0, N_0) \tag{3.24}$$

com os quais a seguinte igualdade

$$g(k) = \sum_{i=0}^{N_0-1} \alpha_i e^{j\omega_i k}, \ k \in \mathbb{Z} \tag{3.25}$$

é estabelecida. Algumas observações são relevantes. Em primeiro lugar, a fórmula (3.25) é exata no sentido de que o erro quadrático mínimo é nulo, isto é, $\epsilon(k) = 0$ para todo $k \in \mathbb{Z}$. O erro quadrático mínimo é nulo em um período pois as condições de otimalidade (3.4) são expressas por um sistema com N_0 equações lineares desacopladas e N_0 incógnitas que admitem uma única solução dada por (3.5). Portanto, o mesmo ocorre para todo $k \in \mathbb{Z}$. Em segundo lugar, ao contrário do que se passa para os sinais a tempo contínuo, a série de Fourier discreta não tem um número infinito de elementos, mas apenas um número finito igual ao seu período N_0. Por este motivo, com (3.24), os coeficientes podem ser obtidos numericamente sem nenhuma dificuldade.

3.4. SINAIS A TEMPO DISCRETO

Com o mesmo raciocínio, definindo $\langle N_0 \rangle$ como sendo um conjunto composto por N_0 números inteiros consecutivos iniciando com um número inteiro arbitrário, então (3.24) pode ser reescrita na forma mais geral

$$\alpha_i = \frac{1}{N_0} \sum_{k \in \langle N_0 \rangle} g(k)e^{-j\omega_i k}, \ i \in \mathbb{Z} \tag{3.26}$$

e, em correspondência, a igualdade (3.25) torna-se

$$g(k) = \sum_{i \in \langle N_0 \rangle} \alpha_i e^{j\omega_i k}, \ k \in \mathbb{Z} \tag{3.27}$$

Esta formulação tem a vantagem de permitir que o usuário escolha o conjunto $\langle N_0 \rangle$ segundo sua conveniência com vistas a simplificar os cálculos. As duas escolhas mais evidentes são discutidas a seguir. É interessante observar que a sequência de coeficientes $\{\alpha_i\}_{i \in \mathbb{Z}}$ calculada com (3.26) é periódica e tem período N_0 pois, como se pode verificar, $\alpha_{i+N_0} = \alpha_i$ para todo $i \in \mathbb{Z}$.

Exemplo 3.8 (Série simétrica) A primeira possibilidade é escolher os N_0 primeiros números inteiros, ou seja, $\langle N_0 \rangle = [0, N_0)$, como fizemos inicialmente. A segunda permite calcular uma série simétrica. Se o período N_0 for ímpar, então $m \in \mathbb{N}$ tal que $N_0 = 2m + 1$ pode ser calculado e permite considerar o conjunto simétrico $\langle N_0 \rangle = [-m, m]$. Se, por outro lado, N_0 for par, com $m \in \mathbb{N}$ tal que $N_0 = 2m$, podemos considerar, indiferentemente, os conjuntos *quase simétricos* $\langle N_0 \rangle = (-m, m]$ ou $\langle N_0 \rangle = [-m, m)$. Uma consequência, até certo ponto inesperada, vem do cálculo dos coeficientes da série de Fourier no primeiro caso

$$\alpha_i = \frac{1}{N_0} \left(\sum_{k=-m+1}^{m-1} g(k)e^{-j\omega_i k} + g(m)\cos(\pi i) \right)$$

e no segundo

$$\alpha_i = \frac{1}{N_0} \left(\sum_{k=-m+1}^{m-1} g(k)e^{-j\omega_i k} + g(-m)\cos(\pi i) \right)$$

tendo em vista que $\omega_i m = \pi i$, $i \in \mathbb{Z}$. De ambos os casos temos que $g(m) = g(-m)$. E assim, todo sinal ímpar com período par é tal que $g(m) = g(-m) = 0$. $\square$

Exemplo 3.9 (Espectro) Os gráficos do módulo e do argumento dos coeficientes $\alpha_i \in \mathbb{C}$ em função das frequências ω_i para todo $i \in \mathbb{Z}$ (ou, de forma equivalente, em função de $i \in \mathbb{Z}$) definem os espectros de módulo e de fase do sinal periódico $g(k)$. As abscissas dos dois gráficos são definidas pelo intervalo limitado de frequências $[0, 2\pi)$ [rad/s] que contém apenas N_0 valores distintos. $\square$

82   **CAPÍTULO 3. ANÁLISE DE SINAIS PERIÓDICOS**

Exemplo 3.10 Existem várias situações em que não é necessário utilizar (3.26) para determinar os coeficientes da série de Fourier discreta. Para isso, basta manipular convenientemente a relação (2.7). Por exemplo, o sinal $g_1(k) = \text{sen}(6\pi k/5)$ é periódico e seu período é $N_0 = 5$ e, assim,

$$g_1(k) = \left(\frac{1}{2j}\right) e^{j3(2\pi/5)k} - \left(\frac{1}{2j}\right) e^{-j3(2\pi/5)k}$$

permite identificar $\alpha_3 = 1/2j$, $\alpha_{-3} = -1/2j$ e todos os demais nulos. Considerando $\langle N_0 \rangle = [0, 5)$ os coeficientes com índices situados fora deste intervalo devem ser renumerados. Levando em conta que são periódicos, com período $N_0 = 5$, obtemos $\alpha_{-3} = \alpha_{-3+5} = \alpha_2$. O mesmo raciocínio pode ser adotado para analisar o sinal $g_2(k) = 1 + \cos(4\pi k/3 + \pi/4)$ cujo período é $N_0 = 3$. Com a forma

$$g_2(k) = 1 + \left(\frac{e^{j\pi/4}}{2}\right) e^{j2(2\pi/3)k} + \left(\frac{e^{-j\pi/4}}{2}\right) e^{-j2(2\pi/3)k}$$

identificamos $\alpha_0 = 1$, $\alpha_2 = e^{j\pi/4}/2$, $\alpha_{-2} = e^{-j\pi/4}/2$ e os demais nulos. Adotando $\langle N_0 \rangle = [0, 3)$ devemos renumerar apenas um coeficiente, a saber, $\alpha_{-2} = \alpha_{-2+3} = \alpha_1$. Finalmente, o sinal $g(k) = g_1(k) + g_2(k)$ é periódico e tem período $N_0 = 15$. Com os coeficientes de cada uma das partes escritos como múltiplos de $2\pi/15$, obtemos $\alpha_0 = 1$, $\alpha_9 = 1/(2j)$, $\alpha_{-9} = -1/(2j)$, $\alpha_{10} = e^{j\pi/4}/2$, $\alpha_{-10} = e^{-j\pi/4}/2$ e os demais nulos. Adotando $\langle N_0 \rangle = [0, 15)$, devemos renumerar os coeficientes $\alpha_{-9} = \alpha_6$ e $\alpha_{-10} = \alpha_5$. $\square$

Exemplo 3.11 A aplicação do procedimento discutido no exemplo anterior requer algum cuidado. Para ilustrar esta afirmação, consideramos o sinal $g(k) = \cos(\pi k + \pi/3)$ cujo período é $N_0 = 2$, que pode ser escrito na forma padrão

$$g(k) = \left(\frac{e^{j\pi/3}}{2}\right) e^{j(2\pi/2)k} + \left(\frac{e^{-j\pi/3}}{2}\right) e^{-j(2\pi/2)k}$$

e assim identificamos $\alpha_1 = e^{j\pi/3}/2$, $\alpha_{-1} = e^{-j\pi/3}/2$ e os demais nulos. Se adotarmos $\langle N_0 \rangle = [0, 2)$ devemos renumerar $\alpha_{-1} = \alpha_{-1+2} = \alpha_1$, o que é uma impossibilidade. Esta dificuldade ocorre pois os sinais $e^{j(2\pi/2)k} = e^{-j(2\pi/2)k}$ são idênticos para todo $k \in \mathbb{Z}$ e, portanto, não formam uma base. Assim sendo, podemos reescrever $g(k) = (1/2)e^{j(2\pi/2)k}$ e concluir que $\alpha_0 = 0$ e $\alpha_1 = 1/2$. Situação semelhante pode ocorrer no caso de N_0 ser ímpar. Entretanto, em todas as situações, os coeficientes calculados através de (3.26) estão sempre corretos tendo em vista a escolha de $\langle N_0 \rangle$. $\square$

Exemplo 3.12 Desejamos determinar o espectro do trem de pulsos discreto cujo primeiro período é definido por

$$g(k) = \begin{cases} 1 & , & |k| \leq N_h \\ 0 & , & N_h < |k| \leq (N_0 - 1)/2 \end{cases}$$

em que N_h é um número par e N_0, seu período, é um número ímpar. Os coeficientes da série de Fourier são dados por (3.26). Com a escolha natural de $\langle N_0 \rangle = [-(N_0 -$

3.4. SINAIS A TEMPO DISCRETO

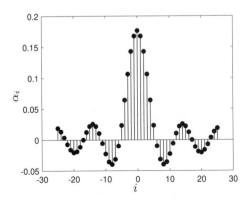

Figura 3.5: Coeficientes da série de Fourier

$1)/2, (N_0 - 1)/2]$ e adotando as mesmas manipulações algébricas do Exemplo 2.10, em particular, o uso do resultado estabelecido no Lema 2.1, obtemos $\alpha_0 = (2N_h + 1)/N_0$ e

$$\begin{aligned}
\alpha_i &= \frac{1}{N_0} \sum_{k=-N_h}^{N_h} e^{-j\omega_i k} \\
&= \frac{1}{N_0} \left(1 + 2 \sum_{k=1}^{N_h} \cos(\omega_i k) \right) \\
&= \frac{1}{N_0} \frac{\cos(\omega_i N_h) - \cos(\omega_i (N_h + 1))}{1 - \cos(\omega_i)}
\end{aligned}$$

para todo $i \neq 0$. Como os coeficientes são reais, no lugar de fornecer os gráficos de módulo e fase, a Figura 3.5 mostra os próprios coeficientes para todo $i \in \langle N_0 \rangle$ para $N_h = 4$ e $N_0 = 51$. Embora não seja possível afirmar a partir da fórmula de α_i que acabamos de obter, os seus valores parecem evoluir segundo uma função do tipo sinc. □

A série discreta de Fourier permite calcular exatamente um sinal periódico $g(k)$ em todos os pontos do seu domínio $k \in \mathbb{Z}$. Assim sendo, a sua potência média também pode ser calculada a partir da mesma série, que é completamente definida pelos coeficientes $\alpha_i \in \mathbb{C}$ para todo $i \in \langle N_0 \rangle$, isto é, por N_0 (e não infinitos) coeficientes. Este resultado é extraído da versão a tempo discreto do Teorema de Parseval dada a seguir.

Teorema 3.2 (Teorema de Parseval) *Se $\alpha_i \in \mathbb{C}$ são os coeficientes da série de Fourier do sinal $g(k)$, então*

$$\|g\|_{ef}^2 = \sum_{i \in \langle N_0 \rangle} |\alpha_i|^2 \tag{3.28}$$

84   CAPÍTULO 3. ANÁLISE DE SINAIS PERIÓDICOS

Prova: A prova é feita de maneira similar àquela do Teorema 3.1. Utilizando a igualdade (3.27) assegurada pela série de Fourier, podemos calcular

$$\|g\|_{ef}^2 = \frac{1}{N_0} \sum_{k=0}^{N_0-1} g(k)g(k)^*$$

$$= \frac{1}{N_0} \sum_{i\in\langle N_0\rangle} \sum_{n\in\langle N_0\rangle} \alpha_i \alpha_n^* \left(\sum_{k=0}^{N_0-1} e^{j(\omega_i-\omega_n)k} \right)$$

$$= \sum_{i\in\langle N_0\rangle} \alpha_i \alpha_i^* \tag{3.29}$$

em que utilizamos a relação (3.23) para obter a terceira igualdade em (3.29), o que prova o teorema proposto. $\square$

Como ocorreu no tratamento de sinais a tempo contínuo, a fórmula (3.28) pode ser encarada como um subproduto da série de Fourier discreta. De fato, basta somar os módulos dos coeficientes da série para se obter o valor eficaz de qualquer sinal. Este resultado se deve à ortogonalidade dos sinais elementares considerados.

Pela sua importância prática, é imperativo analisarmos as particularidades dos sinais reais, isto é, com imagem em $\mathbb{R}$. Para esta classe de sinais, com (3.26) temos

$$\alpha_i^* = \frac{1}{N_0} \sum_{k\in\langle N_0\rangle} g(k)e^{j\omega_i k}$$

$$= \alpha_{-i} \tag{3.30}$$

para todo $i \in \mathbb{Z}$. Assumindo que o período N_0 seja ímpar, determinamos $m \in \mathbb{N}$ de tal forma que $N_0 = 2m + 1$ e a versão simétrica da série de Fourier (veja o Exemplo 3.8) permite determinar

$$\alpha_i = \frac{1}{N_0} \sum_{k=-m}^{m} g(k)\big(\cos(\omega_i k) - j\mathrm{sen}(\omega_i k)\big) \tag{3.31}$$

para todo $i \in \mathbb{Z}$. Assim sendo, se o sinal for par, então $\mathrm{Im}(\alpha_i) = 0$, fazendo com que todos os coeficientes sejam reais. Por outro lado, se o sinal for ímpar, então $\mathrm{Re}(\alpha_i) = 0$ e assim todos os coeficientes são imaginários puros. Se ocorrer de $N_0 = 2m$ ser par, chega-se à mesma conclusão com

$$\alpha_i = \frac{1}{N_0} \left(\sum_{k=-m+1}^{m-1} g(k)\big(\cos(\omega_i k) - j\mathrm{sen}(\omega_i k)\big) + g(m)\cos(\pi i) \right) \tag{3.32}$$

3.4. SINAIS A TEMPO DISCRETO 85

para todo $i \in \mathbb{Z}$. De fato, se o sinal for par, então todos os coeficientes serão reais e, se for ímpar, então todos os coeficientes serão imaginários puros, pois $g(m) = 0$.

De forma similar ao que ocorre em tempo contínuo, a série de Fourier discreta pode ser usada para determinar a resposta de um sistema LIT causal a um sinal de entrada periódico. Esta é um ferramenta muito importante, sobretudo do ponto de vista numérico, pois facilita de forma expressiva os cálculos que devem ser realizados. Sendo $h(k)$ a resposta ao impulso de um sistema em tempo discreto, no Exemplo 2.20 do capítulo anterior, determinamos $\mathcal{S}[e^{j\omega_i k}] = \hat{h}(e^{j\omega_i})e^{j\omega_i k}$, em que

$$\hat{h}(e^{j\omega_i}) = \sum_{k=0}^{\infty} e^{-j\omega_i k} h(k) \tag{3.33}$$

Desenvolvendo o sinal de entrada em série de Fourier, com (3.27), determinamos a saída correspondente

$$
\begin{aligned}
y(k) &= \mathcal{S}\left[\sum_{i \in \langle N_0 \rangle} \alpha_i e^{j\omega_i k}\right] \\
&= \sum_{i \in \langle N_0 \rangle} \alpha_i \mathcal{S}\left[e^{j\omega_i k}\right] \\
&= \sum_{i \in \langle N_0 \rangle} \alpha_i \hat{h}(e^{j\omega_i}) e^{j\omega_i k} \tag{3.34}
\end{aligned}
$$

e se definirmos $\beta_i = \alpha_i \hat{h}(e^{j\omega_i})$ para todo $i \in \mathbb{Z}$, podemos concluir que a resposta do sistema é um sinal periódico, com o mesmo período do sinal de entrada, sendo β_i para todo $i \in \mathbb{Z}$ os coeficientes da sua série de Fourier. Concluímos também que a resposta a qualquer sinal com domínio real resulta em um sinal de saída real, o que implica em termos $\beta_{-i} = \beta_i^*$ sempre que $\alpha_{-i} = \alpha_i^*$ para todo $i \in \mathbb{Z}$. Levando em conta que $\omega_{-i} = -\omega_i$, estes cálculos indicam que

$$\hat{h}(e^{-j\omega_i}) = \hat{h}(e^{j\omega_i})^* \tag{3.35}$$

para todo $i \in \mathbb{Z}$. Qualquer sistema LIT causal tem esta propriedade. O exemplo dado a seguir ilustra a aplicação dos resultados que apresentamos até agora.

Exemplo 3.13 Um trem de pulsos como definido no Exemplo 3.12 passa por um sistema LIT causal (circuito RC) cuja resposta ao impulso dada no Exemplo 2.16 foi discretizada, isto é, $h(k) = e^{-k}v(k)$. Com (3.33)-(3.34) e o Lema 2.1, determinamos os

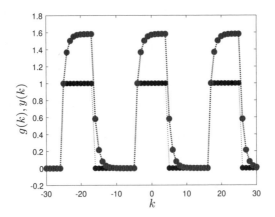

Figura 3.6: Sinais de entrada e de saída

coeficientes

$$\beta_i = \alpha_i \sum_{k=0}^{\infty} e^{-(1+j\omega_i)k}$$
$$= \frac{\alpha_i}{1 - e^{-(1+j\omega_i)}}$$

da série de Fourier da resposta correspondente. Observe que $\beta_{-i} = \beta_i^*$ para todo $i \in \mathbb{Z}$, como esperado, pois o sinal de saída é real. A Figura 3.6 mostra o sinal de entrada $g(k)$, um trem de pulsos caracterizado por $N_h = 4$ e $N_0 = 21$, bem como a saída correspondente $y(k)$. Nota-se cada pulso de entrada e o pulso de saída, deformado pela ação do sistema. Devemos colocar em evidência a simplicidade dos cálculos realizados. □

É preciso enfatizar como o tratamento de sinais a tempo discreto fica bastante simplificado pela adoção da versão mais geral da série de Fourier. Este é um exemplo em que a generalização, que requer a manipulação de números complexos e de funções com variáveis complexas, simplifica enormemente a obtenção dos resultados procurados. No próximo capítulo estudaremos sinais genéricos, isto é, não necessariamente periódicos, mantendo o mesmo contexto e as mesmas manipulações algébricas que empregamos até aqui.

Ao terminar este capítulo desejamos evidenciar que a série de Fourier é uma ferramenta matemática de grande utilidade em muitos outros contextos e não somente no estudo de sinais periódicos. De fato, segundo a discussão feita no Capítulo 1, vamos calcular o valor de $\zeta(n)$, para $n = 2$, da famosa função *zeta de*

3.5. NOTAS BIBLIOGRÁFICAS

Euler-Riemann, que é definida por

$$\zeta(n) = \sum_{i=1}^{\infty} \frac{1}{i^n} \tag{3.36}$$

Da aplicação da versão a tempo contínuo do Teorema de Parseval - Teorema 3.1 ao sinal do Exemplo 3.4 resulta a igualdade

$$2\sum_{i=1}^{\infty} \left(\frac{aT_0}{2\pi}\right)^2 \frac{1}{i^2} = \frac{a^2}{T_0} \int_{-T_0/2}^{T_0/2} t^2 dt \tag{3.37}$$

da qual retiramos o resultado já bem conhecido $\zeta(2) = \pi^2/6 \approx 1{,}6449$. Este cálculo feito aqui de forma bem simples, com o auxílio da série de Fourier, foi realizado pela primeira vez de maneira muito mais elaborada em 1735 por Euler.

3.5 Notas Bibliográficas

Neste capítulo estudamos os sinais periódicos sob a ótica de tentar decompô-los em suas partes mais elementares. Como não poderia ser de outra maneira, isto foi feito com a célebre série de Fourier.

Por sua enorme importância prática e conceitual, a série de Fourier, nas suas versões a tempo contínuo e a tempo discreto, recebeu ao longo dos anos uma grande atenção por parte da comunidade científica. Por este motivo, a bibliografia que trata deste tema é vasta. Acreditamos que para dar maior ênfase ao enfoque adotado e para ajudar o leitor a melhor entender este texto, as referências mais significativas são [4], [13], [16] e [18]. O livro [4] é dedicado ao estudo de circuitos elétricos, mas contém informações relevantes e oportunas sobre a série de Fourier disponibilizadas na forma de um grande número de notas de discussão que aguçam a curiosidade do leitor. A referência [16] traz informações detalhadas sobre a série de Fourier, com a preocupação de ilustrar os resultados teóricos através de exemplos da área de sistemas de comunicação. A consulta a [16] é também fortemente recomendada para que o leitor possa medir quão abrangente é o tema estudado neste capítulo, tendo em vista possíveis aplicações práticas.

Mesmo diante de tamanha variedade de excelentes fontes de informação, pretendemos ter desenvolvido o tema central deste capítulo segundo uma visão própria e inédita dos autores. O tratamento mais geral baseado em funções de variáveis complexas se mostrou oportuno e simplificador. Nos parece que isto se torna cada vez mais válido quando se nota que as rotinas de simulação e de

88   *CAPÍTULO 3. ANÁLISE DE SINAIS PERIÓDICOS*

cálculo numérico disponíveis já contemplam esta generalização de forma corriqueira. A exemplo dos demais, este capítulo contém vários exemplos resolvidos nos quais discutimos alguns aspectos e fornecemos informações adicionais que julgamos importantes para serem assimiladas pelo leitor.

3.6   Exercícios

Exercício 3.1 *Considere $g(t)$ um sinal real representado pela série de Fourier*

$$g(t) = \sum_{i=-\infty}^{\infty} \alpha_i e^{j\omega_i t}, \ t \in \mathbb{R}$$

Se $\alpha_i = |\alpha_i| e^{j\theta_i}$, mostre que $g(t)$ pode ser expresso, alternativamente, pelas fórmulas dadas a seguir.

a) $g(t) = \alpha_0 + 2 \sum_{i=1}^{\infty} |\alpha_i| \cos(\omega_i t + \theta_i)$.

b) $g(t) = \alpha_0 + 2 \sum_{i=1}^{\infty} (\beta_i \cos(\omega_i t) - \rho_i \text{sen}(\omega_i t))$ com $\beta_i = |\alpha_i| \cos(\theta_i)$ e $\rho_i = |\alpha_i| \text{sen}(\theta_i)$.

Exercício 3.2 *Considere o sinal $g(t)$ escrito na forma*

$$g(t) = \sum_{i=-3}^{3} \alpha_i e^{j2\pi i t}$$

com $\alpha_0 = 1$, $\alpha_1 = \alpha_{-1}^* = (1/2)(1-j)$, $\alpha_2 = \alpha_{-2} = 1/4$ e $\alpha_3 = \alpha_{-3} = -1$. Expresse o sinal $g(t)$ com a representação do item b) do Exercício 3.1 e mostre graficamente como ele é construído a partir de suas componentes harmônicas.

Exercício 3.3 *Apresente os espectros de módulo e de fase do sinal*

$$g(t) = 3 + \text{sen}(2\pi t) + 2\cos(2\pi t) + 3\cos(4\pi t + \pi/3)$$

represente-os graficamente e calcule o valor eficaz de $g(t)$.

Exercício 3.4 *Defina o operador $\mathcal{F}_s[\cdot]$ como sendo aquele que, quando aplicado a sinais a tempo contínuo $\mathcal{F}_s[g(t)] = \alpha_i$ e $\mathcal{F}_s[f(t)] = \beta_i$, de mesmo período $T_0 > 0$, fornece os coeficientes de suas respectivas séries de Fourier. Mostre que as seguintes propriedades são válidas.*

a) Linearidade:

$$\mathcal{F}_s \left[\sum_{\ell=1}^{q} c_\ell g_\ell(t) \right] = \sum_{\ell=1}^{q} c_\ell \alpha_{\ell i}$$

com $c_\ell \in \mathbb{R}$ para todo $\ell = 1, \cdots, q$ e $\mathcal{F}_s[g_\ell(t)] = \alpha_{\ell i}$.

3.6. EXERCÍCIOS

b) *Deslocamento no tempo:* $\mathcal{F}_s\left[g(t-\tau)\right] = e^{-j\omega_i \tau}\alpha_i$.

c) *Deslocamento em frequência:* $\mathcal{F}_s\left[e^{j\omega_m t}g(t)\right] = \alpha_{i-m}$.

d) *Inversão do sentido do tempo:* $\mathcal{F}_s\left[g(-t)\right] = \alpha_{-i}$.

e) *Convolução periódica:*

$$\mathcal{F}_s\left[\int_0^{T_0} g(\tau)f(t-\tau)d\tau\right] = T_0\alpha_i\beta_i$$

em que $T_0 > 0$ é o período comum a ambas as funções.

f) *Multiplicação no tempo:* $\mathcal{F}_s\left[g(t)f(t)\right] = \sum_{\ell=-\infty}^{\infty} \alpha_\ell\beta_{i-\ell}$.

Exercício 3.5 *Considere um sinal a tempo contínuo, periódico, com período $T_0 = 4$. Seu primeiro período é definido na forma*

$$g(t) = \begin{cases} -t & , & -2 \le t \le 0 \\ t & , & 0 \le t \le 2 \end{cases}$$

Determine os coeficientes da sua série de Fourier.

Exercício 3.6 *Considere um sinal a tempo contínuo, periódico, com período $T_0 = 8$. Seu primeiro período é definido na forma*

$$g(t) = \begin{cases} -1 & , & -4 \le t \le -3 \\ 0 & , & -3 < t < 3 \\ 1 & , & 3 \le t \le 4 \end{cases}$$

Determine os coeficientes da sua série de Fourier.

Exercício 3.7 *Considere que o sinal $g(t)$ do Exercício 3.5 foi somado a um sinal periódico, com período $T_0 = 2$, definido por*

$$f(t) = \begin{cases} -1 & , & -1 \le t \le 0 \\ 1 & , & 0 < t < 1 \end{cases}$$

formando o sinal apresentado na Figura 3.7, com período $T_0 = 4$. Determine os coeficientes da série de Fourier do sinal $g(t) + f(t)$.

Exercício 3.8 *Considere as seguintes informações a respeito de dois sinais $g(t)$ e $f(t)$.*

- *Os coeficientes da série de Fourier de $g(t)$ são tais que $\alpha_i = 0$ para todo $|i| > 1$.*

- *$g(t)$ é um sinal real periódico com período $T_0 = 2$.*

- *O sinal $f(t)$ com coeficientes de Fourier $\beta_i = e^{-j\pi i/2}\alpha_{-i}$ é ímpar.*

- *Seu valor eficaz é $\|g\|_{ef} = 1$.*

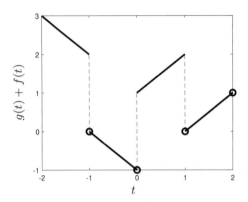

Figura 3.7: Sinal para ser usado no Exercício 3.7

Determine dois sinais $g(t)$ que satisfazem essas condições e apresente, para cada um deles, o sinal $f(t)$ correspondente.

Exercício 3.9 Considere que o sinal $g(t)$ apresentado no Exercício 3.2 passa por um sistema com resposta ao impulso $h(t) = e^{-2t}v(t)$. Apresente a resposta $y(t)$ expressa com a representação do item b) do Exercício 3.1, bem como os coeficientes de sua série de Fourier.

Exercício 3.10 Apresente os espectros de módulo e de fase do sinal a tempo discreto

$$g(k) = 1 + \text{sen}(3\pi k + \pi/4) + 2\cos(2\pi k/5)$$

represente-os graficamente no período $< N_0 >= [0, N_0)$ e calcule o valor eficaz de $g(k)$.

Exercício 3.11 Considerando que $g(k)$ é um sinal real e periódico dado por

$$g(k) = \sum_{n=-\infty}^{\infty} 2\delta(k-3n) + 3\delta(k-6n)$$

determine os coeficientes de sua série de Fourier.

Exercício 3.12 Defina o operador $\mathcal{F}_s[\cdot]$ como sendo aquele que, quando aplicado a sinais a tempo discreto $\mathcal{F}_s[g(k)] = \alpha_i$ e $\mathcal{F}_s[f(k)] = \beta_i$, de mesmo período $N_0 > 0$, fornece os coeficientes de suas respectivas séries de Fourier. Mostre que as seguintes propriedades são válidas.

a) Linearidade

$$\mathcal{F}_s\left[\sum_{\ell=1}^{q} c_\ell g_\ell(k)\right] = \sum_{\ell=1}^{q} c_\ell \alpha_{\ell i}$$

com $c_\ell \in \mathbb{R}$ para todo $\ell = 1, \cdots, q$ e $\mathcal{F}_s[g_\ell(k)] = \alpha_{\ell i}$.

3.6. EXERCÍCIOS

91

b) *Deslocamento no tempo:* $\mathcal{F}_s\left[g(k-n)\right] = e^{-j\omega_i n}\alpha_i$.

c) *Deslocamento em frequência:* $\mathcal{F}_s\left[e^{j\omega_n k}g(k)\right] = \alpha_{i-n}$.

d) *Inversão do sentido do tempo:* $\mathcal{F}_s\left[g(-k)\right] = \alpha_{-i}$.

e) *Convolução periódica:*

$$\mathcal{F}_s\left[\sum_{n=0}^{N_0-1} g(n)f(k-n)d\tau\right] = N_0\alpha_i\beta_i$$

em que $N_0 > 0$ é o período comum a ambas as funções.

f) *Multiplicação no tempo:* $\mathcal{F}_s\left[g(k)f(k)\right] = \sum_{n=0}^{N_0-1}\alpha_n\beta_{i-n}$.

Exercício 3.13 *Considere um sinal a tempo discreto, periódico, com período $N_0 = 2N_h + 2$. Seu primeiro período é definido na forma*

$$g(k) = \left\{ \begin{array}{cl} -1 & , \quad -N_h \leq k \leq -1 \\ 1 & , \quad 1 \leq k \leq N_h \end{array}\right.$$

com $g(0) = g(N_h + 1) = 0$. Determine os coeficientes da sua série de Fourier. Para $N_h = 3$, apresente os espectros de módulo e de fase do sinal.

Exercício 3.14 *Considere um sinal a tempo discreto, periódico, com período $N_0 = 2N_h + 1$. Seu primeiro período é definido na forma*

$$g(k) = \left\{ \begin{array}{cl} -1 & , \quad -N_h \leq k \leq -1 \\ 1 & , \quad 1 \leq k \leq N_h \end{array}\right.$$

com $g(0) = 0$. Determine os coeficientes da sua série de Fourier. Para $N_h = 3$, apresente os espectros de módulo e de fase do sinal.

Exercício 3.15 *Considere que o sinal $g(k)$ do Exercício 3.13 com $N_h = 3$ foi somado a um sinal periódico, com período $N_0 = 9$ definido na forma*

$$f(k) = \left\{ \begin{array}{cl} 1 & , \quad |k| \leq 2 \\ 0 & , \quad 2 < |k| \leq 4 \end{array}\right.$$

Determine os coeficientes da série de Fourier do sinal $f(k) + g(k)$.

Exercício 3.16 *Considere as seguintes informações a respeito de dois sinais a tempo discreto.*

- *O sinal $g(k)$ é real, par e possui período $N_0 = 7$.*

- $\sum_{k=0}^{6} g(k) = 14$.

- $\beta_{-2} = 3$ *é um dos coeficientes de Fourier do sinal $f(k) = e^{j6\pi/7}g(k)$.*

CAPÍTULO 3. ANÁLISE DE SINAIS PERIÓDICOS

- *O seu valor eficaz é $\|g\|_{ef} = \sqrt{22}$.*

Determine o sinal $g(k)$ e o sinal $f(k)$ correspondente.

Exercício 3.17 *Considere um sistema LIT causal com resposta ao impulso unitário dada por $h(k) = e^{-2k}v(k)$. Determine os coeficientes da série de Fourier da resposta $y(k)$ às seguintes entradas periódicas:*

a) $g(k) = \sum_{n=-\infty}^{\infty} \delta(k - 3n)$.

b) $g(k) = 1 + \text{sen}(3\pi k + \pi/4) + 2\cos(2\pi k/5)$.

c) $g(k)$ é o sinal periódico do Exercício 3.13.

Exercício 3.18 *Um sistema dinâmico, linear e invariante no tempo tem como resposta ao impulso unitário a função*

$$h(t) = (e^{-t} + 2e^{-2t})v(t)$$

Determine:

a) *para a entrada $g(t) = \sum_{k=-\infty}^{\infty} \delta(t-k)$, os coeficientes da série de Fourier da saída.*

b) *para a entrada $g(t) = v(t) - v(t-1)$, a série de Fourier da saída considerando que o pulso de entrada é repetido com periodicidade $T = 10$.*

c) *para a entrada $g(t) = v(t) - v(t-1)$, a série de Fourier da saída considerando que o pulso de entrada é repetido com periodicidade $T = 2$.*

d) *os gráficos das saídas correspondentes aos itens b) e c) para $0 \leq t \leq 10$. Compare e verifique qual deles fornece a melhor aproximação para a saída correspondente ao pulso dado.*

Exercício 3.19 *Mostre que os coeficientes da série de Fourier discreta determinados no Exemplo 3.12 podem ser expressos, alternativamente, na forma*

$$\alpha_i = \left(\frac{2N_h + 1}{N_0}\right) \frac{\text{sinc}(\omega_i(2N_h + 1)/2)}{\text{sinc}(\omega_i/2)}$$

para todo $i \in \langle N_0 \rangle$.

Capítulo 4

Transformada de Fourier

4.1 Introdução

O termo *transformada* é bastante geral e se aplica a diversas operações matemáticas. Transforma-se uma função para se obter outra. No lugar de efetuar certos cálculos com a função original, manipula-se de forma mais simples e imediata a sua transformada. Os resultados desejados são obtidos com maior eficiência, simplicidade e rapidez. A transformada de uma função é única e tem que admitir inversa. Toda função e sua transformada formam um par único, pois uma identifica unicamente a outra.

$$\underbrace{g(t)}_{t\in\mathbb{R}} \iff \underbrace{G(\omega)}_{\omega\in\mathbb{R}}$$

Trataremos, neste capítulo, de uma transformada célebre, útil e muito conhecida denominada *Transformada de Fourier*, que tem importância singular na análise de sinais. Sua versão clássica se aplica a sinais a tempo contínuo com domínio real $t \in \mathbb{R}$ e imagem em $\mathbb{C}$ que podem ou não ser periódicos. Como veremos, a transformada de Fourier nada mais é que a generalização da série de Fourier para tratar sinais não periódicos. Devido à sua presença na maioria das aplicações práticas, a transformada de Fourier de sinais (reais) a tempo contínuo com imagem em $\mathbb{R}$ será objeto de ilustração nos exemplos resolvidos. Por fim, sinais a tempo discreto periódicos ou não serão estudados de maneira similar, através da *Transformada de Fourier Discreta*.

94   CAPÍTULO 4. TRANSFORMADA DE FOURIER

4.2   Sinais a Tempo Contínuo

Inicialmente, nosso objetivo é considerar sinais a tempo contínuo, mas sem qualquer outra qualificação. Em particular, sinais genéricos, isto é, não periódicos, serão o nosso objeto de estudo. Entretanto, cabe ressaltar que algumas restrições aos sinais serão gradualmente incorporadas como forma de tornar possível a realização de operações matemáticas necessárias.

Definição 4.1 (Transformada de Fourier) *A transformada de Fourier de um sinal a tempo contínuo* $g(t) : \mathbb{R} \to \mathbb{C}$ *é a função* $G(\omega) : \mathbb{R} \to \mathbb{C}$ *dada por*

$$G(\omega) = \int_{-\infty}^{\infty} g(t)e^{-j\omega t}dt \tag{4.1}$$

A própria definição introduz a notação adotada em todo o texto. A transformada de Fourier do sinal $g(t)$ (definido no domínio do tempo $t \in \mathbb{R}$ e denotado por uma letra minúscula) é a função $G(\omega)$ (definida no domínio da frequência $\omega \in \mathbb{R}$ e denotada pela mesma letra maiúscula). Quando necessário, adotaremos $\hat{g}(\omega)$ ou $\mathcal{F}[g(t)]$ para indicar a transformada de Fourier de $g(t)$. Alguns aspectos devem ser imediatamente notados, a saber:

- **Simetria:**   Os domínios ($t \in \mathbb{R}, \omega \in \mathbb{R}$) bem como os conjuntos imagem ($\mathbb{C}$) são idênticos para os sinais e suas transformadas. Isto tem implicações interessantes que permitem permutar fórmulas válidas no domínio do tempo para o domínio da frequência e vice-versa.

- **Classe de sinais:**   Uma informação relevante é saber para qual classe de sinais a integral (4.1) converge. Calculando o módulo de (4.1), obtemos

$$|G(\omega)| \leq \int_{-\infty}^{\infty} |g(t)|dt \tag{4.2}$$

  pois $|e^{-j\omega t}| = 1$ para todo $t \in \mathbb{R}$. Portanto, uma condição suficiente para que a integral convirja é existirem $\beta \geq 0$ e $\alpha > 0$ tais que $|g(t)| \leq \beta e^{-\alpha|t|}$, $\forall t \in \mathbb{R}$.

- **Divergência:**   Em certos casos, a integral (4.1) não converge, mas a sua divergência para infinito ocorre de maneira especial, segundo um impulso unitário $\delta(t)$ ou $\delta(\omega)$. Identificar estas situações permite determinar a transformada de Fourier para uma classe bem mais ampla de sinais.

4.2. SINAIS A TEMPO CONTÍNUO

O resultado-chave para o estudo da transformada de Fourier é traduzido pela seguinte igualdade que já analisamos no Capítulo 2, a saber

$$\frac{1}{2\pi} \int_{-\infty}^{\infty} e^{j\omega t} d\omega = \delta(t) \tag{4.3}$$

Todas as condições para que esta igualdade seja verdadeira estão presentes. No capítulo mencionado, verificamos que o seu lado esquerdo é nulo para todo $0 \neq t \in \mathbb{R}$, é $+\infty$ para $t = 0$ e a sua integral é igual a um em qualquer intervalo que contenha a origem. Mesmo diante de todas essas evidências, vamos retomar o Exemplo 3.3, em que a seguinte igualdade

$$\sum_{k=-\infty}^{\infty} \delta(t - kT_0) = \frac{1}{T_0} \sum_{i=-\infty}^{\infty} e^{j(2\pi/T_0)it}, \ t \in \mathbb{R} \tag{4.4}$$

foi estabelecida. Como T_0 é o período do trem de impulsos e um deles ocorre em $t = 0$, se fizermos $T_0 \to \infty$ o lado direito de (4.4) fornece $\delta(t)$. Definindo $\Delta\omega = 2\pi/T_0$ e $\omega_i = \Delta\omega\, i$ para todo $i \in \mathbb{Z}$, temos

$$
\begin{aligned}
\delta(t) &= \lim_{T_0 \to +\infty} \frac{1}{T_0} \sum_{i=-\infty}^{\infty} e^{j(2\pi/T_0)it} \\
&= \lim_{\Delta\omega \to 0^+} \frac{\Delta\omega}{2\pi} \sum_{i=-\infty}^{\infty} e^{j\omega_i t} \\
&= \frac{1}{2\pi} \int_{-\infty}^{\infty} e^{j\omega t} d\omega
\end{aligned}
\tag{4.5}
$$

que é exatamente (4.3). Esta integral diverge para $t = 0$, mas o faz de maneira especial, segundo um impulso unitário. Este resultado permite estabelecer a fórmula da *Transformada de Fourier Inversa* dada através do próximo teorema.

Teorema 4.1 (Transformada de Fourier Inversa) *Se $G(\omega) : \mathbb{R} \to \mathbb{C}$ é a transforma de Fourier de um sinal a tempo contínuo $g(t) : \mathbb{R} \to \mathbb{C}$, então a seguinte igualdade*

$$g(t) = \frac{1}{2\pi} \int_{-\infty}^{\infty} G(\omega) e^{j\omega t} d\omega \tag{4.6}$$

é verdadeira.

96   CAPÍTULO 4. TRANSFORMADA DE FOURIER

Prova: Com $G(\omega)$ dada por (4.1), determinamos

$$\begin{aligned}
\int_{-\infty}^{\infty} G(\omega)e^{j\omega t}d\omega &= \int_{-\infty}^{\infty} \left(\int_{-\infty}^{\infty} g(\tau)e^{-j\omega\tau}d\tau \right) e^{j\omega t}d\omega \\
&= \int_{-\infty}^{\infty} g(\tau) \left(\int_{-\infty}^{\infty} e^{j\omega(t-\tau)}d\omega \right) d\tau \\
&= 2\pi \int_{-\infty}^{\infty} g(\tau)\delta(t-\tau)d\tau \\
&= 2\pi g(t) \tag{4.7}
\end{aligned}$$

na qual a terceira igualdade vem de (4.3) deslocada de τ e a quarta igualdade
é uma das propriedades fundamentais do impulso unitário. A última igualdade
recupera (4.6), o que prova o teorema proposto. $\square$

Como introduzimos a transformada de Fourier através de uma definição, é
preciso dar-lhe uma interpretação a respeito do seu surgimento e utilidade. Na
verdade, ela diz respeito à generalização da série de Fourier para sinais não
periódicos. Neste sentido, observe que um sinal qualquer $g(t)$ com domínio em $\mathbb{R}$
pode ser aproximado por um sinal periódico com período $T_0 > 0$ arbitrariamente
grande. Neste caso, como sabemos, definindo $\Delta\omega = 2\pi/T_0$ e $\omega_i = \Delta\omega\, i$ para todo
$i \in \mathbb{Z}$, a série de Fourier permite escrever

$$\begin{aligned}
g(t) &= \lim_{T_0 \to +\infty} \sum_{i=-\infty}^{\infty} \alpha_i e^{j(2\pi/T_0)it} \\
&= \lim_{T_0 \to +\infty} \frac{1}{T_0} \sum_{i=-\infty}^{\infty} (T_0\alpha_i)e^{j(2\pi/T_0)it} \tag{4.8}
\end{aligned}$$

e, por outro lado, para T_0 arbitrariamente grande, cada coeficiente da série pode
ser aproximado por

$$T_0\alpha_i = \int_{-T_0/2}^{T_0/2} g(t)e^{-j(2\pi/T_0)it}dt \approx G(\omega_i) \tag{4.9}$$

Levando esta aproximação ao cálculo do limite (4.8), o que pode ser feito tendo
em vista que $T_0 \to +\infty$, obtemos

$$\begin{aligned}
g(t) &= \lim_{\Delta\omega \to 0^+} \frac{\Delta\omega}{2\pi} \sum_{i=-\infty}^{\infty} G(\omega_i)e^{j\omega_i t} \\
&= \frac{1}{2\pi} \int_{-\infty}^{\infty} G(\omega)e^{j\omega t}d\omega \tag{4.10}
\end{aligned}$$

4.2. SINAIS A TEMPO CONTÍNUO

que é exatamente a expressão da transformada de Fourier inversa (4.6). Isto mostra que a generalização que se desejava foi conseguida. Ela permite concluir que uma maneira de calcularmos, aproximadamente (com uma precisão desejada), a transformada de Fourier de um sinal qualquer é transformá-lo em um sinal periódico com período muito grande e calcular a série de Fourier correspondente. Isto equivale a resolver numericamente a integral da transformada pelo método de integração de Euler. Os seguintes exemplos ilustram os cálculos que devem ser feitos em alguns casos específicos.

Exemplo 4.1 Para o sinal exponencial $g_\alpha(t) = e^{-\alpha t} v(t)$ com $\alpha > 0$, temos

$$
\begin{aligned}
G_\alpha(\omega) &= \int_0^\infty e^{-(\alpha + j\omega)t} dt \\
&= \frac{1}{\alpha + j\omega}
\end{aligned}
$$

Note que o sinal $g(t) = e^{-\alpha t}$ com α positivo ou negativo, mas definido para todo $t \in \mathbb{R}$, não admite transformada de Fourier. O sinal $s_\alpha(t) = g_\alpha(t) - g_\alpha(-t)$ com $\alpha > 0$ e domínio em $t \in \mathbb{R}$ tem transformada de Fourier dada por

$$
\begin{aligned}
S_\alpha(\omega) &= \int_{-\infty}^\infty \big(g_\alpha(t) - g_\alpha(-t)\big) e^{-j\omega t} dt \\
&= G_\alpha(\omega) - G_\alpha(-\omega) \\
&= \frac{-2j\omega}{\alpha^2 + \omega^2}
\end{aligned}
$$

em que utilizamos uma propriedade que resulta diretamente da mudança de variável $\xi = -t$ e se expressa na forma $g_\alpha(-t) \Longleftrightarrow G_\alpha(-\omega)$. É importante ressaltar que esta propriedade é genérica, isto é, se aplica a qualquer sinal. $\qquad \square$

Exemplo 4.2 Considere um pulso isolado definido por $g(t) = 1$, $|t| \leq a/2$ e zero fora deste intervalo que já foi analisado no Exemplo 3.2, mas com período $T_0 > 0$. A sua transformada de Fourier é calculada pela definição, isto é,

$$
\begin{aligned}
G(\omega) &= \int_{-a/2}^{a/2} e^{-j\omega t} dt \\
&= a \, \mathrm{sinc}(\omega a/2)
\end{aligned}
$$

Os coeficientes fornecidos no exemplo mencionado para a série periódica são tais que $T_0 \alpha_i = G(\omega_i)$ para todo $i \in \mathbb{Z}$. A Figura 4.1 mostra, para $T_0 = 1$ [s] e $a = 0{,}25$, a transformada de Fourier $G(\omega)$ e as harmônicas do sinal periódico. A confirmação do que foi dito é visível. $\qquad \square$

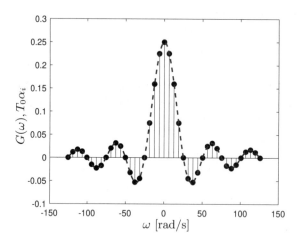

Figura 4.1: Transformada de Fourier e harmônicas

Exemplo 4.3 O sinal $g(t) = a\,t$, $|t| \leq T_0/2$ e zero fora deste intervalo já foi analisado no Exemplo 3.4, mas com período $T_0 > 0$. A sua transformada de Fourier também pode ser calculada diretamente pela definição, ou seja,

$$\begin{aligned}G(\omega) &= a\int_{-T_0/2}^{T_0/2} t e^{-j\omega t} dt \\ &= ja\left(\frac{T_0\cos(\omega T_0/2)}{\omega} - \frac{2\mathrm{sen}(\omega T_0/2)}{\omega^2}\right)\end{aligned}$$

para todo $0 \neq \omega \in \mathbb{R}$ e $G(0) = 0$. Novamente verificamos que os coeficientes calculados no exemplo mencionado para a série periódica satisfazem a relação $T_0\alpha_i = G(\omega_i)$ para todo $i \in \mathbb{Z}$. □

É importante que tenhamos sempre presente a fórmula da transformada de Fourier (4.1), bem como da sua inversa (4.6). Em diversas situações, a aplicação de uma delas pode levar ao resultado que seria obtido com a outra, porém de forma muito mais simples e fácil. Esta situação fica mais evidente quando manipulamos sinais com transformadas que envolvem o impulso unitário. A transformada de Fourier do **impulso unitário** é dada por (4.1), ou seja,

$$\hat{\delta}(\omega) = \int_{-\infty}^{\infty} \delta(t)e^{-j\omega t}dt = 1, \ \forall \omega \in \mathbb{R} \qquad (4.11)$$

e é interessante verificar que, neste caso, (4.6) se reduz a (4.3) para que o impulso unitário $\delta(t)$ seja recuperado. Assim sendo, é possível relacionar o sinal e sua

4.2. SINAIS A TEMPO CONTÍNUO

99

transformada por $\delta(t) \Longleftrightarrow 1$. Por outro lado, se fizermos a permutação entre as variáveis $t \in \mathbb{R}$ e $\omega \in \mathbb{R}$, a equação (4.3) produz

$$\frac{1}{2\pi} \int_{-\infty}^{\infty} e^{j\omega t} dt = \delta(\omega) \qquad (4.12)$$

sendo interessante determinar qual sinal $g(t)$ tem $\delta(\omega)$ como transformada de Fourier. Aplicando (4.6), vem

$$g(t) = \frac{1}{2\pi} \int_{-\infty}^{\infty} \delta(\omega) e^{j\omega t} d\omega = \frac{1}{2\pi} \qquad (4.13)$$

e fica evidente que a transformada de Fourier do sinal **constante unitário** $g(t) = 1$, $\forall t \in \mathbb{R}$ é $\hat{g}(\omega) = 2\pi\delta(\omega)$. Este resultado permite relacionar $1 \Longleftrightarrow 2\pi\delta(\omega)$. Um sinal relevante é o sinal **exponencial**, definido por $g(t) = e^{j\omega_0 t}$ com domínio $t \in \mathbb{R}$ e $\omega_0 \in \mathbb{R}$ dada. Pela definição, temos

$$\begin{aligned} G(\omega) &= \int_{-\infty}^{\infty} e^{-j(\omega-\omega_0)t} dt \\ &= 2\pi\delta(\omega_0 - \omega) \\ &= 2\pi\delta(\omega - \omega_0) \end{aligned} \qquad (4.14)$$

sendo que as duas últimas igualdades decorrem imediatamente de (4.12) e de $\delta(\omega) = \delta(-\omega)$ para todo $\omega \in \mathbb{R}$. Assim sendo, relacionamos este sinal e sua transformada por $e^{j\omega_0 t} \Longleftrightarrow 2\pi\delta(\omega - \omega_0)$. Note que para $\omega_0 = 0$ recuperamos o sinal constante no tempo. Este resultado é muito importante, pois permite determinar a transformada de Fourier dos sinais trigonométricos **seno** e **cosseno**. Para $g(t) = \text{sen}(\omega_0 t)$ com domínio em $\mathbb{R}$, temos

$$G(\omega) = -j\pi\big(\delta(\omega - \omega_0) - \delta(\omega + \omega_0)\big) \qquad (4.15)$$

enquanto que, para $g(t) = \cos(\omega_0 t)$ com domínio em $\mathbb{R}$, os cálculos levam a

$$G(\omega) = \pi\big(\delta(\omega - \omega_0) + \delta(\omega + \omega_0)\big) \qquad (4.16)$$

É interessante notar que para estes sinais as respectivas transformadas de Fourier são nulas para todo $\omega \neq \pm\omega_0$, sendo que precisamente em $\omega = \pm\omega_0$ ocorrem impulsos. A interpretação é que para sinais periódicos a transformada de Fourier se concentra nas suas harmônicas. Esta afirmação pode ser provada com o auxílio da série de Fourier, pois considerando $g(t)$ periódica com período $T_0 > 0$, vem

$$g(t) = \sum_{i=-\infty}^{\infty} \alpha_i e^{j\omega_i t} \qquad (4.17)$$

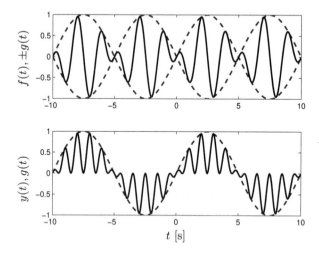

Figura 4.2: Modulação

cuja transformada de Fourier decorre de (4.14), ou seja,

$$G(\omega) = 2\pi \sum_{i=-\infty}^{\infty} \alpha_i \delta(\omega - \omega_i) \qquad (4.18)$$

Este resultado era esperado, pois já sabemos que para sinais periódicos a série de Fourier é capaz de reproduzi-los, a partir apenas das suas harmônicas. Assim sendo, nenhuma informação resta além daquela presente nas harmônicas, o que explica o aparecimento dos impulsos nas frequências ω_i para todo $i \in \mathbb{Z}$.

Exemplo 4.4 (Modulação de amplitude) O sinal $f(t) = g(t)\cos(\omega_c t)$ tem como efeito modificar, isto é, modular, a amplitude do sinal cossenoidal denominado *portadora* pela ação do sinal $g(t)$. A sua transformada de Fourier é determinada diretamente de (4.1), ou seja,

$$\begin{aligned} F(\omega) &= \frac{1}{2} \int_{-\infty}^{\infty} g(t) \left(e^{j\omega_c t} + e^{-j\omega_c t} \right) e^{-j\omega t} dt \\ &= \frac{1}{2} \int_{-\infty}^{\infty} g(t) e^{-j(\omega - \omega_c)t} dt + \frac{1}{2} \int_{-\infty}^{\infty} g(t) e^{-j(\omega + \omega_c)t} dt \\ &= \frac{1}{2} \left(G(\omega - \omega_c) + G(\omega + \omega_c) \right) \end{aligned}$$

Fica claro que o espectro do sinal modulado se deslocou para as frequências $\pm \omega_c$ da portadora. Ele pode ocupar uma faixa de frequências no entorno de uma frequência

4.2. SINAIS A TEMPO CONTÍNUO

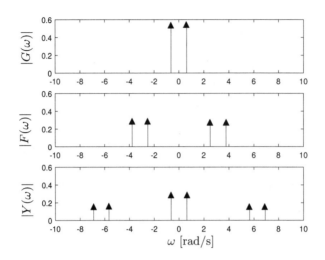

Figura 4.3: Espectro do sinal modulado

qualquer ω_c definida pelo usuário. O aspecto mais interessante ocorre se desejarmos recuperar o sinal $g(t)$, após $f(t)$ ter sido transmitido. Multiplicando-se o sinal recebido $f(t)$ pela portadora obtemos

$$\begin{aligned} y(t) &= g(t)\cos^2(\omega_c t) \\ &= \frac{1}{2}g(t)\bigl(1+\cos(2\omega_c t)\bigr) \end{aligned}$$

cujo espectro, a menos de constantes, é o de $g(t)$ e o de $g(t)$ deslocado para as frequências $\pm 2\omega_c$. Um filtro denominado *passa-baixas* recupera o sinal original. A Figura 4.2 foi construída com $g(t) = \text{sen}(\omega_s t)$ com $\omega_s = \pi/5$ [rad/s] e $\omega_c = \pi$ [rad/s]. Ela mostra, na parte superior, em linha cheia, o sinal modulado $f(t)$ e, em linhas tracejadas, $\pm g(t)$. Na parte de baixo é mostrado, em linha cheia, o sinal $y(t)$ e, em linha tracejada, $g(t)$. Na parte inferior nota-se perfeitamente a evolução do sinal $g(t)$ que poderá ser filtrado. Esta possibilidade é confirmada pelos espectros de amplitude mostrados na Figura 4.3, onde fica aparente o reaparecimento das duas harmônicas de $g(t)$ em $y(t)$. □

Estamos em condições de calcular a transformada do sinal degrau unitário $v(t)$. Para que isto seja feito é imperativo darmos um passo intermediário para determinar, se existir, o sinal denotado $s(t)$, cuja transformada de Fourier é $S(\omega) = 1/j\omega$ para todo $\omega \neq 0$ e $S(0) = 0$. Calculando o valor principal de (4.6), obtemos

$$
\begin{aligned}
s(t) &= \lim_{w \to \infty} \frac{1}{2\pi} \int_{-w}^{w} \frac{e^{j\omega t}}{j\omega} d\omega \\
&= \lim_{w \to \infty} \frac{1}{2\pi} \int_{-w}^{w} \left(\frac{\cos(\omega t)}{j\omega} + \frac{\mathrm{sen}(\omega t)}{\omega} \right) d\omega \\
&= \lim_{w \to \infty} \frac{t}{2\pi} \int_{-w}^{w} \mathrm{sinc}(\omega t) d\omega
\end{aligned}
\tag{4.19}
$$

tendo em vista que a primeira parcela da integral na segunda igualdade é nula pois a função $\cos(\omega t)/\omega$ é ímpar para todo $t \in \mathbb{R}$. Ademais, concluímos também que $s(0) = 0$. Finalmente, para todo $t \neq 0$, com a mudança de variável $\xi = \omega t/\pi$ determinamos

$$
s(t) = \lim_{w \to \infty} \frac{1}{2} \int_{-wt/\pi}^{wt/\pi} \mathrm{sinc}(\pi\xi) d\xi
\tag{4.20}
$$

Lembrando que segundo (2.24) a integral da função $\mathrm{sinc}(\pi\xi)$ para todo $\xi \in \mathbb{R}$ é igual a um e tomando cuidado com os limites de integração em (4.20) que mudam de sinal segundo o sinal de $t \neq 0$, conseguimos o resultado procurado, $s(t) = (1/2)(t/|t|)$ para todo $t \neq 0$. Este sinal é constante igual a $-1/2$ para $t < 0$, passa por zero em $t = 0$ e permanece constante igual a $1/2$ em todo $t > 0$. A relevância deste resultado é aparente pois podemos obter facilmente o degrau unitário a partir de $s(t)$, ou seja,

$$
v(t) = \frac{1}{2} + s(t)
\tag{4.21}
$$

sendo equivalentemente escrito como a soma de um sinal constante no tempo com $s(t)$. Note que, por definição, $1 = v(0) \neq (1/2) + s(0) = 1/2$, mas esta diferença que ocorre apenas em um ponto isolado não tem nenhuma importância. Assim sendo, as manipulações algébricas que acabamos de realizar tornam possível a determinação da transformada de Fourier do **degrau unitário** na forma final

$$
\hat{v}(\omega) = \pi\delta(\omega) + \frac{1}{j\omega}
\tag{4.22}
$$

Neste momento, é importante ressaltar a necessidade de cautela ao se calcular a transformada de Fourier ou a transformada de Fourier inversa, sobretudo de sinais ilimitados no tempo ou cujas transformadas divergem. Isto é, sinais ou transformadas nos quais aparece o impulso unitário no domínio do tempo $\delta(t)$ ou no domínio da frequência $\delta(\omega)$. Em seguida, através de um exemplo, discutimos este aspecto de maneira mais precisa de forma a colocar em evidência as dificuldades matemáticas envolvidas.

4.2. SINAIS A TEMPO CONTÍNUO

Exemplo 4.5 Retomando o Exemplo 4.1, notamos que $v(t) = \lim_{\alpha \to 0^+} g_\alpha(t)$. Sem cuidado, poderíamos calcular

$$
\begin{aligned}
\hat{v}(\omega) &= \lim_{\alpha \to 0^+} G_\alpha(\omega) \\
&= \lim_{\alpha \to 0^+} \frac{1}{\alpha + j\omega} = \frac{1}{j\omega}
\end{aligned}
$$

e não chegar ao resultado correto (4.22), pois o impulso $\delta(\omega)$ que existe na transformada de Fourier de $v(t)$ desapareceu no processo de limite. É preciso maior cuidado no cálculo do limite. Neste sentido, reescrevemos

$$
\begin{aligned}
\hat{v}(\omega) &= \lim_{\alpha \to 0^+} \frac{\alpha}{\alpha^2 + \omega^2} - \frac{j\omega}{\alpha^2 + \omega^2} \\
&= \lim_{\alpha \to 0^+} p_\alpha(\omega) - j q_\alpha(\omega)
\end{aligned}
$$

e verificamos que o valor de $p_\alpha(0) = 1/\alpha$ torna-se ilimitado na medida em que $\alpha \to 0^+$. Ademais, é uma função par cuja integral é bem conhecida e vale

$$
\int_{-\infty}^{\infty} p_\alpha(\omega) d\omega = \pi, \ \forall \alpha > 0
$$

o que assegura a conclusão de que $\lim_{\alpha \to 0^+} p_\alpha(\omega) = \pi \delta(\omega)$. Por outro lado, a função $q_\alpha(0) = 0$ e assim permanece se $\alpha \to 0^+$. Trata-se de uma função ímpar cuja integral é nula para todo valor de $\alpha \in \mathbb{R}$. Portanto $\lim_{\alpha \to 0^+} q_\alpha(\omega) = 1/\omega$. Assim procedendo, a transformada de Fourier (4.22) é recuperada. $\square$

O Teorema de Parseval continua válido no âmbito da transformada de Fourier. Com ele podemos determinar a energia total (norma) de um sinal, mas através do seu espectro. Isto era de se esperar, pois a transformada de Fourier descreve o comportamento frequencial de um sinal qualquer, que é o que faz a série de Fourier para sinais periódicos. Além da sua importância teórica, o Teorema de Parseval tem importância prática, pois, em muitos casos, simplifica o cálculo da energia contida em um dado sinal.

Teorema 4.2 (Teorema de Parseval) *Se $G(\omega)$ é a transformada de Fourier do sinal $g(t)$, então*

$$
\|g\|^2 = \frac{1}{2\pi} \int_{-\infty}^{\infty} |G(\omega)|^2 d\omega \tag{4.23}
$$

Prova: A prova decorre da definição de norma e de manipulações algébricas

104   *CAPÍTULO 4. TRANSFORMADA DE FOURIER*

envolvendo o sinal e sua transformada de Fourier. Temos então

$$
\begin{aligned}
\|g\|^2 &= \int_{-\infty}^{\infty} g(t)g(t)^* dt \\
&= \int_{-\infty}^{\infty} g(t) \left(\frac{1}{2\pi} \int_{-\infty}^{\infty} G(\omega)^* e^{-j\omega t} d\omega \right) dt \\
&= \frac{1}{2\pi} \int_{-\infty}^{\infty} \left(\int_{-\infty}^{\infty} g(t) e^{-j\omega t} dt \right) G(\omega)^* d\omega \\
&= \frac{1}{2\pi} \int_{-\infty}^{\infty} G(\omega) G(\omega)^* d\omega \tag{4.24}
\end{aligned}
$$

que é (4.23), a igualdade que se desejava obter. $\square$

Um situação bastante peculiar que ocorre muitas vezes é a seguinte. Considere um sinal definido por $g(t) = a \operatorname{sinc}(at/2)$ com $a > 0$ e domínio $t \in \mathbb{R}$. Calcular diretamente a sua energia é uma tarefa trabalhosa. Porém sua transformada é simples de ser calculada, pois as igualdades

$$
\begin{aligned}
a \operatorname{sinc}(at/2) &= \int_{-a/2}^{a/2} e^{j\omega t} d\omega \\
&= \frac{1}{2\pi} \int_{-\infty}^{\infty} G(\omega) e^{j\omega t} d\omega \tag{4.25}
\end{aligned}
$$

indicam que $G(\omega) = 2\pi$ no intervalo $|\omega| \leq a/2$ e zero fora dele. Com (4.23), o cálculo da norma $\|g\|^2 = 2\pi a$ é imediato.

Como ficou claro, a determinação e o uso correto da transformada de Fourier requer uma base sólida em cálculo integral. Muitas situações que envolvem a resolução de operações difíceis ou trabalhosas acabam se resolvendo de maneira muito mais simples se uma propriedade da transformada de Fourier for oportunamente invocada. Por este motivo, em seguida, oferecemos um elenco de diversas propriedades da transformada de Fourier que devem ser bem entendidas antes de se enfrentar qualquer problema no contexto de análise de sinais.

4.2.1 Propriedades Básicas

As propriedades que passaremos a estudar se relacionam com operações básicas envolvendo sinais no domínio do tempo e seus reflexos no domínio da frequência. Desde logo, devemos mencionar que a importância da transformada de Fourier reside no fato de ela ser uma transformação *linear*, para a qual vale o Princípio

4.2. SINAIS A TEMPO CONTÍNUO
105

da Superposição. Todas as propriedades são válidas para sinais com domínio em $\mathbb{R}$ e imagem em $\mathbb{C}$.

Teorema 4.3 (Linearidade) *Considere $f_1(t)$ e $f_2(t)$ dois sinais com as respectivas transformadas $F_1(\omega)$ e $F_2(\omega)$. Sejam ainda c_1 e c_2 dois escalares quaisquer. A transformada do sinal obtido pela combinação linear $f(t) = c_1 f_1(t) + c_2 f_2(t)$ é dada por $F(\omega) = c_1 F_1(\omega) + c_2 F_2(\omega)$.*

Prova: Vem diretamente da definição, isto é, a igualdade

$$
\begin{aligned}
F(\omega) &= \int_{-\infty}^{\infty} \left(c_1 f_1(t) + c_2 f_2(t) \right) e^{-j\omega t} dt \\
&= c_1 \int_{-\infty}^{\infty} f_1(t) e^{-j\omega t} dt + c_2 \int_{-\infty}^{\infty} f_2(t) e^{-j\omega t} dt \\
&= c_1 F_1(\omega) + c_2 F_2(\omega)
\end{aligned}
\tag{4.26}
$$

é válida para todo $\omega \in \mathbb{R}$, o que prova o teorema proposto. $\qquad \square$

Linearidade é uma propriedade de capital importância, pois ela viabiliza a decomposição de sinais em outros mais elementares. É imperativo lembrar que os escalares (números reais ou complexos) devem ser constantes em relação a $t \in \mathbb{R}$ e a $\omega \in \mathbb{R}$. Ademais, tendo sido provada para dois sinais quaisquer, esta propriedade permanece válida para um número arbitrário de sinais.

Teorema 4.4 (Escalamento) *Sejam $\alpha \in \mathbb{R}$ não nulo e $f(t)$ um sinal com transformada $F(\omega)$. A transformada do sinal $g(t) = f(\alpha t)$ é dada por $G(\omega) = (1/|\alpha|)F(\omega/\alpha)$.*

Prova: Assumindo inicialmente que $\alpha > 0$, por definição, com a mudança de variável $\tau = \alpha t$, obtemos

$$
\begin{aligned}
G(\omega) &= \int_{-\infty}^{\infty} f(\alpha t) e^{-j\omega t} dt \\
&= (1/\alpha) \int_{-\infty}^{\infty} f(\tau) e^{-j(\omega/\alpha)\tau} d\tau \\
&= (1/\alpha) F(\omega/\alpha)
\end{aligned}
\tag{4.27}
$$

Para $\alpha < 0$ os extremos de integração se invertem, fazendo com que o sinal de $G(\omega)$ não se modifique. A prova está completa. $\qquad \square$

Um caso muito usado é aquele em que $\alpha = -1$. Este teorema permite concluir que $\mathcal{F}[f(-t)] = F(-\omega)$. Além disso, se $f(t)$ for um sinal real, então $F(-\omega) = F(\omega)^*$. O escalar $\alpha > 0$ serve para expandir ou comprimir a escala de tempo, o que pode ser útil para a representação numérica de sinais.

106   CAPÍTULO 4.   TRANSFORMADA DE FOURIER

Teorema 4.5 (Deslocamento no tempo) *Sejam $t_0 \in \mathbb{R}$ e $f(t)$ um sinal com transformada $F(\omega)$. A transformada do sinal deslocado no tempo $g(t) = f(t - t_0)$ é dada por $G(\omega) = e^{-j\omega t_0} F(\omega)$.*

Prova: Com a relação (4.1) e a nova variável $\xi = t - t_0$, podemos calcular

$$
\begin{aligned}
G(\omega) &= \int_{-\infty}^{\infty} f(t - t_0) e^{-j\omega t} dt \\
&= \int_{-\infty}^{\infty} f(\xi) e^{-j\omega(\xi + t_0)} d\xi \\
&= e^{-j\omega t_0} F(\omega) \qquad\qquad (4.28)
\end{aligned}
$$

que é o resultado desejado.   □

Observe que esta propriedade vale tanto para $t_0 \geq 0$ quanto para $t_0 < 0$. O primeiro caso é mais importante, pois permite introduzir nos sinais um atraso de tempo igual a t_0. Esta é uma operação que não altera a causalidade. O mesmo não ocorre no segundo caso, que corresponde a um avanço do sinal em direção ao futuro.

Teorema 4.6 (Deslocamento em frequência) *Sejam $\omega_0 \in \mathbb{R}$ e $f(t)$ um sinal com transformada $F(\omega)$. A transformada do sinal $g(t) = e^{j\omega_0 t} f(t)$ é dada por $G(\omega) = F(\omega - \omega_0)$.*

Prova: Com (4.1) é imediato verificar que

$$
\begin{aligned}
G(\omega) &= \int_{-\infty}^{\infty} f(t) e^{-j(\omega - \omega_0)t} dt \\
&= F(\omega - \omega_0) \qquad\qquad (4.29)
\end{aligned}
$$

que é o resultado desejado.   □

Teorema 4.7 (Integração no tempo) *Considere $f(t)$ um sinal com transformada $F(\omega)$. A transformada do sinal*

$$
g(t) = \int_{-\infty}^{t} f(\tau) d\tau \qquad\qquad (4.30)
$$

é dada por $G(\omega) = F(\omega)/j\omega + \pi F(0)\delta(\omega)$.

Prova: A prova deste resultado é um pouco elaborada e precisa ser feita em dois passos. No primeiro, introduzimos a hipótese adicional de que

$$
\int_{-\infty}^{\infty} f(\tau) d\tau = 0 \qquad\qquad (4.31)
$$

4.2. SINAIS A TEMPO CONTÍNUO

de tal maneira que $g(-\infty) = g(\infty) = 0$. Com a definição da transformada de Fourier determinamos via integração por partes

$$
\begin{aligned}
G(\omega) &= \int_{-\infty}^{\infty} \left(\int_{-\infty}^{t} f(\tau)d\tau \right) e^{-j\omega t} dt \\
&= g(t) \frac{e^{-j\omega t}}{-j\omega} \bigg|_{-\infty}^{\infty} + \left(\frac{1}{j\omega} \right) \int_{-\infty}^{\infty} f(t) e^{-j\omega t} dt \\
&= \frac{F(\omega)}{j\omega}
\end{aligned}
\tag{4.32}
$$

No segundo passo, para eliminarmos a hipótese (4.31), consideramos

$$
\begin{aligned}
g(t) &= \int_{-\infty}^{t} \big(f(\tau) - c\delta(\tau) \big) d\tau + c \int_{-\infty}^{t} \delta(\tau) d\tau \\
&= \int_{-\infty}^{t} \big(f(\tau) - c\delta(\tau) \big) d\tau + c\upsilon(t)
\end{aligned}
\tag{4.33}
$$

em que c é uma constante. Escolhendo esta constante como

$$
c = \int_{-\infty}^{\infty} f(\tau) d\tau
\tag{4.34}
$$

a primeira parcela de (4.33) satisfaz a hipótese anteriormente feita. Portanto, determinando as transformadas de cada parcela e somando os respectivos valores, vem

$$
\begin{aligned}
G(\omega) &= \frac{F(\omega) - c}{j\omega} + c \left(\frac{1}{j\omega} + \pi\delta(\omega) \right) \\
&= \frac{F(\omega)}{j\omega} + c\pi\delta(\omega)
\end{aligned}
\tag{4.35}
$$

Finalmente, como a constante c em (4.34) é alternativamente dada por $c = F(0)$, a prova está concluída. $\qquad\square$

Um sinal com componente constante $F(0)$ diferente de zero, ao ser integrado no tempo, gera um sinal cuja transformada de Fourier tem um impulso em $\omega = 0$. Em outras palavras, sua transformada diverge neste ponto. Por outro lado, realizar a integral no tempo de qualquer sinal com componente constante nula é simples, basta dividir sua transformada por $j\omega$.

108   *CAPÍTULO 4. TRANSFORMADA DE FOURIER*

Teorema 4.8 (Diferenciação em relação ao tempo) *Considere $g(t)$ um sinal com transformada $G(\omega)$. A transformada do sinal*

$$f(t) = \frac{dg}{dt}(t) \tag{4.36}$$

é dada por $F(\omega) = j\omega G(\omega)$.

Prova: A derivada em relação ao tempo da transformada de Fourier inversa de $g(t)$ resulta em

$$
\begin{aligned}
\frac{dg}{dt}(t) &= \frac{d}{dt}\left(\frac{1}{2\pi}\int_{-\infty}^{\infty} G(\omega)e^{j\omega t}d\omega\right) \\
&= \frac{1}{2\pi}\int_{-\infty}^{\infty}(j\omega)G(\omega)e^{j\omega t}d\omega
\end{aligned}
\tag{4.37}
$$

o que prova o teorema proposto. $\square$

É importante observar que, como já esperado, as operações de integração e diferenciação em relação ao tempo são operações inversas uma da outra. O motivo é claro: mesmo que $G(0) \neq 0$, sempre temos $F(0) = 0$, pois a diferenciação impõe ao sinal resultante ter componente constante nula. Assim sendo, para realizar a derivada em relação ao tempo de qualquer sinal, basta multiplicar sua transformada por $j\omega$.

Teorema 4.9 (Convolução) *Sejam $g(t)$ e $h(t)$ sinais com transformadas $G(\omega)$ e $H(\omega)$. A transformada do sinal $f(t) = g(t) * h(t)$ é dada por $F(\omega) = G(\omega)H(\omega)$.*

Prova: Novamente aplicamos diretamente a transformada de Fourier à definição de convolução de dois sinais a tempo contínuo. Temos então

$$
\begin{aligned}
F(\omega) &= \int_{-\infty}^{\infty}\left(\int_{-\infty}^{\infty} g(\tau)h(t-\tau)d\tau\right)e^{-j\omega t}dt \\
&= \int_{-\infty}^{\infty} g(\tau)e^{-j\omega\tau}d\tau \int_{-\infty}^{\infty} h(\xi)e^{-j\omega\xi}d\xi \\
&= G(\omega)H(\omega)
\end{aligned}
\tag{4.38}
$$

em que utilizamos a mudança de variável $\xi = t - \tau$ para calcular a segunda igualdade. Isto prova o teorema proposto. $\square$

Já foi possível perceber, quando tratamos sinais periódicos, que a convolução de dois sinais é uma operação essencial no estudo de sinais e sistemas. Os sistemas processam sinais fazendo a convolução deles com a sua resposta ao impulso unitário. Este teorema mostra como calcular a convolução de dois sinais quaisquer, não necessariamente periódicos, a partir de suas transformadas.

4.2. SINAIS A TEMPO CONTÍNUO

Teorema 4.10 (Dualidade) *Se $G(\omega)$ é a transformada de $g(t)$, então $2\pi g(-\omega)$ é a transformada de $G(t)$.*

Prova: Como, por hipótese, $G(\omega)$ é a transformada de $g(t)$, a fórmula da transformada inversa (4.6) permite escrever

$$2\pi g(-t) = \int_{-\infty}^{\infty} G(\omega)e^{-j\omega t}d\omega \tag{4.39}$$

Permutando as variáveis $t \rightleftarrows \omega$, o que pode ser feito pois ambas evoluem no mesmo domínio $t \in \mathbb{R}$ e $\omega \in \mathbb{R}$, obtemos

$$2\pi g(-\omega) = \int_{-\infty}^{\infty} G(t)e^{-j\omega t}dt \tag{4.40}$$

a qual, a partir de (4.1), indica que $2\pi g(-\omega)$ é a transformada de $G(t)$, que é exatamente o que se desejava provar. $\qquad\square$

O resultado deste teorema pode simplificar os cálculos de transformadas, pois as fórmulas (4.1) e (4.6) podem ser aplicadas indistintamente segundo a que for mais simples ou mais conveniente. O ponto central a ser observado é que, mesmo calculando a transformada inversa com (4.6), a transformada da função resulta da propriedade de dualidade com a permutação das variáveis independentes $t \in \mathbb{R}$ e $\omega \in \mathbb{R}$. Os exemplos discutidos a seguir ilustram a aplicação das propriedades que acabamos de elencar.

Exemplo 4.6 O sinal $g(t) = e^{-\alpha|t|}$ definido em $\mathbb{R}$, com $\alpha > 0$, pode ser escrito na forma equivalente $g(t) = f(t) + f(-t)$ com $f(t) = e^{-\alpha t}v(t)$. Segundo o Teorema 4.4, a sua transformada é dada por $G(\omega) = F(\omega) + F(-\omega)$ cujas parcelas são calculadas com auxílio do Exemplo 4.1, ou seja,

$$\begin{aligned}
G(\omega) &= \frac{1}{\alpha + j\omega} + \frac{1}{\alpha - j\omega} \\
&= \frac{2\alpha}{\alpha^2 + \omega^2}
\end{aligned}$$

Com o que foi feito no Exemplo 4.5, fica claro que para $\alpha \to 0^+$ temos $G(\omega) \to 2\pi\delta(\omega)$ e recuperamos a transformada do sinal constante unitário. $\qquad\square$

Exemplo 4.7 A transformada do sinal $g(t) = \cos(\omega_0 t + \theta_0)v(t)$ é calculada através da igualdade

$$g(t) = \frac{e^{j\theta_0}}{2}e^{j\omega_0 t}v(t) + \frac{e^{-j\theta_0}}{2}e^{-j\omega_0 t}v(t)$$

e, em seguida, com a aplicação do Teorema 4.6 para determinar

$$G(\omega) = \frac{e^{j\theta_0}}{2}\hat{v}(\omega - \omega_0) + \frac{e^{-j\theta_0}}{2}\hat{v}(\omega + \omega_0)$$

110   CAPÍTULO 4. TRANSFORMADA DE FOURIER

que está colocada em função da transformada do degrau unitário que já conhecemos. Estas manipulações algébricas nos levam a

$$G(\omega) = \frac{\pi e^{j\theta_0}}{2}\delta(\omega - \omega_0) + \frac{\pi e^{-j\theta_0}}{2}\delta(\omega + \omega_0) + \frac{\omega_0\mathrm{sen}(\theta_0) - j\omega\cos(\theta_0)}{\omega^2 - \omega_0^2}$$

Como era de se esperar, os dois impulsos que aparecem nas frequências $\pm\omega_0$ indicam a divergência da transformada. $\square$

Exemplo 4.8 É necessário aprender a manipular as operações de integração e diferenciação pois elas podem simplificar os cálculos de transformadas. Cautela é preciso pois a integração pode requerer a manipulação da função impulso. Sabemos que as transformadas do impulso e do degrau com as mesmas amplitudes $a \in \mathbb{R}$ são dadas na forma

$$a\, v(t) \quad\Longleftrightarrow\quad a\left(\frac{1}{j\omega} + \pi\delta(\omega)\right)$$

$$a\, \delta(t) \quad\Longleftrightarrow\quad a$$

Com o Teorema 4.7 sobre integração no tempo, fazendo $f(t) = a\,\delta(t)$, a sua transformada dada acima, $F(\omega) = a$, permite determinar $G(\omega) = a(1/j\omega + \pi\delta(\omega))$, que é a transformada de $g(t) = a\,v(t)$. No outro sentido, com o Teorema 4.8 sobre diferenciação no tempo, fazendo $g(t) = a\,v(t)$, a sua transformada dada acima, $G(\omega) = a(1/j\omega + \pi\delta(\omega))$, permite determinar $F(\omega) = a + ja\pi\omega\delta(\omega) = a$, pois $\omega\delta(\omega) = 0$, $\forall\omega \in \mathbb{R}$, que é a transformada de $g(t) = a\,\delta(t)$. Neste contexto, o conceito de diferenciação em relação ao tempo deve ser interpretado de maneira *generalizada*, de tal forma que a igualdade

$$\frac{dv}{dt}(t) = \delta(t)$$

faça sentido, pois as transformadas de Fourier de cada uma das parcelas são idênticas. $\square$

Exemplo 4.9 Vamos usar o resultado do exemplo anterior para calcular a transformada de Fourier do sinal $g(t) = a\,t, \forall |t| \leq T_0/2$ e $g(t) = 0$ fora deste intervalo, com $a \in \mathbb{R}$. O ponto crucial é determinar a sua derivada em relação ao tempo, que se escreve na forma

$$\frac{dg}{dt}(t) = -(aT_0/2)\big(\delta(t + T_0/2) + \delta(t - T_0/2)\big) + a\big(v(t + T_0/2) - v(t - T_0/2)\big)$$

A estratégia é simples. A segunda parcela é a derivada da função $g(t)$ em cada intervalo de tempo $t < -T_0/2$, $-T_0/2 < t < T_0/2$ e $t > T_0/2$ onde ela existe. A primeira parcela ajusta com impulsos que ocorrem nos instantes onde a função $g(t)$ é descontínua, a saber, em $t = -T_0/2$ e $t = T_0/2$. Com o Teorema 4.5 sobre deslocamento no tempo, vem

$$\begin{aligned}
F(\omega) &= -(aT_0/2)\left(e^{j\omega T_0/2} + e^{-j\omega T_0/2}\right)\hat{\delta}(\omega) + a\left(e^{j\omega T_0/2} - e^{-j\omega T_0/2}\right)\hat{v}(\omega)\\
&= -aT_0\cos(\omega T_0/2) + j2a\,\mathrm{sen}(\omega T_0/2)\left(\frac{1}{j\omega} + \pi\delta(\omega)\right)
\end{aligned}$$

4.2. SINAIS A TEMPO CONTÍNUO

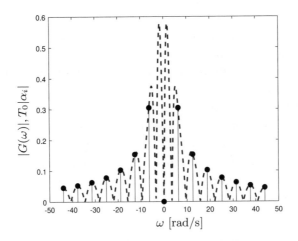

Figura 4.4: Transformada de Fourier e harmônicas

sendo importante observar que a parcela que depende de $\delta(\omega)$ desaparece pois está multiplicada por $\text{sen}(\omega T_0/2)$, cujo valor se anula para $\omega = 0$. Desta forma,

$$F(\omega) = aT_0\left(\text{sinc}(\omega T_0/2) - \cos(\omega T_0/2)\right)$$

Para calcular a transformada de $g(t)$, basta utilizar o Teorema 4.7 sobre integração no tempo. Como $F(0) = 0$, o referido teorema fornece o resultado final procurado

$$G(\omega) = \frac{aT_0}{j\omega}\left(\text{sinc}(\omega T_0/2) - \cos(\omega T_0/2)\right)$$

Esta função tem duas peculiaridades. A primeira é que ela é imaginária pura para todo $\omega \in \mathbb{R}$. Isto deveria ocorrer, pois $g(t)$ é uma função ímpar. A segunda é que $G(0) = 0$, como se pode verificar pela passagem ao limite para $\omega \to 0$. Isto também deveria ocorrer, pois $g(t)$ tem valor médio nulo. Finalmente, para $\omega_i = (2\pi/T_0)i$ com $i \in \mathbb{Z}$, simples manipulações algébricas determinam

$$\begin{aligned} G(\omega_i) &= -\frac{aT_0^2}{j2\pi i}\left(\text{sinc}(\pi i) - \cos(\pi i)\right) \\ &= j\frac{aT_0^2}{2\pi i}\cos(\pi i) \end{aligned}$$

o que implica na igualdade $T_0\alpha_i = G(\omega_i)$ para todo $i \in \mathbb{Z}$, em que α_i é o i-ésimo coeficiente da série de Fourier do sinal periódico, com período $T_0 > 0$, definido por $g(t)$ como sendo o seu primeiro período, veja o Exemplo 3.4. Como ilustração e para verificação, a Figura 4.4 mostra os diagramas de módulo da transformada e da série de Fourier correspondentes. □

4.2.2 Sistemas

Sistemas são usados para processar sinais. Já estudamos como eles agem em sinais periódicos. Agora passamos a estudar como os sistemas a tempo contínuo atuam em sinais quaisquer que são descritos através da transformada de Fourier. Desde logo é importante deixar claro um aspecto referente aos sinais e aos sistemas que vamos considerar. Os sinais de entrada e de saída são genéricos, eles têm domínio em $\mathbb{R}$ e imagem em $\mathbb{C}$. Nosso objeto de estudo são os sistemas LIT causais. Segundo estabelece o Lema 2.2, um sistema desta classe é caracterizado por ter uma resposta ao impulso unitário $h(t)$ com domínio e imagem em $\mathbb{R}$, mas que deve ser nula $h(t) = 0$ para todo $t < 0$. Como veremos, este fato causa um impacto interessante na sua transformada de Fourier. O próximo teorema revela um resultado central no presente estudo.

Teorema 4.11 *Considere um sistema LIT definido por sua resposta ao impulso $h(t)$. Para qualquer sinal de entrada $g(t)$ com transformada $G(\omega)$, a transformada $Y(\omega)$ do sinal de saída $y(t)$ é dada por*

$$Y(\omega) = H(\omega)G(\omega) \tag{4.41}$$

em que $H(\omega)$ é a transformada de $h(t)$.

Prova: Pelo Teorema 2.1 sabemos que, no domínio do tempo, a resposta ao sinal de entrada do sistema LIT em consideração é $y(t) = h(t)*g(t)$. Com a propriedade estabelecida no Teorema 4.9 - Convolução, a transformada de Fourier aplicada aos dois membros desta igualdade fornece $Y(\omega) = H(\omega)G(\omega)$, que é exatamente (4.41). A prova está concluída. $\qquad\square$

Mais uma vez se confirma o fato de que a transformada de Fourier da sua resposta ao impulso unitário $H(\omega) = \mathcal{F}[h(t)]$ caracteriza por completo um determinado sistema. Assim sendo, ao nos restringirmos à classe mais importante, que é a dos sistemas LIT causais, determinamos

$$\begin{aligned}
H(\omega) &= \int_{-\infty}^{\infty} h(t)e^{-j\omega t}dt \\
&= \int_{0}^{\infty} h(t)e^{-j\omega t}dt \\
&= \hat{h}(j\omega) \tag{4.42}
\end{aligned}$$

em que $\hat{h}(j\omega)$ pode ser entendido como sendo o valor da função

$$\hat{h}(s) = \int_{0}^{\infty} h(t)e^{-st}dt \tag{4.43}$$

4.2. SINAIS A TEMPO CONTÍNUO 113

avaliada em $s = j\omega$. A expressão (4.43) define a chamada *Transformada de Laplace* da resposta do sistema ao impulso unitário $h(t)$. Ademais, se trata de uma função de variável complexa com domínio e imagem em $\mathbb{C}$. Embora seja muito importante no contexto de sistema LIT causais, o estudo detalhado desta transformada não é objeto deste livro. Entretanto, podemos afirmar que a transformada de Laplace e a de Fourier são similares e, em muitos casos, coincidem. Isto ocorre sempre que o eixo das ordenadas do plano complexo $s = j\omega$, $\forall \omega \in \mathbb{R}$, pertencer ao domínio da transformada de Laplace, que é exatamente o caso dos sistemas LIT causais assintoticamente estáveis. Em particular, qualquer sistema desta classe é caracterizado por ter uma resposta ao impulso unitário da forma

$$h(t) = \sum_{i=1}^{n} \theta_i e^{\lambda_i t}, \forall t \geq 0 \qquad (4.44)$$

em que $\text{Re}(\lambda_i) < 0$ para todo $i = 1, 2, \cdots, n$. É importante ressalvar que sendo $h(t)$ uma função real para todo $t \geq 0$ que resulta da soma indicada em (4.44), se para algum i os parâmetros $\theta_i \in \mathbb{C}$ e $\lambda_i \in \mathbb{C}$ fazem parte daquela soma, o mesmo deve ocorrer com os seus conjugados θ_i^* e λ_i^*. Calculamos então

$$
\begin{aligned}
H(\omega) &= \sum_{i=1}^{n} \theta_i \int_0^{\infty} e^{(\lambda_i - j\omega)t} dt \\
&= \sum_{i=1}^{n} \frac{\theta_i}{j\omega - \lambda_i} \left(1 - \lim_{t \to \infty} e^{(\lambda_i - j\omega)t} \right) \\
&= \sum_{i=1}^{n} \frac{\theta_i}{j\omega - \lambda_i}
\end{aligned}
\qquad (4.45)
$$

onde se nota que o limite indicado na segunda igualdade é nulo, pois, por hipótese,

$$\lim_{t \to \infty} \left| e^{(\lambda_i - j\omega)t} \right| = \lim_{t \to \infty} e^{\text{Re}(\lambda_i)t} = 0 \qquad (4.46)$$

para todo $i = 1, 2, \cdots, n$. Isto determina a função

$$\hat{h}(s) = \sum_{i=1}^{n} \frac{\theta_i}{s - \lambda_i} = \frac{N(s)}{D(s)} \qquad (4.47)$$

denominada *função de transferência* do sistema em consideração. Por construção, $H(\omega) = \hat{h}(j\omega)$ é a transformada de Fourier da sua resposta ao impulso $h(t)$ que é calculada, se necessário, pela fórmula da transformada de Fourier inversa (4.6). Como $h(t)$ é real para todo $t \geq 0$, a soma indicada em (4.47) que fornece $\hat{h}(s)$ sempre resulta em uma *fração racional* com as seguintes propriedades:

114   CAPÍTULO 4. TRANSFORMADA DE FOURIER

- O grau de $D(s)$ é n e é igual ou maior que o grau de $N(s)$.

- Os dois polinômios $D(s)$ e $N(s)$ têm coeficientes reais.

- As raízes de $D(s) = 0$ são $\lambda_1, \cdots, \lambda_n$.

A equação algébrica $D(s) = 0$ é denominada *equação característica* e ela tem toda a informação necessária para decidir se um sistema é assintoticamente estável. Se todas as suas raízes estiverem localizadas no semiplano esquerdo aberto do plano complexo $\mathbb{C}_- = \{s \in \mathbb{C} : \mathrm{Re}(s) < 0\}$ a sua estabilidade assintótica é assegurada.

Um atributo dos sistemas LIT causais assintoticamente estáveis muito utilizado em diversas aplicações práticas é a norma da sua resposta ao impulso. Para esta classe de sistemas, a transformada de Fourier da sua resposta ao impulso existe e é dada por $H(\omega) = \hat{h}(j\omega)$, o que permite aplicar o Teorema de Parseval 4.2 para determinar a sua norma, tanto no domínio do tempo quanto no domínio da frequência, a saber,

$$\int_0^\infty |h(t)|^2 dt = \frac{1}{\pi} \int_0^\infty |\hat{h}(j\omega)|^2 d\omega \tag{4.48}$$

Para obter esta igualdade com intervalos de integração idênticos $[0, \infty)$, lançamos mão de dois fatos. O primeiro é que $h(t) = 0$ para todo $t < 0$. O segundo é que $h(t)$ real para todo $t \geq 0$ implica que $\hat{h}(-j\omega) = \hat{h}(j\omega)^*$ para todo $\omega \in \mathbb{R}$. Com a norma da resposta ao impulso (ou, equivalentemente, da função de transferência) pequena, a energia necessária para atenuar um sinal de entrada também será pequena.

4.3   Sinais a Tempo Discreto

Nesta seção vamos trilhar o mesmo caminho que foi feito no caso de sinais a tempo contínuo. Tentaremos utilizar os mesmos conceitos matemáticos e as interpretações deles decorrentes, com pequenas adaptações para tratar sinais genéricos, isto é, não necessariamente periódicos. Todos os sinais aqui tratados são definidos no domínio $\mathbb{Z}$ com imagem em $\mathbb{C}$.

Definição 4.2 (Transformada de Fourier) *A transformada de Fourier de um sinal a tempo discreto $g(k) : \mathbb{Z} \to \mathbb{C}$ é a função $G(\omega) : [-\pi, \pi] \to \mathbb{C}$ dada por*

$$G(\omega) = \sum_{k=-\infty}^{\infty} g(k)e^{-j\omega k} \tag{4.49}$$

4.3. SINAIS A TEMPO DISCRETO

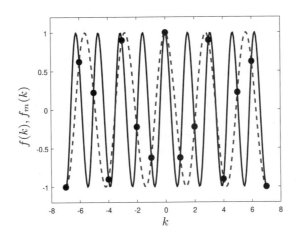

Figura 4.5: Sinais idênticos com frequências diferentes

Deve ser mencionado que estamos utilizando a mesma notação ω para a frequência de sinais a tempo contínuo e a tempo discreto, em ambos os casos a unidade desta grandeza no sistema internacional é [rad/s]. A transformada de Fourier será denotada da mesma forma anterior, ou seja, com a mesma letra maiúscula $G(\omega)$ ou $\hat{g}(\omega)$. Em algumas ocasiões faremos uso da notação do tipo operador $\mathcal{F}[g(k)]$. Neste momento observamos algo importante que deve ser explicado. Na sua definição, o domínio da transformada não é todo $\mathbb{R}$, mas apenas $\Omega = \{\omega : |\omega| \leq \pi\}$. O motivo disso ser feito é que, no presente contexto, considerar $\omega \in \Omega$ é equivalente a considerar $\omega \in \mathbb{R}$.

De fato, seja o sinal exponencial $f(k) = e^{j\omega k}$ definido para todo $k \in \mathbb{Z}$. Como sabemos, por definição, para que este sinal seja periódico é imperativo que exista $N_0 \in \mathbb{N}$ tal que $\omega N_0 = 2\pi n$ para algum $n \in \mathbb{N}$. O menor valor de N_0 é o seu período. Por outro lado, o sinal modificado $f_m(k) = e^{j(\omega+2\pi m)k}$ com $m \in \mathbb{Z}$ é tal que $f_m(k) = f(k)$ para todo $k \in \mathbb{Z}$, pois

$$f_m(k) = f(k)e^{j2\pi mk} = f(k), \quad \forall k \in \mathbb{Z} \tag{4.50}$$

o que coloca em clara evidência que qualquer função exponencial com frequência fora de um intervalo de 2π [rad/s], escolhido arbitrariamente, sempre pode ser escrita como uma função exponencial com frequência situada dentro deste intervalo. Assim sendo, sem perda de generalidade, daqui em diante, assumimos que $\omega \in \Omega$.

116   *CAPÍTULO 4. TRANSFORMADA DE FOURIER*

Exemplo 4.10 (Sinal falso -*Aliasing*) A Figura 4.5 ilustra de maneira bastante clara o efeito de um sinal falso - *aliasing*. A linha contínua e a linha tracejada são os sinais a tempo contínuo $f(t) = \cos((9\pi/7)t)$ e $f_m(t) = \cos((-5\pi/7)t)$, respectivamente. Ambos são periódicos, mas são bastante diferentes. Na mesma figura, os pontos marcam os sinais a tempo discreto $f(k) = \cos((9\pi/7)k)$ (com frequência fora de Ω) e $f_m(k) = \cos((-5\pi/7)k)$ (com frequência dentro de Ω) que são dois sinais periódicos idênticos, com período $N_0 = 14$. Observe que os pontos estão precisamente alocados em valores para os quais os dois sinais a tempo contínuo coincidem. Não há como distinguir sinais exponenciais a tempo discreto com frequências diferentes, mas cuja diferença seja um múltiplo de 2π. Este fenômeno é denominado *aliasing* e deve ser evitado, pois, com a sua presença, um sinal a tempo contínuo não pode ser recuperado a partir de suas amostras coletadas a tempo discreto. As amostras de um sinal a tempo contínuo $g(t) = e^{j\omega t}$, colhidas nos instantes $t = kT$, fornecem $f(k) = g(kT) = e^{j\omega Tk}$. Portanto, $\omega T \leq \pi$ é uma exigência para que o sinal $g(t)$ possa ser recuperado. $\square$

É relevante saber para qual classe de sinais a tempo discreto a soma infinita que define a sua transformada converge. Calculando o seu módulo verifica-se imediatamente que

$$|G(\omega)| \leq \sum_{k=-\infty}^{\infty} |g(k)| \qquad (4.51)$$

pois $|e^{-j\omega k}| = 1$ para todo $k \in \mathbb{Z}$. Se existirem constantes $|\alpha| < 1$ e $\beta \geq 0$ tais que $|g(k)| \leq \beta\alpha^{|k|}$ para todo $k \in \mathbb{Z}$, a existência da transformada de Fourier discreta está assegurada.

Embora o domínio da transformada seja um intervalo contínuo de frequências $\omega \in \Omega$, existe uma propriedade similar àquela dos sinais ortogonais que foi essencial para o desenvolvimento da série de Fourier para sinais periódicos. A propriedade mencionada é explicitada através de

$$\int_{-\pi}^{\pi} e^{j\omega(n-m)}d\omega = \left\{ \begin{array}{lll} 2\pi & , & n = m \\ 0 & , & n \neq m \end{array} \right. \qquad (4.52)$$

e é válida para todo $n, m \in \mathbb{Z}$. De fato, o cálculo da integral indefinida indicada mostra que ela é igual a $2\pi\text{sinc}(\pi(n-m))$, da qual resulta os valores expressos em (4.52). Estamos em condições de determinar a transformada de Fourier inversa, dada no seguinte teorema.

Teorema 4.12 (Transformada de Fourier Inversa) *Se $G(\omega) : \Omega \to \mathbb{C}$ é a transformada de Fourier de um sinal a tempo discreto $g(k) : \mathbb{Z} \to \mathbb{C}$, então a seguinte igualdade*

$$g(k) = \frac{1}{2\pi} \int_{-\pi}^{\pi} G(\omega)e^{j\omega k}d\omega \qquad (4.53)$$

é verdadeira.

4.3. SINAIS A TEMPO DISCRETO 117

Prova: Com a transformada de Fourier dada em (4.49) obtemos

$$\int_{-\pi}^{\pi} G(\omega)e^{j\omega k}d\omega = \sum_{n=-\infty}^{\infty} g(n) \int_{-\pi}^{\pi} e^{j\omega(k-n)}d\omega$$
$$= 2\pi g(k) \qquad (4.54)$$

sendo que a segunda igualdade decorre imediatamente de (4.52), o que prova o teorema proposto. $\qquad\square$

Fica claro, pela prova deste último teorema, que a recuperação de um sinal a partir de sua transformada se baseia na ortogonalidade de infinitos sinais definidos no domínio contínuo de frequências Ω. Além disso, é interessante notar que o cálculo da transformada requer a manipulação de uma série, enquanto que o cálculo da transformada inversa requer o cálculo de uma integral definida.

Vamos interpretar a transformada de Fourier discreta aplicada a sinais não periódicos como sendo o limite da série de Fourier de sinais discretos periódicos. Consideramos que o sinal $g(k)$, não periódico, pode ser aproximado por um sinal periódico com período $N_0 > 0$ suficientemente grande. Assim sendo, podemos reescrevê-lo com a série de Fourier discreta na forma

$$g(k) = \lim_{N_0 \to +\infty} \sum_{i \in \langle N_0 \rangle} \alpha_i e^{j(2\pi/N_0)ik}$$
$$= \lim_{N_0 \to +\infty} \frac{1}{N_0} \sum_{i \in \langle N_0 \rangle} (N_0\alpha_i)e^{j(2\pi/N_0)ik} \qquad (4.55)$$

Entretanto, com N_0 arbitrariamente grande, cada coeficiente da série de Fourier pode ser determinado através da aproximação

$$N_0\alpha_i = \sum_{k \in \langle N_0 \rangle} g(k)e^{j(2\pi/N_0)ik} \approx G(\omega_i) \qquad (4.56)$$

em que $\omega_i = \Delta\omega\, i$ com $\Delta\omega = 2\pi/N_0$ para todo $i \in \langle N_0 \rangle$ e $G(\omega)$ é a transformada de Fourier (4.49). Finalmente, substituindo (4.56) em (4.55), vem

$$g(k) = \lim_{\Delta\omega \to 0^+} \frac{\Delta\omega}{2\pi} \sum_{i \in \langle N_0 \rangle} G(\omega_i)e^{j\omega_i k}$$
$$= \frac{1}{2\pi} \int_{2\pi} G(\omega)e^{j\omega k}d\omega \qquad (4.57)$$

pois o intervalo de frequências coberto por $\Delta\omega\, i$ para todo $i \in \langle N_0 \rangle$ é igual a 2π, independentemente do valor do período N_0. Recuperamos exatamente a

118   CAPÍTULO 4.   TRANSFORMADA DE FOURIER

transformada de Fourier inversa (4.53). Estes cálculos mostram mais uma vez que os limites de integração não são importantes, o que é importante é o intervalo de integração considerado. Uma estratégia interessante do ponto de vista numérico para se determinar a transformada de Fourier de um sinal a tempo discreto é calcular a série de Fourier do mesmo sinal, assumindo que ele se repete com período N_0 arbitrariamente grande. Como veremos mais adiante, este cálculo pode inclusive fornecer o resultado exato.

Exemplo 4.11 A transformada de Fourier do sinal $g(k) = a^k v(k)$ com $|a| < 1$, domínio $k \in \mathbb{Z}$ e imagem em $\mathbb{C}$ é determinada diretamente a partir da definição (4.49), ou seja,

$$
\begin{aligned}
G(\omega) &= \sum_{k=0}^{\infty} a^k e^{-j\omega k} \\
&= \sum_{k=0}^{\infty} \left(ae^{-j\omega}\right)^k \\
&= \frac{1}{1 - ae^{-j\omega}}
\end{aligned}
$$

para todo $\omega \in \Omega = [-\pi, \pi]$. Observe que $|a\,e^{-j\omega}| = |a| < 1$ e, assim, o Lema 2.1 pode ser aplicado para se calcular a soma da progressão geométrica indicada. Tendo em mãos a transformada de Fourier, o espectro do sinal resulta da simples determinação do módulo e da fase de $G(\omega)$, naquele intervalo de frequências. É oportuno observar que para $|a| \geq 1$ o resultado do referido lema permite concluir que a soma indicada diverge para todo valor de $\omega \in \Omega$. Nestes casos, as transformadas de Fourier divergem e, por conseguinte, não podem ser determinadas.   □

Exemplo 4.12 Desejamos calcular a transformada de Fourier de um pulso discreto definido por $g(k) = 1$, $|k| \leq N_h$, em que N_h é um número inteiro e $g(k) = 0$ para todo $k \in \mathbb{Z}$ fora deste intervalo. Este pulso é igual àquele do primeiro período do trem de pulsos discretos do Exemplo 3.12. Aplicando (4.49), obtemos

$$
\begin{aligned}
G(\omega) &= \sum_{k=-N_h}^{N_h} e^{-j\omega k} \\
&= 1 + 2 \sum_{k=1}^{N_h} \cos(\omega k) \\
&= \frac{\cos(\omega N_h) - \cos(\omega(N_h + 1))}{1 - \cos(\omega)}
\end{aligned}
$$

para todo $\omega \in \Omega = [-\pi, \pi]$. Para $\omega = 0$ a indeterminação é levantada e obtém-se o valor esperado $G(0) = 2N_h + 1$. Comparando com o que foi obtido no Exemplo 3.12 nota-se que, com qualquer período tal que $N_0 > 2N_h + 1$, os coeficientes da série são dados por $N_0 \alpha_i = G(\omega_i)$ para todo $i \in \langle N_0 \rangle$. Esta relação é exata, isto é, não envolve nenhuma aproximação. Na verdade, a transformada de Fourier *envelopa* os coeficientes da série. □

4.3. SINAIS A TEMPO DISCRETO

Passamos a calcular as transformadas de alguns sinais especiais. A transformada de Fourier do **impulso unitário discreto** $\delta(k)$ definido em (2.42) e que pode ser escrito alternativamente como $\delta(k) = 0^k$ vem da definição, ou seja,

$$\hat{\delta}(\omega) = \sum_{k=-\infty}^{\infty} \delta(k)e^{-j\omega k} = 1, \ \forall \omega \in \Omega \tag{4.58}$$

sendo que a transformada de Fourier inversa permite estabelecer a igualdade

$$\delta(k) = \frac{1}{2\pi} \int_{-\pi}^{\pi} e^{j\omega k} d\omega = \operatorname{sinc}(\pi k) \tag{4.59}$$

que nada mais é que uma forma alternativa de expressar o impulso unitário discreto tendo em vista que $\operatorname{sinc}(\pi k) = 1$ para $k = 0$ e $\operatorname{sinc}(\pi k) = 0$ para todo $0 \neq k \in \mathbb{Z}$. Estamos em condições de calcular a transformada do sinal **constante discreto**, a saber, $g(k) = 1, \ \forall k \in \mathbb{Z}$, que resulta imediatamente da definição

$$G(\omega) = \sum_{k=-\infty}^{\infty} e^{-j\omega k}, \ \forall \omega \in \Omega \tag{4.60}$$

O cálculo desta soma deve ser feita de maneira indireta, pois pelo Lema 2.1 sabemos que ela diverge, mas é preciso determinar de que forma isso ocorre. Com este propósito, o cálculo da transformada inversa

$$g(k) = \frac{1}{2\pi} \int_{-\pi}^{\pi} \delta(\omega) e^{j\omega k} d\omega = \frac{1}{2\pi}, \ \forall k \in \mathbb{Z} \tag{4.61}$$

permite duas conclusões importantes. A primeira é que a transformada do sinal constante definido acima tem como transformada $G(\omega)$ dada em (4.60), mas com o auxílio de (4.61) nota-se que a transformada deste mesmo sinal é também expressa na forma $2\pi\delta(\omega)$ e, assim, obtemos a igualdade

$$\frac{1}{2\pi} \sum_{k=-\infty}^{\infty} e^{-j\omega k} = \delta(\omega), \ \forall \omega \in \Omega \tag{4.62}$$

da qual também decorre a propriedade e a fórmula alternativa $\delta(\omega) = \delta(-\omega)$ para todo $\omega \in \Omega$. Acabamos de calcular a transformada desejada, a qual expressamos na forma $1 \Longleftrightarrow 2\pi\delta(\omega)$. É notável a semelhança entre a versão a tempo contínuo (4.12) e a sua versão a tempo discreto (4.62), que se igualam ao impulso unitário.

O sinal **exponencial** $g(k) = e^{j\omega_0 k}$ com domínio $k \in \mathbb{Z}$ e $\omega_0 \in \mathbb{R}$ tem como transformada

$$\begin{aligned} G(\omega) &= \sum_{k=-\infty}^{\infty} e^{-j(\omega-\omega_0)k} \\ &= 2\pi\delta(\omega - \omega_0), \ \forall \omega \in \Omega \end{aligned} \tag{4.63}$$

120 CAPÍTULO 4. TRANSFORMADA DE FOURIER

que viabiliza a determinação imediata das transformadas dos sinais **seno** e **cosseno** através do relacionamento do sinal e de sua transformada $e^{j\omega_0 k} \Longleftrightarrow 2\pi\delta(\omega - \omega_0)$. Para $\omega_0 = 0$ recuperamos o sinal constante. Como sabemos, é importante observar que se $\omega_0 \notin \Omega$ é sempre possível, mas não necessário, redefinir o mesmo sinal exponencial com $\omega_0 \in \Omega$. Para o sinal $g(k) = \text{sen}(\omega_0 k)$ com domínio em $\mathbb{Z}$, temos

$$G(\omega) = -j\pi\big(\delta(\omega - \omega_0) - \delta(\omega + \omega_0)\big) \tag{4.64}$$

enquanto que, para $g(k) = \cos(\omega_0 k)$ com domínio em $\mathbb{Z}$, os cálculos levam imediatamente a

$$G(\omega) = \pi\big(\delta(\omega - \omega_0) + \delta(\omega + \omega_0)\big) \tag{4.65}$$

em ambos os casos as fórmulas são válidas para todo o intervalo de frequências $\omega \in \Omega$. A não ser por este importante detalhe, essas fórmulas são idênticas às suas respectivas versões a tempo contínuo. Inclusive, $G(\omega)$ é não nula apenas nos valores simétricos $\omega = \pm\omega_0$ nos quais ocorrem impulsos. Este resultado é essencial para que a transformada de Fourier de um sinal periódico seja obtido. De fato, sendo N_0 o seu período, a série de Fourier (3.25) se aplica e permite escrever

$$g(k) = \sum_{i=0}^{N_0-1} \alpha_i e^{j\omega_i k}, \ k \in \mathbb{Z} \tag{4.66}$$

na qual α_i são os coeficientes da série e $\omega_i = (2\pi/N_0)i$ para todo $i \in [0, N_0)$ são as harmônicas. Fazendo uso da transformada da função exponencial é imediato obtermos

$$G(\omega) = 2\pi \sum_{i=0}^{N_0-1} \alpha_i \delta(\omega - \omega_i) \tag{4.67}$$

válida para todo $\omega \in \Omega$. Novamente, a única diferença a ser notada entre (4.18) e (4.67) é que na primeira ocorrem infinitos impulsos nas frequências correspondentes às harmônicas, enquanto que na segunda ocorrem N_0 impulsos pois, como sabemos, qualquer sinal periódico a tempo discreto tem apenas este número finito de harmônicas distintas.

Exemplo 4.13 (Modulação de amplitude) A modulação de amplitude também ocorre para sinais a tempo discreto. Ela se baseia no fato de que o sinal $f(k) = g(k)\cos(\omega_c k)$ modifica, isto é modula, a amplitude do sinal cossenoidal denominado *portadora* pela ação

4.3. SINAIS A TEMPO DISCRETO

do sinal $g(k)$. Isto se explica através da sua transformada de Fourier

$$
\begin{aligned}
F(\omega) &= \frac{1}{2} \sum_{k=-\infty}^{\infty} g(k) \left(e^{j\omega_c k} + e^{-j\omega_c k}\right) e^{-j\omega k} \\
&= \frac{1}{2} \sum_{k=-\infty}^{\infty} g(k) e^{-j(\omega-\omega_c)k} + \frac{1}{2} \sum_{k=-\infty}^{\infty} g(k) e^{-j(\omega+\omega_c)k} \\
&= \frac{1}{2} \big(G(\omega - \omega_c) + G(\omega + \omega_c)\big)
\end{aligned}
$$

pois fica evidente que o espectro do sinal modulado se deslocou para as frequências $\pm\omega_c$ da portadora. Ele pode ocupar uma faixa de frequência no entorno de uma frequência qualquer ω_c definida pelo usuário. O aspecto mais interessante ocorre se desejarmos recuperar o sinal $g(k)$, após $f(k)$ ter sido transmitido. Multiplicando-se o sinal recebido $f(k)$ pela portadora obtemos

$$
\begin{aligned}
y(k) &= g(k)\cos^2(\omega_c k) \\
&= \frac{1}{2} g(k) \big(1 + \cos(2\omega_c k)\big)
\end{aligned}
$$

cujo espectro, a menos de constantes, é o de $g(k)$ e o de $g(k)$ deslocado para as frequências $\pm 2\omega_c$ que pode ser recuperado por um filtro *passa-baixas* adequadamente projetado. Este aspecto será abordado mais adiante. $\qquad\square$

Nosso objetivo agora é calcular a transformada de Fourier do degrau unitário $v(k)$. Vamos proceder por um caminho mais direto do que aquele percorrido no estudo de sinais a tempo contínuo. Como foi visto no Exemplo 4.11, o sinal $g(k) = a^k v(k)$ com $0 \leq a < 1$ tem transformada de Fourier dada por

$$
G(\omega) = \frac{1}{1 - ae^{-j\omega}} \tag{4.68}
$$

com $\omega \in \Omega$ e, assim sendo, é claro que $g(k) \to v(k)$ para todo $k \in \mathbb{Z}$ na medida em que $a \to 1^-$. Lembrando que a transformada de Fourier é um operador linear, concluímos que

$$
\hat{v}(\omega) = \lim_{a \to 1^-} \frac{1}{1 - ae^{-j\omega}} \tag{4.69}
$$

Este limite deve ser calculado com bastante cuidado, como fizemos no estudo de sinais a tempo contínuo. Para $0 \neq \omega \in \Omega$, uma simples inspeção indica que $e^{-j\omega} \neq 1$, o que permite determinar o valor do limite indicado em (4.69) como sendo

$$
\hat{v}(\omega) = \frac{1}{1 - e^{-j\omega}} \tag{4.70}
$$

122   *CAPÍTULO 4. TRANSFORMADA DE FOURIER*

Resta determinar o que ocorre no ponto $\omega = 0$. Neste sentido, para $\omega \in \Omega$ em uma região com $|\omega|$ arbitrariamente pequeno, a aproximação $e^{-j\omega} \approx 1 - j\omega$ e $\alpha = 1 - a$ permitem calcular

$$
\begin{aligned}
\hat{v}(\omega) &= \lim_{a \to 1^-} \frac{1}{(1-a) + ja\omega} \\
&= \lim_{\alpha \to 0^+} \frac{1}{\alpha + j\omega} \\
&= \pi\delta(\omega) + \frac{1}{j\omega}
\end{aligned}
\tag{4.71}
$$

sendo que a última igualdade decorre do cálculo do limite indicado feito no Exemplo 4.5. Colocando estas duas partes juntas, a transformada do **degrau unitário discreto** $v(k)$ é expressa na forma final

$$
\hat{v}(\omega) = \pi\delta(\omega) + \frac{1}{1 - e^{-j\omega}}
\tag{4.72}
$$

para todo $\omega \in \Omega$. De fato, para $\omega \neq 0$ a fórmula (4.72) reproduz (4.70), enquanto que em qualquer vizinhança arbitrariamente pequena com centro em $\omega = 0$ ela reproduz (4.71). Com esta transformada, muitas outras podem ser calculadas. Em particular, o sinal $s(k) = (1/2)(k/|k|)$ para todo $0 \neq k \in \mathbb{Z}$ e $s(0) = 0$, que pode ser expresso através de uma composição de dois degraus unitários com sentidos temporais diversos, ou seja, $s(k) = (1/2)(v(k) - v(-k))$. Sua transformada é calculada diretamente pela definição, ou seja,

$$
\begin{aligned}
S(\omega) &= \frac{1}{2} \sum_{k=-\infty}^{\infty} (v(k) - v(-k))e^{-j\omega k} \\
&= \frac{1}{2}\hat{v}(\omega) - \frac{1}{2}\hat{v}(-\omega) \\
&= \frac{1}{2j} \frac{\operatorname{sen}(\omega)}{1 - \cos(\omega)}
\end{aligned}
\tag{4.73}
$$

A transformada de Fourier do sinal a tempo discreto $s(k)$ é muito diferente da transformada de Fourier da sua versão a tempo contínuo $S(\omega) \approx 1/j\omega$. Entretanto, é importante salientar que para ω em uma vizinhança da origem as aproximações $\operatorname{sen}(\omega) \approx \omega$ e $\cos(\omega) \approx 1 - \omega^2/2$ levam (4.73) a fornecer este mesmo valor.

Exemplo 4.14 Desejamos saber qual sinal a tempo discreto tem como transformada de Fourier $Si(\omega) = 1/j\omega$. Pelos cálculos que acabamos de efetuar, sabemos que não se

4.3. SINAIS A TEMPO DISCRETO

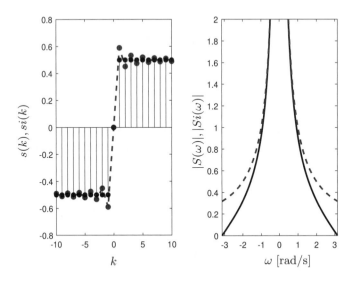

Figura 4.6: Sinais e suas transformadas

trata do sinal $s(k)$ e nem mesmo do degrau unitário. A estratégia de cálculo é aplicar a fórmula da transformada de Fourier inversa, que fornece

$$\begin{aligned} si(k) &= \frac{1}{2\pi} \int_{-\pi}^{\pi} \frac{e^{j\omega k}}{j\omega} d\omega \\ &= \frac{k}{2\pi} \int_{0}^{\pi} \mathrm{sinc}(\omega k) d\omega \\ &= \frac{1}{\pi} \int_{0}^{\pi k} \mathrm{sinc}(\xi) d\xi \end{aligned}$$

a função que define o sinal procurado é denominada seno integral e só pode ser determinada numericamente. A Figura 4.6 mostra no seu lado esquerdo os sinais $s(k)$ em linha cheia e $si(k)$ em linha tracejada, que são muito parecidos e ficam idênticos conforme $|k|$ aumenta. O mesmo ocorre com os módulos das transformadas $S(\omega)$ em linha cheia e $Si(\omega)$ em linha tracejada, que ficam idênticos quando $|\omega|$ assume valores próximos de zero, como ilustra o lado direito da mesma figura. É interessante ver como pequenas diferenças entre sinais no domínio do tempo podem se refletir em diferenças importantes nas suas respectivas transformadas. □

Novamente, para podermos avaliar a norma (ou energia) de um sinal não periódico no domínio da frequência podemos recorrer à versão em tempo discreto do Teorema de Parseval. Sua maior importância reside em dar uma alternativa de cálculo para esta importante grandeza associada aos sinais e sistemas. O usuário

124   CAPÍTULO 4.   TRANSFORMADA DE FOURIER

pode avaliar *a priori* se é mais conveniente realizar os cálculos necessários no domínio do tempo ou no domínio da frequência.

Teorema 4.13 (Teorema de Parseval) *Se $G(\omega)$ é a transformada de Fourier do sinal $g(k)$, então*

$$\|g\|^2 = \frac{1}{2\pi} \int_{-\pi}^{\pi} |G(\omega)|^2 d\omega \tag{4.74}$$

Prova: A prova é bastante semelhante àquela da versão a tempo contínuo desse teorema. Usando a transformada de Fourier e a sua inversa do sinal $g(k)$, obtemos

$$
\begin{aligned}
\|g\|^2 &= \sum_{k=-\infty}^{\infty} g(k)g(k)^* \\
&= \sum_{k=-\infty}^{\infty} g(k) \left(\frac{1}{2\pi} \int_{-\pi}^{\pi} G(\omega)^* e^{-j\omega k} d\omega \right) \\
&= \frac{1}{2\pi} \int_{-\pi}^{\pi} \left(\sum_{k=-\infty}^{\infty} g(k) e^{-j\omega k} \right) G(\omega)^* d\omega \\
&= \frac{1}{2\pi} \int_{-\pi}^{\pi} G(\omega) G(\omega)^* d\omega \tag{4.75}
\end{aligned}
$$

que é exatamente (4.74). A prova está concluída.   □

Deve ficar claro que ambos os lados da igualdade (4.74) podem dar valores não finitos quando o sinal não for um sinal de energia finita. Por exemplo, isto é o que ocorre com o degrau unitário $v(k)$, o sinal $s(k)$ e o sinal $si(k)$, todos com domínio em $\mathbb{Z}$. Para sinais com amplitudes finitas e com duração finita no tempo a fórmula (4.74) sempre fornece um valor finito para a sua norma.

4.3.1   Propriedades Básicas

Tendo em vista o que já foi feito anteriormente, as propriedades da transformada de Fourier de sinais a tempo discreto, isto é, com domínio $k \in \mathbb{Z}$, são provadas sem maiores dificuldades, pois o mesmo conjunto de propriedades e de manipulações algébricas já foram adotados. Uma breve leitura no material mencionado facilita a compreensão daquilo que será exposto em seguida. Todas as propriedades que serão discutidas têm origem na linearidade da transformada de Fourier.

4.3. SINAIS A TEMPO DISCRETO

Teorema 4.14 (Linearidade) *Considere $f_1(k)$ e $f_2(k)$ dois sinais com as respectivas transformadas $F_1(\omega)$ e $F_2(\omega)$. Sejam ainda c_1 e c_2 dois escalares quaisquer. A transformada do sinal obtido pela combinação linear $f(k) = c_1 f_1(k) + c_2 f_2(k)$ é dada por $F(\omega) = c_1 F_1(\omega) + c_2 F_2(\omega)$.*

Prova: Vem diretamente da definição, isto é, a igualdade

$$
\begin{aligned}
F(\omega) &= \sum_{k=-\infty}^{\infty} \left(c_1 f_1(k) + c_2 f_2(k) \right) e^{-j\omega k} \\
&= c_1 \sum_{k=-\infty}^{\infty} f_1(k) e^{-j\omega k} + c_2 \sum_{k=-\infty}^{\infty} f_2(k) e^{-j\omega k} \\
&= c_1 F_1(\omega) + c_2 F_2(\omega)
\end{aligned}
\tag{4.76}
$$

é válida para todo $\omega \in \Omega$, o que prova o teorema proposto. $\square$

Este teorema indica que a transformada de Fourier possui uma das propriedades mais básicas e importantes, que é a linearidade. O Princípio da Superposição dos Efeitos poderá ser invocado em qualquer situação que preserve a linearidade e envolva a transformada de Fourier.

Teorema 4.15 (Escalamento) *Seja $f(k)$ um sinal com transformada $F(\omega)$. A transformada do sinal $g(k) = f(-k)$ é dada por $G(\omega) = F(-\omega)$.*

Prova: Aplicando a definição, com a mudança de variável $n = -k$, obtemos

$$
\begin{aligned}
G(\omega) &= \sum_{k=-\infty}^{\infty} f(-k) e^{-j\omega k} \\
&= \sum_{n=-\infty}^{\infty} f(n) e^{j\omega n} \\
&= F(-\omega)
\end{aligned}
\tag{4.77}
$$

que é o resultado desejado. $\square$

É interessante ressaltar que a propriedade de escalamento da transformada de Fourier a tempo discreto se verifica em apenas uma situação muito específica, que corresponde a inverter o sentido do tempo. Se $f(k)$ for um sinal real, então $F(-\omega) = F(\omega)^*$. Infelizmente, não é possível ir além disso no sentido de comprimir ou expandir a escala de tempo, como podemos ilustrar através de um simples exemplo. O sinal $g(k) = f(2k)$ com domínio $k \in \mathbb{Z}$ não depende dos valores de $f(k)$ com $k \in \mathbb{Z}$ ímpar e, portanto, em geral, a transformada de $g(k)$ não pode ser expressa através da transformada de $f(k)$.

126   CAPÍTULO 4.   TRANSFORMADA DE FOURIER

Teorema 4.16 (Deslocamento no tempo) *Sejam $k_0 \in \mathbb{Z}$ e $f(k)$ um sinal com transformada $F(\omega)$. A transformada do sinal deslocado no tempo $g(k) = f(k-k_0)$ é dada por $G(\omega) = e^{-j\omega k_0} F(\omega)$.*

Prova: Aplicando a definição de transformada de Fourier ao sinal deslocado e introduzindo a nova variável $n = k - k_0$, obtemos

$$
\begin{aligned}
G(\omega) &= \sum_{k=-\infty}^{\infty} f(k-k_0) e^{-j\omega k} \\
&= \sum_{n=-\infty}^{\infty} f(n) e^{-j\omega(n+k_0)} \\
&= e^{-j\omega k_0} F(\omega)
\end{aligned}
\tag{4.78}
$$

que é o resultado esperado.   □

Esta propriedade vale para $k_0 < 0$ quando o sinal é avançado e para $k_0 > 0$ quando ele é atrasado k_0 unidades de tempo. Dois casos particulares importantes são caracterizados por $k_0 = \pm 1$, que corresponde a atrasar ou avançar um sinal de uma unidade de tempo. No domínio da frequência este efeito é obtido pela simples multiplicação da transformada do sinal por $e^{\pm j\omega}$.

Teorema 4.17 (Deslocamento em frequência) *Sejam $\omega_0 \in \mathbb{R}$ e $f(k)$ um sinal com transformada $F(\omega)$. A transformada do sinal $g(k) = e^{j\omega_0 k} f(k)$ é dada por $G(\omega) = F(\omega - \omega_0)$.*

Prova: A partir da definição é imediato verificar que

$$
\begin{aligned}
G(\omega) &= \sum_{k=-\infty}^{\infty} f(k) e^{-j(\omega-\omega_0)k} \\
&= F(\omega - \omega_0)
\end{aligned}
\tag{4.79}
$$

que é a igualdade que se pretendia provar.   □

Teorema 4.18 (Adição no tempo) *Seja $f(k)$ um sinal com transformada $F(\omega)$. A transformada do sinal*

$$
g(k) = \sum_{n=-\infty}^{k} f(n)
\tag{4.80}
$$

é dada por $G(\omega) = F(\omega)/(1 - e^{-j\omega}) + \pi F(0)\delta(\omega)$.

4.3. SINAIS A TEMPO DISCRETO

Prova: A prova deste resultado nasce da observação de que o sinal $g(k)$ definido em (4.80) tem a seguinte lei de formação:

$$
\begin{aligned}
g(k) &= \sum_{n=-\infty}^{k-1} f(n) + f(k) \\
&= g(k-1) + f(k)
\end{aligned}
\tag{4.81}
$$

que é válida para todo $k \in \mathbb{Z}$. Aplicando a transformada de Fourier em ambos os membros desta igualdade em conjunto com o resultado do teorema do deslocamento no tempo para $k_0 = 1$, vem $(1 - e^{-j\omega})G(\omega) = F(\omega)$. Neste ponto é preciso ter cuidado para extrair desta igualdade o valor de $G(\omega)$. Para todo $\omega \neq 0$ a resposta é óbvia, entretanto, para $\omega = 0$ é necessário um cuidado especial. Tendo em vista os cálculos já realizados, esta indeterminação pode ser levantada através de

$$
\begin{aligned}
G(\omega) &= \lim_{a \to 1^-} \frac{F(\omega)}{1 - ae^{-j\omega}} \\
&= F(\omega) \left(\frac{1}{1 - e^{-j\omega}} + \pi\delta(\omega) \right)
\end{aligned}
\tag{4.82}
$$

que é exatamente o que se desejava provar, pois $F(\omega)\delta(\omega) = F(0)\delta(\omega)$. □

Como $F(0) = \sum_{k=-\infty}^{\infty} f(k)$ é a componente constante do sinal $f(k)$, o teorema anterior indica o aparecimento de um impulso na origem (para a frequência nula) na transformada da soma no tempo sempre que a componente constante do sinal original for não nula. Aplicando este resultado ao impulso unitário discreto $\delta(k)$ obtemos a transformada do degrau unitário discreto (4.72). Obviamente não há um resultado similar ao teorema da diferenciação para sinais a tempo discreto.

Teorema 4.19 (Convolução) *Sejam $g(k)$ e $h(k)$ sinais com transformadas $G(\omega)$ e $H(\omega)$. A transformada do sinal $f(k) = g(k) * h(k)$ é dada por $F(\omega) = G(\omega)H(\omega)$.*

Prova: Novamente aplicamos a definição da transformada de Fourier à definição de convolução de dois sinais a tempo discreto. Temos então

$$
\begin{aligned}
F(\omega) &= \sum_{k=-\infty}^{\infty} \left(\sum_{n=-\infty}^{\infty} g(n)h(k-n) \right) e^{-j\omega k} \\
&= \sum_{n=-\infty}^{\infty} g(n)e^{-j\omega n} \sum_{m=-\infty}^{\infty} h(m)e^{-j\omega m} \\
&= G(\omega)H(\omega)
\end{aligned}
\tag{4.83}
$$

128   CAPÍTULO 4. TRANSFORMADA DE FOURIER

em que utilizamos a mudança de variável $m = k - n$ para substituir a soma em $k \in \mathbb{Z}$ e calcular a segunda igualdade. Isto prova o teorema proposto.   □

Este é um resultado fundamental que será utilizado inúmeras vezes na análise de sinais e também de sistemas LIT. A convolução discreta faz com que ela possa ser calculada pela simples multiplicação das transformadas dos sinais envolvidos. A convolução também pode ser usada para sintetizar uma determinada operação. Por exemplo, a soma no tempo das componentes de um sinal é dada por

$$\sum_{n=-\infty}^{k} f(n) = f(k) * \upsilon(k) \tag{4.84}$$

e, assim, o resultado do Teorema 4.18 é recuperado pela multiplicação de $F(\omega)$ pela transformada de Fourier do degrau unitário. Finalmente, cabe ressaltar que a propriedade de dualidade da transformada de Fourier em tempo contínuo não tem paralelo em tempo discreto. O motivo é simples. As fórmulas para a transformada e sua inversa não são de mesma natureza, pois uma é expressa através de uma soma em $k \in \mathbb{Z}$ e a outra através de uma integral em $\omega \in \Omega$. Além disso, os seus domínios $k \in \mathbb{Z}$ e $\omega \in \Omega$ claramente não são idênticos.

Exemplo 4.15 Seja o sinal $g_a(k) = a^{|k|}$ com domínio em $\mathbb{Z}$ e $|a| < 1$. A sua transformada é calculada diretamente pela definição, que leva a

$$\begin{aligned} G_a(\omega) &= \sum_{k=-\infty}^{-1} a^{-k} e^{-j\omega k} + \sum_{k=0}^{\infty} a^k e^{-j\omega k} \\ &= -1 + \sum_{k=0}^{\infty} a^k \left(e^{-j\omega k} + e^{j\omega k} \right) \end{aligned}$$

e, com o Lema 2.1, obtemos

$$\begin{aligned} G_a(\omega) &= -1 + \frac{1}{1 - ae^{-j\omega}} + \frac{1}{1 - ae^{j\omega}} \\ &= \frac{1 - a^2}{1 - 2a\cos(\omega) + a^2} \end{aligned}$$

Neste ponto, é ilustrativo determinarmos o limite $G(\omega) = \lim_{a\to 1^-} G_a(\omega)$. Para $\omega \neq 0$ é fácil verificar que $G(\omega) = 0$. Como $G_a(0) = (1+a)/(1-a)$, então $G(0) = +\infty$ o que indica a necessidade de cuidado para bem avaliar o limite desejado. Adotando a aproximação $\cos(\omega) \approx 1 - \omega^2/2$, válida nas proximidades de $\omega = 0$ e $\alpha = 1 - a$, temos

$$\begin{aligned} G(\omega) &= \lim_{a\to 1^-} \frac{1 - a^2}{1 - 2a\cos(\omega) + a^2} \\ &= \lim_{\alpha\to 0^+} \frac{2\alpha}{\alpha^2 + \omega^2} \\ &= 2\pi\delta(\omega) \end{aligned}$$

4.3. SINAIS A TEMPO DISCRETO

129

sendo que a última igualdade decorre do limite estudado no Exemplo 4.5. Este era o resultado esperado, pois nesta situação-limite $g(k) = \lim_{a\to 1^-} g_a(k)$ torna-se o sinal constante. Devemos deixar claro um aspecto relevante a respeito do sinal estudado neste exemplo. Com $f_a(k) = a^k v(k)$ é preciso ver que $g_a(k) = f_a(k) + f_a(-k) - \delta(k)$. A presença do impulso discreto é requerida pois $g_a(0) = 2f_a(0) - 1 = 1$. Aplicando o Teorema 4.15 obtemos $G_a(\omega) = F_a(\omega) + F_a(-\omega) - 1$ como acima. $\qquad \square$

Exemplo 4.16 A transformada do sinal $g(k) = \cos(\omega_0 k + \theta_0)v(k)$ é calculada através da igualdade

$$g(k) = \frac{e^{j\theta_0}}{2} e^{j\omega_0 k} v(k) + \frac{e^{-j\theta_0}}{2} e^{-j\omega_0 k} v(k)$$

e, em seguida, com a aplicação do Teorema 4.17 para determinar

$$G(\omega) = \frac{e^{j\theta_0}}{2} \hat{v}(\omega - \omega_0) + \frac{e^{-j\theta_0}}{2} \hat{v}(\omega + \omega_0)$$

que está colocada em função da transformada do degrau unitário que já conhecemos. Esta fórmula se parece com aquela do Exemplo 4.7, mas a diferença importante é que as transformadas do degrau unitário são naturalmente diferentes em tempo contínuo e em tempo discreto. $\qquad \square$

Exemplo 4.17 Desejamos calcular a transformada de Fourier do sinal a tempo discreto $f(k) = a\,k, \forall |k| \leq N_h$ e $f(k) = 0$ fora deste intervalo, com $a \in \mathbb{R}$. Com a definição da transformada de Fourier temos

$$
\begin{aligned}
F(\omega) &= \sum_{k=-N_h}^{N_h} a\,k e^{-j\omega k} \\
&= ja\frac{d}{d\omega} \sum_{k=-N_h}^{N_h} e^{-j\omega k} \\
&= ja\frac{dG}{d\omega}(\omega)
\end{aligned}
$$

em que $G(\omega)$ é a transformada de Fourier do sinal $g(k) = 1, |k| \leq N_h$ e $g(k) = 0$ para todo $k \in \mathbb{Z}$ fora deste intervalo que foi calculada no Exemplo 4.12. Por simples derivação em relação a ω e após algumas manipulações algébricas, vem

$$F(\omega) = ja\frac{N_h \text{sen}(\omega(N_h + 1)) - (N_h + 1)\text{sen}(\omega N_h)}{1 - \cos(\omega)}$$

e verificamos, como esperado, que a transformada de Fourier é uma função imaginária pura em concordância com o fato de que o sinal original $f(k)$ é ímpar. A estratégia utilizada para calcular a transformada de um sinal multiplicado pela variável independente $k \in \mathbb{Z}$ é genérica e pode ser adotada em outras situações similares. $\qquad \square$

4.3.2 Sistemas

Por sua importância, mesmo sendo bastante similares, vamos agora estender aos sistemas a tempo discreto o estudo feito no contexto de sistemas a tempo contínuo. Como sabemos, um sistema a tempo discreto LIT é completamente caracterizado pela sua resposta ao impulso unitário discreto $h(k)$ com domínio em $\mathbb{Z}$ e imagem em $\mathbb{C}$, a qual satisfaz $h(k) = 0$ para todo $k < 0$ se ele for causal. O próximo teorema é central para determinar a sua resposta a uma entrada qualquer descrita através da sua transformada de Fourier.

Teorema 4.20 *Considere um sistema LIT definido por sua resposta ao impulso $h(k)$. Para qualquer sinal de entrada $g(k)$ com transformada $G(\omega)$, a transformada $Y(\omega)$ do sinal de saída $y(k)$ é dada por*

$$Y(\omega) = H(\omega)G(\omega) \tag{4.85}$$

em que $H(\omega)$ é a transformada de $h(k)$.

Prova: Pelo Teorema 2.2, por ser LIT, a resposta do sistema ao sinal de entrada $g(k)$ é $y(k) = h(k) * g(k)$. Assim sendo, a relação (4.85) decorre diretamente da propriedade estabelecida no Teorema 4.19 sobre convolução, qual seja, a transformada de Fourier da convolução de dois sinais é igual ao produto de suas transformadas. Isto prova o teorema proposto. $\square$

Para obter a resposta a uma entrada, basta obter a transformada da resposta $Y(\omega)$ e calcular $y(k)$ para todo $k \in \mathbb{Z}$ através da transformada inversa. Por sua vez, para um sistema LIT causal, a transformada da resposta ao impulso resulta de

$$
\begin{aligned}
H(\omega) &= \sum_{k=-\infty}^{\infty} h(k)e^{-j\omega k} \\
&= \sum_{k=0}^{\infty} h(k)e^{-j\omega k} \\
&= \hat{h}(e^{j\omega}) \tag{4.86}
\end{aligned}
$$

em que $\hat{h}(e^{j\omega})$ é o resultado da avaliação da série

$$\hat{h}(z) = \sum_{k=0}^{\infty} h(k)z^{-k} \tag{4.87}$$

4.3. SINAIS A TEMPO DISCRETO

em $z = e^{j\omega}$. Esta expressão define a chamada *Transformada* $\mathcal{Z}$ de $h(k)$, que não é objeto de estudo deste livro. Em particular, uma informação relevante é o seu domínio, ou seja, o conjunto de $z \in \mathbb{C}$ para os quais a série (4.87) converge. A transformada $\mathcal{Z}$ foi especialmente proposta para analisar sistemas LIT causais a tempo discreto e se iguala à transformada de Fourier desde que $z = e^{j\omega}$, $\forall \omega \in \Omega$ pertença ao seu domínio. Dito de outra forma, ambas se igualam quando (4.87) convergir para todos os pontos do círculo unitário do plano complexo. Este é precisamente o caso dos sistemas LIT causais assintoticamente estáveis com resposta ao impulso expressa na forma

$$h(k) = \sum_{i=1}^{n} \theta_i \mu_i^k, \ \forall k \geq 0 \tag{4.88}$$

em que $|\mu_i| < 1$ e θ_i são escalares para todo $i = 1, 2, \cdots, n$. Sendo $h(k)$ uma função real, a eventual presença de valores complexos $\theta_i \in \mathbb{C}$ e $\mu_i \in \mathbb{C}$ requer a presença de seus conjugados. A partir desta observação, determinamos a transformada da resposta ao impulso na forma

$$
\begin{aligned}
H(\omega) &= \sum_{i=1}^{n} \theta_i \sum_{k=0}^{\infty} \left(\mu_i e^{-j\omega} \right)^k \\
&= \sum_{i=1}^{n} \frac{\theta_i}{1 - \mu_i e^{-j\omega}}
\end{aligned}
\tag{4.89}
$$

pois, por hipótese, $|\mu_i e^{-j\omega}| = |\mu_i| < 1$ para todo $i = 1, 2, \cdots, n$. Ademais, ela pode ser reescrita como $H(\omega) = \hat{h}(e^{j\omega})$, em que

$$\hat{h}(z) = \sum_{i=1}^{n} \frac{\theta_i z}{z - \mu_i} = \frac{N(z)}{D(z)} \tag{4.90}$$

é uma função racional denominada *função de transferência*, a qual, a exemplo do que ocorreu com os sistemas a tempo contínuo, exibe as seguintes propriedades:

- O grau de $D(z)$ é n e é igual ou maior que o grau de $N(z)$.

- Os dois polinômios $D(z)$ e $N(z)$ têm coeficientes reais.

- As raízes de $D(z) = 0$ são $\mu_1, \cdots, \mu_n$.

A equação algébrica $D(z) = 0$ é denominada *equação característica* e ela tem toda a informação necessária para decidir se um sistema é assintoticamente estável. Se todas as suas raízes estiverem localizadas no interior do círculo unitário do plano complexo $\mathbb{C}_1 = \{z \in \mathbb{C} : |z| < 1\}$, a sua estabilidade assintótica é assegurada.

Um atributo dos sistemas LIT causais assintoticamente estáveis muito utilizado em diversas aplicações práticas é a norma da sua resposta ao impulso. Para esta classe de sistemas, a transformada de Fourier da sua resposta ao impulso, existe $H(\omega) = \hat{h}(e^{j\omega})$, o que permite aplicar o Teorema de Parseval 4.13 para determinar a sua norma, tanto no domínio do tempo quanto no domínio da frequência, a saber,

$$\sum_{k=0}^{\infty} |h(k)|^2 = \frac{1}{\pi} \int_0^{\pi} |\hat{h}(e^{j\omega})|^2 d\omega \qquad (4.91)$$

Para obter esta igualdade lançamos mão de dois fatos. O primeiro é que $h(k) = 0$ para todo $k < 0$. O segundo é que $h(k)$ real para todo $k \geq 0$ implica que $\hat{h}(e^{-j\omega}) = \hat{h}(e^{j\omega})^*$ para todo $\omega \in \Omega = [-\pi, \pi]$. Com a norma da resposta ao impulso ou, o que é equivalente, a norma da função de transferência pequena, a energia necessária para atenuar um sinal de entrada será também pequena e, assim, a sua minimização pode ser um critério de desempenho adequado em várias situações a serem enfrentadas em seguida. Este é certamente o caso quando estamos manipulando algum sinal de erro, cuja influência deseja-se tornar a menor possível. A seguir, fornecemos algumas informações relevantes que são úteis para manipular numericamente sinais de interesse prático.

4.4 Análise Numérica

Em situações reais, em geral, não é possível determinar a série ou a transformada de Fourier de um sinal. Os motivos são vários, dentre eles, é que os sinais que normalmente estamos interessados em estudar são definidos por grande quantidade de dados que não podem ser manipulados algebricamente. Isto exige que a série ou a transformada seja calculada numericamente, com a inevitável introdução de alguma aproximação. Este é o caso do sinal de vazão de entrada no reservatório da usina de Furnas analisado no Capítulo 1.

Dentre todas as que foram estudadas, a forma mais simples e conveniente de ser manipulada numericamente é a de um sinal periódico a tempo discreto com período N_0, pois o número de equações é finito. O par sinal-série é dado na forma já apresentada anteriormente através das equações (3.26) e (3.27), mas que são reescritas a seguir com uma ligeira modificação que contempla as versões

4.4. ANÁLISE NUMÉRICA

de rotinas numéricas disponíveis na literatura:

$$X(i) = \sum_{k=0}^{N_0-1} x(k)e^{-j\frac{2\pi}{N_0}ik}, \ i \in [0, N_0) \tag{4.92}$$

$$x(k) = \frac{1}{N_0} \sum_{i=0}^{N_0-1} X(i)e^{j\frac{2\pi}{N_0}ik}, \ k \in [0, N_0) \tag{4.93}$$

a saber, $x(k)$ é o sinal e α_i os coeficientes da série que resultam de $X(i) = N_0\alpha_i$. Ademais, neste contexto, adota-se o intervalo $\langle N_0 \rangle = [0, N_0)$. É muito importante relembrar que estas equações são exatas, ou seja, a partir dos valores $X(i)$ calculados com a primeira, o sinal $x(k)$ é exatamente reproduzido com a segunda. Se $x(k)$ for um sinal real, então $X(0) = x(0) + \cdots + x(N_0 - 1)$ é também real. Por outro lado, entre os demais coeficientes $X(i)$, $i \in [1, N_0)$, também aparecem os conjugados daqueles que são complexos. Sempre é possível adotar (4.92)-(4.93) para calcular a série ou a transformada de um sinal genérico a tempo contínuo ou a tempo discreto. Entretanto, é imperativo ter em mente os seguintes procedimentos e limitações para resolver cada caso:

- Para um sinal periódico $g(t)$ a tempo contínuo com período $T_0 > 0$, determina-se o sinal a tempo discreto aproximado $x(k) = g(kT)$, com $T \ll T_0$ e $N_0 = T_0/T \in \mathbb{N}$. O sinal a tempo discreto $x(k)$ tem período N_0 e a qualidade da aproximação pode ser controlada com a escolha de $T > 0$ suficientemente pequeno.

- Para um sinal $g(t)$ a tempo contínuo não periódico, mas com duração limitada no tempo, existe $T_0 > 0$ tal que $g(t) = 0$, $\forall |t| > T_0$. Desta forma, o procedimento do item anterior é aplicado considerando-se que $g(t)$ seja o primeiro período de um sinal periódico com período $T_0 > 0$.

- Para um sinal $g(k)$ a tempo discreto não periódico, mas com duração limitada no tempo, existe $N_0 > 0$ tal que $g(k) = 0$, $\forall |k| > N_0$. Neste caso, o sinal pode ser considerado periódico com período N_0 sendo $g(k)$ o seu primeiro período. Isto viabiliza a aplicação de (4.92) e (4.93).

Em todos esses casos, a transformada ou a série são determinadas sem dificuldades com as fórmulas que definem a série de Fourier de sinais periódicos a tempo discreto (4.92) e (4.93). Mesmo para sinais que não têm duração limitada no tempo, os procedimentos anteriores ainda podem ser aplicados desde que parte do sinal, a menos significativa, seja desprezada. Isto deve ser feito com a devida cautela para que se possam obter resultados precisos. Este é certamente o caso

134   CAPÍTULO 4. TRANSFORMADA DE FOURIER

dos sinais que tendem a zero conforme a variável independente $|t| \in \mathbb{R}$ ou $|k| \in \mathbb{Z}$ tende para infinito.

Um aspecto relevante do ponto de vista numérico é o **truncamento**. Ele surge quando determinamos os coeficientes da série $X(i)$ para todo $i \in [0, N_0)$ e por algum critério, a ser discutido em seguida, consideramos que os mais significativos são aqueles com índices pertencentes ao conjunto $I \subseteq [0, N_0)$. Este conjunto deve ser determinado com cautela, pois, se o sinal $x(k)$ for real, então os índices correspondentes a $X(i)$ complexo e aos seus conjugados devem pertencer a I. Com eles e (4.93) determinamos o sinal aproximado (via truncamento da série) como sendo

$$x_{trun}(k) = \frac{1}{N_0} \sum_{i \in I} X(i) e^{j \frac{2\pi}{N_0} ik}, \ \ k \in [0, N_0) \tag{4.94}$$

O ponto a ser ressaltado é que o Teorema de Parseval pode se aplicado a este sinal para determinar o seu valor eficaz que satisfaz

$$\|x_{trun}\|_{ef}^2 = \frac{1}{N_0^2} \sum_{i \in I} |X(i)|^2$$

$$\leq \frac{1}{N_0^2} \sum_{i=0}^{N_0-1} |X(i)|^2 = \|x\|_{ef}^2 \tag{4.95}$$

e, assim, a quantidade $\|x_{trun}\|_{ef}^2 / \|x\|_{ef}^2$ é a exata fração do valor eficaz (potência) do sinal que foi retida no sinal aproximado. Ela deve guiar a escolha do índice I que define um sinal aproximado com uma precisão desejada.

Existem esquemas numéricos especiais que permitem determinar as incógnitas $X(i)$ e $x(k)$ a partir das relações (4.92) e (4.93). O mais famoso é conhecido como *transformada rápida de Fourier*, o qual, em geral, tem um ganho expressivo de eficiência numérica sobretudo se o número N_0 for grande, o que ocorre amiúde na análise de sinais encontrados na prática. A seguir, passamos a resolver alguns exemplos que ilustram essas afirmações.

Exemplo 4.18 Vamos reestudar o sinal ímpar e não periódico considerado no Exemplo 4.17 com $a = 1$ e $N_h = 5$. A Figura 4.7 mostra em linha cheia o módulo da transformada de Fourier $F(\omega)$ do sinal em função de $\omega \in \Omega$. Em linhas verticais mostramos os valores de $X(i)$ obtidos com (4.92) a partir da definição do sinal periódico correspondente com período $N_0 = 11$ e alocados nas frequências $(2\pi/N_0)i$ para todo $i = 0, 1, \cdots, 10$. Observe a exata concordância dos valores obtidos. A única diferença, sem importância, é que calculamos $F(\omega)$ no exemplo citado para $\omega \in [-\pi, \pi]$ enquanto as relações (4.92)-(4.93) naturalmente consideram $\omega \in [0, 2\pi]$.   □

Exemplo 4.19 Esta é uma das aplicações mais importantes do ponto de vista prático da transformada de Fourier. O sinal $x(k)$ que está colocado no lado esquerdo da Figura

4.4. ANÁLISE NUMÉRICA

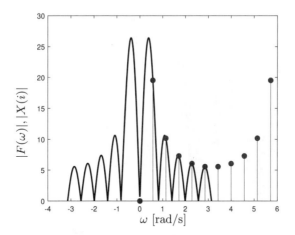

Figura 4.7: Transformada e série

4.8 foi obtido a partir de um sinal a tempo contínuo através de $x(k) = g(t)|_{t=kT}$ com duração total $T_0 = 20$ [s] e $T = 20$ [ms]. Sabemos que ele está corrompido por um ruído aditivo não conhecido. Desejamos extrair deste sinal as suas componentes mais significativas. Com (4.92) e período $N_0 = 1001$, obtemos os valores de $X(i)$ associados às frequências $\omega_i = (2\pi/N_0)i$ para todo $i = 0, 1, \cdots, 1000$. A parte direita da mesma figura mostra o espectro do sinal no qual se notam duas componentes mais significativas, a saber,

$$X(2)/N_0 = 1{,}0093 - j0{,}0088, \quad X(100)/N_0 = 0{,}4672 + j0{,}1638$$

com as frequências associadas dadas por $\omega_i = (2\pi/N_0)i$ [rad/s] para $i = 2$ e $i = 100$, respectivamente, ou seja, $\omega_2 = 0{,}0126$ e $\omega_{100} = 0{,}6277$. A harmônica $i = 2$ define a componente $\approx 2\cos(0{,}0126k)$, enquanto que a harmônica $i = 100$ define $\approx \cos(0{,}6277k + 0{,}3372)$. Finalmente, levando em conta que $x_{trun}(k) = g_{trun}(t)|_{t=kT}$, obtemos

$$g_{trun}(t) \approx 2\cos((\pi/5)t) + \cos(10\pi t + 20^o)$$

que é muito próximo do sinal que utilizamos para gerar os dados que apenas não tinha a defasagem indicada. Para esta aproximação, com (4.95), determinamos a relação $\|x_{trun}\|_{ef}^2/\|x\|_{ef}^2 = 0{,}9055$ o que atesta a qualidade do resultado obtido. Visualmente não seria possível concluir que o sinal original tinha duas componentes distintas. Por outro lado, foi possível chegar a esta conclusão mesmo introduzindo um ruído aditivo gaussiano com média nula e desvio padrão igual 0,5; que é bastante expressivo se o compararmos com as amplitudes de cada componente do sinal. □

Este capítulo se encerra colocando em evidência a série e a transformada de Fourier na análise de sinais e sistemas não só no âmbito de problemas de engenharia, mas em um contexto muito mais abrangente. De fato, este ferramental

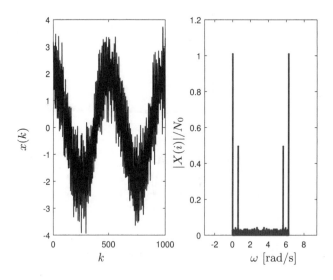

Figura 4.8: Sinal e transformada

matemático pode ser adotado para abordar problemas muito mais gerais que envolvam a determinação de tendências e de comportamentos que são essenciais para se ter uma previsão qualitativa daquilo que é mais significativo.

Nos próximos capítulos utilizaremos estes resultados para sintetizar sistemas que possam processar sinais segundo as necessidades e perspectivas dos usuários. Neste sentido, cabe mencionar a amostragem de sinais e os dispositivos que atuam para reconstruí-los a partir das amostras disponíveis. No mesmo contexto, em seguida, daremos particular atenção ao projeto de filtros, que são dispositivos essenciais para garantir a boa qualidade dos sinais transmitidos, tornando possível receber e selecionar, com a devida precisão, todas as informações neles contidas.

4.5 Notas Bibliográficas

Este capítulo contém o material mais importante deste livro. Estudamos sinais e sistemas a tempo contínuo e a tempo discreto sob a égide da série e da transformada de Fourier, pois estas são as ferramentas matemáticas mais importantes e eficazes disponíveis na literatura, para enfrentar os problemas a eles relacionados.

Os livros [4], [13], [16] e [18] são referências que devem ser consultadas para

4.6. EXERCÍCIOS

coletar informações e discussões adicionais sobre estes dois temas. Entretanto, pretendemos ter dado uma nova visão sobre série e transformada de Fourier apresentando resultados que não são encontrados na literatura, mesmo nas referências citadas. Este é precisamente o caso da determinação da transformada de Fourier de sinais aperiódicos a tempo discreto, dentre os quais podemos citar o degrau unitário. O Teorema de Parseval, que tem impacto singular no presente estudo, recebeu especial atenção. Todas as suas versões, dedicadas a cada classe de sinais, foram devidamente provadas e discutidas com bastante detalhe.

Muito embora tenhamos tido a preocupação de fornecer todos os resultados básicos necessários para uma boa compreensão do texto, algumas provas ou alguns exemplos resolvidos podem exigir uma rápida consulta aos livros especializados de cálculo [15] ou funções de variáveis complexas [17]. Ademais, referências que tratam de temas mais abrangentes, tais como [1], [5], [6] e [12], enriquecem o aprendizado daquilo que foi apresentado.

Da mesma forma, entramos nos meandros do cálculo numérico da série e da transformada de Fourier, com o intuito de definir um caso básico capaz de tratar todas as situações, que se apresentam no amplo contexto de sinais periódicos ou aperiódicos e definidos no domínio de tempo contínuo ou discreto. Procuramos colocar em evidência e esclarecer as dificuldades de implementação e o uso correto das rotinas disponíveis na literatura. Este capítulo também contém um número expressivo de exemplos resolvidos que ilustram os aspectos mais relevantes da teoria. Eles permitem avaliar, com certa precisão, a possibilidade de aplicação dos resultados apresentados em áreas diversas da engenharia e das ciências exatas.

4.6 Exercícios

Exercício 4.1 *Considere $g(t)$ um sinal periódico com período $T_0 > 0$, definido para todo $t \in \mathbb{R}$. Mostre que a sua transformada de Fourier é dada por*

$$G(\omega) = 2\pi \sum_{i=-\infty}^{\infty} \alpha_i \delta\left(\omega - 2\pi i/T_0\right)$$

em que α_i são os coeficientes de sua série de Fourier. Aplique este resultado para determinar as transformadas de Fourier dos sinais periódicos dados em seguida. Compare os itens b) e c) com os resultados obtidos em (4.14) e (4.15).

a) $g(t) = \sum_{n=-\infty}^{\infty} \delta(t - nT_0)$.   *c)* $g(t) = \cos(t)$.
b) $g(t) = \mathrm{sen}(t)$.   *d)* $g(t) = \mathrm{sen}(t + \pi/4)$.

Exercício 4.2 *Determine a respectiva transformada de Fourier dos seguintes sinais definidos para todo $t \in \mathbb{R}$.*

138   *CAPÍTULO 4. TRANSFORMADA DE FOURIER*

a) $g(t) = v(t + a/2) - v(t - a/2)$. *Compare com o resultado do Exemplo 4.2.*

b) $g(t) = a\, t^2$, $\forall |t| \leq T_0/2$ *e zero fora deste intervalo.*

c) $g(t) = \operatorname{sen}(\pi t)e^{-t}v(t)$.

d) $g(t) = e^{-3|t-2|}$.

Exercício 4.3 *Considere o sinal $f(t) = t$ para $|t| < 1$ e zero fora deste intervalo. Determine a transformada de Fourier $G(\omega)$ do sinal $g(t) = f(t-1) + f(-t-1) + 1$ e compare com o resultado obtido no Exercício 3.5. A partir da transformada de Fourier calculada, obtenha o sinal $g(t)$ numericamente a partir de*

$$g(t) = \frac{1}{2\pi} \int_{-w}^{w} G(\omega)e^{j\omega}d\omega$$

para $w > 0$ suficientemente grande. Observe a ocorrência do fenômeno de Gibbs.

Exercício 4.4 *Para cada um dos itens a seguir, aplique o Teorema de Parseval de forma a calcular o valor de $\|g\|^2$ no domínio do tempo e no domínio da frequência*

a) $g(t) = e^{-t}v(t)$.

b) $g(t) = -e^{t}v(-t)$.

c) $g(t) = e^{-|t|}$.

Exercício 4.5 *Utilizando o fato de que a transformada de Fourier do sinal a tempo contínuo $g(t) = a\operatorname{sinc}(at/2)/(2\pi)$ é igual a $G(\omega) = 1$ para $|\omega| \leq a/2$ e $G(\omega) = 0$ em caso contrário, e levando em conta as propriedades da transformada, obtenha o sinal $f(t)$ cuja transformada de Fourier é dada por*

$$F(\omega) = \begin{cases} 3 & , & 0 \leq \omega \leq 2 \\ -3 & , & -2 \leq \omega < 0 \\ 0 & , & |\omega| > 2 \end{cases}$$

Confira o resultado calculando $f(t)$ através de (4.6).

Exercício 4.6 *Utilizando a transformada de Fourier do pulso apresentado no Exemplo 4.2 e a propriedade de dualidade, determine o sinal cuja transformada de Fourier é dada por $F(\omega) = 2$, $\forall |\omega| < \omega_c$. Note que este é um excelente filtro passa-baixas utilizado para recuperar um sinal modulado.*

Exercício 4.7 *Considere o sinal periódico $g(t) = \operatorname{sen}(\pi t) + \cos(8\pi t/3)$, o sinal modulado $f(t) = g(t)\cos(80\pi t)$ e o sinal $y(t) = g(t)\cos^2(80\pi t)$. Esboce os espectros de Fourier de $g(t)$, $f(t)$ e $y(t)$ e apresente os gráficos no domínio do tempo de cada um deles. Posteriormente, obtenha numericamente o sinal*

$$g_0(t) = y(t) * f_0(t) = \int_{-\infty}^{\infty} y(\tau)f_0(t - \tau)d\tau$$

4.6. EXERCÍCIOS

139

truncando o intervalo de integração $\tau \in [-T_M, T_M]$ com T_M adequado. Nesta integral, $\hat{f}_0(\omega) = 2$, $\forall |\omega| < W$ é um filtro passa-baixas ideal com $W = 10\pi/3$ [rad/s] e cujo sinal no domínio do tempo foi calculado no Exercício 4.6. Verifique se $g_0(t) = g(t)$ e que, portanto, o sinal foi adequadamente recuperado.

Exercício 4.8 *Considere o sinal $g(t) = t^3$ para $|t| < 1$ e zero fora deste intervalo. Para este sinal, realize o que se pede nos itens a seguir.*

a) *Determine a transformada de Fourier $G(\omega)$ e apresente o seu espectro.*

b) *A partir da transformada calculada, obtenha o sinal $g(t)$ numericamente, como realizado no Exercício 4.3. Observe a ocorrência do fenômeno de Gibbs.*

c) *Apresente os gráficos do sinal $f(t) = g(t)\cos(\omega_c t)$ e de $y(t) = g(t)\cos^2(\omega_c t)$ considerando que a frequência da portadora é de $\omega_c = 2000$ [rad/s].*

d) *Recupere o sinal $g(t)$ utilizando um filtro passa-baixas ideal $\hat{f}_0(\omega) = 2$, $\forall |\omega| < W$ com $W = 100$ [rad/s]. Posteriormente, realize o mesmo procedimento, mas considerando $W = 50$ [rad/s]. Compare a qualidade dos sinais recuperados e justifique as possíveis diferenças.*

Exercício 4.9 *Considere um sistema LIT com resposta ao impulso dado por*

$$h(t) = e^{-3t}v(t)$$

Determine o sinal de entrada $g(t)$ sabendo que a resposta do sistema a esta entrada é $y(t) = te^{-3t}v(t) + e^{-4t}v(t)$.

Exercício 4.10 *Considere um sistema LIT com entrada $g(t)$ e saída $y(t)$. Considerando que a resposta ao impulso $h(t)$ do sistema satisfaz*

- $\mathcal{F}\left[h(t) + \dot{h}(t)\right] = \alpha\mathcal{F}\left[\delta(t) + e^{-3t}v(t)\right]$, $\alpha \in \mathbb{R}$

- $\int_{-\infty}^{\infty} |H(\omega)|^2 d\omega = 19\pi/3$

obtenha $h(t)$, $H(\omega)$ e determine a resposta $y(t)$ do sistema à entrada $g(t) = e^{-2t}v(t)$.

Exercício 4.11 *Determine a transformada de Fourier dos seguintes sinais periódicos definidos para $k \in \mathbb{Z}$ utilizando a equação (4.67). Compare os itens b) e c) com os resultados obtidos em (4.64) e (4.65).*

a) $g(k) = \sum_{n=-\infty}^{\infty} \delta(k - nN_0)$. c) $g(k) = \cos(\pi k/4)$.
b) $g(k) = \text{sen}(\pi k/4)$. d) $g(t) = \text{sen}(\pi k/4 + \pi/3)$.

Exercício 4.12 *Determine a transformada de Fourier dos seguintes sinais a tempo discreto definidos para todo $k \in \mathbb{Z}$.*

a) $g(k) = v(k + N_h) - v(k - N_h - 1)$. *Compare com o resultado do Exemplo 4.12.*

140 CAPÍTULO 4. TRANSFORMADA DE FOURIER

b) $g(k) = a\,k^2$, $\forall |k| \leq N_h$ e zero fora deste intervalo.

c) $g(k) = (1/2)^k \operatorname{sen}(\pi k) v(k)$.

d) $g(k) = (1/2)(1 + \cos(\pi k/4))$, $\forall |k| \leq 10$ e zero fora deste intervalo.

e) $g(k) = \delta(-k + 6)$.

f) $g(k) = (k-1)(1/4)^{-k-1} v(-k-1)$.

Exercício 4.13 *Utilizando a transformada de Fourier calculada no item b) do Exercício 4.12, obtenha $g(k)$ numericamente a partir da transformada de Fourier inversa.*

Exercício 4.14 *Utilize a transformada de Fourier de um pulso discreto e a propriedade de deslocamento no tempo para calcular a transformada de Fourier do sinal*

$$g(k) = \begin{cases} -1 & , \quad -N_h \leq k \leq -1 \\ 1 & , \quad 1 \leq k \leq N_h \end{cases}$$

Compare com o resultado do Exercício 3.13.

Exercício 4.15 *Considere um sistema LIT com entrada $g(k)$ e saída $y(k)$ caracterizado pela seguinte equação a diferenças*

$$y(k-2) + 3y(k-1) + 2y(k) = 2g(k)$$

Determine a resposta ao impulso $h(k)$ e sua transformada de Fourier $H(\omega)$. Forneça a resposta $y(k)$ para a entrada $g(k) = (1/2)^k v(k)$.

Exercício 4.16 *Um sistema LIT com resposta ao impulso $h_1(k) = (1/5)^k v(k)$ é conectado em paralelo a outro sistema LIT com resposta ao impulso $h_2(k)$. O resultado da interconexão fornece a resposta*

$$H(\omega) = \frac{2 + (3/10)e^{-j\omega}}{1 + (3/10)e^{-j\omega} - (1/10)e^{-2j\omega}}$$

Determine a resposta ao impulso $h_2(k)$.

Exercício 4.17 *Considere um sistema LIT com entrada $g(k)$ e saída $y(k)$ caracterizado pela seguinte equação a diferenças*

$$y(k-2) - 4y(k) = g(k)$$

Determine a resposta ao impulso $h(k)$ e sua transformada de Fourier $H(\omega)$. Forneça a resposta $y(k)$ à entrada $g(k) = (1/4)^k v(k)$ e o valor da soma

$$S = \sum_{k=0}^{\infty} y(k)$$

correspondente à respectiva resposta.

Capítulo 5

Amostragem

5.1 Introdução

Este capítulo é inteiramente dedicado ao estudo de amostragem de sinais a tempo contínuo. Trata-se de uma manipulação muito útil que pode ser aplicada a sinais de classes bastante amplas, como por exemplo, que tenham domínio em $\mathbb{R}$ e imagem em $\mathbb{C}$. Entretanto, em geral, ela se aplica com maior simplicidade a sinais reais, ou seja, aqueles com domínio e imagem em $\mathbb{R}$. De maneira mais precisa, podemos dizer que amostrar um sinal $s(t) : \mathbb{R} \to \mathbb{C}$ significa colher amostras em instantes de tempo predeterminados $t_k \in \mathbb{R}$ para todo $k \in \mathbb{Z}$. Estas amostras são os valores $\{s(t_k)\}_{k \in \mathbb{Z}}$ que o sinal assume nestes instantes $t = t_k$ para todo $k \in \mathbb{Z}$, denominados *instantes de amostragem*. O espaçamento temporal, denotado $T >$ 0, entre duas amostras sucessivas, é denominado *período de amostragem* e impõe $t_{k+1} - t_k = T$ para todo $k \in \mathbb{Z}$. Ao conjunto de amostras de um determinado sinal $s(t)$ colhidas com um certo período de amostragem é conveniente associar um sinal a tempo contínuo definido na forma

$$
\begin{aligned}
s_*(t) &= s(t) \sum_{k=-\infty}^{\infty} \delta(t - kT) \\
&= \sum_{k=-\infty}^{\infty} s(kT)\delta(t - kT)
\end{aligned}
\tag{5.1}
$$

que foi escolhido por preencher duas propriedades básicas essenciais. A primeira é que o sinal $s_*(t)$ é igual ao produto do sinal original $s(t)$ por um sinal periódico com período igual ao período de amostragem $T > 0$. A segunda é que o resultado deste produto é um sinal a tempo contínuo, mas que só de-

142   CAPÍTULO 5. AMOSTRAGEM

pende das amostras $s(kT)$ do sinal original. A periodicidade do sinal denominado *trem de impulsos* resulta de simples verificação, enquanto que a igualdade $s(t)\delta(t - kT) = s(kT)\delta(t - kT)$ decorre de uma propriedade básica do
impulso unitário deslocado $\delta(t - kT)$ que, como já sabemos, é nulo para todo
$t \neq kT$, $\forall k \in \mathbb{Z}$. Neste capítulo, para simplificar a notação, em várias oportunidades utilizaremos $s_T(k) = s(kT)$ para indicar as amostras do sinal $s(t)$ que são
avaliadas nos instantes $t_k = kT$ para todo $k \in \mathbb{Z}$.

O presente estudo é dividido em duas partes principais que contemplam diversos aspectos, dentre os quais desejamos ressaltar:

- **Amostragem de sinais:** A amostragem de um sinal a tempo contínuo
  $s(t)$, com um certo período de amostragem $T > 0$, determina um outro
  sinal $s_*(t)$ que é construído exclusivamente a partir de suas amostras. É
  natural se perguntar sob quais condições o conhecimento de $s_*(t)$ permite
  determinar $s(t)$ exatamente. Ou seja, para qual classe de sinais o conhecimento de um certo número de amostras permite determiná-lo. A resposta
  a esta questão é dada pelo célebre Teorema da Amostragem. A reconstrução de sinais, de forma aproximada, também é um tema importante a
  ser abordado.

- **Discretização de sistemas:** Sistemas a tempo contínuo precisam ser
  discretizados para que possam atuar em sinais amostrados, permitindo, assim, o seu processamento digital. Deve-se converter, segundo algum critério
  a ser bastante discutido, um sistema a tempo contínuo em um sistema a
  tempo discreto. Neste sentido, é imperativo manipular e obter a resposta
  ao impulso $\delta(k)$ a partir da resposta ao impulso $\delta(t)$ que o define.

É preciso colocar em evidência a importância do aprendizado deste capítulo
introdutório de amostragem de sinais a tempo contínuo, suas implicações e consequências. O motivo é simples, como vemos cada dia com maior ênfase, o mundo
está se tornando uma aldeia digital que manipula e processa quase que exclusivamente sinais a tempo discreto. Vários deles resultam de algum processo de
amostragem.

5.2   Amostragem de Sinais

Vale a pena reforçar que o sinal $s_*(t)$ é de fundamental importância, pois ele é
construído exclusivamente com as amostras do sinal $s(t)$, obtidas com um período
de amostragem $T > 0$ dado. A partir da relação (5.1), ele pode ser reescrito como

5.2. AMOSTRAGEM DE SINAIS

$s_*(t) = s(t)p_*(t)$, em que o *trem de impulsos*

$$p_*(t) = \sum_{k=-\infty}^{\infty} \delta(t - kT) \qquad (5.2)$$

é um sinal periódico com período igual ao período de amostragem adotado. Assim sendo, podemos escrevê-lo com auxílio da sua série de Fourier, ou seja,

$$p_*(t) = \sum_{i=-\infty}^{\infty} \alpha_i e^{j\omega_i t} \qquad (5.3)$$

com $\omega_i = (2\pi/T)i$ e os coeficientes α_i para todo $i \in \mathbb{Z}$ sendo determinados através da fórmula já conhecida

$$\alpha_i = \frac{1}{T} \int_{-T/2}^{T/2} \delta(t)e^{-j\omega_i t}dt = \frac{1}{T} \qquad (5.4)$$

A partir desses cálculos, que já foram feitos anteriormente no Capítulo 3, substituindo (5.4) em (5.3), podemos reescrever o sinal amostrado na forma alternativa

$$s_*(t) = \frac{1}{T} \sum_{i=-\infty}^{\infty} s(t)e^{j\omega_i t} \qquad (5.5)$$

A interpretação deste resultado é surpreendente. Em qualquer instante de tempo $t \neq kT$ as funções exponenciais se compensam para que a soma resulte nula e, por outro lado, para $t = kT$ elas se reforçam para gerar o impulso unitário que ocorre naquele instante de tempo. Finalmente, como o sinal a tempo contínuo $s_*(t)$ é genérico, não necessariamente periódico, podemos representá-lo através de sua transformada de Fourier, que é determinada pela aplicação direta dos resultados do Capítulo 4, em particular, aquele do Teorema 4.6, que diz respeito ao deslocamento em frequência. Assim procedendo, obtemos a transformada

$$\begin{aligned} S_*(\omega) &= \mathcal{F}[s_*(t)] \\ &= \frac{1}{T} \sum_{i=-\infty}^{\infty} \mathcal{F}[s(t)e^{j\omega_i t}] \\ &= \frac{1}{T} \sum_{i=-\infty}^{\infty} S(\omega - \omega_i) \end{aligned} \qquad (5.6)$$

na qual devemos colocar em evidência alguns aspectos importantes. O primeiro deles é que, embora $S_*(\omega)$ só dependa das amostras $\{s(kT)\}_{k\in\mathbb{Z}}$, elas não estão

144   *CAPÍTULO 5. AMOSTRAGEM*

explícitas na fórmula (5.6). Ao alterarmos o valor do período de amostragem, o efeito de termos diferentes amostras é concentrado na respectiva variação das frequências ω_i com $i \in \mathbb{Z}$. O segundo é que, independentemente de $T > 0$, sempre ocorre $\omega_0 = 0$ e, assim, uma das parcelas da soma que define a transformada $S_*(\omega)$ é precisamente $S(\omega)$ a transformada de Fourier do sinal original. Assim sendo, se for possível extrair esta parcela da soma, será possível obter o sinal $s(t)$ a partir de $s_*(t)$, ou seja, a partir de suas amostras.

Para reforçar o que acaba de ser dito, vamos calcular a transformada do sinal $s_*(t)$ de uma forma alternativa que resulta da utilização do teorema do deslocamento no tempo da transformada de Fourier em (5.1), ou seja,

$$
\begin{aligned}
S_*(\omega) &= \mathcal{F}[s_*(t)] \\
&= \sum_{k=-\infty}^{\infty} s(kT)\mathcal{F}[\delta(t - kT)] \\
&= \sum_{k=-\infty}^{\infty} s(kT)e^{-j\omega Tk}
\end{aligned}
\tag{5.7}
$$

ficando bastante claro que $S_*(\omega)$ depende apenas das amostras $s(kT)$ do sinal a tempo contínuo $s(t)$. Além disso, é interessante observar que se definirmos a partir dessas amostras o sinal a tempo discreto $s_T(k) = s(kT)$ para todo $k \in \mathbb{Z}$, a sua transformada de Fourier discreta

$$
S_T(\omega) = \sum_{k=-\infty}^{\infty} s_T(k)e^{-j\omega k}
\tag{5.8}
$$

impõe a igualdade $S_*(\omega) = S_T(\omega T)$. Assim sendo, neste contexto, fica clara a importância da igualdade (5.6). Os exemplos dados a seguir procuram ilustrar e discutir os resultados que acabamos de apresentar.

Exemplo 5.1 Vamos analisar a amostragem do sinal a tempo contínuo $s(t) = 3 + 4\cos(2t)$. Primeiramente, relembramos que $e^{j\omega_0 t} \Longleftrightarrow 2\pi\delta(\omega - \omega_0)$ define um par sinal-transformada que é válido para qualquer $\omega_0 \in \mathbb{R}$. Com este resultado, a transformada de Fourier do sinal $s(t)$ é determinada

$$
S(\omega) = 6\pi\delta(\omega) + 4\pi\delta(\omega + 2) + 4\pi\delta(\omega - 2)
$$

sendo composta por três impulsos que ocorrem nas frequências $\omega = 0$ e $\omega = \pm 2$ [rad/s]. Se adotarmos o período de amostragem $T = 2\pi/6$ [s], as frequências $\omega_i = 6i$ para todo $i \in \mathbb{Z}$ indicam que as parcelas de $S_*(\omega)$ não se sobrepõem e, assim, $S_*(\omega) = S(\omega)$, $\forall |\omega| \leq 2$. Por outro lado, se o período de amostragem for aumentado para $T = 2\pi/3$ [s], teremos $\omega_i = 3i$ para todo $i \in \mathbb{Z}$ e observamos uma superposição de componentes, o que faz com que a propriedade mencionada não mais se verifique.   □

5.2. AMOSTRAGEM DE SINAIS

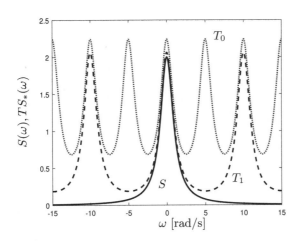

Figura 5.1: Transformada de Fourier de sinais amostrados

Exemplo 5.2 A transformada de Fourier do sinal a tempo contínuo $s(t) = e^{-|t|}$ é mais facilmente determinada adotando-se a decomposição $s(t) = e^{-t}v(t) + e^t v(-t)$, o que leva a

$$S(\omega) = \frac{1}{1+j\omega} + \frac{1}{1-j\omega}$$
$$= \frac{2}{1+\omega^2}$$

Esta função, sempre real e positiva, está representada na Figura 5.1 em linha contínua. As amostras do sinal $s(t)$ obtidas com os períodos de amostragem $T_0 = 2\pi/5$ [s] e $T_1 = 2\pi/10$ [s] permitem calcular as suas transformadas a partir de (5.6), que fornece

$$TS_*(\omega) = \sum_{i=-10}^{10} \frac{2}{1+(\omega-\omega_i)^2}$$

com $\omega_i = (2\pi/T)i$, $\forall i \in \mathbb{Z}$ para cada um dos períodos de amostragem escolhidos. A Figura 5.1 também mostra as transformadas normalizadas pelos respectivos períodos de amostragem, a saber, $T_0 S_*(\omega)$ e $T_1 S_*(\omega)$. Deve ser ressaltado que a soma infinita indicada em (5.6) foi realizada com $i \in [-10, 10]$, o que já é expressivo, tendo em vista a precisão desejada. Como $S(\omega)$ é não nula para todo $\omega \in \mathbb{R}$ a soma que aparece em (5.6) não mais permite individualizar $S(\omega)$ exatamente a partir de $S_*(\omega)$. De forma aproximada, isto pode ser feito desde que a frequência de amostragem seja suficientemente grande. □

De maneira geral, os resultados que acabamos de obter permitem concluir que o efeito de amostrar um sinal pode ser visto diretamente na transformada do

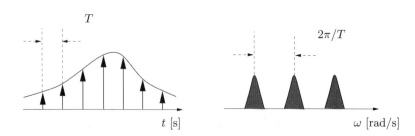

Figura 5.2: Sinal amostrado e sua transformada

sinal amostrado. De fato, como apresentado em (5.6), a menos de um ganho igual ao inverso do período de amostragem, a função $S_*(\omega)$ é uma soma de infinitas parcelas, sendo que uma delas é precisamente $S(\omega)$. O próximo teorema, também conhecido com Teorema de Nyquist-Shannon, fornece uma condição para que um sinal a tempo contínuo, de uma certa classe, possa ser reconstruído a partir de suas amostras.

Teorema 5.1 (Teorema da Amostragem) *Seja $s(t)$ um sinal a tempo contínuo limitado em frequência, isto é, $S(\omega) = 0$ para todo $\omega \in \{\omega \in \mathbb{R} : |\omega| \geq W\}$. Qualquer sinal desta classe, com W expresso em [rad/s], pode ser reconstruído a partir de suas amostras, desde que elas sejam colhidas com período de amostragem T, expresso em [s], tal que*

$$T \leq \frac{\pi}{W} \qquad (5.9)$$

Prova: A prova é bastante simples e decorre dos cálculos feitos anteriormente. A classe de sinal considerada é caracterizada por

$$S(\omega - \omega_i) = 0, \ \forall \omega \mid |\omega - \omega_i| \geq W \qquad (5.10)$$

para todo $i \in \mathbb{Z}$. Por outro lado, a condição (5.9) escrita na forma $W \leq 2\pi/T - W$ implica que em cada frequência $\omega \in \mathbb{R}$ apenas uma parcela da soma que define $S_*(\omega)$ é não nula. Como consequência direta deste fato, temos

$$S_*(\omega) = \frac{1}{T}S(\omega), \ \forall \omega \mid |\omega| < W \qquad (5.11)$$

Assim sendo, o sinal original pode ser obtido pela passagem do sinal amostrado em um filtro ideal do tipo passa-baixas com frequência de corte W [rad/s] e ganho $T > 0$. □

A Figura 5.2 ilustra a situação que foi considerada na prova do Teorema 5.1. No seu lado esquerdo está o sinal e suas amostras, enquanto que no seu lado direito

5.2. AMOSTRAGEM DE SINAIS

147

vemos a transformada de Fourier do sinal amostrado. Por inspeção, ela também permite concluir que, se a condição (5.9) for violada, então haverá superposição de parcelas não nulas na soma de tal forma que não é mais possível assegurar a validade de (5.11). Neste caso, existirá um sinal limitado em frequência, com frequência máxima W, que não poderá ser recuperado a partir de suas amostras. Como era de se esperar, sempre que o período de amostragem satisfaz a condição $WT \leq \pi$ estabelecida pelo Teorema da Amostragem, a ocorrência de sinal falso ou *aliasing* é completamente evitada, veja o Exemplo 4.10, onde esta característica de sinais a tempo discreto é discutida. Isto decorre do fato de que o referido teorema indica em que condições um determinado sinal pode ser *exatamente* recuperado a partir de suas amostras, sem ambiguidade.

Agora estamos em condições de analisar como recuperar o sinal original a partir de um filtro ideal passa-baixas cuja função de transferência é dada por

$$F(\omega) = \begin{cases} T & , \quad |\omega| \leq W \\ 0 & , \quad |\omega| > W \end{cases} \tag{5.12}$$

a qual implementa um ganho constante igual a T na faixa de frequências do sinal e zero fora dela. Podemos determinar a resposta ao impulso deste filtro através do cálculo da sua transformada de Fourier inversa, o que nos leva a

$$\begin{aligned} f(t) &= \mathcal{F}^{-1}[F(\omega)] \\ &= \frac{1}{2\pi} \int_{-W}^{W} Te^{j\omega t} d\omega \\ &= \left(\frac{WT}{\pi}\right) \frac{\mathrm{sen}(Wt)}{Wt} = \mathrm{sinc}(Wt) \end{aligned} \tag{5.13}$$

na qual, para obter a última igualdade, utilizamos o fato de que $WT = \pi$. Ou seja, vamos fazer a amostragem com o máximo período que é permitido pelo Teorema da Amostragem. Aplicando-se o sinal amostrado $s_*(t)$, dado em (5.1), na entrada do filtro, a sua saída será o sinal original $s(t)$, que resulta da convolução contínua com a sua resposta ao impulso, isto é,

$$\begin{aligned} s(t) &= f(t) * s_*(t) \\ &= \sum_{k=-\infty}^{\infty} s(kT)f(t) * \delta(t - kT) \\ &= \sum_{k=-\infty}^{\infty} s(kT)\,\mathrm{sinc}(W(t - kT)) \end{aligned} \tag{5.14}$$

O sinal original é determinado pela combinação linear de um conjunto de funções do tipo sinc($\cdot$) deslocadas no tempo cujos coeficientes são exatamente os valores das amostras do sinal original $s(kT)$ para todo $k \in \mathbb{Z}$. Usando o fato de

148   CAPÍTULO 5. AMOSTRAGEM

que $\mathrm{sinc}(W(iT - kT)) = \mathrm{sinc}((i - k)\pi) = 1$ apenas se $i = k \in \mathbb{Z}$ e é nulo caso contrário, verifica-se sem dificuldades que (5.14) reproduz os valores exatos do sinal nos instantes de amostragem. Ir além disso, ou seja, verificar por um caminho alternativo que esta mesma fórmula fornece os valores exatos do sinal original para todo $t \in \mathbb{R}$ pertencente ao seu domínio, requer um pouco mais de trabalho.

Com este objetivo, vamos adotar o mesmo enfoque empregado na prova do Teorema 4.2 do Capítulo 4 – Teorema de Parseval, para abordar o cálculo do produto escalar de dois sinais a tempo contínuo $g(t)$ e $h(t)$ com domínio em $\mathbb{R}$, imagem em $\mathbb{C}$ e transformadas de Fourier dadas respectivamente por $G(\omega)$ e $H(\omega)$, segundo o que foi estabelecido na Definição 2.1. Uma maneira de calcular o produto escalar

$$\langle g, h \rangle = \int_{-\infty}^{\infty} g(t)h(t)^* dt \tag{5.15}$$

no domínio da frequência é dada a seguir. Trata-se de um resultado importante do ponto de vista operacional que, a exemplo do Teorema de Parseval, pode ser útil em diversas situações específicas, como é o presente caso.

Lema 5.1 (Produto escalar) *O produto escalar de dois sinais a tempo contínuo conforme (5.15) é dado alternativamente por*

$$\langle g, h \rangle = \frac{1}{2\pi} \int_{-\infty}^{\infty} G(\omega)H(\omega)^* d\omega \tag{5.16}$$

Prova: A prova segue de perto aquela do Teorema 4.2. Utilizando as transformadas de Fourier e suas inversas dos dois sinais em consideração, vem

$$
\begin{aligned}
\langle g, h \rangle &= \int_{-\infty}^{\infty} g(t)h(t)^* dt \\
&= \int_{-\infty}^{\infty} g(t) \left\{ \frac{1}{2\pi} \int_{-\infty}^{\infty} H(\omega)^* e^{-j\omega t} d\omega \right\} dt \\
&= \frac{1}{2\pi} \int_{-\infty}^{\infty} \left\{ \int_{-\infty}^{\infty} g(t) e^{-j\omega t} dt \right\} H(\omega)^* d\omega \\
&= \frac{1}{2\pi} \int_{-\infty}^{\infty} G(\omega)H(\omega)^* d\omega
\end{aligned}
\tag{5.17}
$$

que é o resultado desejado.   □

A escolha particular $H(\omega) = G(\omega)$ reproduz o Teorema de Parseval na sua forma original. Introduzindo a notação $f_k(t) = f(t - kT)$, em que $f(t) = \mathrm{sinc}(Wt)$ para todo $k \in \mathbb{Z}$, o resultado do Lema 5.1 pode ser usado para calcular o produto escalar de duas funções quaisquer deste conjunto. Este é um caso em que a

5.2. AMOSTRAGEM DE SINAIS 149

integral no domínio da frequência (5.16) é muito mais simples de ser calculada que a sua versão no domínio do tempo (5.15). De fato, lembrando que $F_k(\omega) = F(\omega)e^{-j\omega kT}$ para todo $k \in \mathbb{Z}$ com $F(\omega)$ dada em (5.12), temos

$$\begin{aligned}
\langle f_k, f_i \rangle &= \frac{1}{2\pi} \int_{-\infty}^{\infty} F_k(\omega) F_i(\omega)^* d\omega \\
&= \frac{1}{2\pi} \int_{-W}^{W} |F(\omega)|^2 e^{j(i-k)\omega T} d\omega \\
&= \frac{T}{2\pi} \int_{-\pi}^{\pi} e^{j(i-k)\eta} d\eta \\
&= T\text{sinc}((i-k)\pi) \qquad (5.18)
\end{aligned}$$

na qual utilizamos a relação $WT = \pi$ e a mudança de variável $\eta = \omega T$. A conclusão, até certo ponto inesperada, é que, para todo $k \in \mathbb{Z}$, os sinais $f_k(t) = \text{sinc}(W(t - kT))$ formam um conjunto de sinais ortogonais com $\|f_k\|^2 = T$. Embora não se trate de sinais periódicos, retomando o raciocínio adotado do Capítulo 3, estes sinais formam uma base que pode ser utilizada para expressar $s(t)$ segundo a combinação linear

$$s(t) = \sum_{i=-\infty}^{\infty} \alpha_i f_i(t), \ \forall t \in \mathbb{R} \qquad (5.19)$$

sendo que os coeficientes α_i para todo $i \in \mathbb{Z}$ resultam, conforme estabelecido em (3.2), da solução ótima de um problema de erro quadrático mínimo dada por (3.5). Esta solução, expressa em termos das funções da base aqui considerada, fornece

$$\begin{aligned}
\alpha_i &= \frac{\langle s, f_i \rangle}{\langle f_i, f_i \rangle} \\
&= \frac{1}{2\pi T} \int_{-W}^{W} S(\omega) F(\omega)^* e^{j\omega iT} d\omega \\
&= \frac{1}{2\pi} \int_{-W}^{W} S(\omega) e^{j\omega iT} d\omega \qquad (5.20)
\end{aligned}$$

na qual utilizamos uma vez mais o Lema 5.1 para calcular os produtos escalares indicados no domínio da frequência. Esta última relação é muito importante, pois ela torna evidente que, sob a hipótese do Teorema da Amostragem, a integral pode ser realizada entre os extremos $(-\infty, \infty)$ sem que o resultado se altere, tendo em vista que $S(\omega) = 0$ para toda frequência situada fora do intervalo $[-W, W]$. A partir desta observação, vem

$$
\begin{aligned}
\alpha_i &= \frac{1}{2\pi} \int_{-\infty}^{\infty} S(\omega) e^{j\omega i T} d\omega \\
&= s(iT) \qquad\qquad (5.21)
\end{aligned}
$$

onde notamos perfeitamente a expressão da transformada inversa de Fourier avaliada em $t = iT$ para todo $i \in \mathbb{Z}$. Como é mencionado nas notas bibliográficas deste capítulo, é possível provar que o conjunto de sinais $\{f_i\}_{i\in\mathbb{Z}}$ é *completo*, o que implica que os coeficientes α_i, $i \in \mathbb{Z}$ dados em (5.21), ao serem colocados na expressão (5.19), fazem com que a igualdade (5.14) seja exatamente reproduzida. Dito de outra forma, o erro quadrático mínimo é nulo.

Exemplo 5.3 (Norma e valor eficaz de sinais com banda limitada) Sinais limitados em frequência ou sinais com banda limitada são essenciais no contexto do Teorema da Amostragem. Para esta classe de sinais vamos aplicar o Teorema de Parseval para calcular sua norma e seu valor eficaz. Considerando a condição expressa no Teorema da Amostragem, ao adotarmos o máximo período de amostragem possível $WT = \pi$, um sinal tal que $S(\omega) = 0$, $\forall \omega$ *tal que* $|\omega| \geq W$ sempre pode ser escrito na forma

$$
s(t) = \sum_{k=-\infty}^{\infty} s(kT)\mathrm{sinc}(W(t - kT)), \ \forall t \in \mathbb{R}
$$

Aplicando o Teorema 4.2 e levando em conta a ortogonalidade dos elementos da base composta pelas funções $\mathrm{sinc}(\cdot)$ deslocadas, obtemos

$$
\begin{aligned}
\|s\|^2 &= \int_{-\infty}^{\infty} |s(t)|^2 dt \\
&= \frac{T^2}{2\pi} \sum_{k=-\infty}^{\infty} \sum_{i=-\infty}^{\infty} \int_{-W}^{W} s(iT)s(kT)^* e^{j(i-k)\omega T} d\omega \\
&= T \sum_{k=-\infty}^{\infty} |s(kT)|^2
\end{aligned}
$$

que é um resultado surpreendente. Com efeito, se fizermos a integração pelo método de Euler entre dois instantes de amostragem sucessivos, temos

$$
\begin{aligned}
\|s\|^2 &= \sum_{k=-\infty}^{\infty} \int_{kT}^{(k+1)T} |s(t)|^2 dt \\
&\approx \sum_{k=-\infty}^{\infty} T|s(kT)|^2
\end{aligned}
$$

que é exatamente o valor que tínhamos obtido. É surpreendente notar que para sinais quaisquer o método de integração de Euler fornece uma mera aproximação para o valor

5.2. AMOSTRAGEM DE SINAIS

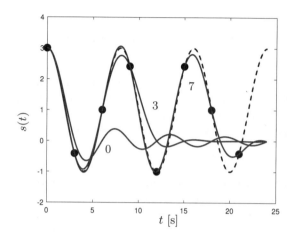

Figura 5.3: Sinal com faixa limitada

da norma (ou energia) de um sinal a tempo contínuo. Porém, para sinais com banda limitada, se observada a condição $WT = \pi$, o método de integração de Euler fornece o resultado exato. Se definirmos como em (5.8) o sinal a tempo discreto $s_T(k) = s(kT)$, $k \in \mathbb{Z}$, então $\|s\|^2 = T\|s_T\|^2$. De maneira similar podemos determinar

$$\begin{aligned}
\|s\|_{ef}^2 &= \lim_{m \to \infty} \frac{1}{(2m+1)T} \int_{-mT}^{mT} |s(t)|^2 dt \\
&= \lim_{m \to \infty} \frac{1}{(2m+1)} \sum_{k=-m}^{m} |s(kT)|^2
\end{aligned}$$

o que leva à igualdade $\|s\|_{ef}^2 = \|s_T\|_{ef}^2$. Em ambos os casos o cálculo da norma e do valor eficaz do sinal $s(t)$, $t \in \mathbb{R}$ se dá naturalmente no domínio de tempo contínuo, enquanto que o cálculo da norma e do valor eficaz do sinal $s_T(k)$, $k \in \mathbb{Z}$ se dá no domínio de tempo discreto. □

Exemplo 5.4 Vamos considerar o sinal periódico a tempo contínuo $s(t) = 1+2\cos(\pi t/4)$ com período $T_0 = 8$ [s]. Como a transformada de Fourier é não nula para $\omega = 0$ e $\omega = \pm\pi/4$ [rad/s], então adotamos $W = \pi/3$ [rad/s], de tal forma que $T = 3$ [s] satisfaz a restrição $WT = \pi$. Imediatamente calculamos

$$s_T(k) = s(kT) = 1 + 2\cos((3/4)\pi k)$$

que é um sinal periódico com período $N_0 = 8$. Simples cálculos feitos em cada período confirmam que $\|s\|_{ef}^2 = \|s_T\|_{ef}^2 = 3$. A Figura 5.3 mostra o sinal $s(t)$ em linhas tracejadas,

152   CAPÍTULO 5.   AMOSTRAGEM

os valores de $s_T(k) = s(kT)$ para $k \in [0,8)$ e as aproximações

$$s_m(t) = \sum_{k=-m}^{m} s(kT)\text{sinc}(W(t - kT)), \; \forall t \in [0,24]$$

obtidas com $m \in \{0,3,7\}$. Nota-se que para $m = 0$ a aproximação é precária, mas passa corretamente por $s(0)$ e, conforme m aumenta, ela torna-se mais precisa. Para $m = 7$ a aproximação já é muito boa em grande parte do intervalo de tempo considerado e passa corretamente por todas as amostras. Para $m = 20$ a aproximação praticamente coincide com o sinal $s(t)$. $\qquad\qquad\square$

Exemplo 5.5 (Interpretação do Teorema da Amostragem) É preciso entender corretamente a hipótese do Teorema da Amostragem que se aplica somente para sinais limitados em frequência, sendo que a condição $WT \leq \pi$ deve ser observada se desejarmos recuperar um sinal $s(t)$ a partir de suas amostras $s(kT)$ para todo $k \in \mathbb{Z}$. Considere o sinal periódico a tempo contínuo $s(t) = \alpha + \beta \cos(\pi t/4)$, que depende de dois parâmetros reais (α, β). Com apenas duas amostras colhidas, por exemplo, nos instantes $t = 0$ e $t = T = 3$ [s], podemos reconstruir exatamente este sinal através da solução de um sistema linear de equações que fornece os seus parâmetros, a saber,

$$\alpha = \frac{\sqrt{2}s(0) + 2s(T)}{\sqrt{2} + 2}, \;\; \beta = \frac{2s(0) - 2s(T)}{\sqrt{2} + 2}$$

Por outro lado, como o sinal tratado no exemplo anterior pode ser expresso desta forma com $(\alpha, \beta) = (1,2)$, o Teorema da Amostragem assegura que para reconstruir aquele sinal é preciso amostrá-lo com período de amostragem máximo $T = 3$ [s], o que corresponde a colher, no mínimo, 8/3 amostras por período. Não há inconsistência nestas afirmações. Ambas estão corretas. O Teorema da Amostragem assevera que *qualquer* sinal com banda limitada por W pode ser reconstruído desde que $WT \leq \pi$. Se, entretanto, restringirmos os sinais dentro desta classe, o número de amostras necessárias para reconstruí-lo pode ser bem menor, como ocorre no caso em discussão neste exemplo. O Teorema da Amostragem considera apenas o atributo do sinal ter banda limitada, nada mais. $\qquad\qquad\square$

Tudo o que foi visto até agora tem importância teórica, mas muitas ferramentas e resultados não podem ser implementados na prática por serem, inclusive, fisicamente inviáveis. Dois são os exemplos mais expressivos. O primeiro é o sinal amostrado $s_*(t)$, que depende de um trem de impulsos que só pode ser implementado de forma aproximada. O segundo é o filtro passa-baixas ideal $F(\omega)$, cuja resposta ao impulso $f(t) = \text{sinc}(Wt)$, por ser não nula para $t < 0$, indica ser esse um dispositivo não causal. Em seguida, passaremos a analisar estes aspectos e apresentar soluções aproximadas no que diz respeito à amostragem e reconstrução de sinais.

5.2. AMOSTRAGEM DE SINAIS

153

5.2.1 Amostragem e Reconstrução Aproximada de Sinais

A amostragem realizada com um trem de impulsos, como indicado em (5.1), é denominada *amostragem ideal* e é muito útil para viabilizar, de forma simples, diversos cálculos, como aqueles que realizamos no início deste capítulo. Para sua implementação prática podemos adotar um sinal mais fácil de ser construído:

$$p_A(t) = \sum_{k=-\infty}^{\infty} \delta_A(t - kT) \tag{5.22}$$

em que $\delta_A(t)$ substitui ou aproxima, em algum sentido, o impulso unitário $\delta(t)$. A hipótese fundamental exigida é que o sinal $p_A(t)$ deve ser periódico com período igual ao período de amostragem $T > 0$. Isto quer dizer que $\delta_A(t)$ deve ser nula para todo $t \notin [0, T]$. Sob esta hipótese, a série de Fourier permite escrever

$$p_A(t) = \sum_{i=-\infty}^{\infty} A(\omega_i) e^{j\omega_i t} \tag{5.23}$$

em que $\omega_i = (2\pi/T)i$, $\forall i \in \mathbb{Z}$ e na qual denotamos como $A(\omega_i)$, para todo $i \in \mathbb{Z}$, os seus coeficientes, que são dados por

$$A(\omega) = \frac{1}{T} \int_0^T \delta_A(t) e^{-j\omega t} dt \tag{5.24}$$

Considerando que o sinal amostrado seja expresso, como usual, pelo produto $s_A(t) = s(t)p_A(t)$, podemos calcular a sua transformada de Fourier seguindo os mesmos passos adotados em (5.6), ou seja,

$$
\begin{aligned}
S_A(\omega) &= \mathcal{F}[s_A(t)] \\
&= \sum_{i=-\infty}^{\infty} A(\omega_i) \mathcal{F}[s(t) e^{j\omega_i t}] \\
&= \sum_{i=-\infty}^{\infty} A(\omega_i) S(\omega - \omega_i)
\end{aligned}
\tag{5.25}
$$

o que coloca em clara evidência que o Teorema da Amostragem permanece inteiramente válido. De fato, se $WT \leq \pi$, então

$$S_A(\omega) = A(0)S(\omega), \ \forall \omega \mid |\omega| < W \tag{5.26}$$

154   CAPÍTULO 5.   AMOSTRAGEM

indica que o sinal original pode ser exatamente recuperado com um filtro passa-baixas com frequência de corte W [rad/s] e com ganho igual ao inverso de

$$A(0) = \frac{1}{T} \int_0^T \delta_A(t) dt \tag{5.27}$$

que nada mais é que o valor médio em um período do sinal $\delta_A(t)$ escolhido. É importante relembrar que estes resultados são válidos com uma única hipótese, qual seja, o sinal $\delta_A(t)$ deve ser tal que $p_A(t)$ seja periódico com período $T > 0$. Embora $\delta_A(t)$ não deva necessariamente ser uma aproximação, em algum sentido, do impulso unitário $\delta(t)$, apresentamos nos exemplos discutidos a seguir duas possibilidades que têm importância no sentido de serem implementadas de maneira muito simples.

Exemplo 5.6 Uma aproximação natural do impulso unitário é um pulso de largura $\tau > 0$ e amplitude $\kappa = 1/\tau$ que se expressa na forma

$$\delta_A(t) = \kappa(v(t) - v(t - \tau))$$

Pode-se fazer $\kappa \neq 1/\tau$, o que apenas requer um ajuste de ganho no filtro que recupera o sinal. O valor de $\tau > 0$ deve ser menor que o período de amostragem. Em geral se faz $\tau \ll T$. Sob esta condição é evidente que $p_A(t)$ é periódico com período $T > 0$. Ademais, com (5.27) determinamos sem dificuldade $A(0) = \kappa\tau/T$, o que mostra que a escolha natural $\kappa = 1/\tau$ faz com que $A(0) = 1/T$, como esperado, pois $\delta_A(t)$ se aproxima de $\delta(t)$ com $\tau > 0$ suficientemente pequeno.   □

Exemplo 5.7 Uma aproximação alternativa é dada por

$$\delta_A(t) = \kappa e^{-t/\tau} v(t)$$

com $\tau > 0$ pequeno, isto é, muito menor que o período de amostragem $T > 0$. Da mesma forma, pode-se fazer $\kappa \neq 1/\tau$, o que apenas requer um ajuste de ganho no filtro que recupera o sinal. Esta aproximação tem um atrativo prático, pois pode ser facilmente implementada através de um circuito RC e uma chave. Entretanto, o sinal $p_A(t)$ não é periódico, mas tende para um sinal periódico com período T na medida em que $0 < \tau \ll T$. Com (5.27) obtemos

$$A(0) = \frac{\kappa\tau}{T}\left(1 - e^{-T/\tau}\right) \approx \frac{\kappa\tau}{T}$$

e, como no caso anterior, a escolha $\kappa = 1/\tau$ faz com que $A(0) \approx 1/T$, pois $\delta_A(t)$ se aproxima de $\delta(t)$ ao considerarmos $\tau > 0$ suficientemente pequeno. Como ilustração, vamos considerar o sinal do Exemplo 5.2 e determinar a transformada $S_A(\omega)$. Como já conhecemos a transformada do sinal original

$$S(\omega) = \frac{2}{1 + \omega^2}$$

5.2. AMOSTRAGEM DE SINAIS

155

resta determinar os coeficientes $A(\omega_i)$ para todo $i \in \mathbb{Z}$, que são dados por

$$
\begin{aligned}
A(\omega_i) &= \frac{\kappa}{T} \int_0^T e^{-(1/\tau+j\omega_i)t} dt \\
&= \frac{\kappa\tau}{T} \frac{1 - e^{-(1/\tau+j\omega_i)T}}{1 + j\omega_i\tau} \\
&\approx \frac{1}{T} \frac{1}{1 + j\omega_i\tau}
\end{aligned}
$$

sendo que a aproximação foi obtida levando-se em conta que $\tau \ll T$ e a escolha do ganho $\kappa = 1/\tau$. Como $A(0) \approx 1/T$ é um número real não nulo, o seu efeito pode ser compensado por um mero ajuste de ganho, exatamente como ocorre com a amostragem ideal. $\square$

Um outro aspecto relevante do ponto de vista prático é que, em geral, estamos interessados em amostrar sinais que não são limitados em frequência, como é o caso do sinal estudado no Exemplo 5.2 e, assim sendo, o Teorema da Amostragem indica que o sinal original não pode ser recuperado a partir de suas amostras, mesmo que o período de amostragem seja arbitrariamente pequeno. De fato, denotando $f_a = 1/T$ [Hz] a frequência de amostragem e f_s [Hz] a frequência máxima do sinal, a condição $WT \leq \pi$ leva a

$$
f_a = \frac{1}{T} \geq \frac{W}{\pi} = 2f_s \tag{5.28}
$$

o que indica que f_s arbitrariamente grande impõe que f_a também seja arbitrariamente grande. Para contornar esta dificuldade leva-se em conta o fato de que os sinais de interesse prático têm transformadas $S(\omega)$ cujos módulos tornam-se pouco significativos a partir de um certo valor de frequência. Se também denotarmos este valor por W [rad/s], podemos proceder da seguinte maneira:

- Uma aproximação da transformada de Fourier do sinal original é obtida através de $S_0(\omega) = F_0(\omega)S(\omega)$, em que $F_0(\omega)$ é a função de transferência do filtro passa-baixas definido em (5.12) com ganho unitário, isto é, com $T = 1$.

- O sinal $s_0(t)$ é amostrado e pode ser recuperado, a partir das suas amostras, com o filtro $F(\omega)$.

É preciso ressaltar que a determinação da frequência W é de fundamental importância e dever ser guiada pelo critério de se ter $s(t) \approx s_0(t)$ dentro de uma precisão exigida pelo usuário. O próximo exemplo ilustra os aspectos que acabamos de discutir.

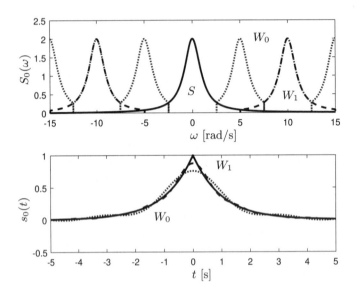

Figura 5.4: Sinais s_0 e suas transformadas

Exemplo 5.8 Consideramos novamente o sinal analisado no Exemplo 5.2, o qual, em conjunto com sua transformada, são dados por

$$s(t) = e^{-|t|} \Longleftrightarrow S(\omega) = \frac{2}{1+\omega^2}$$

ficando evidente que não se trata de um sinal limitado em frequência. Assim que a frequência W [rad/s] for escolhida, impondo que o filtro $F_0(\omega)$ definido em (5.12) tenha ganho unitário, obtemos

$$S_0(\omega) = \begin{cases} S(\omega) &, |\omega| \leq W \\ 0 &, |\omega| > W \end{cases}$$

A parte superior da Figura 5.4 mostra $S(\omega)$ e $S_0(\omega)$ para as frequências $W_0 = 2{,}5$ [rad/s] e $W_1 = 5{,}0$ [rad/s]. Estas funções foram deslocadas para colocar em evidência que as amostras de $s_0(t)$ permitem recuperá-lo desde que a condição expressa no Teorema da Amostragem seja satisfeita. De fato, isto é possível pois, por construção, $S_0(\omega)$ é limitada em frequência. É importante ressaltar as diferenças que se podem observar entre as Figuras 5.1 e 5.4. Para analisar o impacto da escolha de W em $s_0(t)$, vamos calculá-lo notando que $s_0(t) = f_0(t) * s(t)$, em que

$$f_0(t) = \left(\frac{W}{\pi}\right) \operatorname{sinc}(Wt)$$

5.2. AMOSTRAGEM DE SINAIS

é a resposta ao impulso de $F_0(\omega)$. Desta forma, finalmente obtemos

$$s_0(t) = \left(\frac{W}{\pi}\right) \int_{-\infty}^{\infty} \text{sinc}(W\tau)e^{-|t-\tau|}d\tau$$

sendo que esta integral, que resulta da operação de convolução, foi resolvida numericamente truncando o intervalo de integração em $\tau \in [-10, 10]$. A parte inferior da Figura 5.4 mostra o sinal $s(t)$ e os sinais $s_0(t)$ obtidos com as escolhas W_0 e W_1, respectivamente. Nota-se que, mesmo para $W = W_0$ relativamente pequena, a aproximação $s_0(t) \approx s(t)$ é muito boa. É claro que esta precisão torna-se melhor conforme W aumenta. O filtro $F_0(\omega)$ assim projetado evita os chamados sinais falsos, sendo, portanto, conhecido como *filtro anti-aliasing*. O Exemplo 4.10 fornece maiores detalhes a este respeito. $\square$

Com tudo o que vimos até agora podemos concluir que, com certa aproximação, qualquer sinal pode ser recuperado a partir de suas amostras desde que a frequência de amostragem seja suficientemente alta. Ademais, a referida aproximação torna-se melhor conforme a frequência de amostragem aumenta. Neste mesmo contexto existem outras maneiras de recuperar um sinal, de forma aproximada, a partir de suas amostras. Certamente as mais importantes são aquelas que resultam do uso de dispositivos denominados *Seguradores*. Os mais conhecidos, por terem implementações práticas mais simples, são os que vamos agora estudar.

Definição 5.1 (Segurador de ordem zero (SOZ)) *É um dispositivo caracterizado pela seguinte resposta ao impulso unitário e sua respectiva transformada de Fourier:*

$$\sigma_z(t) = v(t) - v(t-T) \Longleftrightarrow \Sigma_z(\omega) = Te^{-j\omega T/2}\text{sinc}(\omega T/2) \tag{5.29}$$

sendo $T > 0$ o período de amostragem.

Antes de explicar o seu funcionamento, vamos determinar a sua função de transferência $\Sigma_z(\omega)$ que resulta do emprego do Teorema 4.5 do Capítulo 4, denominado Teorema do Deslocamento no Tempo. De fato, obtemos

$$\begin{aligned}
\Sigma_z(\omega) &= \hat{v}(\omega)\left(1 - e^{-j\omega T}\right) \\
&= \left(\frac{1}{j\omega} + \pi\delta(\omega)\right)\left(1 - e^{-j\omega T}\right) \\
&= \frac{1 - e^{-j\omega T}}{j\omega}
\end{aligned} \tag{5.30}$$

em que utilizamos a igualdade $(1 - e^{-j\omega T})\delta(\omega) = 0$ para todo $\omega \in \mathbb{R}$. Finalmente, colocando em evidência o fator comum indicado em (5.29), após algumas

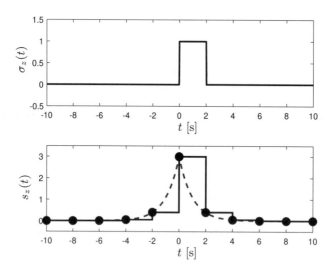

Figura 5.5: Segurador de ordem zero

manipulações algébricas simples, chegamos a

$$\Sigma_z(\omega) = e^{-j\omega T/2}\left(\frac{e^{j\omega T/2} - e^{-j\omega T/2}}{j\omega}\right)$$

$$= Te^{-j\omega T/2}\,\text{sinc}(\omega T/2) \tag{5.31}$$

que é o resultado desejado. Trata-se de uma transformada de Fourier que se expressa através da função sinc($\cdot$) e é muito parecida com várias outras tratadas anteriormente. No intervalo de frequências $|\omega| \leq 2\pi/T$ o seu módulo e fase são dados por

$$|\Sigma_z(\omega)| = T\,|\text{sinc}(\omega T/2)|\,,\ \angle\Sigma_z(\omega) = -\omega T/2 \tag{5.32}$$

e isso significa que, se o sinal $s(t)$ tiver seu espectro mais significativo no intervalo $|\omega| \leq W$, então a condição $W \leq 2\pi/T$ faz com que o segurador de ordem zero atue segundo (5.32). Ocorre que esta condição sempre se verifica, pois, como vimos anteriormente, um bom projeto requer que o período de amostragem seja escolhido de tal forma que $WT \leq \pi$. Na verdade, se esta condição for satisfeita com folga, o segurador de ordem zero se aproxima de um filtro passa-baixas ideal com um atraso igual à metade do período de amostragem $T/2$.

A Figura 5.5 mostra, na sua parte superior, a resposta ao impulso do segurador de ordem zero. Como $\sigma_z(t) = 0$ para todo $t < 0$, isto implica que este dispositivo

5.2. AMOSTRAGEM DE SINAIS

é *causal* e, assim sendo, na prática, pode ser implementado sem dificuldades. Vamos agora entender como este dispositivo se comporta no domínio do tempo. A resposta a um sinal amostrado $s_*(t)$ aplicado na sua entrada pode ser calculada através de

$$
\begin{aligned}
s_z(t) &= \sigma_z(t) * s_*(t) \\
&= \sum_{k=-\infty}^{\infty} s(kT)\sigma_z(t) * \delta(t - kT) \\
&= \sum_{k=-\infty}^{\infty} s(kT)\sigma_z(t - kT)
\end{aligned} \tag{5.33}
$$

e, como $\sigma_z(t) = 0$ para todo $t \notin [0, T)$, esta soma só tem uma parcela diferente de zero para cada $t \in \mathbb{R}$. A partir desta observação vem

$$
s_z(t) = s(kT) \ \forall t \in [kT, (k + 1)T) \tag{5.34}
$$

para todo $k \in \mathbb{N}$. A interpretação é imediata, no instante $t_k = kT$ uma amostra entra no segurador e ele gera na sua saída um sinal constante de amplitude igual ao valor da amostra e assim permanece até que a próxima amostra chegue na sua entrada, o que ocorre no próximo instante de amostragem $t_{k+1} = (k + 1)T$. A parte inferior da Figura 5.5 ilustra o que acaba de ser dito para o sinal $s(t)$ que aparece em linha tracejada. Em linha cheia vê-se o sinal na saída do segurador de ordem zero, que começa exatamente nos valores amostrados do sinal original. Nota-se perfeitamente que, se $s(t)$ for um sinal contínuo no tempo, então $s_z(t) \to s(t)$, $\forall t \in \mathbb{R}$, na medida em que o período de amostragem $T > 0$ torna-se arbitrariamente pequeno. A seguir, para efeito de comparação, passamos a analisar um outro tipo de segurador.

Definição 5.2 (Segurador de ordem um (SOU)) *É um dispositivo caracterizado pela seguinte resposta ao impulso e sua respectiva transformada de Fourier:*

$$
\sigma_u(t) = \left\{ \begin{array}{ll} 1 - \frac{|t|}{T} & , \ |t| \leq T \\ 0 & , \ |t| > T \end{array} \right. \Longleftrightarrow \Sigma_u(\omega) = T\mathrm{sinc}(\omega T/2)^2 \tag{5.35}
$$

sendo $T > 0$ o período de amostragem.

Como fizemos no caso anterior, a primeira providência a ser adotada é determinar a sua função de transferência através do emprego das propriedades da transformada de Fourier fornecidas no Capítulo 4. Em primeiro lugar, nota-se que $\sigma_u(t)$ pode ser expressa através da resposta ao impulso do segurador de ordem zero como sendo

$$
\sigma_u(t) = \frac{1}{T} \int_{-\infty}^{t} (\sigma_z(-\tau) - \sigma_z(\tau))d\tau \tag{5.36}
$$

160   CAPÍTULO 5. AMOSTRAGEM

Utilizando a propriedade de integração no tempo e levando em conta que a função sinc($\cdot$) é par, obtemos

$$
\begin{aligned}
\Sigma_u(\omega) &= \frac{1}{T}\left(\frac{1}{j\omega} + \pi\delta(\omega)\right)(\Sigma_z(-\omega) - \Sigma_z(\omega)) \\
&= \frac{1}{j\omega T}(\Sigma_z(-\omega) - \Sigma_z(\omega)) \\
&= \left(\frac{e^{j\omega T/2} - e^{-j\omega T/2}}{j\omega}\right)\text{sinc}(\omega T/2) \\
&= T\text{sinc}(\omega T/2)^2
\end{aligned}
\tag{5.37}
$$

que é exatamente o resultado expresso em (5.35). Esta função tem módulo e fase que são calculados sem nenhuma dificuldade, ou seja,

$$
|\Sigma_u(\omega)| = T\text{sinc}(\omega T/2)^2, \quad \angle\Sigma_z(\omega) = 0
\tag{5.38}
$$

e permitem concluir que as mesmas limitações, propriedades e recomendações que foram feitas para o segurador de ordem zero continuam válidas para o segurador de ordem um. Entretanto, ele não exibe uma das propriedades mais importantes. Como a sua resposta ao impulso $\sigma_u(t)$ não é nula para todo $t < 0$, o segurador de ordem um *não é causal*. Este fato está ilustrado na parte superior da Figura 5.6. Assim sendo, sua implementação prática não pode ser realizada a menos que algum tipo de aproximação seja introduzida. Este importante aspecto será analisado com maior detalhe em seguida.

Devemos agora verificar como este segurador se comporta para a recuperação de um sinal amostrado. A saída correspondente à entrada $s_*(t)$ é calculada através de sua resposta ao impulso, que nos leva a

$$
\begin{aligned}
s_u(t) &= \sigma_u(t) * s_*(t) \\
&= \sum_{k=-\infty}^{\infty} s(kT)\sigma_u(t) * \delta(t - kT) \\
&= \sum_{k=-\infty}^{\infty} s(kT)\sigma_u(t - kT)
\end{aligned}
\tag{5.39}
$$

cuja soma precisa ser feita com cuidado, pois $\sigma_u(\cdot)$ é diferente de zero em um intervalo de tempo igual a dois períodos de amostragem, fazendo com que em cada instante seja preciso adicionar as contribuições de duas parcelas adjacentes. Procedendo desta forma, obtemos

$$
s_u(t) = \left(\frac{s((k+1)T) - s(kT)}{T}\right)(t - kT) + s(kT) \ \forall t \in [kT, (k+1)T)
\tag{5.40}
$$

5.2. AMOSTRAGEM DE SINAIS

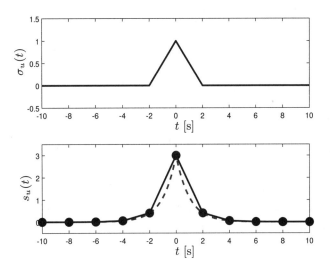

Figura 5.6: Segurador de ordem um

para todo $k \in \mathbb{Z}$. Observe, como era de se esperar, que entre dois instantes genéricos de amostragem $t_k = kT$ e $t_{k+1} = (k+1)T$ o segurador de ordem um aproxima o sinal original por uma reta que passa exatamente pelos valores das amostras que são colhidas nestes instantes sucessivos de tempo.

A parte inferior da Figura 5.6 mostra o sinal sendo reconstruído com o segurador de ordem um. As amostras sucessivas são interpoladas por segmentos de retas cuja aproximação em relação ao sinal original é, em geral, muito melhor do que aquela que se pode conseguir com o segurador de ordem zero, operando sob as mesmas condições, ou seja, operando com o mesmo período de amostragem. Esta impressão, entretanto, não está correta, pois o segurador de ordem zero é causal e pode ser implementado, mas o segurador de ordem um não é causal e, assim sendo, não pode ser implementado fisicamente sem que alguma providência seja adotada.

Uma maneira bastante simples de contornar esta dificuldade é atrasar a resposta ao impulso de T unidades de tempo. De fato, assim procedendo teríamos como resposta ao impulso do novo segurador de ordem um $\bar{\sigma}_u(t) = \sigma_u(t-T)$, porém agora causal, pois $\bar{\sigma}_u(t) = 0$ para todo $t < 0$. Entretanto, o resultado final pode ser desastroso, pois o sinal reconstruído fica também atrasado de T unidades de tempo, fazendo com que a precisão seja comprometida. Isto pode ser verificado com o gráfico da parte inferior da Figura 5.6. Deslocando-se o sinal

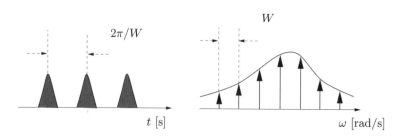

Figura 5.7: Transformada amostrada e seu sinal

mostrado em linha cheia para a direita $T = 2$ unidades de tempo, ele perde toda aderência com o sinal original mostrado em linha tracejada. Por este motivo e por maior facilidade de implementação, o segurador de ordem zero é preferível.

5.2.2 Amostragem Dual

Até agora estudamos a amostragem de sinais no domínio do tempo e o efeito desta operação no domínio da frequência. A amostragem no domínio do tempo, com período $T > 0$, faz com que a transformada do sinal se reproduza com período $2\pi/T$ no domínio da frequência. Nosso propósito agora é realizar a operação *dual*, isto é, amostrar no domínio da frequência e verificar qual é o impacto desta operação no domínio do tempo. Devido ao resultado do Teorema 4.10 do Capítulo 4, esperamos que o efeito guarde certa simetria com o que observamos até aqui, sobretudo no que tange ao Teorema da Amostragem.

Considere um sinal $s(t)$ definido em $t \in \mathbb{R}$ com transformada de Fourier $S(\omega)$ sobre a qual não é necessário fazer nenhuma hipótese específica. Conforme ilustra a Figura 5.7, amostras desta transformada são coletadas nos pontos $W_i = Wi$ para todo $i \in \mathbb{Z}$ em que $W > 0$ é uma frequência previamente escolhida, expressa em [rad/s]. Estas amostras permitem definir

$$S_W(\omega) = \sum_{i=-\infty}^{\infty} S(W_i)\delta(\omega - W_i) \qquad (5.41)$$

que é uma função que depende apenas das amostras de $S(W_i)$ para todo $i \in \mathbb{Z}$ que são ponderadas por impulsos que ocorrem nas frequências das amostras, exatamente como tínhamos feito anteriormente, mas no domínio do tempo. A transformada inversa desta função é calculada pela aplicação direta da sua definição,

5.2. AMOSTRAGEM DE SINAIS

ou seja,

$$
\begin{aligned}
s_W(t) &= \frac{1}{2\pi} \int_{-\infty}^{\infty} S_W(\omega) e^{j\omega t} d\omega \\
&= \frac{1}{2\pi} \sum_{i=-\infty}^{\infty} S(W_i) \int_{-\infty}^{\infty} \delta(\omega - W_i) e^{j\omega t} d\omega \\
&= \frac{1}{2\pi} \sum_{i=-\infty}^{\infty} S(W_i) e^{jW_i t} \tag{5.42}
\end{aligned}
$$

sendo que esta última expressão está na forma de uma série de Fourier de um sinal periódico que podemos determinar sem muita dificuldade. Com este objetivo, devemos ressaltar dois importantes aspectos. Em primeiro lugar, se escolhermos $T > 0$, expresso em [s], tal que $W = 2\pi/T$, isso nos leva a $\omega_i = (2\pi/T)i = Wi = W_i$ para todo $i \in \mathbb{Z}$, como é desejável. Em segundo lugar, se o sinal $s(t)$ for de uma classe especial que caracteriza os chamados *sinais em tempo limitado*, ou seja, para os quais existe um valor de $T > 0$, de tal forma que $s(t) = 0$ para todo $t \in \{t \in \mathbb{R} : |t| \geq T/2\}$, então essas duas condições, obedecidas simultaneamente, permitem determinar a partir da expressão da transformada de Fourier

$$
\begin{aligned}
S(W_i) &= \int_{-\infty}^{\infty} s(t) e^{-jW_i t} dt \\
&= \int_{-T/2}^{T/2} s(t) e^{-j\omega_i t} dt \tag{5.43}
\end{aligned}
$$

que a quantidade $S(W_i)/T$ com $i \in \mathbb{Z}$ é, na verdade, o i-ésimo coeficiente da série de Fourier de um sinal periódico, com período $T > 0$ cujo primeiro período é justamente o sinal original $s(t)$. Este é o sinal denotado por $s_W(t)$ que a partir de (5.42) pode ser escrito na forma

$$
\begin{aligned}
s_W(t) &= \frac{T}{2\pi} \sum_{i=-\infty}^{\infty} \left(\frac{S(W_i)}{T} \right) e^{jW_i t} \\
&= \frac{1}{W} \sum_{k=-\infty}^{\infty} s(t - kT) \tag{5.44}
\end{aligned}
$$

pois, em cada instante de tempo $t \in \mathbb{R}$, apenas uma das parcelas da soma é não nula como consequência direta da classe de sinais considerada.

A interpretação deste resultado é muito interessante e pode ser colocada da seguinte forma: as amostras da transformada de um sinal em tempo limitado, realizadas regularmente e espaçadas por um intervalo de frequências W, produzem,

164   CAPÍTULO 5. AMOSTRAGEM

a menos de um ganho $1/W$, um sinal periódico com período $2\pi/W$, sendo cada período idêntico ao sinal original. Da comparação desta expressão no domínio do tempo com a expressão (5.6) formulada no domínio da frequência, nota-se de maneira muito clara o motivo pelo qual estamos estudando decorrências de uma propriedade chamada dualidade.

Ademais, por construção, o sinal $s(t)$ pode ser extraído do sinal $s_W(t)$ que depende exclusivamente das amostras de $S(\omega)$. De fato, como o primeiro período de $Ws_W(t)$ coincide com $s(t)$, então a igualdade $s(t) = (v(t + T/2) - v(t - T/2))Ws_W(t)$ permite determinar a sua transformada de Fourier de maneira alternativa, isto é,

$$
\begin{aligned}
S(\omega) &= \int_{-\infty}^{\infty} s(t)e^{-j\omega t}dt \\
&= \frac{1}{T} \sum_{i=-\infty}^{\infty} S(W_i) \int_{-T/2}^{T/2} e^{-j(\omega - W_i)t}dt \\
&= \sum_{i=-\infty}^{\infty} S(W_i) \operatorname{sinc}\left(\frac{T}{2}(\omega - W_i)\right) \qquad (5.45)
\end{aligned}
$$

Este também é um resultado surpreendente, mas esperado devido à dualidade, pois mostra que a transformada de um sinal em tempo limitado pode ser alternativamente determinada, sem nenhuma aproximação, a partir de suas amostras. Para esses sinais a transformada de Fourier pode ser decomposta em uma série infinita de funções $\operatorname{sinc}(\cdot)$ definidas no domínio da frequência.

Exemplo 5.9 Vamos analisar o sinal em tempo limitado que é a resposta ao impulso do segurador de ordem um dado por

$$
s(t) = \begin{cases} 1 - |t| &, \quad |t| \leq 1 \\ 0 &, \quad |t| > 1 \end{cases} \iff S(\omega) = \operatorname{sinc}(\omega/2)^2
$$

No presente contexto como podemos adotar qualquer $T/2 \geq 1$, para ilustração dos resultados que acabamos de obter, fixamos $T = 4$ [s] e $W = \pi/2$ [rad/s]. A parte superior da Figura 5.8 mostra $S(\omega)$ em linha cheia. A partir de (5.45) adotamos a aproximação

$$
S(\omega) \approx \sum_{i=-m}^{m} S(W_i) \operatorname{sinc}\left(\frac{T}{2}(\omega - W_i)\right)
$$

com $m = 2$. As marcas circulares indicam os valores das amostras $S(W_i)$ nos pontos $W_i = Wi$ para todo $i \in [-m, m]$. Como é possível perceber, apenas cinco pontos são suficientes para se chegar a uma excelente aproximação. Na parte inferior da mesma figura mostramos o sinal $s(t)$ em linha cheia e o sinal

$$
Ws_W(t) \approx \frac{1}{T} \sum_{i=-m}^{m} S(W_i)e^{jW_i t}
$$

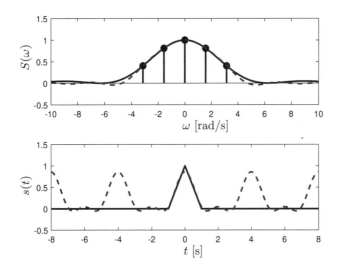

Figura 5.8: Sinal, transformada e aproximações

em linha tracejada. Este sinal é periódico com período igual a 4 [s], sendo que o seu primeiro período se aproxima de forma bastante adequada do sinal original $s(t)$. Verificamos que para $m = 3$ as diferenças entre os valores exatos e aproximados, no domínio da frequência e no domínio do tempo, tornam-se insignificantes. □

Estes últimos resultados são muito úteis na prática, sobretudo quando se empregam procedimentos numéricos para a análise de sinais. Como foi visto através de um exemplo simples, aproximações bastante precisas são obtidas com um número relativamente pequeno de amostras colhidas no domínio da frequência. A hipótese de que o sinal seja da classe dos sinais a tempo limitado pode ser contornada, mesmo que de forma aproximada, para sinais que exibem a propriedade $s(t) \to 0$ quando $|t| \to \infty$. Neste caso, a escolha de W deve fazer com que a parte mais significativa do sinal se situe no intervalo $t \in [-T/2, T/2]$.

5.3 Discretização de Sistemas

Sistemas são dispositivos que processam sinais. Portanto, é relevante determinar como os sistemas a tempo contínuo processam sinais amostrados. Isso nos leva a estabelecer um procedimento denominado *discretização*, que passamos a analisar em detalhes. Consideramos o caso mais importante de um sistema a tempo contínuo, LIT e causal com resposta ao impulso $h(t)$, entrada $g(t)$ e saída $y(t)$. Quanto à entrada, consideramos que ela seja definida para todo $t \in \mathbb{R}$, mas lembramos que é muito simples incorporar a restrição $g(t) = 0$, $\forall t < 0$. Denotamos este sistema a tempo contínuo como $\mathcal{S}_c$. Assim sendo, a sua resposta $y(t)$ correspondente àquela entrada se expressa através de

$$y(t) = h * g = \int_{-\infty}^{t} g(\tau)h(t - \tau)d\tau \qquad (5.46)$$

tendo em vista, como já sabemos, que a causalidade do sistema impõe a condição $h(t) = 0$, $\forall t < 0$. O sinal de entrada $g(t)$ é amostrado com período de amostragem $T > 0$ de tal forma a gerar a sua versão amostrada, ou seja,

$$g_*(t) = \sum_{k=-\infty}^{\infty} g(kT)\delta(t - kT) \qquad (5.47)$$

que tem como resposta do sistema em estudo o seguinte sinal de saída, que é válido para todo $t \in \mathbb{R}$ e não apenas nos instantes de amostragem, a saber,

$$\begin{aligned} y(t) &= \sum_{k=-\infty}^{\infty} g(kT) \int_{-\infty}^{t} \delta(\tau - kT)h(t - \tau)d\tau \\ &= \sum_{k=-\infty}^{\infty} g(kT)h(t - kT) \end{aligned} \qquad (5.48)$$

Trata-se de uma combinação linear de respostas ao impulso do sistema $\mathcal{S}_c$ deslocadas no tempo por um múltiplo do período de amostragem. Dessa forma, se a resposta ao impulso não for em tempo limitada (como geralmente acontece), em um instante de tempo $t \in \mathbb{R}$ genérico, a saída correspondente $y(t)$ é influenciada por um número infinito de parcelas. Entretanto, se desejarmos calcular os seus valores apenas nos instantes de amostragem, isto pode ser feito de maneira bem mais simples, na forma

$$\begin{aligned} y(nT) &= \sum_{k=-\infty}^{\infty} g(kT)h(nT - kT) \\ &= \sum_{k=-\infty}^{n} g(kT)h(nT - kT), \ \forall n \in \mathbb{Z} \end{aligned} \qquad (5.49)$$

o que permite concluir que os valores das amostras da saída resultam da convolução discreta das amostras da entrada com as amostras da resposta ao impulso do sistema, e se expressa simplesmente como

$$y(nT) = h(nT) * g(nT), \ \forall n \in \mathbb{Z} \qquad (5.50)$$

5.3. DISCRETIZAÇÃO DE SISTEMAS

Mais uma vez, colocamos em evidência que para calcular as amostras da saída de um sistema a tempo contínuo, isto é, para calcular o sinal a tempo discreto $y(nT)$ para todo $n \in \mathbb{Z}$, basta amostrar a sua resposta ao impulso com o mesmo período $T > 0$ para obter $h(nT)$ e fazer a convolução discreta com as amostras do sinal de entrada $g(nT)$. Observe que, assim procedendo, todo o processo de cálculo da saída fica circunscrito ao domínio de tempo discreto. De fato, se definirmos um sistema a tempo discreto denominado $\mathcal{S}_d$ com resposta ao impulso $h(kT)$, $\forall k \in \mathbb{Z}$ então a entrada $g(kT)$ reproduz a saída que acabamos de calcular, $y(kT)$, $\forall k \in \mathbb{Z}$.

Os cálculos que foram feitos podem ser aplicados de maneira bastante similar a uma situação de grande interesse teórico e prático. Como já vimos, um sinal a tempo contínuo $g(t)$ pode ser aproximado com o auxílio de um segurador de ordem zero. Esta aproximação, expressa por

$$g(t) \approx \sum_{k=-\infty}^{\infty} g(kT)\sigma_z(t - kT) \tag{5.51}$$

ocorre com precisão que pode ser controlada pela escolha adequada do período de amostragem $T > 0$. A importância desta aproximação é que ela também depende apenas das amostras do sinal $g(kT)$ para todo $k \in \mathbb{Z}$. Segundo a Definição 5.1 o segurador de ordem zero se expressa através do degrau unitário, o que permite determinar

$$\begin{aligned} h_z(t) &= h(t) * \sigma_z(t) \\ &= h(t) * (\upsilon(t) - \upsilon(t - T)) \\ &= \int_{t-T}^{t} h(\xi)d\xi \end{aligned} \tag{5.52}$$

que é a resposta do sistema $\mathcal{S}_c$ em consideração obtida por mera integração no tempo da sua resposta ao impulso. Como, por hipótese, este sistema é causal, então é claro que $h_z(t) = 0$ para todo $t < 0$. Tendo como base este sinal, a sua resposta para a entrada de interesse (5.51) é então calculada como sendo

$$\begin{aligned} y(t) &= \sum_{k=-\infty}^{\infty} g(kT)h(t) * \sigma_z(t - kT) \\ &= \sum_{k=-\infty}^{\infty} g(kT)h_z(t - kT) \end{aligned} \tag{5.53}$$

168   CAPÍTULO 5. AMOSTRAGEM

ficando claro que

$$y(nT) \quad = \quad \sum_{k=-\infty}^{\infty} g(kT)h_z(nT - kT)$$

$$= \quad \sum_{k=-\infty}^{n} g(kT)h_z(nT - kT), \ \forall n \in \mathbb{Z} \qquad (5.54)$$

em que utilizamos a propriedade $h_z(nT) = 0$ para todo $0 > n \in \mathbb{Z}$. O resultado obtido é estruturalmente idêntico ao anterior. De fato, esta última relação indica que as amostras da saída são recuperadas através de

$$y(nT) = h_z(nT) * g(nT), \ \forall n \in \mathbb{Z} \qquad (5.55)$$

a qual, ao ser comparada com (5.50), mostra que $h(nT)$ apenas foi substituída por $h_z(nT)$ para todo $n \in \mathbb{Z}$, sendo mantida a outra parcela da convolução discreta, qual seja, o sinal a tempo discreto que contém todas as amostras do sinal de entrada $g(nT)$, $n \in \mathbb{Z}$. Portanto, o sistema LIT causal a tempo discreto denominado $\mathcal{S}_d$ com resposta ao impulso $h_z(kT)$ e entrada $g(kT)$ reproduz como saída os valores $y(kT), \forall k \in \mathbb{Z}$ através da relação (5.55).

5.3.1   Função de Transferência Pulsada

Os resultados anteriores podem ser entendidos em um contexto muito mais amplo. Qual seja, se utilizarmos um dispositivo qualquer com resposta ao impulso $\sigma(t)$ para aproximar um sinal, tendo como base as suas amostras, então as amostras do sinal de saída do sistema LIT causal a tempo contínuo $\mathcal{S}_c$ são determinadas pela construção de um sistema LIT causal a tempo discreto $\mathcal{S}_d$, cuja resposta ao impulso é dada por $h_\sigma(kT)$ para todo $k \in \mathbb{Z}$, sendo que $h_\sigma(t) = h(t) * \sigma(t)$ para todo $t \in \mathbb{R}$. Voltamos a salientar que, entre os diversos dispositivos utilizados, o mais importante é o segurador de ordem zero, por ser de fácil implementação prática e ter precisão controlada pela escolha conveniente do período de amostragem $T > 0$.

A Figura 5.9 mostra o que se chama processamento digital de sinais. Na parte superior vemos um sistema a tempo contínuo $\mathcal{S}_c$ com entrada $g(t)$ e saída $y(t)$ definidas para todo $t \in \mathbb{R}$. Na parte inferior da mesma figura vemos uma possível implementação digital. A entrada $g(t)$, definida para todo $t \in \mathbb{R}$, passa por um conversor Analógico/Digital (A/D) que coleta as suas amostras $g(kT)$, $k \in \mathbb{Z}$ com uma certa frequência de amostragem $1/T$ [Hz]. As amostras são processadas por um sistema a tempo discreto $\mathcal{S}_d$ que determina as amostras da saída $y(kT)$, $k \in \mathbb{Z}$.

5.3. DISCRETIZAÇÃO DE SISTEMAS

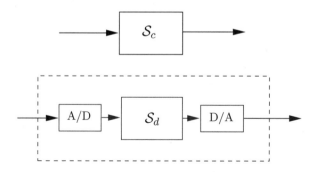

Figura 5.9: Processamento digital de sinais

Elas passam por um conversor Digital/Analógico (D/A) que usa um segurador de ordem zero (ou outro dispositivo similar) para recompor a saída

$$y(t) \approx \sum_{k=-\infty}^{\infty} y(kT)\sigma(t - kT) \qquad (5.56)$$

que é válida para todo $t \in \mathbb{R}$. Ganha-se muito com o processamento digital. As precisões das aproximações envolvidas podem ser controladas pela fixação de um período de amostragem adequado. Além disso, a parte digital pode ser realizada por rotinas sofisticadas que operam diretamente com os valores numéricos das amostras.

Exemplo 5.10 Desejamos ilustrar o funcionamento da estrutura de processamento digital de sinais da Figura 5.9. O sistema a tempo contínuo $\mathcal{S}_c$ é definido pela transformada de Fourier da sua resposta ao impulso $h(t)$, dada por

$$H(\omega) = \frac{1}{(1 - \omega^2) + j\omega/2}$$

trata-se de um sistema LIT causal. Na sua entrada consideramos o sinal $g(t) = 10te^{-t}v(t)$, que é nulo para todo $t < 0$. A parte superior da Figura 5.10 mostra em linha tracejada o sinal de entrada e, em linha cheia, constante por partes, a aproximação (5.51) construída a partir das suas amostras $g(kT)$, com período de amostragem $T = 0{,}75$ [s] e um segurador de ordem zero. Observe que o sinal aproximado passa exatamente pelas amostras. A parte inferior da figura mostra em linha tracejada a resposta do sistema a tempo contínuo $\mathcal{S}_c$ à entrada $g(t)$. Mostra também em linha cheia, constante por partes, a aproximação (5.56) da saída, obtida a partir de suas amostras e de um segurador de ordem zero. Por construção, o sinal aproximado da saída passa por suas amostras, mas ele não passa pelas amostras do sinal que é mostrado em linha tracejada.

Isto está correto e precisa ser bem entendido. O segurador de ordem zero presente na saída produz uma aproximação a partir das amostras da saída que resultam da resposta

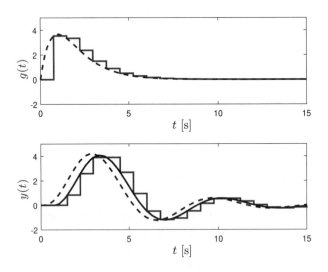

Figura 5.10: Amostragem e reconstrução de sinal

do sistema $\mathcal{S}_c$ ao sinal de entrada aproximado (mostrado em linha cheia na parte inferior da figura), e não do sinal de entrada $g(t)$ exato. É claro que a redução do período de amostragem $T > 0$ atenua as diferenças observadas e melhora a precisão. □

A função de transferência do sistema a tempo discreto $\mathcal{S}_d$ obtido via discretização a partir do sistema a tempo contínuo $\mathcal{S}_c$ com período de amostragem $T > 0$ é denominada *função de transferência pulsada*. Existem diversas aproximações que permitem determiná-la. Sempre, entretanto, o procedimento é o mesmo. Inicialmente, calcula-se a sequência de amostras $h_\sigma(kT)$ para todo $k \in \mathbb{Z}$ em que $h_\sigma(t) = h * \sigma(t)$ para todo $t \in \mathbb{R}$, sendo $h(t)$ a resposta ao impulso unitário do sistema a tempo contínuo $\mathcal{S}_c$. A resposta deste mesmo sistema ao sinal de entrada aproximado

$$g(t) \approx \sum_{k=-\infty}^{\infty} g(kT)\sigma(t - kT) \tag{5.57}$$

avaliada nos instantes de amostragem $y(nT)$, $n \in \mathbb{Z}$, obedece a equação (5.55). Esta é uma relação fundamental cuja transformada de Fourier discreta permite concluir que a função de transferência pulsada é dada por

$$Z(\omega) = \frac{\mathcal{F}[y(kT)]}{\mathcal{F}[g(kT)]} = \mathcal{F}[h_\sigma(kT)] \tag{5.58}$$

5.3. DISCRETIZAÇÃO DE SISTEMAS

171

cuja determinação merece ser vista com certo cuidado. Desejamos levar em conta que, no processo de amostragem, as amostras dos sinais envolvidos são coletadas nos instantes de tempo $t_k = kT$ com $k \in \mathbb{Z}$ com $T > 0$ não necessariamente igual a um. Para levar este efeito em conta, vamos considerar um sinal genérico $f(t)$, $t \in \mathbb{R}$ com amostras $f(t_k)$, $k \in \mathbb{Z}$, para o qual a seguinte igualdade é verdadeira:

$$
\begin{aligned}
\mathcal{F}\left[\sum_{k=-\infty}^{\infty} f(t_k)\delta(t - t_k) \right] &= \sum_{k=-\infty}^{\infty} f(t_k)e^{-j\omega t_k} \\
&= \sum_{k=-\infty}^{\infty} f(kT)e^{-j\omega Tk} \\
&= \hat{f}(z)\Big|_{z=e^{j\omega T}}
\end{aligned}
\tag{5.59}
$$

sendo que, no seu lado esquerdo, temos a transformada de Fourier a tempo contínuo do sinal amostrado $f_*(t)$ e, no seu lado direito, a transformada de Fourier a tempo discreto da sequência de amostras $f(k) = f(kT)$, $k \in \mathbb{Z}$. A igualdade mostra que a partir da transformada de Fourier discreta $F(\omega) = \mathcal{F}[f(k)]$ determina-se a importante relação $\mathcal{F}[f(kT)] = \hat{f}(z)|_{z=e^{j\omega T}} = F(\omega T)$. Ademais, os valores possíveis de ω são tais que $-\pi \leq \omega T \leq \pi$. Ou seja, $\omega T \in \Omega$, em que, como usual, Ω denota um subconjunto real de comprimento 2π. Como decorrência do Teorema da Amostragem, este é o domínio efetivo, no qual os sinais podem ser recuperados a partir de suas amostras. Este resultado genérico se aplica na determinação da função de transferência pulsada (5.58).

Anteriormente, estudamos duas aproximações possíveis, as quais retomamos agora para que uma análise mais aprofundada seja feita. A primeira, denominada *discretização impulso-invariante*, é caracterizada pela escolha $\sigma(t) = T\,\delta(t)$, que nos leva às amostras $h_\sigma(kT) = T\,h(kT)$ para todo $k \in \mathbb{Z}$ e, a partir de (5.58), à função de transferência pulsada

$$
\begin{aligned}
Z(\omega) &= T\mathcal{F}[h(kT)] \\
&= T\,\hat{h}(z)\Big|_{z=e^{j\omega T}}
\end{aligned}
\tag{5.60}
$$

A multiplicação pelo período de amostragem $T > 0$ faz com que a resposta ao impulso discreto com amplitude $1/T$ seja compensada. A segunda, denominada *discretização via segurador de ordem zero na entrada*, é caracterizada por $\sigma(t) = v(t) - v(t - T)$ de tal forma que, denotando a resposta do sistema contínuo ao degrau unitário como

$$
h_v(t) = \int_0^t h(\xi)d\xi
\tag{5.61}
$$

então $h_\sigma(t) = h_v(t) - h_v(t - T)$ e as propriedades da transformada de Fourier discreta permitem determinar, com (5.58), a função de transferência pulsada

$$
\begin{aligned}
Z(\omega) &= \mathcal{F}[h_v(kT)] - \mathcal{F}[h_v((k-1)T)] \\
&= (1 - e^{-j\omega T})\mathcal{F}[h_v(kT)] \\
&= (1 - z^{-1})\,\hat{h}_v(z)\Big|_{z=e^{j\omega T}}
\end{aligned}
$$

Nos dois casos particulares considerados e no caso geral verifica-se que a função de transferência pulsada é do tipo $Z(\omega) = \mathcal{F}[h_\sigma(kT)] = \hat{h}_\sigma(z)|_{z=e^{j\omega T}}$, ou seja, depende do período de amostragem adotado através da exponencial $z = e^{j\omega T}$.

Exemplo 5.11 (O caso limite $T \to 0^+$) É importante verificar o que ocorre quando o período de amostragem torna-se arbitrariamente pequeno. Inicialmente, com $T \to 0^+$, notamos que a discretização com o segurador de ordem zero na entrada resulta em

$$
\begin{aligned}
h_\sigma(kT) &= h_v(kT) - h_v((k-1)T) \\
&= \int_{(k-1)T}^{kT} h(t)dt \\
&\approx Th(kT)
\end{aligned}
$$

para todo $k \in \mathbb{Z}$, o que revela que, sob esta hipótese, o seu desempenho torna-se idêntico ao da discretização impulso-invariante. Por outro lado, ainda considerando o período de amostragem $T > 0$ arbitrariamente pequeno, temos

$$
\begin{aligned}
T\mathcal{F}[h(kT)] &= T \sum_{k=-\infty}^{\infty} h(kT)e^{-j\omega Tk} \\
&= T\mathcal{F}\left[h(t) \sum_{k=-\infty}^{\infty} \delta(t - kT)\right] \\
&= \sum_{i=-\infty}^{\infty} \hat{h}\left(\omega - (2\pi/T)i\right) \\
&= \hat{h}(\omega)
\end{aligned}
$$

o que mostra que, em ambos os casos de discretização tratados, a função de transferência pulsada é tal que $Z(\omega) \to \hat{h}(s)|_{s=j\omega}$ conforme $T \to 0^+$. Como deve ocorrer, com o período de discretização muito pequeno, o sistema discretizado deve reproduzir o sistema original a tempo contínuo. $\square$

É preciso salientar a importância da estrutura do processamento digital de sinais colocada na Figura 5.9. O sistema a tempo contínuo $\mathcal{S}_c$ que deve manipular sinais neste domínio é substituído por um sistema a tempo discreto $\mathcal{S}_d$ que é determinado para realizar a tarefa inicialmente projetada. A vantagem é

5.4. NOTAS BIBLIOGRÁFICAS

que, entre dois instantes de amostragem sucessivos, a mencionada tarefa pode ser realizada por um dispositivo lógico, um programa de computador, sem que seja necessária a sua realização física. Nos dias atuais, as expressivas velocidade e capacidade de cálculo dos microprocessadores tornam viável a adoção de frequência de amostragem $1/T$ cada vez maior, o que assegura a precisão requerida para a implementação prática daquela estrutura.

5.4 Notas Bibliográficas

O tema tratado ao longo deste capítulo também pode ser encontrado em praticamente todas as referências que abordam amostragem de sinais, como, por exemplo, [13], [16] e [18]. Entretanto, como ocorreu nos capítulos anteriores, procuramos dar uma visão pessoal e adotar uma abordagem própria na apresentação e concatenação dos resultados que acreditamos ser os mais relevantes para o aprendizado dos aspectos teóricos e das suas eventuais implicações práticas. Este capítulo discute não apenas a amostragem de sinais, mas também a discretização de sistemas lineares invariantes no tempo causais para mostrar como os sinais amostrados são processados no domínio de tempo discreto. Neste contexto, foram abordadas duas estratégias de discretização bastante utilizadas na prática. A exemplo das referências citadas, a reconstrução de sinais de forma exata foi considerada, mas, além disso, discutimos a reconstrução aproximada de sinais com o uso dos chamados seguradores de ordem zero e de ordem um. Temas mais específicos, mas igualmente importantes, como por exemplo, amostragem dual e função de transferência pulsada foram também tratados.

Vários aspectos teóricos, embora já estejam muito bem sedimentados na literatura, foram apresentados de forma nova e inédita. O célebre Teorema da Amostragem foi provado tendo como base os resultados apresentados em [24], que fazem referência à teoria elaborada por C. E. Shannon. Acreditamos ter sido possível apresentar esta abordagem teórica mantendo os requisitos matemáticos dentro de um grau de dificuldade compatível com o esperado pelos possíveis leitores. Neste sentido, ter uma base sólida em números e funções de variável complexa é essencial e, se necessário, pode ser adquirida em [15], [17] e no Apêndice A. Além disso, o presente capítulo complementa o material apresentado nos capítulos anteriores. Vários exemplos ilustrativos foram resolvidos e foram escolhidos de tal forma que o leitor possa reproduzi-los para ganhar desenvoltura e precisão naquilo que foi estudado.

174   CAPÍTULO 5. AMOSTRAGEM

5.5   Exercícios

Exercício 5.1 *Considere o sinal periódico com período 6 [s] apresentado na Figura 2.2 e dado por $s(t) = \text{sen}(\pi t) + \cos(8\pi t/3)$ bem como a sua versão amostrada $s_*(t) = s(t)p_*(t)$, com $p_*(t)$ sendo o trem de impulsos definido em (5.2).*

a) *Determine o maior período de amostragem $T_M > 0$ que assegura a recuperação do sinal $s(t)$ a partir de $s_*(t)$ usando um filtro passa-baixas apropriado.*

b) *Esboce as transformadas $S(\omega)$ e $S_*(\omega)$ deixando claro que para a frequência de amostragem escolhida não há aliasing.*

c) *Considerando o filtro passa-baixas (5.12) com $W = 10\pi/3$ [rad/s], recupere o sinal $s(t)$ numericamente como foi feito no Exemplo 5.4.*

d) *Utilizando um segurador de ordem zero e, posteriormente, um segurador de ordem um, com período de amostragem $T = \pi/W$ [s], obtenha os sinais $s_z(t)$ e $s_u(t)$ e compare com o sinal recuperado no item c).*

e) *Repita o item d) para o período de amostragem $T/4$ [s] e discuta os resultados obtidos.*

Exercício 5.2 *Considere o sinal $s(t) = t^3$ para todo $|t| \leq 1$ e zero fora deste intervalo.*

a) *Apresente o espectro de Fourier de $S(\omega)$ e note que este sinal é ilimitado em frequência. Utilize o filtro anti-aliasing $F(\omega)$ dado em (5.12) com $T = 1$ [s], $W = 100$ [rad/s] e obtenha o gráfico da transformada de Fourier aproximada $A(\omega) = F(\omega)S(\omega)$.*

b) *Considere o sinal $a(t)$ e um trem de impulsos ideal que resulta no sinal amostrado $a_*(t)$. Recupere o sinal $a(t)$ a partir de $a_*(t)$ utilizando o filtro passa-baixas (5.12) com $W = 100$ [rad/s] e $T = \pi/W$ [s].*

c) *Utilizando um segurador de ordem zero e, posteriormente, um segurador de ordem um, com período de amostragem $T = \pi/W$, $W = 100$ [rad/s], obtenha os sinais $s_z(t)$ e $s_u(t)$ e compare com o sinal recuperado no item b).*

d) *Considerando que $s(t)$ é um sinal limitado no tempo, defina $T = 4$ [s] e obtenha o gráfico de $S(W_i) = S(Wi)$ com $W = 2\pi/T$. A partir das amostras da transformada de Fourier $S(W_i)$, obtenha o gráfico de $W s_w(t)$.*

e) *A partir das amostras da transformada de Fourier $S(W_i)$, obtenha o gráfico de $S(\omega)$.*

Exercício 5.3 *Considere dois sinais arbitrários $s(t)$ e $g(t)$ limitados em frequência, ou seja, $S(\omega) = 0, \forall |\omega| \geq W_s$ e $G(\omega) = 0, \forall |\omega| \geq W_g$. Mostre que $T_{max} = \pi/(W_s + W_g)$ é o maior período de amostragem que permite recuperar $f(t) = s(t)g(t)$ a partir do sinal amostrado $f_*(t)$.*

5.5. EXERCÍCIOS

Exercício 5.4 *Refaça o exercício anterior considerando os seguintes sinais particulares:*

a) $s(t)$ *é limitado em frequência, ou seja,* $S(\omega) = 0, \forall |\omega| \geq W_s$ *e* $g(t) = \text{sen}(\omega_g t)$ *para todo* $t \in \mathbb{R}$.

b) $s(t)$ *e* $g(t)$ *são dois sinais periódicos com períodos* T_s *e* T_g, *respectivamente. Ambos são aproximados pelas suas m primeiras harmônicas da série de Fourier.*

Exercício 5.5 *A frequência de Nyquist* W_0 *[rad/s] é a frequência de amostragem mínima que permite recuperar o sinal* $s(t)$ *a partir de suas amostras* $s_*(t)$. *Segundo o Teorema da Amostragem, para um sinal limitado em frequência com largura de banda* $W > 0$, *temos que* $W_0 = 2W$. *Determine a frequência de Nyquist de cada um dos sinais dados a seguir sabendo que para os três últimos itens* W_x *e* W_y *são as frequências de Nyquist dos sinais* $x(t)$ *e* $y(t)$, *respectivamente.*

a) $s(t) = 3 + 4\cos(3\pi t) + \cos(7\pi t)$ d) $s(t) = x(t) + x(t-1)$
b) $s(t) = \text{sinc}(3t)$ e) $s(t) = x(t) * y(t)$
c) $s(t) = \text{sen}^2(4t)$ f) $s(t) = x(t)\cos(2W_x t)$

Exercício 5.6 *Considere o segurador de ordem zero não causal cuja resposta ao impulso unitário é* $\bar{\sigma}_z(t) = \upsilon(t + T/2) - \upsilon(t - T/2)$.

a) *Determine a sua função de transferência* $\bar{\Sigma}_z(\omega)$. *Determine seu módulo e sua fase. Em seguida, compare com o segurador de ordem zero.*

b) *Determine* $\bar{s}_z(t)$, *a saída deste segurador correspondente à entrada* $s_T(t)$. *Em seguida, compare com o segurador de ordem zero.*

c) *Refaça a Figura 5.5 considerando este segurador e o fato de que* $s_T(t) = 3e^{-|t|}$. *Compare e discuta as diferenças entre elas.*

Exercício 5.7 *Considere um sistema LIT causal com resposta ao impulso unitário* $h(t) = e^{-t}\upsilon(t)$ *e determine a sua resposta ao segurador de ordem zero causal* $h_z(t) = h(t) * \sigma_z(t)$ *com período de amostragem* $T = 2$ *[s].*

Exercício 5.8 *Considere um sistema LIT causal com resposta ao impulso unitário* $h(t) = e^{-t}\upsilon(t)$ *e determine a sua resposta ao segurador de ordem um não causal* $h_u(t) = h(t) * \sigma_u(t)$ *com período de amostragem* $T = 2$ *[s]. Compare este resultado com aquele obtido no exercício anterior, considerando* $T = 2$ *[s] e* $T = 0.2$ *[s].*

Exercício 5.9 *Considere um sistema LIT causal com resposta ao impulso unitário dada por* $h(t) = e^{-2t}\upsilon(t)$.

a) *Para* $T = 0{,}5$ *[s], determine a função de transferência pulsada para discretização impulso-invariante.*

b) *Para* $T = 0{,}5$ *[s], determine a função de transferência pulsada para discretização com segurador de ordem zero na entrada.*

176   CAPÍTULO 5. AMOSTRAGEM

c) *Para $T = 0{,}01$ [s], refaça os itens anteriores e verifique que ambas se aproximam da transformada de Fourier de $h(t)$.*

Exercício 5.10 *Considere um sistema LIT causal com resposta ao impulso unitário $h(t)$. Uma estratégia de discretização de sistemas, muito adotada na prática, é obtida através da chamada aproximação de Tustin*

$$s\big|_{s=j\omega} \approx \frac{2}{T}\frac{z-1}{z+1}\bigg|_{z=e^{j\omega T}}$$

a) *Mostre que esta fórmula resulta da igualdade*

$$e^{j\omega T} = \frac{e^{j\omega T/2}}{e^{-j\omega T/2}}$$

e da aproximação em primeira ordem da série de Taylor de $e^{j\omega T/2}$ aplicada no seu numerador e no seu denominador.

b) *Determine a sua função de transferência pulsada.*

c) *Para $h(t) = e^{-2t}v(t)$ e $T = 0{,}5$ [s], determine a função de transferência pulsada e compare com aquelas obtidas nos itens a) e b) do Exercício 5.3.*

Exercício 5.11 *Considere duas respostas ao impulso unitário dadas na forma $h_1(t) = \text{sen}(t)e^{-t}v(t)$ e $h_2(t) = 6e^{-2t}v(t)$ e a entrada $g(t) = 5\cos(2t)$.*

a) *Apresente o sinal $g(t)$ junto com a sua aproximação (5.51) construída a partir de suas amostras $g(kT)$ com $T = 0{,}5$ [s] e um segurador de ordem zero.*

b) *Para $T = 0{,}5$ [s], determine a função de transferência pulsada $Z_1(\omega)$ relacionada à resposta ao impulso $h_1(t)$ para a discretização impulso-invariante.*

c) *Para $T = 0{,}5$ [s], determine a função de transferência pulsada $Z_2(\omega)$ relacionada à resposta ao impulso $h_2(t)$ para a discretização com segurador de ordem zero.*

d) *Apresente a resposta $y(nT)$ do sistema com função de transferência pulsada $Z(\omega) = Z_1(\omega)Z_2(\omega)$, sendo $Z_1(\omega)$ e $Z_2(\omega)$ calculadas nos itens b) e c), respectivamente. Apresente também a aproximação $y(t)$ obtida a partir de um segurador de ordem zero como em (5.56).*

e) *Para $T = 0{,}5$ [s], determine a função de transferência pulsada $Z(\omega)$ do sistema com resposta ao impulso $h(t) = h_1(t) * h_2(t)$ para a discretização com segurador de ordem zero.*

f) *Apresente a resposta $y(nT) = h(nT) * g(nT)$ com $h(nT)$ relacionada à função calculada no item anterior. Apresente também a aproximação $y(t)$ obtida a partir de um segurador de ordem zero como em (5.56).*

g) *Apresente um esboço do esquema de discretização utilizado no item d) e no item f) e compare as respostas obtidas em ambos os itens. Apresente também a resposta do sistema a tempo contínuo a uma entrada $g(t)$ e um segurador de ordem zero na saída.*

5.5. EXERCÍCIOS

h) Obtenha os mesmos gráficos do item anterior, mas para $T = 0{,}05$ [s], e discuta a qualidade das respostas obtidas considerando que o período de amostragem foi reduzido por um fator 10.

Exercício 5.12 *Considere que o sinal a tempo discreto $s(k)$, definido para todo $k \in \mathbb{Z}$, foi amostrado com o trem de impulsos discreto $p_*(k) = \sum_{n=-\infty}^{\infty} \delta(k-nN)$, em que $N \geq 2$ é o período de amostragem, resultando no sinal*

$$s_*(k) = s(k)p_*(k)$$

a) Mostre que a transformada de Fourier do sinal amostrado $s_*(k)$ é dada por

$$S_*(\omega) = \frac{1}{N} \sum_{i=0}^{N-1} S(\omega - \omega_i), \quad \omega_i = \frac{2\pi}{N}i$$

b) Considerando que $S(\omega) = 0$ para $|\omega| \geq W$, determine o máximo período de amostragem $N > 0$ que permite recuperar o sinal $s(k)$ sem que haja a ocorrência de aliasing.

c) Utilizando um filtro passa-baixas ideal com $F(\omega) = N$ para $|\omega| \leq W$ e zero fora deste intervalo, determine $f(k)$ e o sinal recuperado $s(k) = f(k) * s_*(k)$.

Exercício 5.13 *Considere um sinal $s(k)$ com transformada de Fourier $S(\omega)$ nula para toda frequência pertencente ao intervalo $2\pi/11 \leq |\omega| \leq \pi$.*

a) Determine o maior valor do período de amostragem $N \geq 1$ que assegura a inexistência de aliasing.

b) Considerando que $S_*(\omega) = \mathcal{F}[s_*(k)]$, determine a transformada de Fourier de $s_d(k) = s_*(kN)$ em função de $S_*(\omega)$.

c) Esboce o espectro de Fourier dos sinais $s(k)$, $s_*(k)$ e $s_d(k)$. Qual a condição sobre a largura de faixa do sinal original $S(\omega)$ para evitar aliasing no espectro de $S_d(\omega)$? O processo de obtenção da nova sequência $s_d(k)$ é conhecido como decimação ou downsampling.

d) No sentido contrário, poderíamos obter $s_*(k)$ a partir de $s_d(k)$ em um processo conhecido como interpolação ou uppersampling. *Este processo consiste em inserir $N-1$ zeros entre duas amostras consecutivas de $s_d(k)$, ou seja, $s_*(k) = s_d(k/N)$. Determine a transformada de Fourier de $s_*(k) = s_d(k/N)$ em função de $S_d(\omega)$ e esboce o seu espectro.*

Exercício 5.14 *Considere o sinal a tempo discreto*

$$s(k) = 2\mathrm{sen}^2(\pi k/9)$$

definido para todo $k \in \mathbb{Z}$.

178   CAPÍTULO 5. AMOSTRAGEM

a) Determine o maior valor do período de amostragem $N \geq 1$ que assegura a inexistência de aliasing.

b) Esboce os sinais $s(k)$ e $s_*(k)$ bem como as suas respectivas transformadas de Fourier $S(\omega)$ e de $S_*(\omega)$.

c) Recupere o sinal $s(k)$ a partir de suas amostras utilizando um filtro passa-baixas ideal. Implemente o sinal obtido no item c) do Exercício 5.12.

d) Esboce o sinal $s_d(k) = s_*(kN)$ e sua transformada de Fourier. Compare com os gráficos obtidos no item b).

e) Esboce o sinal $s_i(k) = s_*(k/N)$ e sua transformada de Fourier. Compare com os gráficos obtidos nos itens b) e d).

Capítulo 6

Filtragem Determinística

6.1 Introdução

Filtragem de sinais é uma operação que tem importância capital em pratica-mente todos os ramos das ciências exatas, em particular em engenharia elétrica, na área que se ocupa de telecomunicações, nos seus aspectos mais abrangentes. Como o nome indica, filtrar um sinal tem como resultado um outro sinal, mas livre de imprecisões ou ruídos que porventura estejam presentes no sinal original. Vamos nos interessar, em especial, pelos filtros LIT, isto é, lineares e invariantes no tempo, os quais, como já sabemos, podem ser completamente representados através de suas respectivas respostas ao impulso unitário ou, de forma equiva-lente, através das suas funções de transferência. Assim sendo, projetar um filtro de uma determinada classe, em tempo contínuo, significa determinar $f(t)$ para todo $t \in \mathbb{R}$ ou sua transformada de Fourier $F(\omega)$ para todo $\omega \in \mathbb{R}$. Da mesma forma, em tempo discreto, deve-se determinar $f(k)$ para todo $k \in \mathbb{Z}$ ou sua trans-formada $F(\omega)$ para todo $\omega \in \Omega$ em que $\Omega = [-\pi, \pi]$ ou qualquer outro intervalo real de comprimento 2π. É claro que um filtro é determinado lançando mão das informações disponíveis *a priori* e do critério de desempenho escolhido. Como ve-remos, no presente contexto, o Teorema de Parseval é uma ferramenta essencial para o projeto de filtros.

A Figura 6.1 mostra como opera um filtro. Sua entrada recebe um determi-nado sinal s corrompido por um ruído aditivo r. A sua saída é o sinal filtrado y, o qual é comparado com o sinal original s, gerando assim o chamado *erro de estimação* $\varepsilon = s - y$. Naturalmente, deseja-se obter um filtro que forneça o menor erro de estimação possível. Do diagrama de blocos indicado na figura mencionada

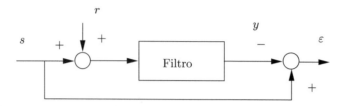

Figura 6.1: Diagrama de blocos do filtro

podemos extrair o erro de estimação expresso no domínio do tempo

$$\varepsilon = s - f(\cdot) * (s + r) \tag{6.1}$$

ou, de forma equivalente, no domínio da frequência

$$\hat{\varepsilon} = \hat{s} - F(\omega)(\hat{s} + \hat{r}) \tag{6.2}$$

em que $F(\omega)$ é a transformada de Fourier da resposta do filtro ao impulso unitário $f(\cdot)$. Essas relações permanecem válidas em tempo contínuo ou em tempo discreto, indistintamente. Para uma classe de filtros específica, a nossa preocupação reside na solução dos seguintes problemas equivalentes:

$$\min_{f(\cdot)} \|\varepsilon\|^2 = \min_{F(\omega)} \|\hat{\varepsilon}\|^2 \tag{6.3}$$

sendo que ambos se conectam através do Teorema de Parseval, o qual permite estabelecer uma relação bem conhecida e útil entre a norma do erro de estimação calculada no domínio do tempo e a mesma grandeza calculada no domínio da frequência. Já enfrentamos problemas deste mesmo tipo quando tratamos da série de Fourier e da transformada de Fourier. O tratamento a ser dado agora tem como base o mesmo raciocínio adotado naquelas oportunidades. Assim procedendo, vamos inicialmente enfrentar o projeto do célebre filtro de Wiener para, em seguida, analisarmos o desempenho de alguns filtros clássicos analógicos e digitais. Para simplificar a notação, daqui em diante, denotamos o sinal de entrada no filtro como $g = s + r$.

Neste capítulo, vamos estudar o que chamamos de filtragem determinística, em contraste com a filtragem estocástica que será abordada no capítulo seguinte. Este pode ser entendido como um capítulo inicial e básico para o estudo mais completo sobre filtragem que exige o tratamento de sinais aleatórios. Aqui se verá como os problemas de filtragem com incertezas determinísticas devem ser tratados com o objetivo de estabelecer uma série de manipulações algébricas preliminares

6.2. FILTRAGEM A TEMPO CONTÍNUO

para serem usadas, em seguida, no contexto estocástico, muito mais amplo. A divisão proposta faz sentido quando se nota a simplicidade de síntese dos filtros determinísticos e a esperada maior dificuldade de projetar os que manipulam sinais aleatórios.

6.2 Filtragem a Tempo Contínuo

A partir da discussão que acabamos de fazer, deve ficar claro que projetar um filtro significa determinar a sua função de transferência $F(\omega) : \mathbb{R} \to \mathbb{C}$ ou, de forma equivalente, a sua resposta ao impulso unitário $f(t) : \mathbb{R} \to \mathbb{C}$, através da solução ótima de um dos problemas enunciados em (6.3). Note que estamos considerando a possibilidade de tratar sinais definidos no campo dos complexos, mas teremos o cuidado de tornar explícitas as relações que são válidas apenas para sinais reais. Trataremos, em seguida, o célebre filtro de Wiener bem como os filtros clássicos analógicos que são projetados a partir de considerações mais qualitativas sobre desempenho e implementação prática.

6.2.1 O Filtro de Wiener

Trata-se de um filtro ótimo, ou seja, tem o melhor desempenho possível dentre todos os filtros LIT. Em muitos casos não é um filtro causal, o qual, portanto, não pode ser implementado na prática. Sua importância reside no fato de estabelecer um paradigma de desempenho que, mesmo sem poder atingi-lo, torna explícita a qualidade de um determinado filtro em termos da magnitude do erro de estimação. No contexto determinístico sua importância é mais conceitual, pois explicita os procedimentos matemáticos necessários para a sua obtenção, que também são adotados para abordar a filtragem em um ambiente sujeito a incertezas aleatórias. As duas definições a seguir são relevantes no estudo de filtros, a saber:

Definição 6.1 (Densidade espectral de energia) *Seja um sinal a tempo contínuo $s(t)$ com transformada de Fourier $\hat{s}(\omega)$. A sua densidade espectral de energia é a função $\varphi_{ss}(\omega) : \mathbb{R} \to \mathbb{R}_+$ dada por*

$$\varphi_{ss}(\omega) = |\hat{s}(\omega)|^2 \tag{6.4}$$

O motivo de termos adotado esta notação, com dois índices repetidos, ficará claro mais adiante. As suas implicações são várias. A primeira está ligada ao

182   CAPÍTULO 6. FILTRAGEM DETERMINÍSTICA

cálculo da norma do sinal dado, a qual, como sabemos, resulta imediatamente da igualdade estabelecida pelo Teorema de Parseval, ou seja,

$$
\begin{aligned}
\|s\|^2 &= \int_{-\infty}^{\infty} |s(t)|^2 dt \\
&= \frac{1}{2\pi} \int_{-\infty}^{\infty} |\hat{s}(\omega)|^2 d\omega \\
&= \frac{1}{2\pi} \int_{-\infty}^{\infty} \varphi_{ss}(\omega) d\omega
\end{aligned}
\tag{6.5}
$$

Desta forma, a integral da densidade espectral de um sinal é proporcional ao quadrado da sua norma. A segunda implicação resulta das seguintes considerações que têm como base as propriedades da transformada de Fourier. Para qualquer sinal real, se $s(t) \iff \hat{s}(\omega)$ é um par sinal-transformada, então o mesmo ocorre para $s(-t) \iff \hat{s}(-\omega) = \hat{s}(\omega)^*$ e, assim, definindo o sinal $\phi_{ss}(t) = s(t) * s(-t)$ para todo $t \in \mathbb{R}$, a sua transformada de Fourier

$$
\begin{aligned}
\mathcal{F}[\phi_{ss}(t)] &= \mathcal{F}[s(t)]\mathcal{F}[s(-t)] \\
&= \hat{s}(\omega)\hat{s}(\omega)^* \\
&= |\hat{s}(\omega)|^2
\end{aligned}
\tag{6.6}
$$

coloca em plena evidência a igualdade $\varphi_{ss}(\omega) = \mathcal{F}[\phi_{ss}(t)]$. A partir dessas manipulações algébricas e da definição de convolução, é surpreendente notar que o sinal $\phi_{ss}(t)$ pode ser calculado sem grandes dificuldades através da relação

$$
\phi_{ss}(t) = \int_{-\infty}^{\infty} s(\tau)s(\tau - t)d\tau
\tag{6.7}
$$

que também dá uma maneira alternativa para calcular a norma do sinal original, através de $\phi_{ss}(0) = \|s\|^2$. Este conceito pode ser generalizado para o tratamento conjunto de dois sinais a tempo contínuo. Assim procedendo, chegamos a uma nova definição que é basilar no contexto de filtragem de sinais. De fato, como veremos mais adiante, as expressões dos filtros que resolvem os problemas indicados em (6.3) se expressam através de grandezas que emergem deste conceito mais abrangente.

Definição 6.2 (Correlação determinística) *Sejam dois sinais a tempo contínuo $s(t)$ e $g(t)$ com transformadas de Fourier $\hat{s}(\omega)$ e $\hat{g}(\omega)$, respectivamente. A correlação determinística entre ambos é a função $\varphi_{sg}(\omega) : \mathbb{R} \to \mathbb{C}$ dada por*

$$
\varphi_{sg}(\omega) = \hat{s}(\omega)\hat{g}(\omega)^*
\tag{6.8}
$$

6.2. FILTRAGEM A TEMPO CONTÍNUO

Nota-se que, aplicando esta relação para um único sinal, obtemos a função $\varphi_{ss}(\omega)$, como definida anteriormente. A função $\varphi_{ss}(\omega)$, muito apropriadamente denominada *autocorrelação*, nada mais é que a densidade espectral de energia do sinal $s(t)$. Ademais, para sinais reais, com as mesmas manipulações algébricas usadas anteriormente, verifica-se que a transformada de Fourier do sinal $\phi_{sg}(t) = s(t) * g(-t)$ definido para todo $t \in \mathbb{R}$ na forma

$$\phi_{sg}(t) = \int_{-\infty}^{\infty} s(\tau)g(\tau - t)d\tau \tag{6.9}$$

é exatamente a função de correlação $\varphi_{sg}(\omega)$ que acabamos de definir. Nos próximos exemplos, através de funções bastante simples, fornecemos interpretações úteis para essas duas definições.

Exemplo 6.1 Considere o sinal real $s(t) = 1$ para todo $0 \leq t < 1$ e $s(t) = 0$ fora deste intervalo que pode ser expresso por $s(t) = v(t) - v(t-1)$ para todo $t \in \mathbb{R}$. Utilizando a transformada de Fourier do degrau unitário e suas propriedades, obtemos

$$\begin{aligned}
\hat{s}(\omega) &= \left(1 - e^{-j\omega}\right)\hat{v}(\omega) \\
&= \left(1 - e^{-j\omega}\right)\left(\pi\delta(\omega) + \frac{1}{j\omega}\right) \\
&= \left(1 - e^{-j\omega}\right)\left(\frac{1}{j\omega}\right) \\
&= e^{-j\omega/2}\text{sinc}(\omega/2)
\end{aligned}$$

que fornece $\varphi_{ss}(\omega) = \text{sinc}(\omega/2)^2$. A inversa desta transformada de Fourier pode ser calculada através da expressão alternativa (6.7), ou seja, $\phi_{ss}(t) = 1 - |t|$ no intervalo de tempo $|t| \leq 1$ e nula fora deste intervalo. Verifica-se imediatamente que $\phi_{ss}(0) = 1$, que é a norma ao quadrado do sinal $s(t)$. Nota-se ainda que $\phi_{ss}(t)$ é uma função par. Porém, esta é uma propriedade válida para qualquer sinal, pois $\phi_{ss}(-t) = s(-t) * s(t) = s(t) * s(-t) = \phi_{ss}(t)$ para todo $t \in \mathbb{R}$. $\qquad\square$

Exemplo 6.2 Considere $s(t)$ um sinal real e $g(t) = s(t - t_0)$ o mesmo sinal, mas deslocado $t_0 \in \mathbb{R}$ unidades de tempo. Usando o teorema que trata do cálculo da transformada de Fourier de sinais deslocados no tempo, verifica-se sem dificuldades que o par $s(t) \Longleftrightarrow \hat{s}(\omega)$ resulta em $g(t) \Longleftrightarrow e^{-j\omega t_0}\hat{s}(\omega)$ e, assim,

$$\varphi_{sg}(\omega) = e^{j\omega t_0}|\hat{s}(\omega)|^2 = e^{j\omega t_0}\varphi_{ss}(\omega)$$

Aplicando o mesmo teorema que trata do deslocamento no tempo, mas agora na igualdade que acabamos de obter, resulta a relação $\phi_{sg}(t) = \phi_{ss}(t + t_0)$. Ou seja, um deslocamento no tempo em um dos sinais reflete o mesmo deslocamento no tempo na função de correlação. Assim sendo, não são as posições relativas, mas sim os perfis dos sinais que definem a correlação entre eles. $\qquad\square$

184   *CAPÍTULO 6. FILTRAGEM DETERMINÍSTICA*

É particularmente importante saber como um determinado sistema LIT altera a função de correlação entre a sua entrada e a sua saída. Para respondermos esta questão consideramos um sistema LIT com resposta ao impulso $h(t)$ cuja transformada de Fourier é $H(\omega)$. Neste ponto não há necessidade de que alguma hipótese sobre causalidade seja feita.

Lema 6.1 (Correlação determinística) *Sejam os sinais de entrada $g(t)$ e de saída $y(t)$ de um sistema LIT com resposta ao impulso $h(t)$. As seguintes relações*

$$\phi_{yg}(t) = h(t) * \phi_{gg}(t), \quad \varphi_{yg}(\omega) = H(\omega)\varphi_{gg}(\omega) \tag{6.10}$$

expressas, respectivamente, nos domínios do tempo e da frequência, são válidas.

Prova: Sabemos que, para o sistema LIT em consideração, vale a relação entrada-saída $\hat{y}(\omega) = H(\omega)\hat{g}(\omega)$. Portanto, a aplicação da Definição 6.2 resulta em

$$\begin{aligned}
\varphi_{yg}(\omega) &= \hat{y}(\omega)\hat{g}(\omega)^* \\
&= H(\omega)\hat{g}(\omega)\hat{g}(\omega)^* \\
&= H(\omega)\varphi_{gg}(\omega)
\end{aligned} \tag{6.11}$$

que é um dos resultados desejados. A transformada inversa fornece o outro. $\square$

Interpretando um sistema LIT como um dispositivo que, por ser dinâmico, acopla eventos em instantes de tempo diversos, a correlação entre os sinais de entrada e de saída é afetada pela sua função de transferência $H(\omega)$. A maneira como isso ocorre é expressa de forma simples segundo o resultado do Lema 6.1. Mais uma vez, aqui se coloca em evidência a importância de representarmos os sistemas LIT através de sua reposta ao impulso.

Como já foi dito, a função de correlação determinística é uma ferramenta matemática poderosa para obtermos a solução do problema básico de filtragem dado em (6.3). Neste sentido, no domínio da frequência, invocando o Teorema de Parseval, reescrevemos (6.3) na forma (6.5), ou seja,

$$\min_{F(\omega)} \frac{1}{2\pi} \int_{-\infty}^{\infty} \varphi_{\varepsilon\varepsilon}(\omega)d\omega \tag{6.12}$$

Sem a imposição de qualquer restrição sobre o filtro a ser calculado, o problema acima requer a determinação de uma função $F(\omega) : \mathbb{R} \to \mathbb{C}$ que minimiza a soma em relação a $\omega \in \mathbb{R}$ da função correlação determinística $\varphi_{\varepsilon\varepsilon}(\omega)$. Como $F(\omega_a)$ e $F(\omega_b)$ são valores independentes entre si, para todo $\omega_a \in \mathbb{R}$ e $\omega_b \in \mathbb{R}$, a referida

6.2. FILTRAGEM A TEMPO CONTÍNUO

185

minimização ocorre quando cada parcela é minimizada isoladamente, o que nos leva a substituir (6.12) pelo problema equivalente

$$\min_{F(\omega)} \varphi_{\varepsilon\varepsilon}(\omega), \ \forall \omega \in \mathbb{R} \tag{6.13}$$

cuja função objetivo é a autocorrelação do erro de estimação, a qual, segundo a Definição 6.1, é o número real não negativo $\varphi_{\varepsilon\varepsilon}(\omega) = |\hat{\varepsilon}(\omega)|^2$. Em (6.13) apresentamos o problema que, ao ser resolvido, fornece o célebre filtro de Wiener. Aqui, ele é obtido através de um conjunto de operações que podem ser entendidas sem maiores dificuldades. O próximo teorema fornece a sua solução ótima denotada por $F_w(\omega)$.

Teorema 6.1 (Filtro de Wiener) *A solução ótima do problema (6.13) é dada por*

$$F_w(\omega) = \frac{\varphi_{sg}(\omega)}{\varphi_{gg}(\omega)} \tag{6.14}$$

Prova: A partir da discussão que acabamos de fazer, fica claro que a variável independente $\omega \in \mathbb{R}$ pode ser omitida, pois a mesma fórmula que fornece a solução ótima permanece inalterada para toda $\omega \in \mathbb{R}$. Como a transformada do sinal a ser estimado $\hat{s}$ e de entrada do filtro $\hat{g}$ são grandezas complexas e o mesmo ocorre com a incógnita F, para simplificar a notação, denotamos as suas partes reais com o subscrito "r" e as suas partes imaginárias com o subscrito "i". Assim sendo, considerando $\omega \in \mathbb{R}$ uma frequência arbitrária em (6.13), devemos resolver

$$
\begin{aligned}
\min_{F} \hat{\varepsilon}\hat{\varepsilon}^* &= \min_{F}(\hat{s} - F\hat{g})(\hat{s} - F\hat{g})^* \\
&= \min_{F_r, F_i} (\hat{s}_r - F_r\hat{g}_r + F_i\hat{g}_i)^2 + (\hat{s}_i - F_r\hat{g}_i - F_i\hat{g}_r)^2
\end{aligned}
\tag{6.15}
$$

Trata-se de um problema de otimização convexa cuja função objetivo é quadrática em relação às incógnitas F_r e F_i. Como é estudado em detalhes no Apêndice A, ao qual o leitor deve recorrer, a condição necessária e suficiente de otimalidade se traduz pela imposição de que o gradiente da função objetivo seja nulo, isto é,

$$F_r = \frac{\hat{s}_r\hat{g}_r + \hat{s}_i\hat{g}_i}{\hat{g}_r^2 + \hat{g}_i^2}, \ F_i = \frac{-\hat{s}_r\hat{g}_i + \hat{s}_i\hat{g}_r}{\hat{g}_r^2 + \hat{g}_i^2} \tag{6.16}$$

o que permite escrever a solução ótima na forma final

$$F_w = F_r + jF_i = \frac{\hat{s}\hat{g}^*}{\hat{g}\hat{g}^*} \tag{6.17}$$

186   *CAPÍTULO 6. FILTRAGEM DETERMINÍSTICA*

Repetindo este mesmo procedimento para toda frequência $\omega \in \mathbb{R}$ e levando em conta a definição da função de correlação determinística, a expressão (6.17) se escreve como (6.14), que é a igualdade que se desejava obter.   □

Este célebre, importante e muito conhecido resultado merece alguns comentários. Em primeiro lugar, à luz do Lema 6.1, fica claro que a razão entre a função de correlação entre saída e entrada do filtro e a função de autocorrelação da sua entrada fornece a função de transferência de um sistema LIT que, no presente caso, resulta no filtro de Wiener. Pode ocorrer, entretanto, que este filtro não seja causal, o que torna impossível a sua implementação prática. Este aspecto relevante será analisado com detalhes em seguida. O filtro de Wiener estabelece um paradigma de desempenho pois, sendo ótimo, apresenta o melhor desempenho entre todos os filtros LIT.

Algumas considerações adicionais devem ser feitas neste momento a respeito do cálculo do filtro de Wiener. Note que a transformada $\hat{g}(\omega)$ deve ser não nula para toda frequência $\omega \in \mathbb{R}$ e, neste caso, a fórmula do filtro (6.17) se reduz a $F_w(\omega) = \hat{s}(\omega)/\hat{g}(\omega)$. Ou seja, o filtro reproduz o sinal desejado s tendo como entrada o sinal g, fazendo com que o erro de estimação seja nulo. Esta situação ideal ocorre no caso determinístico que estamos estudando, mas, como veremos no próximo capítulo, não ocorre no caso mais importante e real em que ruídos aleatórios estão presentes. Outra consideração diz respeito à realização prática do filtro de Wiener. De fato, como já foi dito e será ilustrado através do próximo exemplo, o filtro que resulta do Teorema 6.1 pode não ser *causal*, o que torna impossível a sua implementação. A introdução da restrição de causalidade faz com que a determinação do filtro de Wiener, no âmbito de filtragem a tempo contínuo, seja muito mais elaborada e vá além do escopo deste livro. Pela sua importância conceitual, o filtro de Wiener recebe a notação especial introduzida em (6.14).

Exemplo 6.3 (Causalidade) Considere que o sinal $s(t) = e^{-t}v(t)$ seja transmitido e que, no processo de transmissão, a ele seja adicionado um ruído $r(t)$ cuja transformada de Fourier é $\hat{r}(\omega) = 1$ para $\forall \omega \in \mathbb{R}$. Note que este ruído atinge igualmente (com ganho unitário) todas as frequências do espectro. Sem dificuldade obtemos

$$\hat{s}(\omega) = \frac{1}{1 + j\omega}, \ \hat{g}(\omega) = \frac{1}{1 + j\omega} + 1$$

e, consequentemente, o filtro de Wiener é dado por

$$F_w(\omega) = \frac{1}{2 + j\omega} = \frac{1}{2 + s}\bigg|_{s=j\omega}$$

cuja resposta ao impulso é $f_w(t) = e^{-2t}v(t)$. Como $f_w(t) = 0$ para todo $t < 0$, este filtro é causal. Considere agora o mesmo sinal, mas com um ruído aditivo centrado na

6.2. FILTRAGEM A TEMPO CONTÍNUO

frequência de 1 [rad/s], expresso da forma $r(t) = e^{-t}\text{sen}(t)v(t)$. Com a transformada

$$\hat{g}(\omega) = \frac{1}{1+j\omega} + \frac{1}{(1+j\omega)^2+1}$$

obtemos o filtro de Wiener

$$\begin{aligned} F_w(\omega) &= \frac{(1+j\omega)^2+1}{(1+j\omega)^2+(1+j\omega)+1} \\ &= \left.\frac{s^2+2s+2}{s^2+3s+3}\right|_{s=j\omega} \end{aligned}$$

que também é causal, pois, como os sinais $s(t)$ e $g(t) = s(t) + r(t)$ são nulos para todo $t < 0$, o Teorema 6.1 produz um filtro de Wiener causal. Em concordância com este fato, observe que $F_w(\omega) = \hat{f}_w(s)|_{s=j\omega}$, em que $\hat{f}_w(s)$ é uma função racional com polinômios numerador e denominador de mesmo grau. Por último, considere um sinal de baixa frequência com amplitude normalizada cuja transformada é dada por $\hat{s}(\omega) = 1$ para $|\omega| \leq W$ e nula fora deste intervalo. O ruído a ele adicionado tem transformada $\hat{r}(\omega) = 1$ para $\forall \omega \in \mathbb{R}$ de tal forma que atinja igualmente (com ganho unitário) todas as frequências do espectro. O Teorema 6.1 fornece

$$F_w(\omega) = \begin{cases} 1/2 & , \quad |\omega| \leq W \\ 0 & , \quad |\omega| > W \end{cases}$$

que não é um filtro causal, pois o cálculo da transformada inversa resulta em $f_w(t) = (W/2\pi)\text{sinc}(Wt)$ para todo $t \in \mathbb{R}$. A resposta ao impulso deste filtro não satisfaz a condição de causalidade $f_w(t) = 0$, $\forall t < 0$. $\qquad\square$

A terceira consideração diz respeito a uma operação denominada *deconvolução*. Ela consiste em determinar o filtro para melhor estimar o sinal $s(t)$ a partir do sinal $g(t) = h(t) * s(t) + r(t)$ para todo $t \in \mathbb{R}$, em que $h(t)$ é a resposta ao impulso de um sistema LIT conhecido e os sinais s e r não são correlacionados, isto é, $\varphi_{sr}(\omega) = \hat{s}(\omega)\hat{r}(\omega)^* = 0$ para todo $\omega \in \mathbb{R}$. Aplicando novamente o resultado do Teorema 6.1, devemos calcular as parcelas indicadas em (6.14), ou seja,

$$\begin{aligned} \varphi_{sg}(\omega) &= \hat{s}(\omega)(H(\omega)\hat{s}(\omega) + \hat{r}(\omega))^* \\ &= H(\omega)^*\hat{s}(\omega)\hat{s}(\omega)^* \\ &= \left(\frac{1}{H(\omega)}\right)\varphi_{hh}(\omega)\varphi_{ss}(\omega) \end{aligned} \tag{6.18}$$

em que foi levado em conta o fato de que o sinal s e o ruído r não são correlacionados. Da mesma forma, obtemos

$$\begin{aligned} \varphi_{gg}(\omega) &= (H(\omega)\hat{s}(\omega) + \hat{r}(\omega))(H(\omega)\hat{s}(\omega) + \hat{r}(\omega))^* \\ &= H(\omega)H(\omega)^*\hat{s}(\omega)\hat{s}(\omega)^* + \hat{r}(\omega)\hat{r}(\omega)^* \\ &= \varphi_{hh}(\omega)\varphi_{ss}(\omega) + \varphi_{rr}(\omega) \end{aligned} \tag{6.19}$$

188   CAPÍTULO 6. FILTRAGEM DETERMINÍSTICA

o que nos permite escrever o filtro de Wiener na forma final

$$F_w(\omega) = \left(\frac{1}{H(\omega)}\right)\left(\frac{\varphi_{hh}(\omega)}{\varphi_{hh}(\omega) + \frac{\varphi_{rr}(\omega)}{\varphi_{ss}(\omega)}}\right) \tag{6.20}$$

a partir da qual podemos concluir que na ausência de ruído, substituindo $\varphi_{rr}(\omega) = 0$, $\forall \omega \in \mathbb{R}$ em (6.20), resulta $F_w(\omega) = 1/H(\omega)$, que é o resultado esperado, do qual, inclusive, deriva a denominação *deconvolução*. Observe que este filtro, para ser causal, necessita que a função racional $H(\omega)$ tenha o mesmo número de polos e de zeros. De fato, se o número de polos de $H(\omega)$ for estritamente maior que o de zeros, então o número de polos de $F_w(\omega)$ será estritamente menor que o de zeros, caracterizando assim uma função de transferência não causal. Na presença de ruído, o filtro de Wiener depende da densidade de energia da resposta ao impulso $h(t)$ do sistema LIT e da relação entre a densidade de energia do sinal e a densidade de energia do ruído, expressa na forma

$$R_{s/r}(\omega) = \frac{\varphi_{ss}(\omega)}{\varphi_{rr}(\omega)} \tag{6.21}$$

que é denominada *relação sinal/ruído*. Esta grandeza (dependente da frequência) é muito importante para caracterizar o nível de ruído presente em um determinado sinal. Se $R_{s/r}(\omega) \gg 1$, o nível de ruído presente no sinal é baixo e, ao contrário, se $R_{s/r}(\omega) \ll 1$, o nível de ruído presente no sinal é alto. Este filtro terá particular importância no estudo de filtragem de sinais aleatórios.

Exemplo 6.4 Considere o sinal $s(t)$ e a resposta ao impulso $h(t)$ tais que

$$\hat{s}(\omega) = \frac{1}{1 + j\omega}, \ H(\omega) = \frac{(1 + j\omega)^2}{(1/2 + j\omega)^2 + 7/4}$$

O ruído $r(t)$ tem transformada de Fourier dada por $\hat{r}(\omega) = a$ para $\forall \omega \in \mathbb{R}$, em que $a \in \mathbb{R}$ é um parâmetro real não negativo. Observe que o sinal s e o ruído r são correlacionados para todo $a \neq 0$ pois $\varphi_{sr}(\omega) = a\hat{s}(\omega)$, fazendo com que a fórmula (6.20) não possa ser aplicada neste caso. Entretanto, tendo em vista que $\hat{g}(\omega) = H(\omega)\hat{s}(\omega) + \hat{r}(\omega)$, o resultado do Teorema 6.1 permanece válido e nos leva a

$$\begin{aligned}F_w(\omega) &= \frac{\hat{s}(\omega)}{\hat{g}(\omega)} \\ &= \frac{1}{H(\omega) + a(1 + j\omega)}\end{aligned}$$

A Figura 6.2 mostra, em linha cheia, o módulo da transformada de Fourier de $1/H(\omega)$ e em linhas tracejadas o filtro $F_w(\omega)$ para $a = 1$, $a = 1/2$ e $a = 1/20$. Dois aspectos

6.2. FILTRAGEM A TEMPO CONTÍNUO

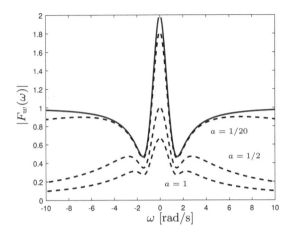

Figura 6.2: Deconvolução

devem ser notados. Quando o ruído tem pequena intensidade ($a = 1/20$), como esperado, o filtro se aproxima da inversa de $H(\omega)$ em uma grande faixa de frequências. Porém, quando o ruído é significativo ($a = 1$) a melhor solução não se aproxima da inversa de $H(\omega)$. Ela se afasta desta solução para levar em conta, da melhor maneira possível, a presença do ruído. □

Como acabamos de ver, o filtro de Wiener é o resultado da solução de um problema de otimização convexa. Assim sendo, o seu desempenho não pode ser superado por nenhum outro filtro linear invariante no tempo. Ele estabelece um paradigma que pode ser levado em conta para avaliar o desempenho de outros filtros (mais simples) que eventualmente sejam utilizados.

Até o presente momento calculamos a solução ótima (6.3) expressa através da função de transferência $F_w(\omega)$, $\forall \omega \in \mathbb{R}$ do filtro de Wiener. Vamos agora discutir como obter a solução ótima do mesmo problema, mas no domínio do tempo, que fornece a resposta ao impulso $f_w(t)$, $\forall t \in \mathbb{R}$ do mesmo filtro. Considerando filtros com resposta ao impulso $f(t)$ com imagem real, com (6.1) a função objetivo de (6.3) se escreve na forma

$$\|\varepsilon\|^2 = \int_{-\infty}^{\infty} \left(s(\xi) - \int_{-\infty}^{\infty} f(\tau)g(\xi-\tau)d\tau \right)^2 d\xi \qquad (6.22)$$

que é uma função quadrática de $f(t)$, $\forall t \in \mathbb{R}$. Em um instante de tempo genérico $t \in \mathbb{R}$ a derivada parcial desta função em relação a $f(t)$ caracteriza o filtro ótimo,

190   CAPÍTULO 6.   FILTRAGEM DETERMINÍSTICA

que assim deve satisfazer

$$\int_{-\infty}^{\infty} \left(s(\xi) - \int_{-\infty}^{\infty} f_w(\tau)g(\xi - \tau)d\tau \right) g(\xi - t)d\xi = 0 \qquad (6.23)$$

para todo $t \in \mathbb{R}$. A partir da definição da função de correlação (6.9) aplicada em cada uma das parcelas de (6.23), esta igualdade pode ser reescrita na forma

$$\phi_{sg}(t) = \int_{-\infty}^{\infty} f_w(\tau)\phi_{gg}(t - \tau)d\tau \qquad (6.24)$$

ou seja, $\phi_{sg}(t) = f_w(t)*\phi_{gg}(t)$ para todo $t \in \mathbb{R}$ cuja transformada de Fourier, como era de se esperar, recupera o filtro de Wiener (6.14). Podemos então concluir que o filtro de Wiener é um sistema LIT com função de transferência $F_w(\omega) = \mathcal{F}[f_w(t)]$, que tem a propriedade de reproduzir na sua saída a correlação entre os sinais s e g quando a sua entrada for a autocorrelação do sinal g. Impor causalidade ou adotar aproximações na versão temporal de (6.14) é muito mais simples. Para sintetizar um filtro de Wiener causal basta considerar $f_w(t) = 0$ para todo $t < 0$ e impor

$$\phi_{sg}(t) = \int_0^{\infty} f_w(\tau)\phi_{gg}(t - \tau)d\tau \qquad (6.25)$$

para todo $t \geq 0$. A função $f_w(t)$ deve ser calculada para todo $t \in [0, +\infty)$ e, por este motivo, é denominada *resposta ao impulso infinita - RII*. Entretanto, como o filtro ótimo deve ser estável, então $\lim_{t \to +\infty} f_w(t) = 0$, o que permite adotar uma aproximação que impõe $f_w(t) = 0$ para todo $t > T_w$ com $T_w > 0$ escolhido suficientemente grande. A resposta ao impulso $f_w(t)$ deve agora ser calculada para todo $t \in [0, T_w]$ a partir da equação linear

$$\phi_{sg}(t) = \int_0^{T_w} f_w(\tau)\phi_{gg}(t - \tau)d\tau \qquad (6.26)$$

sendo denominada *resposta ao impulso finita - RIF*. Uma versão aproximada desta equação é obtida através da discretização do sistema LIT definido pelo filtro. Considerando o período de amostragem $T = T_w/N$, em que N é um número inteiro positivo suficientemente grande, a aproximação do filtro com um segurador de ordem zero $f_w(t) = f_w(iT)$, $\forall t \in [iT, (i + 1)T)$, $i \in [0, N - 1]$, faz

6.2. FILTRAGEM A TEMPO CONTÍNUO

Denominação	$F(\omega)$	
passa-baixas	$\begin{cases} K &, \quad \|\omega\| \leq \omega_b \\ 0 &, \quad \|\omega\| \geq \omega_b \end{cases}$	
passa-altas	$\begin{cases} 0 &, \quad \|\omega\| \leq \omega_a \\ K &, \quad \|\omega\| \geq \omega_a \end{cases}$	
passa-faixa	$\begin{cases} K &, \quad \omega_a \leq \|\omega\| \leq \omega_b \\ 0 &, \quad \|\omega\| \leq \omega_a \text{ ou } \|\omega\| \geq \omega_b \end{cases}$	
bloqueia-faixa	$\begin{cases} 0 &, \quad \omega_a \leq \|\omega\| \leq \omega_b \\ K &, \quad \|\omega\| \leq \omega_a \text{ ou } \|\omega\| \geq \omega_b \end{cases}$	

Tabela 6.1: Classes de filtros

com que a equação (6.26), avaliada nos instantes $t = kT$, se torne

$$
\begin{aligned}
\phi_{sg}(kT) &= \sum_{i=0}^{N-1} \int_{iT}^{(i+1)T} f_w(\tau)\phi_{gg}(kT - \tau)d\tau \\
&= \sum_{i=0}^{N-1} f_w(iT) \int_{iT}^{(i+1)T} \phi_{gg}(kT - \tau)d\tau \\
&= T \sum_{i=0}^{N-1} f_w(iT)\phi_{gg}(kT - iT)
\end{aligned}
\tag{6.27}
$$

para todo $k \in [0, N-1]$. É importante notar que a integral que aparece na segunda igualdade em (6.27) poderia ter sido calculada exatamente. Introduzimos uma aproximação suplementar que é válida sempre que o período de amostragem for suficientemente pequeno. As relações (6.27) definem um sistema linear com N equações e N incógnitas que são os valores da resposta ao impulso avaliada nos instantes de amostragem $f_w(iT)$ para todo $i \in [0, N-1]$. Mesmo com N grande, o que é desejável, não ocorre nenhuma dificuldade aparente para resolver numericamente este sistema linear de equações.

6.2.2 Filtros Analógicos

Os filtros analógicos operam diretamente com classes de funções de transferência que são escolhidas conforme os objetivos de cada projeto. A propriedade marcante é que, por construção, todos são causais. Cada um deles é expresso por $F(\omega) = \hat{f}(s)|_{s=j\omega}$, em que $\hat{f}(s)$ é a função de transferência de um sistema LIT

192   CAPÍTULO 6. FILTRAGEM DETERMINÍSTICA

causal, isto é, racional com número de polos maior ou igual ao número de zeros.
As mais importantes classes de filtros ideais e suas respectivas características são
dadas na Tabela 6.1, em que $K > 0$ é um eventual *ganho* que se deseja dar ao
filtro e $\omega_b \geq \omega_a$ são denominadas *frequências de corte* a serem definidas em seguida. Na tabela citada, notamos algumas particularidades que podem ser muito
úteis.

- Se fizermos $\omega_a \to 0^+$, o filtro passa-faixa torna-se um filtro passa-baixas
  com frequência de corte ω_b.

- Se fizermos $\omega_b \to +\infty$, o filtro passa-faixa torna-se um filtro passa-altas
  com frequência de corte ω_a.

- Se $F(\omega)$ é um filtro passa-baixas e $G(\omega)$ é um filtro passa-altas com as
  mesmas frequências de corte, eles são *complementares*, pois $F(\omega) + G(\omega) = K, \ \forall \omega \in \mathbb{R}$.

- Se $F(\omega)$ é um filtro passa-faixa e $G(\omega)$ é um filtro bloqueia-faixa, eles são
  complementares, pois $F(\omega) + G(\omega) = K, \ \forall \omega \in \mathbb{R}$.

Essas propriedades permitem concluir que basta sabermos projetar filtros da
classe passa-baixas para que possamos projetar filtros de qualquer outra classe.
De fato, suponha que projetamos dois filtros passa-baixas, a saber, $F_b(\omega)$ e $F_a(\omega)$,
com frequências de corte $\omega_b > \omega_a > 0$ e ganhos K_b e K_a, respectivamente. O filtro
$G_a(\omega) = K_a - F_a(\omega)$ é do tipo passa-altas com frequência de corte ω_a e ganho K_a.
O filtro $F_{ab}(\omega) = G_a(\omega)F_b(\omega)$ é do tipo passa-faixa com frequências de corte ω_a
e ω_b e ganho $K_{ab} = K_a K_b$. Finalmente, o filtro $G_{ab}(\omega) = K_{ab} - F_{ab}(\omega)$ é do tipo
bloqueia-faixa com frequências de corte ω_a e ω_b e ganho $K_{ab} = K_a K_b$. Observe
que estas relações são exatas para filtros ideais. Para filtros reais o impacto das
aproximações envolvidas deve ser avaliado *a posteriori*.

Como as classes de filtros de interesse, dadas na Tabela 6.1, foram caracterizadas por suas funções de transferência $F(\omega)$, é importante saber representá-las
graficamente. Para cada $\omega \in \mathbb{R}$ a função $F(\omega)$ é um número complexo que, na
forma polar, depende de duas grandezas independentes, a saber, seu módulo e sua
fase. Assumindo que $f(t)$ seja uma função com imagem real, como já sabemos,
a igualdade

$$\begin{aligned} F(\omega)^* &= \int_{-\infty}^{\infty} f(t)e^{j\omega t}dt \\ &= F(-\omega) \end{aligned} \tag{6.28}$$

se verifica para toda $\omega \in \mathbb{R}$. Duas conclusões emergem desta igualdade. A
primeira indica que $|F(\omega)| = |F(-\omega)|, \ \forall \omega \in \mathbb{R}$ é uma função par, e a segunda

6.2. FILTRAGEM A TEMPO CONTÍNUO

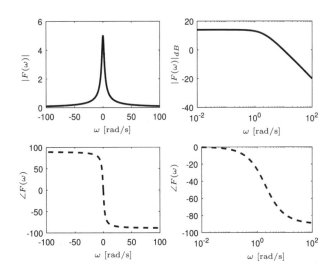

Figura 6.3: Duas representações gráficas de $F(\omega)$

coloca em evidência que $\angle F(\omega) = -\angle F(-\omega), \forall \omega \in \mathbb{R}$ é uma função ímpar. Ou seja, o conhecimento da função $F(\omega)$ para $\forall \omega \geq 0$ é suficiente para conhecê-la para $\forall \omega \in \mathbb{R}$. Sem perda de generalidade, nos restringindo aos valores de ω positivos, podemos representá-los na escala logarítmica. Além disso, a seguinte definição introduz uma unidade de medida que é muito utilizada no contexto de sinais e sistemas.

Definição 6.3 (Decibel) *O módulo da transformada de Fourier $F(\omega)$ expresso em decibéis é dado por $|F(\omega)|_{dB} = 20\log(|F(\omega)|)$, em que $\log(\cdot)$ denota o logaritmo na base dez de $(\cdot)$.*

Com esta definição podemos produzir os chamados diagramas de Bode da transformada de Fourier de qualquer sinal ou função de transferência. O *diagrama de módulo* corresponde ao gráfico de $|F(\omega)|_{dB}$ na ordenada em escala linear e $\omega > 0$ em [rad/s] na abscissa em escala logarítmica na base dez. Por sua vez, o *diagrama de fase* corresponde ao gráfico de $\angle F(\omega)$ em graus ou radianos na ordenada em escala linear e $\omega > 0$ em [rad/s] na abscissa em escala logarítmica na base dez.

Exemplo 6.5 Considere um filtro com função de transferência dada por

$$F(\omega) = \frac{10}{2 + j\omega}$$

194   CAPÍTULO 6. FILTRAGEM DETERMINÍSTICA

A Figura 6.3 mostra duas representações gráficas de $F(\omega)$ para frequências situadas no intervalo $|\omega| \in [0, 100]$ [rad/s]. No lado esquerdo, o módulo e a fase de $F(\omega)$ são expressos em função de $\omega \in [-100, 100]$ [rad/s] em escala linear. No lado direito, fornecemos os diagramas de Bode de módulo e de fase em escala logarítmica (base dez) para toda $\omega \in [0.01, 100]$ [rad/s]. Embora sejam visualmente diferentes, as duas representações gráficas fornecem informações idênticas.   □

Exemplo 6.6 (Diagramas de Bode) A importância dos diagramas de Bode reside em um fato bastante simples. Suponha que $F(\omega)$ seja a transformada de Fourier da resposta ao impulso unitário de um filtro LIT causal. Como sabemos, ela sempre pode ser expressa na forma

$$F(\omega) = \hat{f}(s)\Big|_{s=j\omega}$$

em que

$$\hat{f}(s) = \int_0^\infty f(t)e^{-st}dt$$

é uma função racional, ou seja, ela sempre pode ser escrita na forma de uma razão entre dois polinômios com coeficientes reais, sendo que o grau do polinômio numerador é sempre menor ou igual ao grau do polinômio denominador. Assim sendo, as suas raízes complexas sempre aparecem em pares complexos conjugados, o que assegura a validade de (6.28) e o uso da escala logarítmica com $\omega > 0$. Podemos então fatorar

$$\hat{f}(s) = \frac{N_1(s)\cdots N_p(s)}{D_1(s)\cdots D_q(s)}$$

em que todas as parcelas são polinômios com coeficientes reais de primeira (raiz real) ou de segunda ordem (raízes complexas conjugadas). Calculando o seu módulo e a sua fase, temos

$$|F(\omega)|_{dB} = \sum_{i=1}^{p}|N_i(j\omega)|_{dB} - \sum_{i=1}^{q}|D_i(j\omega)|_{dB}$$

$$\angle F(\omega) = \sum_{i=1}^{p}\angle N_i(j\omega) - \sum_{i=1}^{q}\angle D_i(j\omega)$$

para $\forall \omega > 0$, o que claramente indica que os diagramas de Bode de módulo em decibéis e de fase em graus ou radianos resultam da mera adição (ou subtração) das diversas parcelas que geram a função racional $F(\omega)$. Este fato permite que os cálculos envolvidos sejam feitos de maneira simples e eficiente.   □

Quando se projeta um filtro é importante estabelecer como o módulo de sua função de transferência se comporta em função da frequência. Após esta primeira etapa é verificado se o impacto devido à sua fase, em função da frequência, é aceitável. Em outras palavras, o filtro deve ser pensado sobretudo como um dispositivo que tem um ganho dependente da frequência que inibe ou amplifica a entrada de tal forma a compor a saída que se deseja sintetizar.

6.2. FILTRAGEM A TEMPO CONTÍNUO

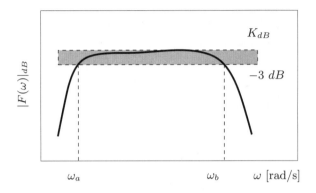

Figura 6.4: Filtro passa-faixa

A Figura 6.4 mostra o diagrama de Bode de módulo de um filtro *passa-faixa*. O intervalo de frequências $[\omega_a, \omega_b]$ é denominado *largura de (faixa ou banda)* e é determinado a partir de uma redução de 3 dB no ganho máximo $K_{dB} = 20\log(K)$. Assim sendo, as duas frequências que definem este intervalo ω_a e ω_b são denominadas *frequências de corte*. Neste intervalo, salvo nas bordas, o filtro deve ter ganho aproximadamente constante, ou seja, $|F(\omega)|_{dB} \approx K_{dB}$ para toda $\omega \in [\omega_a, \omega_b]$. A maneira como o módulo de $F(\omega)$ se reduz fora deste intervalo é importante e implica na melhor ou pior qualidade do filtro. Idealmente, este filtro tenta implementar a função de transferência $F(\omega) = K$, $\forall |\omega| \in [\omega_a, \omega_b]$ e $F(\omega) = 0$ fora desse intervalo. Ao intervalo de frequências $[\omega_a, \omega_b]$ podemos associar dois parâmetros, a saber,

$$Q_{ab} = \frac{\sqrt{\omega_a \omega_b}}{\omega_b - \omega_a}, \quad \omega_{ab} = \sqrt{\omega_a \omega_b} \qquad (6.29)$$

denominados *fator de qualidade* e *frequência central*, respectivamente. O primeiro assume o maior valor $Q_{ab} = +\infty$ quando o intervalo se reduz a um único ponto $\omega_b = \omega_a$ e assume o menor valor $Q_{ab} = 0^+$ quando ele é arbitrariamente grande. A média geométrica dos seus extremos é igual a ω_{ab}. Um filtro que opera com Q_{ab} arbitrariamente grande rejeita todas as componentes do sinal de entrada com frequências diferentes de $\omega_a \approx \omega_b$ e amplifica, com ganho $K > 0$, a componente com esta frequência. A saída deste filtro seleciona um sinal com uma determinada frequência mesmo que ele esteja misturado com sinais de outras frequências. Um filtro capaz de rejeitar uma faixa ou banda, em geral, bastante estreita de frequências, é denominado filtro *notch* (tradução livre do inglês de filtro bloqueia-faixa estreita). Ele é capaz de eliminar a componente de uma determinada frequência do sinal de entrada. Idealmente, a sua função de trans-

196 CAPÍTULO 6. FILTRAGEM DETERMINÍSTICA

Denominação	Transformação
passa-baixas	$s \leftarrow \frac{s}{\omega_b}$
passa-altas	$s \leftarrow \frac{\omega_a}{s}$
passa-faixa	$s \leftarrow Q_{ab}\left(\frac{s}{\omega_{ab}} + \frac{\omega_{ab}}{s}\right)$
bloqueia-faixa	$s \leftarrow \dfrac{1}{Q_{ab}\left(\frac{s}{\omega_{ab}} + \frac{\omega_{ab}}{s}\right)}$

Tabela 6.2: Classes de filtros

ferência é tal que $F(\omega) = 0$, $\forall |\omega| \in [\omega_a, \omega_b]$ e $F(\omega) = K$ fora desses intervalos. É importante novamente observar que se $F(\omega)$ é um filtro do tipo passa-faixa com ganho $K > 0$, então

$$G(\omega) = K - F(\omega), \ \forall \omega \in \mathbb{R} \tag{6.30}$$

é um filtro bloqueia-faixa, pois, por definição, idealmente, eles se complementam de tal forma que $G(\omega) + F(\omega) = K$, $\forall \omega \in \mathbb{R}$. Observe que o fator de qualidade deste tipo de filtro deve ser bastante alto.

Como está claro pelas definições e denominações que constam da Tabela 6.1, outros filtros decorrem do filtro passa-faixa. Fazendo $\omega_a \to 0^+$, obtém-se um filtro passa-baixas, pois, idealmente, a função de transferência $F(\omega) = K$, $\forall |\omega| \leq \omega_b$ e $F(\omega) = 0$ fora deste intervalo é sintetizada. Por outro lado, se $\omega_b = +\infty$, obtém-se um filtro passa-altas, pois, idealmente, agora é a função de transferência $F(\omega) = 0$, $\forall |\omega| \leq \omega_a$ e $F(\omega) = K$ fora deste intervalo que é sintetizada. Novamente nota-se, por definição, que se $F(\omega)$ é um filtro do tipo passa-baixas com ganho $K > 0$, então $G(\omega)$ dado por (6.30) é do tipo passa-altas, pois ambos atuam de forma complementar. Esta, entretanto, não é a única maneira de proceder. Existe uma maneira alternativa que se baseia em transformações definidas por funções que mapeiam pontos do eixo imaginário do plano complexo em pontos deste mesmo plano que são dadas na Tabela 6.2. Essa tabela precisa ser lida e entendida com o máximo cuidado. Ela se baseia no fato de que sabemos sintetizar um filtro passa-baixas normalizado com ganho $K = 1$ e frequência de corte $\omega_b = 1$ [rad/s], cuja função de transferência é denotada por $F_0(\omega) = \hat{f}_0(s)|_{s=j\omega}$. Com a primeira linha da Tabela 6.2, um filtro passa-baixas com ganho K e frequência de corte ω_b resulta imediatamente de $F(\omega) = K\hat{f}_0(s/\omega_b)|_{s=j\omega}$. Da mesma forma, com a segunda linha da mesma tabela um filtro passa-altas com ganho K e frequência de corte ω_a resulta imediatamente de $F(\omega) = K\hat{f}_0(\omega_a/s)|_{s=j\omega}$ e assim sucessivamente, para os dois últimos filtros. Observe que todas as transformações que constam na Tabela 6.2 são racionais, o que faz com que todos os filtros obtidos, assim como $F_0(\omega)$, sejam racionais e causais. Um estudo mais minucioso a respeito

6.2. FILTRAGEM A TEMPO CONTÍNUO

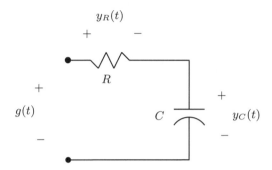

Figura 6.5: Filtro passa-baixas e passa-altas

destas transformações consta do Apêndice A, o qual o leitor deve consultar para obter informações mais detalhadas a respeito.

Exemplo 6.7 (Filtros passa-baixas e passa-altas) Considere o circuito RC da Figura 6.5 cuja entrada é o sinal $g(t)$. Levando em conta o cálculo de impedâncias (ver Apêndice A) temos as seguintes relações que definem as respectivas transformadas de Fourier das variáveis:

$$\hat{g} = \hat{y}_R + \hat{y}_C, \ \hat{y}_R = R\hat{i}, \hat{y}_C = \frac{1}{j\omega C}\hat{i}$$

em que $\hat{i}$ é a transformada de Fourier da corrente que circula no circuito. Considerando a saída do filtro como sendo a tensão no capacitor, isto é, $y(t) = y_C(t)$, a sua função de transferência resulta em

$$F_C(\omega) = \frac{\hat{y}_C(\omega)}{\hat{g}(\omega)} = \frac{1}{1 + j\omega RC}$$

Definindo a frequência de corte $\omega_b = 1/(RC)$ [rad/s], como $|F_C(0)| = K = 1$ e $|F_C(\omega_c)| = 1/\sqrt{2}$ verifica-se imediatamente que $|F_C(\omega_b)|_{dB} = -10\log(2) \approx -3 \ dB$. Como o módulo da função de transferência deste filtro decresce com o aumento da frequência, concluímos que se trata de um filtro passa-baixas. Por outro lado, tomando a saída do filtro como sendo a tensão no resistor, ou seja, $y(t) = y_R(t)$, a sua função de transferência é dada por

$$F_R(\omega) = \frac{\hat{y}_R(\omega)}{\hat{g}(\omega)} = 1 - F_C(\omega) = \frac{j\omega RC}{1 + j\omega RC}$$

tratando-se, assim, de um filtro do tipo passa-altas com a mesma frequência de corte que o anterior, pois é o seu complementar em relação a todo o espectro de frequências. □

Exemplo 6.8 (Filtro passa-faixa) Considere o circuito da Figura 6.6 com entrada $g(t)$ e saída $y(t)$. Este circuito foi construído pela mera concatenação de um filtro passa-baixas com um filtro passa-altas com frequências de corte adequadas para produzir o efeito desejado. Novamente, através do cálculo de impedâncias (ver Apêndice A) temos

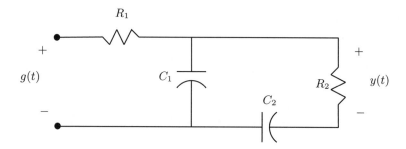

Figura 6.6: Filtro passa-faixa

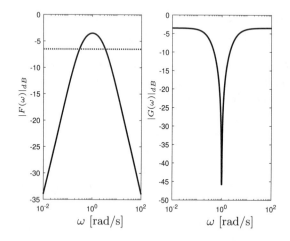

Figura 6.7: Filtro passa-faixa e bloqueia-faixa

as seguintes relações que definem as respectivas transformadas de Fourier das variáveis envolvidas:

$$\hat{g} = \left(R_1 + \frac{1}{j\omega C_1}\right)\hat{i}_1 + R_1\hat{i}_2, \quad \frac{1}{j\omega C_1}\hat{i}_1 = \left(R_2 + \frac{1}{j\omega C_2}\right)\hat{i}_2, \quad \hat{y} = R_2\hat{i}_2$$

em que $\hat{i}_1$ e $\hat{i}_2$ são as transformadas das correntes no capacitor C_1 e no resistor R_2, respectivamente. Eliminando as correntes, a função de transferência do filtro resulta em

$$F(\omega) = \frac{\hat{y}(\omega)}{\hat{g}(\omega)} = \frac{j\omega R_2 C_2}{1 - \omega^2 R_1 C_1 R_2 C_2 + j\omega(R_1 C_1 + R_2 C_2 + R_1 C_2)}$$

Escolhendo as grandezas elétricas $C_1 = C_2 = 1$, $R_1 = 1/2$ e $R_2 = 2$ em unidades

6.2. FILTRAGEM A TEMPO CONTÍNUO

coerentes do sistema internacional, obtemos

$$F(\omega) = \left. \frac{2s}{s^2 + 3s + 1} \right|_{s=j\omega}$$

cujo diagrama de Bode de módulo é apresentado no lado esquerdo da Figura 6.7. Nota-se perfeitamente que, de fato, se trata de um filtro passa-faixa para o intervalo de frequências $\omega_a = 0{,}3046 \leq \omega \leq 3{,}2832 = \omega_b$ expresso em [rad/s], com fator de qualidade $Q_{ab} = 0{,}3357$ e frequência central $\omega_{ab} = 1{,}0000$ [rad/s]. Este fator de qualidade é muito baixo e reflete a grande amplitude to intervalo $[\omega_a, \omega_b]$, pois, neste caso, temos $\omega_b \approx 10\omega_a$.

Determinamos $K = \max_{\omega>0} |F(\omega)| = 2/3$ que ocorre para $\omega = 1$ [rad/s]. O filtro calculado através de

$$G(\omega) = K - F(\omega) = \left. \frac{2}{3} \frac{s^2 + 1}{s^2 + 3s + 1} \right|_{s=j\omega}$$

é do tipo bloqueia-faixa. Ademais, como $G(1) = 0$ a componente do sinal de entrada na frequência $\omega = 1$ [rad/s] é completamente rejeitada. Assim sendo, muito embora o seu fator de qualidade seja baixo, este filtro se comporta aproximadamente como um filtro *notch*. Ele foi obtido de maneira simples e direta, impondo-se que os filtros $G(\omega)$ e $F(\omega)$ sejam complementares em relação a todo o espectro de frequências. □

Nestes dois últimos exemplos sintetizamos filtros que têm uma importante característica em comum - todos são causais. Por este motivo, foi possível implementá-los através de circuitos elétricos passivos. Poderiam ter sido implementados através de uma única estrutura utilizando um circuito ativo com um ou dois amplificadores operacionais. O preço a ser pago é que o filtro não é ideal, apenas se aproxima dele com algum grau de precisão que necessita ser avaliado *a posteriori* para que o projeto final possa ser aceito e adotado.

Passamos a estudar este aspecto com mais detalhes. Para isso lançamos mão do filtro passa-baixas ideal com frequência de corte ω_b e ganho normalizado $K = 1$. Como sabemos, por definição, a frequência de corte é determinada pela relação $|F(\omega_b)| = |F(0)|/\sqrt{2}$, o que significa dizer que, tomando $\omega = 0$ como referência, a amplitude do filtro é reduzida em 3 dB. Consideramos então o par $f(t) \Longleftrightarrow F(\omega)$ dado por

$$\left(\frac{\omega_b}{\pi}\right) \operatorname{sinc}(\omega_b t) \Longleftrightarrow \begin{cases} 1 & , \quad |\omega| \leq \omega_b \\ 0 & , \quad |\omega| > \omega_b \end{cases} \tag{6.31}$$

em que $t \in \mathbb{R}$ e $\omega \in \mathbb{R}$. Como $f(t) \neq 0$ para $t < 0$, este filtro ideal não é causal, o que torna impossível a sua implementação. Uma classe de filtros causais que se aproximam do filtro passa-baixas ideal é expressa na forma

$$F_n(\omega) = \frac{1}{(1 + j\omega/\omega_b)^n}, \quad n = 1, 2, \cdots \tag{6.32}$$

Como $|F_n(0)| = 1$ e $|F_n(\omega_b)| = 1/(\sqrt{2})^n$, então $|F_n(\omega_b)|_{dB} \approx -3n$ dB. Para $n = 1$ obtemos o filtro tratado no Exemplo 6.7 e, de fato, ω_b é a sua frequência de corte. Porém, para $n \geq 2$ o valor estipulado ω_b deixa de ser a frequência de corte do filtro aproximado. Em conclusão, embora $F_n(\omega) \to F(\omega)$ quando $n \to +\infty$ para toda $\omega \neq \omega_b \in \mathbb{R}$, esta aproximação não é a mais adequada, pois faz com que a frequência de corte do filtro $F_n(\omega)$ seja diferente para cada valor de $1 \leq n \in \mathbb{Z}$ escolhido. Existem outras classes de filtros que resolvem esta ocorrência indesejável.

Definição 6.4 (Filtros Butterworth) *Filtros passa-baixas desta classe são tais que*

$$|B_n(\omega)| = \frac{1}{\sqrt{1 + (\omega/\omega_b)^{2n}}}, \quad n = 1, 2, \cdots \quad (6.33)$$

sendo $B_n(\omega)$ a transformada de Fourier da sua resposta ao impulso.

Verificamos agora que $|B_n(0)| = 1$ e $|B_n(\omega_b)| = 1/\sqrt{2}$ e, assim, ω_b mantém-se como frequência de corte para todo $n \geq 1$. Vamos agora verificar se este filtro é de fato causal para que a sua implementação prática seja possível. Para tanto, vamos tentar escrever a sua função de transferência como uma função racional, veja o Exemplo 6.6. Assim sendo, devemos determinar $\hat{b}_n(s)$ de tal forma que

$$B_n(\omega) = \hat{b}_n(s)\Big|_{s=j\omega}, \quad n = 1, 2, \cdots \quad (6.34)$$

Com a relação (6.33) que define a classe de filtros em estudo e lembrando também que $B_n(\omega)^* = \hat{b}_n(-j\omega)$, obtemos

$$
\begin{aligned}
\hat{b}_n(s)\hat{b}_n(-s)\Big|_{s=j\omega} &= B_n(\omega)B_n(\omega)^* \\
&= \frac{1}{1 + (\omega/\omega_b)^{2n}} \\
&= \frac{1}{1 + (s/j\omega_b)^{2n}}\bigg|_{s=j\omega} \quad (6.35)
\end{aligned}
$$

o que coloca em evidência que o produto $\hat{b}_n(s)\hat{b}_n(-s)$ tem $2n$ polos que são raízes da equação $(s/j\omega_b)^{2n} = -1$. Felizmente, todas as $2n$ raízes desta equação podem ser calculadas a partir da operação de radiciação de números complexos que fornece $\sqrt[2n]{-1} = e^{j(2\ell-1)\pi/(2n)}$ para todo $\ell = 1, 2, \cdots, 2n$ e, assim,

$$
\begin{aligned}
s &= j\omega_b \sqrt[2n]{-1} \\
&= \omega_b \, e^{j(2\ell+n-1)\pi/(2n)}, \quad \ell = 1, 2, \cdots, 2n \quad (6.36)
\end{aligned}
$$

6.2. FILTRAGEM A TEMPO CONTÍNUO

são as $2n$ raízes procuradas. A distribuição destas raízes no plano complexo é singular. Todas estão localizadas sobre uma circunferência de raio ω_b. Se s é uma raiz, então $-s$ também é uma raiz, fazendo com que n delas tenham parte real negativa e as n restantes tenham parte real positiva. Além disso, se s é uma raiz, então a sua conjugada s^* também é uma raiz. Lembrando que o filtro deve ser um dispositivo com função de transferência estável, podemos sempre escolher n raízes situadas no semiplano esquerdo complexo de tal forma que sejam as raízes da equação $p_n(s) = 0$, em que $p_n(s)$ é um polinômio de grau n com coeficientes reais. A função de transferência do filtro se reduz a

$$\hat{b}_n(s) = \frac{K_n}{p_n(s)}, \quad n = 1, 2, \cdots \qquad (6.37)$$

sendo, por construção, um filtro causal estável. O ganho $K_n > 0$ é necessário para impor que $\hat{b}(0) = 1$, ou seja, $K_n = p_n(0)$ é igual ao produto de todas as raízes. Como cada uma delas tem módulo igual a ω_b, conclui-se que $K_n = \omega_b^n$. Ademais, conforme n aumenta, $B_n(\omega) = \hat{b}_n(j\omega) = \omega_b^n/p_n(j\omega)$ se aproxima cada vez com maior precisão do filtro passa-baixas ideal $F(\omega)$ dado em (6.31).

Algumas observações são pertinentes. A primeira é que, embora seja fácil calcular os polinômios $p_n(s)$ para qualquer valor de $1 \leq n \in \mathbb{Z}$ escolhido, eles já estão disponíveis para uso imediato através de rotinas computacionais. A segunda é que para $n = 1$ as raízes indicadas em (6.36) são $s = \{-\omega_b, \omega_b\}$ e, assim, $p_1(s) = (s + \omega_b)$ e $K_1 = \omega_b$. Desta forma, com (6.37) e (6.34) obtemos

$$B_1(\omega) = \frac{1}{1 + j\omega/\omega_b} = F_1(\omega) \qquad (6.38)$$

ou seja, o primeiro filtro passa-baixas Butterworth coincide com o primeiro filtro da classe (6.32), mas para $n \geq 2$ este fato não mais se reproduz. Como foi discutido anteriormente, a partir da síntese de filtros Butterworth passa-baixas podemos também sintetizar os outros filtros que constam da Tabela 6.1. Este importante aspecto será ilustrado através do exemplo seguinte.

Exemplo 6.9 Para podermos comparar com o filtro calculado no Exemplo 6.8 vamos agora sintetizar um filtro passa-faixa com ganho $K = 2/3$ e frequências de corte $\omega_a = 0{,}3046$ e $\omega_b = 3{,}2832$ expressas em [rad/s], por dois métodos distintos. Já determinamos anteriormente $Q_{ab} = 0{,}3357$ e $\omega_{ab} = 1{,}0000$ [rad/s].

O primeiro procedimento usa a transformação da Tabela 6.2 para calcular filtros Butterworth passa-faixa de ordem $2n$ para $n \in \{1, 2, 3\}$. Todos são calculados a partir de filtros Butterworth passa-baixas normalizados com as mesmas ordens. O gráfico na parte esquerda da Figura 6.8 mostra os respectivos diagramas de Bode de módulo. A linha tracejada mostra o filtro correspondente a $n = 1$, que coincide com aquele implementado através do circuito elétrico do Exemplo 6.8. Observe que o ganho e as frequências de

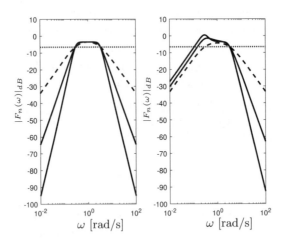

Figura 6.8: Filtros passa-faixa

corte permanecem invariantes com a ordem do filtro que foi escolhida e a perfeita simetria do diagrama em relação à frequência central ω_{ab}.

O segundo procedimento se baseia no cálculo de filtros Butterworth passa-baixas com ganhos $K_a = K_b = \sqrt{K}$ e frequências de corte ω_a e ω_b de ordem n para $n \in \{1, 2, 3\}$, respectivamente. Em seguida, o filtro passa-faixa de ordem $2n$ é determinado através do cálculo de filtros complementares, como discutido anteriormente. O gráfico na parte direita da Figura 6.8 mostra os respectivos diagramas de Bode de módulo. Nota-se que uma das frequências de corte do filtro resultante depende da ordem escolhida e o mesmo acontece com o seu ganho. Nota-se ainda que para $n \geq 2$ o filtro passa-faixa não é simétrico em relação à frequência central projetada, fazendo com que a atenuação em baixas frequências seja muito reduzida. Para $n = 1$ o filtro em linha tracejada, coincidente com o do Exemplo 6.8, é novamente obtido. Em geral, como neste caso, este procedimento produz resultados pobres. Assim sendo, o primeiro procedimento é o que sempre deve ser adotado. □

Existem outros filtros com características similares às dos filtros Butterworth e que também podem ser adotados. Os filtros Chebyshev passa-baixas são exemplos importantes. Eles se caracterizam pela relação

$$|H_n(\omega)| = \frac{1}{\sqrt{1 + C_n(\omega/\omega_b)^2}}, \quad n = 1, 2, \cdots \qquad (6.39)$$

em que $H_n(\omega)$ é a transformada de Fourier da sua resposta ao impulso. A função $C_n(\eta)$ denota o chamado polinômio de Chebyshev de ordem n, que pode ser calculado recursivamente através da relação $C_n(\eta) = 2\eta C_{n-1}(\eta) - C_{n-2}(\eta)$, válida

6.3. FILTRAGEM A TEMPO DISCRETO

para todo $n \geq 2$ e iniciada com os polinômios de ordem zero $C_0(\eta) = 1$ e de ordem um $C_1(\eta) = \eta$. Desta forma, o polinômio de Chebyshev de ordem qualquer $n \geq 2$ pode ser calculado sem nenhuma dificuldade. Ademais, pode-se verificar que $C_n(0)^2 = 1$ para n par e $C_n(0)^2 = 0$ para n ímpar, fazendo com que no intervalo $\eta \in [0,1]$ o valor de $C_n(\eta)^2$ oscile entre esses dois extremos. Por outro lado, podemos também determinar que $C_n(1)^2 = 1$ para todo $n \geq 0$. A conclusão é que $|H(\omega_b)| = 1/\sqrt{2}$ faz com que ω_b seja a sua frequência de corte independentemente da ordem $1 \leq n \in \mathbb{Z}$ escolhida. Uma clara desvantagem desses filtros em comparação com os filtros Butterworth é a oscilação do módulo da sua resposta em frequência no intervalo $\omega \in [0, \omega_b]$.

Resta enfatizar que o procedimento de síntese de qualquer filtro analógico baseia-se na síntese de um filtro passa-baixas, com ganho $K = 1$ e frequência de corte $\omega_b = 1$ [rad/s] normalizados e na aplicação de uma das transformações racionais que constam da Tabela 6.2, para se obter o filtro da classe desejada. O parâmetro $1 \leq n \in \mathbb{Z}$ influencia em como o filtro passa-baixas atenua o sinal em frequências acima da frequência de corte. Sua definição deve levar em conta o fato de que a implementação prática do filtro torna-se cada vez mais difícil e custosa na medida que a sua ordem n aumenta.

6.3 Filtragem a Tempo Discreto

Como temos feito no decorrer deste livro, vamos desenvolver os resultados de filtragem no domínio de tempo discreto seguindo, com a maior proximidade possível, o que foi feito no domínio de tempo contínuo. Além disso, filtros analógicos, quando discretizados com um período de amostragem adequado, geram filtros digitais que preservam as suas características básicas, em particular a sua classe. Por ter este importante atributo adotaremos, sempre que possível, esta estratégia de projeto. Nosso objetivo é determinar um filtro caracterizado por sua função de transferência $F(\omega) : \Omega \to \mathbb{C}$, em que Ω é um intervalo real de comprimento 2π ou, de forma equivalente, por sua resposta ao impulso unitário $f(k) : \mathbb{Z} \to \mathbb{C}$. O texto deixa claro quando os resultados são válidos apenas para sinais reais. A seguir, estudamos a versão a tempo discreto do célebre filtro de Wiener para, em seguida, nos dedicarmos ao projeto de filtro digitais.

6.3.1 O Filtro de Wiener

O filtro de Wiener é obtido através da aplicação de conceitos matemáticos que se assemelham aos que foram adotados para determinar este mesmo filtro,

204   CAPÍTULO 6. FILTRAGEM DETERMINÍSTICA

mas no contexto de tempo contínuo. Ele decorre da solução do problema de otimização convexo (6.3) o qual, por esta razão, admite uma solução ótima global.
Desta forma, estabelece um importante paradigma de desempenho, mas que geralmente não pode ser atingido quando o filtro obtido não é causal. Restrições
e aproximações são mais simples de serem incorporadas no projeto original, sobretudo quando se resolve a versão do problema (6.3) expressa no domínio do
tempo. As seguintes definições devem ser consideradas para serem usadas mais
adiante.

Definição 6.5 (Densidade espectral de energia) *Seja um sinal a tempo discreto $s(k)$ com transformada de Fourier $\hat{s}(\omega)$ definida em um domínio Ω. A
sua densidade espectral de energia é a função $\varphi_{ss}(\omega) : \Omega \to \mathbb{R}_+$ dada por*

$$\varphi_{ss}(\omega) = |\hat{s}(\omega)|^2 \tag{6.40}$$

Utilizando o Teorema de Parseval, verifica-se que esta função está naturalmente associada à norma do sinal em consideração, isto é,

$$\begin{aligned}
\|s\|^2 &= \sum_{k=-\infty}^{\infty} |s(k)|^2 \\
&= \frac{1}{2\pi} \int_{\Omega} |\hat{s}(\omega)|^2 d\omega \\
&= \frac{1}{2\pi} \int_{\Omega} \varphi_{ss}(\omega) d\omega
\end{aligned} \tag{6.41}$$

o que permite concluir que a integral da densidade espectral de um sinal, efetuada no domínio Ω, é proporcional ao quadrado da sua norma. Por outro lado, se
restringirmos nossa análise a sinais com imagem real, as propriedades da transformada de Fourier de sinais a tempo discreto indicam que, se $s(k) \Longleftrightarrow \hat{s}(\omega)$ é um
par sinal-transformada, então o mesmo ocorre para $s(-k) \Longleftrightarrow \hat{s}(-\omega) = \hat{s}(\omega)^*$ e,
assim, definindo o sinal $\phi_{ss}(k) = s(k) * s(-k)$ para todo $k \in \mathbb{Z}$, a sua transformada
de Fourier nos leva à igualdade

$$\begin{aligned}
\mathcal{F}[\phi_{ss}(k)] &= \mathcal{F}[s(k)]\mathcal{F}[s(-k)] \\
&= \hat{s}(\omega)\hat{s}(\omega)^* \\
&= |\hat{s}(\omega)|^2
\end{aligned} \tag{6.42}$$

que identifica o par $\phi_{ss}(k) \Longleftrightarrow \varphi_{ss}(\omega)$. A partir dessas manipulações algébricas
e da definição de convolução de sinais a tempo discreto, é surpreendente notar
que o sinal $\phi_{ss}(k)$ pode ser calculado para todo $k \in \mathbb{Z}$, na forma

$$\phi_{ss}(k) = \sum_{n=-\infty}^{\infty} s(n)s(n-k) \tag{6.43}$$

6.3. FILTRAGEM A TEMPO DISCRETO

cujo valor avaliado em $k = 0$ reproduz o quadrado da norma do sinal original, ou seja, $\phi_{ss}(0) = \|s\|^2$. Como foi feito anteriormente, no tratamento dos sinais a tempo contínuo, é natural generalizarmos este conceito para dois sinais distintos, o que é essencial para expressar as condições de otimalidade que caracterizam o filtro de Wiener.

Definição 6.6 (Correlação determinística) *Sejam dois sinais a tempo discreto* $s(k)$ *e* $g(k)$ *com transformadas de Fourier* $\hat{s}(\omega)$ *e* $\hat{g}(\omega)$ *definidas em um domínio* Ω, *respectivamente. A correlação determinística entre ambos é a função* $\varphi_{sg}(\omega) :$ $\Omega \to \mathbb{C}$ *dada por*

$$\varphi_{sg}(\omega) = \hat{s}(\omega)\hat{g}(\omega)^* \tag{6.44}$$

A função de autocorrelação dada por $\varphi_{ss}(\omega) = |\hat{s}(\omega)|^2$ coincide com a densidade espectral de energia do sinal. Com o mesmo raciocínio que acabamos de empregar verifica-se que a transformada de Fourier do sinal $\phi_{sg}(k) = s(k) * g(-k)$ definido para todo $k \in \mathbb{Z}$ na forma

$$\phi_{sg}(k) = \sum_{n=-\infty}^{\infty} s(n)g(n-k) \tag{6.45}$$

é exatamente a função de correlação determinística $\varphi_{sg}(\omega)$. Os exemplos dados em seguida ilustram diversos aspectos dessas duas definições. Eles envolvem, inclusive, sinais a tempo discreto que resultam da discretização com taxa constante de sinais a tempo contínuo. De maneira geral, as mesmas observações válidas para os sinais a tempo contínuo permanecem válidas para os sinais a tempo discreto. Diferenças existem, mas não acarretam grandes mudanças de tratamento.

Exemplo 6.10 Considere o sinal real $s(k) = 1$ para todo $|k| \le 2$ e $s(k) = 0$ fora deste intervalo. A aplicação direta da definição da transformada de Fourier permite calcular

$$\begin{aligned}
\hat{s}(\omega) &= \sum_{k=-2}^{2} e^{-j\omega k} \\
&= \frac{\cos(2\omega) - \cos(3\omega)}{1 - \cos(\omega)}
\end{aligned}$$

cujo valor ao quadrado é igual a $\varphi_{ss}(\omega)$ com domínio $\Omega = [-\pi, \pi]$. Para $\omega = 0$ tem-se $\varphi_{ss}(0) = \hat{s}(0)^2 = 25$. A inversa desta transformada de Fourier pode ser calculada através da expressão alternativa (6.43), ou seja, $\phi_{ss}(k) = 5 - |k|$ no intervalo de tempo $|k| \le 4$ e nula fora deste intervalo. Verifica-se imediatamente que $\phi_{ss}(0) = 5$ é a norma ao quadrado do sinal $s(k)$. Nota-se ainda que $\phi_{ss}(k)$ é uma função par e esta propriedade é válida para qualquer sinal, pois $\phi_{ss}(-k) = s(-k) * s(k) = s(k) * s(-k) = \phi_{ss}(k)$ para todo $k \in \mathbb{Z}$. $\square$

206   *CAPÍTULO 6. FILTRAGEM DETERMINÍSTICA*

Exemplo 6.11 Considere $s(k)$ um sinal real e $g(k) = s(k - k_0)$ o mesmo sinal, mas deslocado de $k_0 \in \mathbb{Z}$. Usando o teorema que trata do cálculo da transformada de Fourier de sinais deslocados no tempo, verifica-se sem dificuldades que o par $s(k) \Longleftrightarrow \hat{s}(\omega)$ resulta em $g(k) \Longleftrightarrow e^{-j\omega k_0}\hat{s}(\omega)$ e, assim,

$$\varphi_{sg}(\omega) = e^{j\omega k_0}|\hat{s}(\omega)|^2 = e^{j\omega k_0}\varphi_{ss}(\omega)$$

Aplicando o mesmo teorema que trata do deslocamento no tempo, mas agora na igualdade que acabamos de obter, resulta a relação $\phi_{sg}(k) = \phi_{ss}(k + k_0)$. Como ocorreu no caso de sinais a tempo contínuo, um deslocamento em um dos sinais reflete o mesmo deslocamento na função de correlação. Esta importante propriedade indica que não são as posições relativas, mas sim os perfis dos sinais que definem a correlação entre eles.   □

As definições de função correlação e função autocorrelação para sinais a tempo discreto fazem com que todas as manipulações algébricas realizadas no domínio da frequência permaneçam válidas. Este é o caso do Lema 6.1 cuja versão para sistemas a tempo discreto é dada a seguir.

Lema 6.2 (Correlação determinística) *Sejam os sinais de entrada $g(k)$ e de saída $y(k)$ de um sistema LIT com resposta ao impulso $h(k)$. As seguintes relações*

$$\phi_{yg}(k) = h(k) * \phi_{gg}(k), \quad \varphi_{yg}(\omega) = H(\omega)\varphi_{gg}(\omega) \tag{6.46}$$

expressas, respectivamente, nos domínios do tempo e da frequência, são válidas.

A sua prova permanece inalterada, mas é importante observar uma vez mais que a operação de convolução e as funções correlação e autocorrelação envolvendo os sinais de entrada e de saída devem ser, obviamente, aquelas associadas aos sinais a tempo discreto. Um outro caso importante é o do Teorema 6.1, que fornece a fórmula do filtro de Wiener. O fato é que, no domínio da frequência, invocando o Teorema de Parseval, podemos reescrever (6.3) na forma equivalente

$$\min_{F(\omega)} \frac{1}{2\pi} \int_{\Omega} \varphi_{\varepsilon\varepsilon}(\omega)d\omega \tag{6.47}$$

o que novamente permite argumentar que, sem a imposição de alguma restrição sobre o filtro a ser calculado, o problema acima requer a determinação de uma função $F(\omega) : \Omega \to \mathbb{C}$ que minimiza a soma em relação a $\omega \in \Omega$ da função correlação determinística $\varphi_{\varepsilon\varepsilon}(\omega)$. Assim, a referida minimização ocorre quando cada parcela é minimizada isoladamente, o que nos leva a substituir (6.47) pelo problema equivalente

$$\min_{F(\omega)} \varphi_{\varepsilon\varepsilon}(\omega), \ \forall \omega \in \Omega \tag{6.48}$$

6.3. FILTRAGEM A TEMPO DISCRETO

cuja função objetivo é a autocorrelação do erro de estimação a qual, segundo a Definição 6.2, é o número real não negativo $\varphi_{\varepsilon\varepsilon}(\omega) = |\hat{\varepsilon}(\omega)|^2$. O próximo teorema fornece a versão do filtro de Wiener válida para sinais a tempo discreto, o qual continua a ser denotado por $F_w(\omega)$.

Teorema 6.2 (Filtro de Wiener) *A solução ótima do problema (6.48) é dada por*

$$F_w(\omega) = \frac{\varphi_{sg}(\omega)}{\varphi_{gg}(\omega)} \tag{6.49}$$

A prova deste teorema e as considerações feitas a respeito do filtro de Wiener, desenvolvido no domínio de tempo contínuo, permanecem válidas. Em particular, esta solução também pode não ser *causal*, o que impede a sua implementação prática. Nos dias atuais, com o uso cada vez mais intenso de sistemas e processos digitais ou digitalizados, o projeto do filtro de Wiener a tempo discreto, mesmo que aproximado, torna-se importante e mesmo essencial para que possa ser adotado em um grande número de aplicações. De fato, cada vez mais, os diversos processos com os quais convivemos cotidianamente são digitais, o que faz com que devam ser manipulados por dispositivos preparados para este fim. O próximo exemplo ilustra a ocorrência eventual de filtros não causais.

Exemplo 6.12 (Causalidade) Considere que o sinal $s(k) = a^k v(k)$ com $|a| < 1$ e o ruído aditivo de transmissão $r(k)$ cuja transformada de Fourier é $\hat{r}(\omega) = 1$ para $\forall \omega \in \Omega = [-\pi, \pi]$. Este ruído a tempo discreto atinge igualmente (com ganho unitário) todas as frequências do espectro. Com a definição, calculamos as transformadas

$$\hat{s}(\omega) = \frac{1}{1 - ae^{-j\omega}}, \quad \hat{g}(\omega) = \frac{1}{1 - ae^{-j\omega}} + 1$$

e, consequentemente, o filtro de Wiener é dado por

$$F_w(\omega) = \frac{1}{2 - ae^{-j\omega}} = \frac{1}{2}\frac{z}{z - (a/2)}\Big|_{z=e^{j\omega}}$$

cuja resposta ao impulso é $f_w(k) = (1/2)(a/2)^k v(k)$. Como $f_w(k) = 0$ para todo $k < 0$, este filtro é causal. Considere agora o mesmo sinal, mas com um ruído aditivo centrado na frequência de $\pi/2$ [rad/s], expresso da forma $r(k) = b^k \mathrm{sen}(\pi k/2)v(k)$ com $|b| < 1$. Obtemos então

$$\hat{g}(\omega) = \frac{1}{1 - ae^{-j\omega}} + \frac{be^{-j\omega}}{1 + b^2 e^{-2j\omega}}$$

e o filtro de Wiener

$$\begin{aligned} F_w(\omega) &= \frac{1 + b^2 e^{-2j\omega}}{1 + be^{-j\omega} + b(b-a)e^{-2j\omega}} \\ &= \frac{z^2 + b^2}{z^2 + bz + b(b-a)}\Big|_{z=e^{j\omega}} \end{aligned}$$

208   *CAPÍTULO 6. FILTRAGEM DETERMINÍSTICA*

que também é causal, pois, como os sinais $s(k)$ e $g(k) = s(k) + r(k)$ são nulos para todo $k < 0$, o Teorema 6.1 produz um filtro de Wiener causal. Uma outra maneira de ver que se trata de um filtro causal é que $F_w(\omega) = \hat{f}_w(z)|_{z=e^{j\omega}}$ é uma função racional com polinômios numerador e denominador de mesmo grau. Por último, considere um sinal de baixa frequência com amplitude normalizada cuja transformada é dada por $\hat{s}(\omega) = 1$ para $|\omega| \leq W < \pi$ e nula fora deste intervalo. O ruído a ele adicionado tem transformada $\hat{r}(\omega) = 1$ para $\forall \omega \in \Omega = [-\pi, \pi]$, de tal forma que atinja igualmente (com ganho unitário) todas as frequências do espectro. O Teorema 6.2 fornece

$$F_w(\omega) = \begin{cases} 1/2 & , \quad |\omega| \leq W \\ 0 & , \quad W < |\omega| < \pi \end{cases}$$

que não é um filtro causal, pois o cálculo da transformada inversa resulta em $f_w(k) = (W/(2\pi))\mathrm{sinc}(Wk)$ para todo $k \in \mathbb{Z}$. A resposta ao impulso deste filtro não satisfaz a condição de causalidade $f_w(k) = 0$, para todo $0 > k \in \mathbb{Z}$. A concordância deste resultado com aquele do caso a tempo contínuo tratado no Exemplo 6.3 é notável. $\square$

O filtro de Wiener que produz a operação de deconvolução (6.20) permanece inalterado no âmbito de sinais a tempo discreto. O motivo é o mesmo, tendo em vista que o filtro ótimo foi obtido diretamente pela caracterização de sua função de transferência. A relação sinal/ruído (2.1) também não sofre alteração. Deve ser mais uma vez lembrado que todas as funções correlação e autocorrelação envolvidas devem ser calculadas corretamente, pois elas, como vimos, dependem fortemente do domínio (contínuo ou discreto) dos sinais que estão sendo manipulados.

Como foi feito anteriormente, também podemos expressar as condições de otimalidade do filtro de Wiener através da sua resposta ao impulso unitário $f_w(k)$ com $k \in \mathbb{Z}$. O ponto interessante é que podemos incluir, sem grandes dificuldades, restrições que exigem causalidade e que tornam o filtro ótimo simples de ser determinado. Isto é feito de maneira mais direta no âmbito de sinais a tempo discreto. Restringindo nossa análise aos sinais reais, o critério do problema (6.3) a ser minimizado se expressa na forma

$$\|\varepsilon\|^2 = \sum_{n=-\infty}^{\infty} \left(s(n) - \sum_{i=-\infty}^{\infty} f(i)g(n-i) \right)^2 \tag{6.50}$$

que é uma função quadrática da sequência $f(i)$, $\forall i \in \mathbb{Z}$. Em um instante de tempo genérico $k \in \mathbb{Z}$ a derivada parcial desta função em relação a $f(k)$, caracteriza o filtro ótimo e satisfaz

$$\sum_{n=-\infty}^{\infty} \left(s(n) - \sum_{i=-\infty}^{\infty} f_w(i)g(n-i) \right) g(n-k) = 0 \tag{6.51}$$

6.3. FILTRAGEM A TEMPO DISCRETO

para todo $k \in \mathbb{Z}$. A partir da definição da função correlação (6.45) aplicada em cada uma de suas parcelas, esta igualdade pode ser reescrita na forma

$$\phi_{sg}(k) = \sum_{i=-\infty}^{\infty} f_w(i)\phi_{gg}(k-i) \tag{6.52}$$

ou seja, $\phi_{sg}(k) = f_w(k) * \phi_{gg}(k)$ para todo $k \in \mathbb{Z}$, cuja transformada de Fourier, como era de se esperar, recupera a versão a tempo discreto do filtro de Wiener (6.49). Neste ponto é fácil verificar que para sintetizar um filtro de Wiener causal basta impor a restrição adicional $f_w(k) = 0$ para todo $k < 0$, de tal forma que (6.52) é reescrita na forma

$$\phi_{sg}(k) = \sum_{i=0}^{\infty} f_w(i)\phi_{gg}(k-i) \tag{6.53}$$

para todo $k \in \mathbb{N}$. A função $f_w(k)$, calculada para todo $k \in \mathbb{N}$, caracteriza uma *resposta ao impulso infinita - RII*. Entretanto, invocando a estabilidade do filtro, então $\lim_{k \to +\infty} f_w(k) = 0$ permite adotar a aproximação adicional $f_w(k) = 0$ para todo $k \geq N$ com $N \in \mathbb{N}$ suficientemente grande. A sua resposta ao impulso $f_w(k)$ deve então satisfazer

$$\phi_{sg}(k) = \sum_{i=0}^{N-1} f_w(i)\phi_{gg}(k-i) \tag{6.54}$$

para todo $k \in [0, N-1]$, tornando-se um filtro com *resposta ao impulso finita - RIF*. Trata-se de um sistema linear com N equações e N incógnitas que são os valores da resposta ao impulso aproximada $f_w(i)$ para todo $i \in [0, N-1]$. Mesmo com N grande, o que muitas vezes acontece, não ocorre nenhuma dificuldade para resolver numericamente este sistema linear de equações. Mesmo com um número de incógnitas bastante elevado este sistema linear de equações pode ser resolvido de forma muito eficiente, tendo em vista apresentar uma estrutura bastante particular. Este aspecto numérico, embora importante, não será abordado neste texto.

Exemplo 6.13 Consideramos novamente o segundo caso tratado do Exemplo 6.12 com $a = 0{,}80$ e $b = 0{,}95$. Com $N = \{2, 4, 6\}$ o sistema de equações (6.54), ao ser resolvido numericamente, fornece os valores que definem a resposta ao impulso do filtro de Wiener do tipo causal RIF. Eles se encontram em cada coluna da equação dada a seguir, ou seja,

$$\begin{bmatrix} f_w(0) \\ f_w(1) \\ f_w(2) \\ f_w(3) \\ f_w(4) \\ f_w(5) \end{bmatrix} = \begin{bmatrix} 0{,}3096 & 0{,}7908 & 0{,}9340 \\ 0{,}1881 & -0{,}3653 & -0{,}7611 \\ & 0{,}7427 & 1{,}2904 \\ & -0{,}3024 & -0{,}8502 \\ & & 0{,}4165 \\ & & -0{,}1370 \end{bmatrix}$$

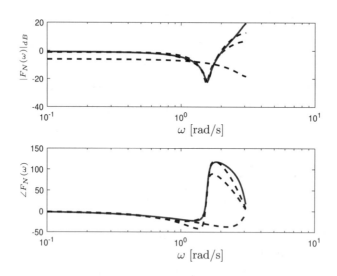

Figura 6.9: Aproximações do filtro de Wiener

A Figura 6.9 mostra os diagramas de Bode de módulo (em dB) e de fase (em graus) no intervalo $\omega \in [0{,}01; \pi]$. Para fins de comparação, em linha cheia os diagramas mostram o filtro de Wiener calculado no exemplo mencionado. Em linhas tracejadas, os diagramas mostram as aproximações obtidas com os valores de N dados. Para $N = 2$ verifica-se nitidamente que o filtro aproximado não é adequado tanto para o módulo quanto para a fase. Entretanto, conforme N aumenta o filtro aproximado torna-se bastante preciso. □

O procedimento que acabamos de ilustrar através de um exemplo é simples e pode ser adotado, inclusive, para obter filtros de Wiener aproximados no contexto de sinais a tempo contínuo. Sempre que o problema em estudo admitir um filtro de Wiener causal como solução, ele é automaticamente recuperado com $N \in \mathbb{N}$ suficientemente grande. Entretanto, para $N \in \mathbb{N}$ qualquer, um filtro aproximado cujo desempenho deve ser validado é obtido. Esta validação, em geral, é feita através do cálculo dos diagramas de Bode para valores sucessivos de $N \in \mathbb{N}$.

6.3.2 Filtros Digitais

Um filtro digital é um sistema LIT causal caracterizado pela transformada de Fourier $F(\omega) = \hat{f}(z)|_{z=e^{j\omega}}$, em que $\hat{f}(z)$ é a sua função de transferência. Trata-se de uma função racional com número de polos maior ou igual ao número de zeros, cuja transformada de Fourier inversa $f(k)$, $k \in \mathbb{Z}$, é a resposta do filtro ao

6.3. FILTRAGEM A TEMPO DISCRETO

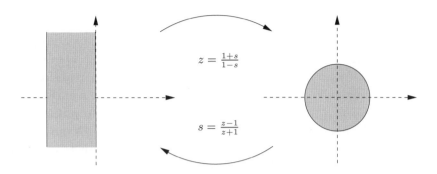

Figura 6.10: Transformação bilinear

impulso unitário discreto. É importante lembrar que $\omega \in \Omega$, sendo o domínio Ω um intervalo real de comprimento 2π, geralmente $\Omega = [-\pi, \pi]$. Os filtros digitais recebem as mesmas denominações que os filtros analógicos, pois atuam de forma similar. A Tabela 6.1 permanece válida, mas levando em conta que as frequências de corte $\omega_b \geq \omega_a$ devem pertencer a Ω. Da mesma forma, os filtros $F(\omega)$ e $G(\omega)$ são denominados complementares se $F(\omega) + G(\omega) = K$ para toda $\omega \in \Omega$. Tendo em vista que a igualdade

$$\begin{aligned} F(\omega)^* &= \sum_{k=-\infty}^{\infty} f(k)e^{j\omega k} \\ &= F(-\omega) \end{aligned} \quad (6.55)$$

válida para toda $\omega \in \Omega$, sempre ocorre se $f(k)$ for uma função com imagem real, então o módulo e a fase da função de transferência são funções par e ímpar, respectivamente. Esta propriedade viabiliza a representação gráfica de $F(\omega)$ através da versão discreta dos diagramas de Bode. De fato, o diagrama de módulo é o gráfico de $|F(\omega)|_{dB}$ na ordenada em escala linear e $0 < \omega \leq \pi$ em [rad/s] na abscissa em escala logarítmica na base dez. O diagrama de fase é o gráfico de $\angle F(\omega)$ em graus ou radianos na ordenada em escala linear e $0 < \omega \leq \pi$ em [rad/s] na abscissa em escala logarítmica na base dez. Como se nota, a não ser o intervalo de frequências de interesse, não há diferenças a serem enfatizadas entre os diagramas de Bode que representam graficamente filtros a tempo contínuo ou a tempo discreto.

Um maneira bastante simples de projetar filtros digitais se baseia na chamada *transformação bilinear* definida por

$$z = \frac{1+s}{1-s} \iff s = \frac{z-1}{z+1} \quad (6.56)$$

212   *CAPÍTULO 6. FILTRAGEM DETERMINÍSTICA*

com a qual o semiplano esquerdo do plano complexo $\{s \in \mathbb{C} : \text{Re}(s) < 0\}$ é mapeado no círculo unitário do plano complexo $\{z \in \mathbb{C} : |z| < 1\}$ e vice-versa. Essas relações são ilustradas na Figura 6.10, onde as regiões mapeadas pela transformação e pela sua transformação inversa estão sombreadas. Qualquer propriedade que se verifica no domínio s também se verifica, após transformação, no domínio z. Em particular, qualquer função racional $H_c(s)$ se transforma em outra função racional $H_d(z)$. Os polos de $H_c(s)$ localizam-se no primeiro domínio se e somente se os polos de $H_d(z)$ localizam-se no segundo. Como não poderia ser diferente, a transformação bilinear que acabamos de definir tem um impacto importante no projeto de filtros digitais que decorre da seguinte igualdade:

$$
\begin{aligned}
z|_{z=e^{j\omega}} &= \frac{e^{j\omega/2}}{e^{-j\omega/2}} \\
&= \frac{\cos(\omega/2) + j\text{sen}(\omega/2)}{\cos(\omega/2) - j\text{sen}(\omega/2)} \\
&= \frac{1+s}{1-s}\bigg|_{s=j\text{tg}(\omega/2)}
\end{aligned}
\tag{6.57}
$$

válida para toda $\omega \in [0, \pi)$. Observe que neste intervalo de frequências tem-se $w = \text{tg}(\omega/2) \in [0, +\infty)$. O fato relevante a ser ressaltado é que esta igualdade é exata, pois foi obtida sem introduzir qualquer tipo de aproximação. Ela permite calcular o que ocorre com sinais e sistemas a tempo discreto a partir de manipulações de sinais e sistemas a tempo contínuo.

Exemplo 6.14 Considere $\omega = 3$ [rad/s] de tal forma que $w = 14,1014$ [rad/s]. Com (6.57) temos

$$
e^{j\omega} = -0,9900 + j0,1411 = \frac{1 + j14,1014}{1 - j14,1014} = \frac{1+s}{1-s}\bigg|_{s=jw}
$$

o que dá o valor exato da função exponencial através da transformação bilinear. De maneira similar, com a relação $\omega = 2\text{tg}^{-1}(w)$, podemos determinar os valores da mesma igualdade, mas no sentido inverso. Isto é assegurado pela existência da função inversa de $\text{tg}(\omega/2)$ no intervalo $\omega \in [0, \pi)$. $\square$

A estratégia de projeto reside no fato de já sabermos projetar filtros analógicos para as classes incluídas nas Tabelas 6.1 e 6.2. Com eles em mãos, o filtro digital correspondente é determinado a partir da transformação bilinear. Neste sentido, a seguir fornecemos com detalhes um procedimento de projeto de um filtro digital passa-faixa com ganho $K > 0$ e frequências de corte $0 \leq \omega_a < \omega_b \leq \pi$. Filtros de outras classes são projetados de forma idêntica.

Algoritmo 6.1 (Projeto de filtros digitais) *Com os dados K, ω_a e ω_b fornecidos pelo usuário, o algoritmo requer a execução dos seguintes passos:*

6.3. FILTRAGEM A TEMPO DISCRETO

213

- **Passo 1:** *Determine as frequências de corte $w_a = \text{tg}(\omega_a/2)$ e $w_b = \text{tg}(\omega_b/2)$, o fator de qualidade e a frequência central*

$$Q_{ab} = \frac{\sqrt{w_a w_b}}{w_b - w_a}, \quad \omega_{ab} = \sqrt{w_a w_b} \qquad (6.58)$$

no domínio de tempo contínuo.

- **Passo 2:** *Determine o filtro passa-baixas normalizado $F_0(w) = \hat{f}_0(s)|_{s=jw}$ e, em seguida, com a transformação que consta da Tabela 6.2, determine o filtro passa-faixa $F_c(w) = \hat{f}_c(s)|_{s=jw}$ com o ganho $K > 0$ desejado.*

- **Passo 3:** *Aplique a transformação bilinear (6.56) para determinar o filtro digital $F_d(\omega) = \hat{f}_d(z)|_{z=e^{j\omega}}$ para toda $\omega \in \Omega = [-\pi, \pi]$ em que*

$$\hat{f}_d(z) = \hat{f}_c(s)\Big|_{s=\frac{z-1}{z+1}} \qquad (6.59)$$

Este algoritmo é bastante geral e pode ser adotado para projetar filtros digitais do tipo Butterworth, Chebyshev e outros. Sua implementação requer o uso de rotinas numéricas, sobretudo quando a ordem do filtro passa-baixas normalizado é elevada. Em geral, os cálculos envolvidos são simples, mas volumosos, de tal forma que só podem ser realizados em um ambiente computacional dedicado a este fim. Vários deles estão disponíveis na literatura. O seguinte exemplo ilustra a aplicação deste algoritmo para o projeto de um filtro digital específico.

Exemplo 6.15 Desejamos projetar um filtro digital do tipo passa-faixa com ganho $K_{dB} = 20$ dB e frequências de corte $\omega_a = 4\pi/6$ [rad/s] e $\omega_b = 5\pi/6$ [rad/s]. Aplicamos o algoritmo que acabamos de discutir. No passo 1 determinamos $w_a = 1{,}7321$ [rad/s], $w_b = 3{,}7321$ [rad/s], $Q_{ab} = 1{,}2712$ e $\omega_{ab} = 2{,}5425$ [rad/s]. No passo 2, em tempo contínuo, calculamos numericamente o filtro passa-baixa normalizado do tipo Butterworth com $n = 2$, ou seja,

$$\hat{f}_0(s) = \frac{1}{s^2 + 1{,}414s + 1}$$

e com a transformação indicada na terceira linha da Tabela 6.2, determinamos o filtro passa-faixa com ganho $K = 10$, dado por

$$\begin{aligned}
\hat{f}_c(s) &= K\hat{f}_0\left(\frac{Q_{ab}}{\omega_{ab}}\left(\frac{s^2 + \omega_{ab}^2}{s}\right)\right) \\
&= 10\hat{f}_0\left(\frac{0{,}500s^2 + 3{,}232}{s}\right) \\
&= \frac{40s^2}{s^4 + 2{,}828s^3 + 16{,}93s^2 + 18{,}28s + 41{,}78}
\end{aligned}$$

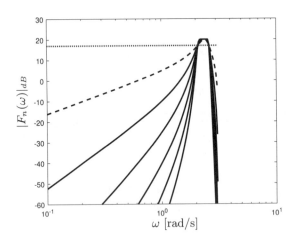

Figura 6.11: Filtros digitais do tipo Butterworth

Finalmente, a fórmula (6.59) do passo 3 fornece a função de transferência do filtro digital

$$\hat{f}_d(z) = \frac{0{,}4949z^4 - 0{,}9898z^2 + 0{,}4949}{z^4 + 2{,}401z^3 + 2{,}757z^2 + 1{,}636z + 0{,}4776}$$

Este mesmo projeto foi refeito para $n \in \{1, 3, 4, 5, 6\}$. A Figura 6.11 mostra o diagrama de Bode de módulo de cada filtro projetado. Em linha tracejada vê-se o filtro com $n = 1$ e em linha cheia cada um dos demais. Conforme n aumenta nota-se perfeitamente que os filtros vão se moldando a um ganho aproximadamente constante $K_{dB} = 20\ dB$ no intervalo de frequências $[\omega_a, \omega_b]$. Fora dele a atenuação imposta pelo filtro é muito acentuada. □

Os resultados anteriores podem ser generalizados para projetar filtros que atuam em ambiente de sinais amostrados. Neste caso, o filtro é um sistema LIT causal definido pela transformada de Fourier $F(\omega) = \hat{f}(z)|_{z=e^{j\omega T}}$, em que $\hat{f}(z)$ é sua função de transferência do tipo racional com um número de polos não inferior ao número de zeros e $T > 0$ é o período de amostragem escolhido. Os resultados apresentados no Capítulo 5, sobretudo os que dizem respeito à discretização de sistemas, formam a base do que será discutido em seguida. Como pode ser notado, tudo o que foi dito até agora sobre filtros digitais permanece válido e decorre da escolha de um período de amostragem unitário, $T = 1$ [s]. A igualdade $\hat{f}(e^{j\omega T}) = \mathcal{F}[f(k)]$, válida para todo $0 \leq k \in \mathbb{Z}$ e $\omega T \in \Omega$, define a sua resposta ao impulso, a qual, sempre que for uma função com imagem real, impõe que $F(\omega)^* = F(-\omega)$, $\omega T \in \Omega$. O domínio Ω tem comprimento 2π e, sempre que possível, é simétrico em relação à origem.

6.3. FILTRAGEM A TEMPO DISCRETO

A transformação bilinear (6.56) permanece válida, mas nosso interesse agora é de alterar a relação (6.57) para levar em conta qualquer período de amostragem $T > 0$. Seguindo os mesmos passos vem

$$
\begin{aligned}
z|_{z=e^{j\omega T}} &= \frac{e^{j\omega T/2}}{e^{-j\omega T/2}} \\
&= \frac{\cos(\omega T/2) + j\mathrm{sen}(\omega T/2)}{\cos(\omega T/2) - j\mathrm{sen}(\omega T/2)} \\
&= \left. \frac{1+s}{1-s} \right|_{s=j\mathrm{tg}(\omega T/2)}
\end{aligned}
\tag{6.60}
$$

válida para toda frequência tal que $\omega T \in [0, \pi)$ de tal forma que $w = \mathrm{tg}(\omega T/2) \in [0, +\infty)$. Como anteriormente, nenhuma aproximação foi introduzida ao longo dos cálculos que acabamos de efetuar. Ela permite que sinais e sistemas amostrados sejam tratados a partir de manipulações de sinais e sistemas a tempo contínuo.

A estratégia de projeto do filtro é muito parecida com a que apresentamos anteriormente e que foi resumida pelo procedimento descrito no Algoritmo 6.1. A seguir descrevemos os passos de um novo algoritmo que tem por objetivo projetar um filtro digital capaz de atuar em sinais amostrados com período $T > 0$ qualquer. O filtro é do tipo passa-faixa, tem ganho $K > 0$ e frequências de corte ω_a e ω_b tais que $0 \le \omega_a T \le \omega_b T \le \pi$. Filtros das demais classes são projetados da mesma maneira.

Algoritmo 6.2 (Projeto de filtros digitais) *Com os dados T, K, ω_a e ω_b fornecidos pelo usuário, o algoritmo requer a execução dos seguintes passos:*

- **Passo 1:** *Determine as frequências de corte $w_a = \mathrm{tg}(\omega_a T/2)$ e $w_b = \mathrm{tg}(\omega_b T/2)$, o fator de qualidade e a frequência central*

$$
Q_{ab} = \frac{\sqrt{w_a w_b}}{w_b - w_a}, \quad \omega_{ab} = \sqrt{w_a w_b}
\tag{6.61}
$$

no domínio de tempo contínuo.

- **Passo 2:** *Determine o filtro passa-baixas normalizado $F_0(w) = \hat{f}_0(s)|_{s=jw}$ e, em seguida, com a transformação que consta da Tabela 6.2, determine o filtro passa-faixa $F_c(w) = \hat{f}_c(s)|_{s=jw}$ com o ganho $K > 0$ desejado.*

- **Passo 3:** *Aplique a transformação bilinear (6.56) para determinar o filtro digital $F_d(\omega) = \hat{f}_d(z)|_{z=e^{j\omega T}}$ para toda $\omega T \in \Omega = [-\pi, \pi]$ em que*

$$
\hat{f}_d(z) = \left. \hat{f}_c(s) \right|_{s=\frac{z-1}{z+1}}
\tag{6.62}
$$

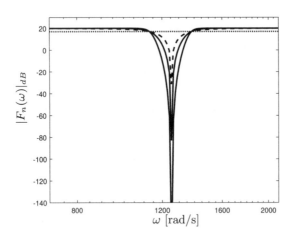

Figura 6.12: Filtros digitais do tipo Butterworth

Uma comparação com o algoritmo anterior coloca claramente que a única modificação decorre imediatamente da definição da frequência a tempo contínuo $w = \text{tg}(\omega T/2)$ que, neste caso, passa a depender do período de amostragem $T > 0$. Com ela convertemos as especificações do filtro digital para o domínio de tempo contínuo definido pela frequência $s = jw$. O filtro projetado neste domínio é convertido para o domínio de tempo discreto com a relação dada pela transformação bilinear. É claro que o Algoritmo 6.2 reduz-se ao anterior sempre que o período de amostragem for unitário, ou seja, $T = 1$ [s]. O próximo exemplo ilustra a aplicação deste algoritmo em um caso concreto.

Exemplo 6.16 Sinais são amostrados com frequência $1/T = 1$ [kHz] e desejamos projetar um filtro digital capaz de bloquear as suas componentes situadas na faixa de frequências $0{,}2 \pm 0{,}02$ [kHz]. O ganho do filtro fora desta faixa deve ser aproximadamente $K_{dB} = 20$ dB. Inicialmente determinamos $T = 10^{-3}$ [s], $\omega_a = 2\pi \times 0{,}18 \times 1000 = 1{,}1310 \times 10^3$ [rad/s] e $\omega_b = 2\pi \times 0{,}22 \times 1000 = 1{,}3823 \times 10^3$ [rad/s].

Aplicando o Algoritmo 6.2, no passo 1 determinamos $w_a = 0{,}6346$ [rad/s], $w_b = 0{,}8273$ [rad/s], $Q_{ab} = 3{,}7610$ e $\omega_{ab} = 0{,}7246$ [rad/s]. No passo 2, em tempo contínuo, calculamos numericamente o filtro passa-baixas normalizado do tipo Butterworth com $n = 2$, ou seja,

$$\hat{f}_0(s) = \frac{1}{s^2 + 1{,}414s + 1}$$

e, com a transformação indicada na quarta linha da Tabela 6.2, determinamos o filtro

6.4. NOTAS BIBLIOGRÁFICAS

bloqueia-faixa com ganho $K = 10$, dado por

$$
\begin{aligned}
\hat{f}_c(s) &= K\hat{f}_0\left(\frac{\omega_{ab}}{Q_{ab}}\left(\frac{s}{s^2 + \omega_{ab}^2}\right)\right) \\
&= 10\hat{f}_0\left(\frac{0{,}1927s}{s^2 + 0{,}525}\right) \\
&= \frac{10s^4 + 10{,}5s^2 + 2{,}756}{s^4 + 0{,}2724s^3 + 1{,}087s^2 + 0{,}143s + 0{,}2756}
\end{aligned}
$$

Finalmente, a fórmula (6.62) do passo 3 fornece a função de transferência do filtro digital

$$
\hat{f}_d(z) = \frac{8{,}371z^4 - 10{,}43z^3 + 19{,}99z^2 - 10{,}43z + 8{,}371}{z^4 - 1{,}136z^3 + 1{,}972z^2 - 0{,}9498z + 0{,}7009}
$$

Este mesmo projeto foi refeito para $n \in \{1, 4\}$. A Figura 6.12 mostra o diagrama de Bode de módulo de cada filtro projetado. Em linha tracejada vê-se o filtro com $n = 1$ e em linha cheia cada um dos demais. Nota-se perfeitamente que cada filtro tem ganho aproximadamente constante $K_{dB} = 20$ dB fora do intervalo de frequências $[\omega_a, \omega_b]$. No interior deste intervalo a atenuação torna-se mais acentuada conforme a ordem do filtro aumenta. A linha tracejada define uma queda de 3 dB em relação ao ganho K. Os três diagramas cruzam esse limiar exatamente nas frequências de corte desejadas. É notável a qualidade do filtro Butterworth projetado. □

É preciso colocar em evidência que os filtros digitais são projetados para manipular sinais que obedecem a relação $-\pi \leq \omega T \leq \pi$. Assim sendo, o fenômeno denominado *aliasing* não ocorre e o sinal pode ser recuperado. Uma interpretação que vai na mesma direção pode ser feita com o Teorema da Amostragem. De fato, ele atesta que, para um determinado período de amostragem $T > 0$ dado, a possibilidade de recuperar o sinal a partir de suas amostras requer que a condição $-\pi \leq \omega T \leq \pi$ seja respeitada por todas as frequências do seu espectro. Isto faz com que, para um período de amostragem $T > 0$ dado, o intervalo de frequências $[\omega_a, \omega_b]$ deve estar contido no intervalo $[0, \pi/T]$ para que o procedimento de projeto estabelecido no Algoritmo 6.2 possa ser adotado.

6.4 Notas Bibliográficas

O projeto de filtros é um tema central no estudo de sinais. Seja no âmbito de sinais a tempo contínuo como também no de tempo discreto. Nos dias atuais, o projeto de filtros para atuar em sinais a tempo discreto tem recebido atenção crescente como consequência da intensa digitalização dos meios de comunicação e dos dispositivos de processamento, veja [16] e [21], entre muitas outras referências sobre o assunto. A estrutura e parte do conteúdo do material apresentado neste

218   *CAPÍTULO 6. FILTRAGEM DETERMINÍSTICA*

capítulo não encontram similares na literatura. Optamos por, primeiramente, apresentar diversos conceitos, tais como função correlação e autocorrelação para sinais determinísticos, como estratégia para oferecer uma base sólida para que o leitor possa enfrentar com maior facilidade os sinais estocásticos que serão tratados no próximo capítulo. As condições de otimalidade que caracterizam o filtro de Wiener são expressas no domínio da frequência bem como no domínio do tempo (contínuo e discreto). A possibilidade do filtro de Wiener ser causal ou não causal, aspecto decisivo sobre a sua possível implementação prática, é discutida e ilustrada através de diversos exemplos. O projeto de filtros analógicos e digitais segue o que se vê na literatura, consulte também [18] e [20], mas de forma a dar maior ênfase aos aspectos numéricos envolvidos. Filtros das classes passa-baixas, passa-altas, passa-faixa e bloqueia-faixa do tipo Butterworth são projetados com bastantes detalhes para que possam ser reproduzidos pelo leitor. Por fim, considerações sobre filtragem de sinais amostrados são feitas com base no que foi aprendido no capítulo anterior. Neste aspecto, o livro [16] é uma excelente fonte de informações adicionais. Vários exemplos são resolvidos para que pontos específicos da teoria sejam devidamente ilustrados. Alguns deles envolvem a manipulação de circuitos elétricos simples e de outros sistemas lineares que podem requerer uma consulta a textos mais especializados, dentre os quais podemos citar as referências [4], [6] e o Apêndice A.

6.5   Exercícios

Exercício 6.1 *Considere o sinal real $s(t) = e^{-t}\mathrm{sen}(t)v(t)$. Determine:*

  a) *A função densidade espectral de energia no domínio da frequência $\varphi_{ss}(\omega)$.*

  b) *A função densidade espectral de energia no domínio do tempo $\phi_{ss}(t)$.*

Exercício 6.2 *Considere os sinais reais $s(t) = e^{-2t}v(t)$ e $g(t) = e^{t}v(-t)$. Determine:*

  a) *As funções autocorrelação de cada sinal, no domínio do tempo e no domínio da frequência. Apresente o gráfico de cada uma das funções.*

  b) *A função correlação entre os dois sinais, no domínio do tempo $\phi_{sg}(t)$ e no domínio da frequência $\varphi_{sg}(\omega)$. Apresente o gráfico de $\phi_{sg}(t)$ e o diagrama de Bode de módulo de $\varphi_{sg}(\omega)$.*

  c) *O filtro de Wiener $F_w(\omega)$ e a sua resposta ao impulso $f_w(t)$. Apresente o diagrama de Bode de módulo de $F_w(\omega)$ e o gráfico da resposta $f_w(t)$.*

  d) *A resposta ao impulso do filtro de Wiener RIF resolvendo as condições de otimalidade no domínio do tempo para $T_w = 5$ [s] e $N = 500$. Compare com a resposta $f_w(t)$ obtida no item c).*

6.5. EXERCÍCIOS

219

Exercício 6.3 *Considere os sinais reais* $s(t) = e^{-2t}v(t)$ *e* $g(t)$ *de tal forma que sua transformada de Fourier seja* $\hat{g}(\omega) = 2$, $\forall |\omega| \leq 2$ *e* $\hat{g}(\omega) = 0$ *fora desta faixa de frequências.*

a) *Determine as funções autocorrelação de cada sinal, no domínio do tempo e no domínio da frequência. Apresente o gráfico de cada uma das funções.*

b) *Determine a função correlação* $\varphi_{sg}(\omega)$ *e apresente o seu diagrama de Bode de módulo.*

c) *Obtenha numericamente o gráfico de* $\phi_{sg}(t)$ *para todo* $|t| \leq 5$ [s].

Exercício 6.4 *Considere um pulso* $g(t) = v(t) - v(t-1)$ *colocado na entrada de um sistema LIT causal com resposta ao impulso* $h(t) = e^{-t}v(t)$. *Obtenha numericamente:*

a) *O gráfico das funções autocorrelação dos sinais de entrada e de saída no domínio do tempo, a saber,* $\phi_{gg}(t)$, $\phi_{yy}(t)$, *bem como o diagrama de Bode de módulo de* $\varphi_{ss}(\omega)$ *e* $\varphi_{yy(\omega)}$.

b) *O gráfico da função correlação entre os sinais de entrada e de saída* $\phi_{yg}(t)$ *bem como o diagrama de Bode de módulo de* $\varphi_{yg}(\omega)$.

Exercício 6.5 *Considere um sinal* $s(t) = (e^{-t} + e^{-2t})v(t)$ *e um ruído aditivo* $r(t) = te^{-t/2}v(t)$. *Obtenha numericamente:*

a) *O filtro de Wiener* $F_w(\omega)$ *e a sua resposta ao impulso* $f_w(t)$. *Apresente o diagrama de Bode de módulo de* $F_w(\omega)$ *e o gráfico da resposta* $f_w(t)$.

b) *A resposta ao impulso do filtro de Wiener RIF resolvendo as condições de otimalidade no domínio do tempo para* $T_w = 10$ [s] *e* $N = 1000$. *Compare com a resposta* $f_w(t)$ *obtida no item a).*

Exercício 6.6 *Considere o sinal* $s(t) = (e^{-t} + e^{-2t})v(t)$, *o ruído* $r(t) = e^{-t/2}v(t)$ *e um sistema LIT com resposta ao impulso unitário*

$$h(t) = e^{-t}\text{sen}(2\pi t)v(t)$$

a) *Determine as condições de otimalidade, no domínio do tempo, do filtro de Wiener de deconvolução.*

b) *Resolva numericamente as condições de otimalidade encontradas para o caso específico de um filtro RIF com* $T_w = 10$ [s] *e* $N = 1000$.

c) *Determine a resposta ao impulso do filtro de Wiener de deconvolução* $F_w(\omega)$ *e compare com a obtida no item b).*

Exercício 6.7 *Determine numericamente os filtros Butterworth analógicos passa-baixas com ganho* $K = 10$ *e frequência de corte* $\omega_b = 120\pi$ [rad/s] *com ordens* $n = \{1, 2, 3, 4, 5\}$. *Para cada filtro, determine:*

a) *Os respectivos diagramas de Bode de módulo.*

CAPÍTULO 6. FILTRAGEM DETERMINÍSTICA

220

b) *O ganho na frequência* $\omega = \omega_b$.

c) *O ganho na frequência* $\omega = 10\omega_b$.

d) *A redução do ganho neste intervalo de frequências. Verifique que a redução de ganho satisfaz* $\Delta K_{dB} \approx -20n$.

Exercício 6.8 *Considere filtros analógicos Butterworth passa-baixas normalizados (ganho unitário e frequência de corte unitária) com ordens* $n = \{1, 2, 3, 4, 5\}$. *A partir destes filtros, utilize as transformações apresentadas na Tabela 6.2 e obtenha:*

a) *Filtros passa-altas com frequência de corte* $\omega_b = 100$ [rad/s] *e* $K = 10$.

b) *Filtros passa-baixas com frequência de corte* $\omega_b = 100$ [rad/s] *e* $K = 10$.

c) *Filtros passa-faixa com frequências de corte* $\omega_a = 50$ [rad/s] *e* $\omega_b = 100$ [rad/s] *e ganho* $K = 10$.

d) *Filtros rejeita-faixa com frequências de corte* $\omega_a = 50$ [rad/s] *e* $\omega_b = 100$ [rad/s] *e ganho* $K = 10$.

Exercício 6.9 *Deseja-se projetar um filtro Butterworth analógico do tipo passa-faixa para sintonizar, com ganho unitário, sinais com frequência* 100 [kHz] *e fator de qualidade* 10.

a) *Para* ω_{ab} *e* Q_{ab} *dados, determine as frequências de corte* $\omega_b \geq \omega_a$.

b) *Com* $n = 1$ *projete o filtro solicitado.*

c) *Verifique se na frequência* 200 [kHz] *a atenuação do filtro é maior do que* 30 *dB. Se necessário, aumente a ordem* n *até que esta especificação seja atendida.*

Exercício 6.10 *Um ruído* $r(t)$ *de frequência* 90 [Hz] *é adicionado a um sinal periódico* $s(t)$ *com período* $1/T = 40$ [Hz]. *Considerando* $\omega_a = 2\pi \times 85$ [rad/s] *e* $\omega_b = 2\pi \times 95$ [rad/s], *determine:*

a) *A frequência média* ω_{ab} *e o fator de qualidade* Q_{ab}.

b) *Três filtros Butterworth analógicos do tipo bloqueia-faixa com ordens* $n = \{1, 2, 3\}$.

c) *Por simulação, a saída do filtro para o ruído* $r(t) = \operatorname{sen}(180\pi t)$ *e para um sinal com duas componentes frequenciais* $s(t) = (1/2)\operatorname{sen}(80\pi t) + (1/2)\operatorname{sen}(240\pi t)$.

Exercício 6.11 *Considere dois sinais reais a tempo discreto* $s(k) = (1/2)^k v(k)$ *e* $g(k) = v(k) - v(k - 11)$, *para todo* $z \in \mathbb{Z}$. *Determine:*

a) *As funções autocorrelação no domínio do tempo e no domínio da frequência.*

b) *A função correlação no domínio do tempo e no domínio da frequência.*

Exercício 6.12 *Considere o sinal* $s(k) = a^k v(k)$ *e o ruído* $r(k) = b^k v(k)$ *definidos para todo* $k \in \mathbb{Z}$. *Os parâmetros indicados satisfazem* $|b| < |a| < 1$.

6.5. EXERCÍCIOS

a) *Determine o filtro de Wiener e verifique se ele é causal.*

b) *Para $a = 9/10$ e $b = -1/10$ determine o diagrama de Bode de módulo.*

Exercício 6.13 *Considere que o sinal $s(k) = (5/10)^k v(k)$ seja corrompido por um ruído aditivo do tipo $r(k) = ((2/10)^k + (8/10)^k)v(k)$, definidos para todo $k \in \mathbb{Z}$.*

a) *Determine a função de transferência do filtro de Wiener do tipo RII e verifique se ele é causal.*

b) *Com $N = \{2, 10\}$, resolva as condições de otimalidade truncadas e determine filtros de Wiener causais do tipo RIF.*

c) *Para cada valor de N do item anterior, determine a norma ao quadrado do erro de estimação.*

Exercício 6.14 *Considere as ordens $n \in \{1, 2, 3, 4, 5\}$ e determine os filtros Butterworth passa-baixas normalizados a tempo contínuo (ganho unitário e frequência de corte unitária) para cada valor de n.*

a) *Com o Algoritmo 6.1 determine os filtros Butterworth passa-baixas a tempo discreto com frequência de corte $\omega_b = \pi/3$ [rad/s] e ganho unitário.*

b) *Com o período de amostragem $T = 1/2$ [s] aplique o Algoritmo 6.2 para determinar os filtros Butterworth passa-baixas a tempo discreto com frequência de corte $\omega_b = \pi/3$ [rad/s].*

c) *Para cada filtro obtido nos dois itens anteriores determine o seu diagrama de Bode de módulo e confirme que ele pertence à classe solicitada.*

Capítulo 7

Filtragem Estocástica

7.1 Introdução

Em linhas gerais, tudo o que foi dito a respeito de filtragem determinística permanece válido no âmbito de filtragem estocástica em ambos os domínios de tempo contínuo e discreto. Nosso objetivo é projetar filtros LIT, os quais, como sabemos, são definidos por suas respectivas respostas ao impulso unitário. Desejamos então determinar $f(t)$ para todo $t \in \mathbb{R}$ ou $f(k)$ para todo $k \in \mathbb{Z}$ a partir de informações disponíveis e do critério de desempenho adotado. Vamos trabalhar em um ambiente estocástico no qual as incertezas são modeladas por ruídos com características aleatórias. Nosso objetivo é seguir, o mais próximo possível, tudo o que foi feito no estudo de filtros determinísticos. Como ficará evidente, isso pode ser feito sem grandes dificuldades, tendo em vista a similaridade dos problemas a serem enfrentados. Sugere-se ao leitor que faça uma leitura detalhada e cuidadosa do material fornecido no Apêndice B, que serve como base do que será exposto em seguida.

A situação usual que desejamos tratar é ilustrada na Figura 6.1. Ela mostra como opera um filtro que recebe na sua entrada o sinal $g = s + r$, composto por um sinal útil s corrompido por um ruído r. No presente caso, supomos que s e r sejam sinais aleatórios, definidos em cada instante de tempo, por uma variável aleatória com características conhecidas. Definindo o erro de estimação como sendo $\varepsilon = s - y$, verifica-se pela figura mencionada que

$$\varepsilon = s - f(\cdot) * (s + r) \tag{7.1}$$

é um sinal aleatório que resulta da ação do filtro escolhido. O nosso objetivo permanece o de minimizar uma medida deste erro pela escolha conveniente da

224   CAPÍTULO 7. FILTRAGEM ESTOCÁSTICA

resposta ao impulso do filtro ou, de forma equivalente, da sua função de transferência. Assim sendo, os seguintes problemas devem ser considerados:

$$\min_{f(\cdot)} \|\varepsilon\|^2 = \min_{F(\omega)} \|\hat{\varepsilon}\|^2 \tag{7.2}$$

Propositadamente, em relação ao capítulo anterior, a notação mantém-se inalterada muito embora no presente contexto ela tenha um significado ligeiramente diferente. Segundo o que será visto em seguida, a função objetivo dos problemas indicados em (7.2) é um número real não negativo cuja raiz quadrada indica uma medida da amplitude do erro de estimação que se deseja minimizar. A seguinte definição é importante e delimita o contexto de nosso estudo.

Definição 7.1 (Processo estocástico) *O sinal $s(t)$ a tempo contínuo é um* processo estocástico *se $s(t)$ for uma variável aleatória para cada $t \in \mathbb{R}$. Da mesma forma, o sinal $s(k)$ a tempo discreto é um* processo estocástico *se $s(k)$ for uma variável aleatória para cada $k \in \mathbb{Z}$*

Desta forma, devemos manipular sinais aleatórios ou processos estocásticos, nos domínios de tempo contínuo e discreto que são caracterizados através de suas funções densidade e distribuição de probabilidade, as quais em geral dependem explicitamente do tempo contínuo $t \in \mathbb{R}$ ou discreto $k \in \mathbb{Z}$. A principal característica de um processo estocástico é ter o tempo, contínuo ou discreto, como variável independente. Tudo o que foi visto no Apêndice B com respeito ao estudo de probabilidade não envolveu variáveis aleatórias dependentes do tempo. Entretanto, os conceitos lá introduzidos são perfeitamente aplicáveis em processos estocásticos, conforme caracterização proposta pela Definição 7.1.

7.2   Filtragem a Tempo Contínuo

O projeto de filtros lineares invariantes no tempo, que atuam em ambientes estocásticos, se dá indiferentemente no domínio do tempo, no qual a resposta ao impulso $f(t) : \mathbb{R} \to \mathbb{R}$ é determinada, ou no domínio da frequência, quando o objetivo é calcular a função de transferência $F(\omega) : \mathbb{R} \to \mathbb{C}$. A equivalência entre essas duas versões do mesmo projeto é imediata, tendo em vista que a transformada de Fourier de $f(t)$ resulta em $F(\omega)$. Ademais, como sabemos, a restrição $f(t) = 0$ para todo $t < 0$ fornece um filtro causal. Um processo estocástico $s(t)$ é caracterizado por sua função distribuição de probabilidade $F_s(\xi, t) = p(s(t) \leq \xi)$ definida para todo $\xi \in \mathbb{R}$, a qual, após simples diferenciação, resulta na função

7.2. FILTRAGEM A TEMPO CONTÍNUO 225

densidade de probabilidade $f_s(\xi, t) = \partial F_s(\xi, t)/\partial \xi$. Neste capítulo será dada particular atenção a uma classe bastante abrangente de processos estocásticos que são descritos em seguida.

Definição 7.2 (Processo estocástico estacionário - sentido estrito) *O sinal a tempo contínuo $s(t)$ é um* processo estocástico estacionário no sentido estrito *se $f_s(\xi, t) = f_s(\xi)$ para todo $\xi \in \mathbb{R}$ e todo $t \in \mathbb{R}$.*

O que se deseja enfatizar com esta definição é que, muito embora $s(t)$ seja um sinal que varia no tempo, a sua principal característica aleatória, que é a sua função densidade de probabilidade, é invariante. Um observador olhando para o sinal $s(t)$ nota que ele muda em cada instante, mas seguindo uma característica aleatória que permanece inalterada. Podemos ir além e considerar a seguinte classe de processos estocásticos um pouco mais abrangente.

Definição 7.3 (Processo estocástico estacionário - sentido amplo) *O sinal a tempo contínuo $s(t)$ é um* processo estocástico estacionário no sentido amplo *se $\mathcal{E}\{s(t)\} = \mu_s$ e $\mathcal{E}\{s(t + \tau)s(t)^*\} = R_{ss}(\tau)$ para todo $t \in \mathbb{R}$ e $\tau \in \mathbb{R}$.*

Observe que esta definição abrange sinais com imagem complexa. Para ser estacionário no sentido amplo um sinal deve: a) ter média constante para todo $t \in \mathbb{R}$ e b) ter correlação entre as variáveis aleatórias $s(t+\tau)$ e $s(t)$ correspondentes a valores do sinal colhidos em instantes de tempo espaçados por τ unidades, invariante em relação ao tempo $t \in \mathbb{R}$. Adotando a mudança de variável $t' = t - \tau$, decorre desta definição que $R_{ss}(-\tau) = \mathcal{E}\{s(t - \tau)s(t)^*\} = \mathcal{E}\{s(t')s(t' + \tau)^*\} = R_{ss}(\tau)^*$ para todo $\tau \in \mathbb{R}$. Se $s(t)$ for um sinal com imagem real, então $R_{ss}(-\tau) = R_{ss}(\tau)^* = R_{ss}(\tau)$. É claro que, por ser mais restrita, a estacionariedade no sentido estrito implica na estacionariedade no sentido amplo, entretanto, o contrário em geral não ocorre.

Exemplo 7.1 (Ruído branco) O sinal $r(t)$ real é um ruído branco se $\mathcal{E}\{r(t)\} = 0$ e $\mathcal{E}\{r(t + \tau)r(t)\} = R_{rr}(\tau) = \delta(\tau)$ para todo $t \in \mathbb{R}$ e $\tau \in \mathbb{R}$. Uma possível e simples interpretação é que, para o ruído branco, a correlação é sempre nula entre suas amostras quando avaliadas em instantes de tempo diferentes, sendo que toda a correlação se concentra na autocorrelação presente no mesmo instante de tempo, ou seja, $\tau = 0$. Por definição, a sua média é nula e a sua variância é unitária. Trata-se, portanto, de um processo estocástico estacionário no sentido amplo. $\qquad\square$

Exemplo 7.2 (Série de exponenciais complexas) Considere o seguinte sinal obtido pela combinação linear de exponenciais complexas em que as frequências $\omega_i \in \mathbb{R}$ para todo $i \in \mathbb{Z}$ são valores dados.

$$s(t) = \sum_{i \in \mathbb{Z}} c_i e^{j\omega_i t}$$

226   CAPÍTULO 7. FILTRAGEM ESTOCÁSTICA

Por ser complexo, cada escalar $c_i \in \mathbb{C}$ é uma variável aleatória com média nula $\mathcal{E}\{c_i\} = 0$ e variância $\mathcal{E}\{|c_i|^2\} = \sigma_i^2$ para todo $i \in \mathbb{Z}$. Ademais, essas variáveis aleatórias são não correlatas entre si, ou seja, $\mathcal{E}\{c_i c_m^*\} = 0$ para todo $i \neq m \in \mathbb{Z}$. O cálculo da média revela que $\mathcal{E}\{s(t)\} = 0$ e

$$\mathcal{E}\{s(t+\tau)s(t)^*\} = \sum_{i \in \mathbb{Z}} \sum_{m \in \mathbb{Z}} \mathcal{E}\{c_i c_m^*\} e^{j\omega_i(t+\tau)} \, e^{-j\omega_m t}$$

$$= \sum_{i \in \mathbb{Z}} \sigma_i^2 e^{j\omega_i \tau}$$

o que permite concluir que se trata de um sinal estacionário no sentido amplo. Para que $s(t)$ seja um sinal real é imperativo impor que $c_{-i} = c_i^*$ e $\omega_{-i} = -\omega_i$ para todo $i \in \mathbb{N}$. Neste caso, se além das condições anteriores impusermos $\sigma_{-i}^2 = \sigma_i^2$ para todo $i \in \mathbb{N}$, os cálculos mostram que a média do sinal $s(t)$ continua nula e

$$\mathcal{E}\{s(t+\tau)s(t)^*\} = \sum_{i \in \mathbb{Z}} \sigma_i^2 e^{j\omega_i \tau}$$

$$= \sigma_0^2 + 2 \sum_{i=1}^{\infty} \sigma_i^2 \cos(\omega_i \tau)$$

de tal forma que obtemos um sinal $s(t)$ estacionário no sentido amplo com imagem real. Este resultado pode ser aplicado na representação de sinais via série de Fourier. $\qquad \square$

O conceito de estacionariedade no sentido amplo é de fundamental importância no estudo de filtros. Para sinais aleatórios deste tipo, as suas características estocásticas de média e de correlação não dependem do tempo. Assim sendo, qualquer decisão baseada nesses parâmetros permanece válida e inalterada conforme o transcorrer do tempo. A seguir, passamos a estudar o célebre filtro de Wiener na sua versão mais geral. Por hipótese, normalmente adotada, todos os sinais manipulados são estacionários no sentido amplo. Quando necessário, deixamos claro que os resultados apresentados se restringem a sinais com imagem real, os mais importantes de serem considerados.

7.2.1   O Filtro de Wiener

O filtro de Wiener define o melhor que pode ser feito no contexto de filtragem de sinais aleatórios estacionários no sentido amplo. Entretanto, é imperativo lembrar que, ao ser calculado através da solução ótima de um problema de otimização irrestrito, ele é, em geral, não causal. Filtros de Wiener causais merecem uma atenção especial tendo em vista que estabelecem um paradigma de desempenho real, isto é, que pode ser atingido por um filtro passível de ser implementado na prática. O conceito fundamental a ser entendido e manipulado é o de *correlação*,

7.2. FILTRAGEM A TEMPO CONTÍNUO

que é formalmente definido em seguida para processos estacionários no sentido amplo.

Definição 7.4 (Correlação) *Sejam $s(t)$ e $g(t)$ dois sinais aleatórios definidos para todo $t \in \mathbb{R}$. A correlação entre ambos é a função $R_{sg}(\tau) : \mathbb{R} \to \mathbb{C}$ dada por*

$$R_{sg}(\tau) = \mathcal{E}\{s(t+\tau)g(t)^*\} \tag{7.3}$$

Dois sinais são não correlatos *se $R_{sg}(\tau) = \mu_s \mu_g^*$ e são* ortogonais *se $R_{sg}(\tau) = 0$ para todo $\tau \in \mathbb{R}$.*

Desta definição fica claro que estes sinais devem ser estacionários no sentido amplo para que a função correlação entre eles possa depender exclusivamente de $\tau \in \mathbb{R}$. Ou seja, a esperança matemática indicada em (7.3) deve ser invariante (a mesma) para todo $t \in \mathbb{R}$. Com o mesmo raciocínio adotado anteriormente resulta que para todo $\tau \in \mathbb{R}$ ocorre a igualdade $R_{gs}(-\tau) = R_{sg}(\tau)^*$ no caso geral e $R_{gs}(-\tau) = R_{sg}(\tau) \in \mathbb{R}$ no caso de sinais reais. Em particular, para $\tau = 0$ temos

$$R_{sg}(0) = \mathcal{E}\{s(t)g(t)^*\}, \ \forall t \in \mathbb{R} \tag{7.4}$$

O caso mais simples em que a correlação é calculada para apenas um sinal, a saber, $R_{ss}(\tau) = \mathcal{E}\{s(t+\tau)s(t)^*\}$, é denominado autocorrelação e fornece o valor médio do quadrado da intensidade do sinal em qualquer instante de tempo, ou seja, $R_{ss}(0) = \mathcal{E}\{|s(t)|^2\}$, $\forall t \in \mathbb{R}$. Se o sinal for real, então, naturalmente, essa igualdade torna-se $R_{ss}(0) = \mathcal{E}\{s(t)^2\}$, $\forall t \in \mathbb{R}$. O próximo resultado é de fundamental importância para os desenvolvimentos algébricos que faremos em seguida. Ele determina o comportamento estocástico da resposta de um sistema LIT associada a uma entrada que é um sinal aleatório estacionário no sentido amplo. Na verdade os cálculos são feitos levando-se em conta que existe uma dependência linear entre o sinal de saída e o sinal de entrada de qualquer sistema LIT, resultado da convolução com a sua resposta ao impulso.

Lema 7.1 *Considere um sistema LIT com resposta ao impulso $h(t)$. A sua saída $y(t)$ correspondente a um sinal aleatório estacionário no sentido amplo $g(t)$ tem valor médio*

$$\mu_y = \left(\int_{-\infty}^{\infty} h(\theta)d\theta \right) \mu_g \tag{7.5}$$

constante para todo $t \in \mathbb{R}$ e funções correlação

$$\begin{cases} R_{yg}(\tau) &= h(\tau) * R_{gg}(\tau) \\ R_{yy}(\tau) &= h(\tau) * R_{gy}(\tau) \end{cases} \tag{7.6}$$

para todo $\tau \in \mathbb{R}$, independente de $t \in \mathbb{R}$.

228   CAPÍTULO 7. FILTRAGEM ESTOCÁSTICA

Prova: Como sabemos, para uma entrada $g(t)$, o sistema LIT apresenta uma saída que resulta da convolução da sua resposta ao impulso pela entrada, ou seja,

$$y(t) = \int_{-\infty}^{\infty} h(\theta)g(t-\theta)d\theta \tag{7.7}$$

Como $g(t)$ é um sinal aleatório, então $y(t)$ também é um sinal aleatório que depende linearmente de $g(t)$. Assim sendo, aplicando o operador esperança matemática nos dois lados de (7.7) e levando em conta que $\mathcal{E}\{g(t)\} = \mu_g$, para todo $t \in \mathbb{R}$, vem

$$\begin{aligned}
\mathcal{E}\{y(t)\} &= \int_{-\infty}^{\infty} h(\theta)\mathcal{E}\{g(t-\theta)\}\,d\theta \\
&= \left(\int_{-\infty}^{\infty} h(\theta)d\theta\right)\mu_g
\end{aligned} \tag{7.8}$$

o que coloca em clara evidência que a média do sinal de saída é constante para todo $t \in \mathbb{R}$. Isto prova a igualdade (7.5). Por outro lado, temos que

$$\begin{aligned}
\mathcal{E}\{y(t+\tau)g(t)^*\} &= \int_{-\infty}^{\infty} h(\theta)\mathcal{E}\{g(t+\tau-\theta)g(t)^*\}\,d\theta \\
&= \int_{-\infty}^{\infty} h(\theta)R_{gg}(\tau-\theta)d\theta \\
&= h(\tau) * R_{gg}(\tau)
\end{aligned} \tag{7.9}$$

que nada mais é que a primeira igualdade em (7.6). Finalmente, adotando o mesmo procedimento, obtemos

$$\begin{aligned}
\mathcal{E}\{y(t+\tau)y(t)^*\} &= \int_{-\infty}^{\infty} h(\theta)\mathcal{E}\{g(t+\tau-\theta)y(t)^*\}\,d\theta \\
&= \int_{-\infty}^{\infty} h(\theta)R_{gy}(\tau-\theta)d\theta \\
&= h(\tau) * R_{gy}(\tau)
\end{aligned} \tag{7.10}$$

que nada mais é que a segunda igualdade em (7.6). Para obter as três últimas igualdades utilizamos o fato de $\mathcal{E}\{\cdot\}$ ser um operador linear e $h(\theta)$ ser uma função conhecida (determinística). A prova está concluída. $\square$

Este resultado merece alguns comentários. Em primeiro lugar, se um processo estocástico estacionário no sentido amplo passa por um sistema LIT a sua saída é um processo do mesmo tipo. Ainda mais, como esse resultado é válido para

7.2. FILTRAGEM A TEMPO CONTÍNUO

229

qualquer sistema LIT, ele obviamente permanece válido se o sistema for causal, o que significa que $h(\tau) = 0$ para todo $\tau < 0$. Um caso de grande importância emerge como resultado da aplicação do Lema 7.1 em um sinal estacionário no sentido amplo $g(t)$ com imagem real. A saída do sistema LIT também é real e os sinais $g(t)$ e $y(t)$ são conjuntamente estacionários no sentido amplo. Definindo o sinal $z(t)$ com duas componentes reais, na forma

$$z(t) = \left[\begin{array}{c} y(t) \\ g(t) \end{array} \right] \tag{7.11}$$

a sua função de correlação é uma matriz real 2×2 dada por

$$\begin{aligned} R_{zz}(\tau) &= \left[\begin{array}{cc} \mathcal{E}\left\{y(t+\tau)y(t)\right\} & \mathcal{E}\left\{y(t+\tau)g(t)\right\} \\ \mathcal{E}\left\{g(t+\tau)y(t)\right\} & \mathcal{E}\left\{g(t+\tau)g(t)\right\} \end{array} \right] \\ &= \left[\begin{array}{cc} R_{yy}(\tau) & R_{yg}(\tau) \\ R_{gy}(\tau) & R_{gg}(\tau) \end{array} \right] \end{aligned} \tag{7.12}$$

para cada $\tau \in \mathbb{R}$. Assim sendo, as propriedades já elencadas, em particular, $R_{gy}(\tau) = R_{yg}(-\tau)$ e $R_{gg}(\tau) = R_{gg}(-\tau)$ válidas para sinais reais, permitem determinar cada um dos seus elementos, ou seja,

$$R_{zz}(\tau) = \left[\begin{array}{cc} h(\tau) * h(-\tau) & h(\tau) \\ h(-\tau) & \delta(\tau) \end{array} \right] * R_{gg}(\tau) \tag{7.13}$$

e, assim, todas as relações relevantes que são fornecidas pelo Lema 7.1 permitem calcular as correlações cruzadas entre os sinais de entrada e de saída que formam o sinal real de duas componentes $z(t)$, definido para todo $t \in \mathbb{R}$. Um caso interessante e simples ocorre se a entrada for um ruído branco, quando então (7.13) se reduz a

$$R_{zz}(\tau) = \left[\begin{array}{cc} h(\tau) * h(-\tau) & h(\tau) \\ h(-\tau) & \delta(\tau) \end{array} \right] \tag{7.14}$$

onde se nota que os elementos que se encontram fora da diagonal principal não são nulos e, portanto, o sistema LIT é o responsável por impor um determinado nível de correlação entre a saída e a entrada mesmo que esse sinal seja um ruído branco. É interessante notar que um sistema LIT hipotético com a resposta ao impulso $h(\tau)$ e com entrada $R_{gg}(\tau)$ produz na sua saída $R_{yg}(\tau)$. Entretanto, isso não se dá na escala de tempo do sistema, mas sim na da distância temporal $\tau \in \mathbb{R}$ entre os sinais de entrada e de saída, que é a escala de tempo da função correlação. A partir desses resultados a próxima definição é bastante natural e útil.

230 CAPÍTULO 7. FILTRAGEM ESTOCÁSTICA

Definição 7.5 (Densidade espectral de potência) *Seja $s(t)$ um processo estocástico estacionário no sentido amplo. A sua* densidade espectral de potência *é a função $\hat{R}_{ss}(\omega) : \mathbb{R} \to \mathbb{C}$, dada por*

$$\hat{R}_{ss}(\omega) = \mathcal{F}[R_{ss}(\tau)] = \int_{-\infty}^{\infty} R_{ss}(\tau)e^{-j\omega\tau}d\tau \tag{7.15}$$

Ou seja, a densidade espectral de potência é a transformada de Fourier da função correlação de um sinal aleatório estacionário no sentido amplo. Para melhor interpretar esta definição é conveniente calcular a transformada de Fourier inversa para expressar

$$R_{ss}(\tau) = \frac{1}{2\pi} \int_{-\infty}^{\infty} \hat{R}_{ss}(\omega)e^{j\omega\tau}d\omega \tag{7.16}$$

e, assim, determinar

$$\mathcal{E}\left\{|s(t)|^2\right\} = R_{ss}(0) = \frac{1}{2\pi} \int_{-\infty}^{\infty} \hat{R}_{ss}(\omega)d\omega \tag{7.17}$$

que se verifica para todo $t \in \mathbb{R}$ para qualquer processo estocástico estacionário no sentido amplo. Em particular, para sinais reais, que são os de maior interesse, a expressão (7.17) torna-se simplesmente $\mathcal{E}\left\{s(t)^2\right\} = R_{ss}(0)$ e é o motivo pelo qual a transformada de Fourier da função correlação se denomina densidade espectral de potência.

Exemplo 7.3 Considere um sistema LIT com resposta ao impulso $h(t) = e^{-\lambda t}\upsilon(t)$ em que $\lambda > 0$ e seja $g(t)$ um ruído branco definido no Exemplo 7.1. O sinal $y(t)$, saída deste sistema linear correspondente à entrada $g(t)$, é um sinal aleatório estacionário no sentido amplo, com as características que são determinadas pelo Lema 7.1. Como $\mu_g = 0$ e $R_{gg}(\tau) = \delta(\tau)$, então $\mu_y = 0$ e, além disso,

$$\begin{aligned} R_{gy}(\tau) &= h(-\tau) = e^{\lambda\tau}\upsilon(-\tau) \\ R_{yg}(\tau) &= h(\tau) = e^{-\lambda\tau}\upsilon(\tau) \\ R_{yy}(\tau) &= h(\tau) * h(-\tau) = \frac{e^{-\lambda|\tau|}}{2\lambda} \end{aligned}$$

o que nos leva a confirmar que $R_{gy}(\tau) = R_{yg}(-\tau) \in \mathbb{R}$ e $R_{yy}(\tau) = R_{yy}(-\tau) > 0$ para todo $\tau \in \mathbb{R}$. É interessante observar que a igualdade

$$R_{yy}(0) = \int_{-\infty}^{\infty} h(t)^2 dt$$

não é uma coincidência deste exemplo. Ela é verdadeira sempre que um sistema LIT assintoticamente estável for excitado por um ruído branco. $\square$

7.2. FILTRAGEM A TEMPO CONTÍNUO

Para esta importante classe de sinais aleatórios, que são estacionários no sentido amplo, a função densidade espectral de potência apresenta duas propriedades surpreendentes, conforme são enunciadas no próximo lema.

Lema 7.2 *Seja $s(t)$ um sinal real, não nulo e estacionário no sentido amplo. A sua densidade espectral de potência é real e satisfaz $\hat{R}_{ss}(\omega) = \hat{R}_{ss}(-\omega) \geq 0$, $\forall \omega \in \mathbb{R}$.*

Prova: Vamos inicialmente provar que se trata de uma função com imagem real. Como o sinal $s(t)$ é, por hipótese, real, então sabemos que a correlação é uma função com imagem real e satisfaz a condição $R_{ss}(\tau) = R_{ss}(-\tau)$ para todo $\tau \in \mathbb{R}$ e, assim, o cálculo do conjugado de (7.15) resulta em

$$
\begin{aligned}
\hat{R}_{ss}(\omega)^* &= \int_{-\infty}^{\infty} R_{ss}(\tau)e^{j\omega\tau}d\tau \\
&= \int_{-\infty}^{\infty} R_{ss}(-\theta)e^{-j\omega\theta}d\theta \\
&= \hat{R}_{ss}(\omega) \qquad\qquad (7.18)
\end{aligned}
$$

Entretanto, como $\hat{R}_{ss}(\omega)^* = \hat{R}_{ss}(-\omega)$, temos que $\hat{R}_{ss}(\omega) = \hat{R}_{ss}(-\omega) \in \mathbb{R}$, $\forall \omega \in \mathbb{R}$. Por outro lado, escolhendo o filtro passa-faixa ideal com função de transferência $H(\omega) = 1$ para $||\omega| - \omega_0| \leq \Delta$ e $H(\omega) = 0$, caso contrário, em que $\omega_0 \in \mathbb{R}_+$ é uma frequência arbitrária e $\Delta > 0$ é arbitrariamente pequeno, verifica-se que se trata de um sistema LIT não causal com resposta ao impulso $h(t) = (2\Delta/\pi)\cos(\omega_0 t)\text{sinc}(\Delta t)$ para todo $t \in \mathbb{R}$. Assim sendo, o Lema 7.1 se aplica. Considerando $s(t)$ como o sinal de entrada e $y(t)$ o sinal de saída correspondente, ele nos leva a $R_{yy}(\tau) = h(\tau) * h(-\tau) * R_{ss}(\tau)$ e, assim,

$$
\begin{aligned}
\mathcal{E}\{y(t)^2\} &= \frac{1}{2\pi} \int_{-\infty}^{\infty} \hat{R}_{yy}(\omega)d\omega \\
&= \frac{1}{2\pi} \int_{-\infty}^{\infty} |H(\omega)|^2 \hat{R}_{ss}(\omega)d\omega \\
&\approx \frac{2\Delta}{\pi}\hat{R}_{ss}(\omega_0) \qquad\qquad (7.19)
\end{aligned}
$$

Como $\Delta > 0$ é arbitrariamente pequeno e $\mathcal{E}\{y(t)^2\} \geq 0$, a equação (7.19) implica que a densidade espectral de potência é não negativa para todo $\omega_0 \in \mathbb{R}$, o que prova o lema proposto. $\qquad\square$

Como consequência desse lema podemos afirmar que para qualquer processo estocástico estacionário no sentido amplo $s(t)$ com imagem real, a sua densidade

232   CAPÍTULO 7. FILTRAGEM ESTOCÁSTICA

espectral de potência $\hat{R}_{ss}(\omega)$ também é uma função com imagem real. Entretanto, esta afirmação não é válida para dois processos estocásticos conjuntos. De fato, a aplicação da transformada de Fourier em (7.13) leva a

$$\hat{R}_{zz}(\omega) = \begin{bmatrix} H(\omega)H(\omega)^* & H(\omega) \\ H(\omega)^* & 1 \end{bmatrix} \hat{R}_{gg}(\omega) \tag{7.20}$$

o que permite determinar $\hat{R}_{yy}(\omega) = |H(\omega)|^2 \hat{R}_{gg}(\omega)$, que é real pois $\hat{R}_{gg}(\omega)$ é real, mas $\hat{R}_{yg}(\omega) = H(\omega)\hat{R}_{gg}(\omega)$ e $\hat{R}_{gy}(\omega) = H(\omega)^* \hat{R}_{gg}(\omega) = \hat{R}_{yg}(\omega)^*$ em geral não são reais pois $H(\omega)$ não é real. Finalmente, devemos notar que se $g(t)$ for um ruído branco a sua densidade espectral de potência é $\hat{R}_{gg}(\omega) = 1$, $\forall \omega \in \mathbb{R}$. Este resultado permite interpretar o ruído branco como sendo um sinal que atua em todas as faixas de frequências, indistintamente, no que se refere à correlação que ele produz entre os sinais de entrada e de saída de um sistema LIT.

Exemplo 7.4 Desejamos verificar o que ocorre com um sinal quando a sua densidade espectral de potência se anula em uma determinada frequência $\omega = \omega_0 \in \mathbb{R}$. Considere um sistema LIT com resposta ao impulso $h(t) = 1$, $|t| \leq T$ e zero fora deste intervalo, sendo $T > 0$ um escalar dado. A sua função de transferência $H(\omega) = 2T \operatorname{sinc}(\omega T)$ resulta da transformada de Fourier de $h(t)$. Se este sistema LIT (não causal) for excitado por um ruído branco, o sinal de saída correspondente $s(t)$ tem média nula e autocorrelação

$$R_{ss}(\tau) = h(\tau) * h(-\tau) = \begin{cases} 2T - |\tau| &, \quad |\tau| \leq 2T \\ 0 &, \quad |\tau| > 2T \end{cases}$$

cuja transformada de Fourier fornece a sua densidade espectral de potência

$$\hat{R}_{ss}(\omega) = |H(\omega)|^2 = 4T^2 \operatorname{sinc}(\omega T)^2$$

Para $\omega = \omega_0 = \pi/T$ é claro que $\hat{R}_{ss}(\omega_0) = 0$. Considere agora como entrada do mesmo sistema LIT o sinal $g(t) = re^{j\omega_0 t}$, em que r é uma variável aleatória com média nula e variância unitária. Este sinal que tem média nula e função correlação $R_{gg}(\tau) = e^{j\omega_0 \tau}$ é estacionário no sentido amplo. Denotando $y(t)$ a saída correspondente, obtemos a função correlação $\hat{R}_{yy}(\omega) = 2\pi |H(\omega)|^2 \delta(\omega - \omega_0)$ e também

$$\begin{aligned} \mathcal{E}\{|y(t)|^2\} &= \frac{1}{2\pi} \int_{-\infty}^{\infty} \hat{R}_{yy}(\omega) d\omega \\ &= \int_{-\infty}^{\infty} |H(\omega)|^2 \delta(\omega - \omega_0) d\omega \\ &= |H(\omega_0)|^2 = 0 \end{aligned}$$

Como $y(t)$ é um sinal estacionário no sentido amplo, esta última relação impõe que $y(t) = 0$ para cada $t \in \mathbb{R}$ com probabilidade um. Neste caso, a excitação por um sinal senoidal com frequência constante e amplitude aleatória gera uma resposta nula. Se a densidade espectral de potência for estritamente positiva esta situação muito peculiar não ocorre. $\quad\square$

7.2. FILTRAGEM A TEMPO CONTÍNUO

Estamos em condições de apresentar um dos mais importantes resultados deste capítulo. Trata-se do célebre filtro de Wiener a tempo contínuo que opera em um ambiente de sinais aleatórios estacionários no sentido amplo. Ademais, como acabamos de discutir, vamos nos restringir ao estudo da classe de filtros LIT, que são caracterizados pela sua resposta ao impulso unitário $f(t)$. Inicialmente, é preciso estabelecer claramente o problema que desejamos resolver. De fato, a partir do que foi até aqui apresentado, o problema que define o filtro ótimo se expressa na forma

$$\min_{F(\omega)} \frac{1}{2\pi} \int_{-\infty}^{\infty} \hat{R}_{\varepsilon\varepsilon}(\omega) d\omega \tag{7.21}$$

em que, segundo estabelecido em (7.1), o filtro produz a saída $y(t) = f(t) * g(t)$ correspondente à entrada $g(t) = s(t) + r(t)$ que, juntos, determinam o erro de estimação $\varepsilon(t) = s(t) - y(t)$ para todo $t \in \mathbb{R}$. A solução ótima de (7.21) minimiza o erro médio quadrático de estimação $\mathcal{E}\{|\varepsilon(t)|^2\}$. O leitor deve comparar (7.21) com o problema (6.12) que permite obter o filtro de Wiener determinístico. A semelhança entre ambos é notável. O mesmo argumento que foi utilizado naquela oportunidade pode ser novamente empregado para afirmar que o problema de síntese (7.21) pode ser reescrito na forma mais simples

$$\min_{F(\omega)} \hat{R}_{\varepsilon\varepsilon}(\omega), \ \forall \omega \in \mathbb{R} \tag{7.22}$$

Torna-se aparente que os dois problemas são idênticos inclusive no que diz respeito ao fato de que as duas funções objetivos dependem de forma quadrática da função de transferência do filtro em cada frequência do espectro. Embora os dois problemas sejam estruturalmente idênticos, eles são numericamente diferentes e se aplicam em ambientes definidos por sinais de naturezas diversas.

Teorema 7.1 (Filtro de Wiener) *Considere que os sinais $s(t)$ e $g(t)$ sejam sinais aleatórios, reais, estacionários no sentido amplo e que $\hat{R}_{gg}(\omega) > 0$, $\forall \omega \in \mathbb{R}$. A solução ótima do problema (7.22) é dada por*

$$F_w(\omega) = \frac{\hat{R}_{sg}(\omega)}{\hat{R}_{gg}(\omega)} \tag{7.23}$$

Prova: Como foi dito há pouco, a variável independente $\omega \in \mathbb{R}$ pode ser omitida pois a fórmula do filtro ótimo fica inalterada para toda $\omega \in \mathbb{R}$. A hipótese de que os sinais $s(t)$ e $g(t)$ são reais, aleatórios e estacionários no sentido amplo assegura, pelo resultado do Lema 7.1, que o mesmo ocorre com o erro de estimação $\varepsilon(t)$ dado em (7.22). Assim sendo, lembrando que o erro de estimação é dado por $\varepsilon(t) = s(t) - y(t)$, a função objetivo em (7.22) fica

$$\hat{R}_{\varepsilon\varepsilon} = \hat{R}_{ss} - \hat{R}_{sy} - \hat{R}_{ys} + \hat{R}_{yy} \tag{7.24}$$

234   CAPÍTULO 7. FILTRAGEM ESTOCÁSTICA

mas, como $y(t) = f(t) * g(t)$, o mesmo procedimento utilizado na prova do Lema 7.1 revela que

$$
\begin{aligned}
\hat{R}_{\varepsilon\varepsilon}(\omega) &= \hat{R}_{ss} - F^*\hat{R}_{sg} - \hat{R}_{sg}^*F + |F|^2\hat{R}_{gg} \\
&= \hat{R}_{ss} - \frac{|\hat{R}_{sg}|^2}{\hat{R}_{gg}} + \frac{|\hat{R}_{sg} - F\hat{R}_{gg}|^2}{\hat{R}_{gg}}
\end{aligned}
\tag{7.25}
$$

sendo que a fatoração indicada foi possível de ser feita com base na hipótese de que $\hat{R}_{gg}$ é um número real positivo. A parcela que consta no lado direito de (7.25) e que depende da escolha do filtro deve ser minimizada. Portanto, com a mesma maneira de proceder já adotada na prova do Teorema 6.1, verifica-se que o filtro de Wiener deve satisfazer $\hat{R}_{sg} - F_w\hat{R}_{gg} = 0$, o que leva a (7.23) e a prova está concluída. $\qquad\square$

Algumas considerações a respeito deste célebre resultado devem ser ressaltadas. Em primeiro lugar, o valor do índice de desempenho proporcionado pelo filtro de Wiener é o melhor possível e corresponde ao mínimo erro médio quadrático de estimação, dado por

$$
\mathcal{E}\left\{\varepsilon(t)^2\right\} = \frac{1}{2\pi}\int_{-\infty}^{\infty}\left(\hat{R}_{ss}(\omega) - \frac{|\hat{R}_{sg}(\omega)|^2}{\hat{R}_{gg}(\omega)}\right)d\omega
\tag{7.26}
$$

onde se nota que o integrando é uma função real, o que facilita os cálculos. É claro que o resultado é sempre não negativo, mas pode ser bastante reduzido, a depender da covariância entre os sinais $s(t)$ e $g(t)$, que é de onde o filtro extrai as informações necessárias para construir a melhor estimação possível de s a partir de g. Em segundo lugar, é preciso discutir as hipóteses sobre as quais repousa o resultado do Teorema 7.1. Como por hipótese, os sinais aleatórios $s(t)$ e $r(t)$ são reais e estacionários no sentido amplo, então o sinal $g(t) = s(t) + r(t)$ também será real e estacionário no sentido amplo. Ademais, se também forem ortogonais, simples cálculos indicam que $R_{sg}(\tau) = R_{ss}(\tau)$ e $R_{gg}(\tau) = R_{ss}(\tau) + R_{rr}(\tau)$ para todo $\tau \in \mathbb{R}$, fazendo com que o filtro de Wiener assuma a sua forma mais conhecida

$$
F_w(\omega) = \frac{\hat{R}_{ss}(\omega)}{\hat{R}_{ss}(\omega) + \hat{R}_{rr}(\omega)}
\tag{7.27}
$$

desde que $\hat{R}_{gg}(\omega) > 0$. O Lema 7.2 implica que isto ocorre sempre que $\hat{R}_{rr}(\omega) > 0$, o que é uma hipótese usual. Por exemplo, se o ruído for branco, temos $\hat{R}_{rr}(\omega) = 1$ para toda $\omega \in \mathbb{R}$. A partir de (7.27), o Lema 7.2 também permite concluir que

7.2. FILTRAGEM A TEMPO CONTÍNUO

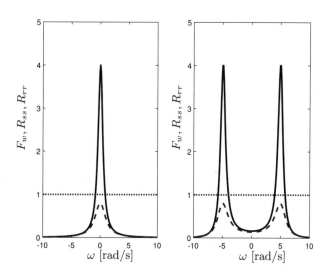

Figura 7.1: Filtro de Wiener

$F_w(\omega) = F_w(-\omega)$, o que, através da transformada de Fourier inversa, nos leva a

$$\begin{aligned} f_w(-t) &= \frac{1}{2\pi} \int_{-\infty}^{\infty} F_w(\omega) e^{-j\omega t} d\omega \\ &= \frac{1}{2\pi} \int_{-\infty}^{\infty} F_w(-\theta) e^{j\theta t} d\theta \\ &= \frac{1}{2\pi} \int_{-\infty}^{\infty} F_w(\theta) e^{j\theta t} d\theta = f_w(t) \end{aligned} \qquad (7.28)$$

e, assim como $f_w(t) \neq 0$ para algum $t < 0$, podemos afirmar que sempre, segundo as hipóteses usuais que aqui foram adotadas, o filtro de Wiener (7.27) é não causal. Isto pode de fato acontecer, pois a restrição de causalidade não foi levada em conta na prova do Teorema 7.1. Impor esta restrição no domínio da frequência é possível, mas vai além do escopo deste livro. Entretanto, como veremos mais adiante, esta restrição pode ser imposta de forma aproximada, sem grandes dificuldades, no domínio do tempo.

Exemplo 7.5 Considere um sinal $s(t)$ com densidade espectral de potência $\hat{R}_{ss}(\omega) = |H(\omega)|^2$, em que $H(\omega) = H(s)|_{s=j\omega}$ é a função de transferência de um sistema LIT causal com resposta ao impulso $h(t)$. O sinal $s(t)$ é qualquer sinal estacionário no sentido amplo gerado por este sistema tendo como entrada um ruído branco. É claro que a escolha de $H(\omega)$ especifica sinais com frequências em uma faixa desejada. Considerando $r(t)$ um

236   CAPÍTULO 7. FILTRAGEM ESTOCÁSTICA

ruído branco independente do primeiro com densidade espectral de potência $\hat{R}_{rr}(\omega) = 1$, o filtro de Wiener pode ser calculado com (7.27). A Figura 7.1 mostra $F_w(\omega)$ para dois casos distintos, a saber,

$$H(s) = \frac{2}{2s+1}, \; H(s) = \frac{10}{s^2 + s + 25}$$

Em cada uma das partes da figura mencionada aparecem as densidades espectrais do sinal em linha contínua, do ruído em linha pontilhada e a função de transferência do filtro de Wiener em linha tracejada. Como o ruído atua de forma uniforme em todo o espectro, a filtro se adapta à forma da densidade espectral do sinal.

Por último, considere um sinal de baixa frequência com densidade espectral de potência $\hat{R}_{ss}(\omega) = 1$ para $|\omega| \leq W$ e nula fora deste intervalo. O ruído a ele adicionado é branco de tal forma a atingir igualmente todas as frequências do espectro. O Teorema 7.1 fornece

$$F_w(\omega) = \begin{cases} 1/2 & , & |\omega| \leq W \\ 0 & , & |\omega| > W \end{cases}$$

cuja resposta ao impulso é $f_w(t) = (W/(2\pi))\mathrm{sinc}(Wt)$ para todo $t \in \mathbb{R}$. Como era esperado, todos esses filtros são não causais. □

Não há dificuldade alguma para realizar o processo de *deconvolução* em um ambiente estocástico. Como já vimos, basta considerar $g(t) = h(t) * s(t) + r(t)$ para todo $t \in \mathbb{R}$, em que $h(t)$ é a resposta ao impulso de um sistema LIT com função de transferência $H(s)$ conhecida. Se os sinais $s(t)$ e $r(t)$ forem reais, estacionários no sentido amplo e ortogonais, então $g(t)$ também é estacionário no sentido amplo e, com auxílio do Lema 7.1, as seguintes correlações conjuntas são determinadas: $R_{sg}(\tau) = h(-\tau) * R_{ss}(\tau)$ e $R_{gg}(\tau) = h(\tau) * h(-\tau) * R_{ss}(\tau) + R_{rr}(\tau)$. O filtro de Wiener, dado por (7.23), pode ser escrito na forma final

$$F_w(\omega) = \left(\frac{1}{H(\omega)}\right) \left(\frac{|H(\omega)|^2}{|H(\omega)|^2 + \frac{\hat{R}_{rr}(\omega)}{\hat{R}_{ss}(\omega)}}\right) \tag{7.29}$$

De maneira similar àquela feita no caso de filtragem determinística, definimos a *relação sinal/ruído* como sendo

$$\hat{R}_{s/r}(\omega) = \frac{\hat{R}_{ss}(\omega)}{\hat{R}_{rr}(\omega)} \tag{7.30}$$

com a qual se nota que, nas frequências nas quais o sinal é preponderante, a relação sinal/ruído é alta e o filtro se aproxima de $F_w(\omega) \approx 1/H(\omega)$. Se $H(s)$ tiver igual número de zeros e de polos este filtro-limite é causal, caso contrário é não causal.

7.2. FILTRAGEM A TEMPO CONTÍNUO

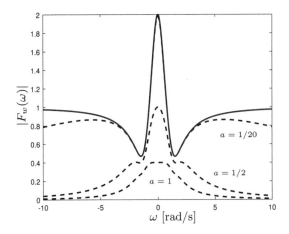

Figura 7.2: Deconvolução

Exemplo 7.6 Considere o sinal $s(t)$ e a resposta ao impulso $h(t)$ tais que

$$\hat{R}_{ss}(\omega) = \frac{1}{|1+j\omega|^2}, \quad H(\omega) = \frac{(1+j\omega)^2}{(1/2+j\omega)^2 + 7/4}$$

O ruído $r(t)$ é branco definido por $\hat{R}_{rr}(\omega) = a^2$ para $\forall \omega \in \mathbb{R}$, em que $a \in \mathbb{R}$ é um parâmetro a ser definido em seguida. O sinal $s(t)$ foi sintetizado a partir de um filtro passa-baixas com frequência de corte 1 [rad/s]. A Figura 7.2 mostra em linha cheia o módulo da transformada de Fourier de $1/H(\omega)$ e em linhas tracejadas o filtro $F_w(\omega)$ obtido com (7.29) para $a = 1$, $a = 1/2$ e $a = 1/20$. É interessante comparar este filtro de Wiener com a sua versão determinística que foi apresentada no Exemplo 6.4. Ambos são muito parecidos para cada valor do parâmetro a considerado. □

Não surpreende que o filtro de Wiener seja, em muitos casos, um sistema LIT não causal. O motivo é que a função de transferência do filtro de Wiener $F_w(\omega)$ resulta da solução do problema (7.22), que não incorpora nenhuma restrição de causalidade. Aliás, impor este tipo de restrição no domínio da frequência é possível, mas requer lançar mão de alguns conceitos matemáticos que vão além do escopo deste livro. Entretanto, impor causalidade no domínio do tempo é simples e vale a pena explorar esta possibilidade. Neste sentido, o erro de estimação produzido por um filtro com resposta ao impulso $f(t)$ permite determinar

$$\mathcal{E}\{\varepsilon(t)^2\} = \mathcal{E}\left\{\left(s(t) - \int_{-\infty}^{\infty} f(\theta)g(t-\theta)d\theta\right)^2\right\} \quad (7.31)$$

238   CAPÍTULO 7. FILTRAGEM ESTOCÁSTICA

que é a função objetivo do problema (7.21), mas expressa no domínio do tempo.
Para obter o filtro ótimo, observamos que (7.31) é uma forma quadrática de
$f(t)$, $\forall t \in \mathbb{R}$ e, assim, a otimalidade requer que a sua derivada parcial em relação
a $f(\tau)$, $\forall \tau \in \mathbb{R}$ seja nula. Invertendo a ordem das operações de esperança matemática e de diferenciação obtemos a condição que caracteriza a resposta em
frequência do filtro de Wiener, qual seja,

$$\mathcal{E}\left\{\left(s(t) - \int_{-\infty}^{\infty} f_w(\theta)g(t-\theta)d\theta\right)g(t-\tau)\right\} = 0 \qquad (7.32)$$

para todo $\tau \in \mathbb{R}$. Com a mudança de variável $t' = t - \tau$ o cálculo das correlações
indicadas mostra que esta equação se escreve de uma forma mais conveniente:

$$R_{sg}(\tau) = \int_{-\infty}^{\infty} f_w(\theta)R_{gg}(\tau-\theta)d\theta \qquad (7.33)$$

É claro que a transformada de Fourier desta equação reproduz (7.23). Entretanto,
exatamente como foi feito no âmbito de filtragem determinística, esta formulação
permite impor uma solução causal através de $f_w(\tau) = 0$ para todo $\tau < 0$. Assim procedendo, obtemos um filtro com *resposta ao impulso infinita - RII*. Em
muitos casos, é ainda possível calcular uma solução bastante precisa impondo
também $f_w(\tau) = 0$ para todo $\tau > T_w$ em que T_w é suficientemente grande. Deste
procedimento resulta a condição

$$R_{sg}(\tau) = \int_{0}^{T_w} f_w(\theta)R_{gg}(\tau-\theta)d\theta \qquad (7.34)$$

que, ao ser resolvida, para todo τ no intervalo de tempo de interesse, produz um
filtro de Wiener aproximado com *resposta ao impulso finita - RIF*. A questão que
se coloca é como resolver (7.34) para determinar $f_w(\tau)$ sendo dadas as correlações
conjuntas $R_{sg}(\tau)$ e $R_{gg}(\tau)$ para todo $\tau \in [0, T_w]$. Como se trata de uma equação
linear, isso sempre pode ser feito desde que se introduza uma aproximação que
consiste em discretizá-la com um período de amostragem $T = T_w/N$, em que N
é um número inteiro positivo suficientemente grande. Ademais, considera-se o
filtro acoplado a um segurador de ordem zero de tal forma que $f_w(\tau) = f_w(iT)$
para todo τ restrito ao intervalo de tempo $\tau \in [iT, (i+1)T)$, $i \in [0, N-1]$. A

7.2. FILTRAGEM A TEMPO CONTÍNUO

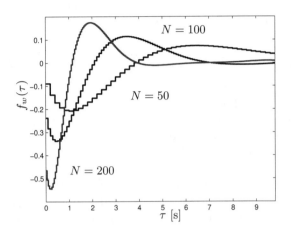

Figura 7.3: Filtro de Wiener causal

equação (7.34) avaliada nos instantes de amostragem $\tau = kT$ torna-se

$$\begin{aligned}
R_{sg}(kT) &= \sum_{i=0}^{N-1} \int_{iT}^{(i+1)T} f_w(\theta) R_{gg}(kT - \theta) d\theta \\
&= \sum_{i=0}^{N-1} f_w(iT) \int_{iT}^{(i+1)T} R_{gg}(kT - \theta) d\theta \\
&= T \sum_{i=0}^{N-1} f_w(iT) R_{gg}(kT - iT)
\end{aligned} \quad (7.35)$$

para todo $k \in [0, N-1]$. O filtro ótimo procurado (com as aproximações adotadas) resulta de um sistema linear de N equações com N incógnitas. Mesmo que não apresente uma estrutura particular, o fato de ser linear, faz com que possa ser resolvido com N bastante grande. Este importante aspecto numérico, que envolve a solução de um problema de grande dimensão, é ilustrado através do próximo exemplo, no qual manipula-se um problema de real interesse prático.

Exemplo 7.7 Considere os sinais estacionários no sentido amplo $s(t) = h_s(t) * w(t)$ e $g(t) = h_g(t) * w(t) + r(t)$, em que $w(t)$ e $r(t)$ são ruídos brancos não correlatos e

$$H_s(\omega) = \left. \frac{s^2 - 3s - 1}{s^3 + 3s^2 + 2s + 1} \right|_{s=j\omega}, \quad H_g(\omega) = \left. \frac{s^2 + 4s + 6}{s^3 + 3s^2 + 2s + 1} \right|_{s=j\omega}$$

são funções de transferência causais. Determinamos imediatamente $R_{sg}(\tau) = h_s(\tau) * h_g(-\tau)$ e $R_{gg}(\tau) = h_g(\tau) * h_g(-\tau) + \delta(\tau)$. Consideramos $T_w = 10$ [s], $N = \{50, 100, 200\}$

240   *CAPÍTULO 7. FILTRAGEM ESTOCÁSTICA*

e representamos as funções correlação e autocorrelação por 200 pontos igualmente espaçados no intervalo de tempo $[0, T_w]$. Como a função autocorrelação tem um impulso em $\tau = 0$, o sistema linear de equações (7.35) torna-se

$$R_{sg}(kT) = f_w(kT) + (T_w/N) \sum_{i=0}^{N-1} f_w(iT) R_{gg}(kT - iT)$$

para todo $k \in [0, N - 1]$. A Figura 7.3 mostra a resposta ao impulso de cada filtro de Wiener causal que foi obtido conforme os valores de N considerados. É notável que, para $N = 200$, resolvemos um sistema linear com 200 equações acopladas e 200 incógnitas sem nenhuma dificuldade numérica a ser relatada. □

Os cálculos e o exemplo que acabamos de resolver colocam em clara evidência que uma aproximação causal do filtro de Wiener pode ser determinada, sem grandes dificuldades, a partir da solução de um sistema de equações lineares, o qual, em geral, tem dimensão elevada para que o resultado seja obtido com uma precisão adequada. Assim procedendo, temos a resposta ao impulso $f_w(\tau)$ para $0 \leq \tau \leq T_w$ e zero para $\tau \in \mathbb{R}$ fora deste intervalo. Se for necessário, a função de transferência do filtro $F_w(\omega)$ pode ser determinada numericamente a partir da transformada de Fourier da sua resposta ao impulso.

7.3 Filtragem a Tempo Discreto

Os processos estocásticos a tempo discreto são estudados de maneira bastante similar, ou até de maneira mais simples, que os seus homônimos a tempo contínuo. Esta afirmação baseia-se no fato de que as probabilidades conjuntas são caracterizadas e manipuladas de maneira mais direta. A variável independente tempo evolui em $k \in \mathbb{Z}$ e o nosso objetivo é projetar o filtro de Wiener através do cálculo da sua resposta ao impulso $f(k)$ com $k \in \mathbb{Z}$ ou, de forma equivalente, da sua função de transferência $F(\omega)$ com $\omega \in \Omega$, em que Ω denota um intervalo real de comprimento 2π, por exemplo, $\Omega = [-\pi, \pi]$. Como temos feito, vamos seguir de perto o que já foi desenvolvido no âmbito de sinais e sistemas a tempo contínuo. Caracterizamos um processo estocástico a tempo discreto $s(k)$, com domínio $\mathbb{Z}$ e imagem em $\mathbb{C}$, por sua função distribuição de probabilidade $F_s(\xi, k) = p(s(k) \leq \xi)$ definida para todo $\xi \in \mathbb{R}$, a qual, após simples diferenciação, resulta na função densidade de probabilidade $f_s(\xi, k) = \partial F_s(\xi, k)/\partial \xi$.

Definição 7.6 (Processo estocástico estacionário - sentido estrito) *O sinal a tempo discreto $s(k)$ é um processo estocástico estacionário no sentido estrito se $f_s(\xi, k) = f_s(\xi)$ para todo $\xi \in \mathbb{R}$ e todo $k \in \mathbb{Z}$.*

7.3. FILTRAGEM A TEMPO DISCRETO
241

O sinal aleatório $s(k)$ obviamente pode variar em cada instante de tempo, mas segundo uma função densidade de probabilidade que é invariante. Um conceito similar, um pouco mais abrangente, é dado a seguir.

Definição 7.7 (Processo estocástico estacionário - sentido amplo) *O sinal a tempo discreto $s(k)$ é um* processo estocástico estacionário no sentido amplo *se $\mathcal{E}\{s(k)\} = \mu_s$ e $\mathcal{E}\{s(k+n)s(k)^*\} = R_{ss}(n)$ para todo $k \in \mathbb{Z}$ e $n \in \mathbb{Z}$.*

Observe que esta definição abrange sinais com imagem complexa. Estacionariedade no sentido amplo requer que o sinal tenha média constante em relação ao tempo e tenha correlação entre as variáveis aleatórias $s(k+n)$ e $s(k)$ invariante em relação a $k \in \mathbb{Z}$. Com a mudança de variável $k' = k - n$, decorre desta definição que $R_{ss}(-n) = \mathcal{E}\{s(k-n)s(k)^*\} = \mathcal{E}\{s(k')s(k'+n)^*\} = R_{ss}(n)^*$ para todo $n \in \mathbb{Z}$. Se $s(k)$ for um sinal com imagem real, então $R_{ss}(-n) = R_{ss}(n)^* = R_{ss}(n)$. É claro que, por ser mais restrita, a estacionariedade no sentido estrito implica na estacionariedade no sentido amplo. O contrário em geral não acontece.

Exemplo 7.8 (Ruído branco) O sinal $r(k)$ é um *ruído branco* se $\mathcal{E}\{r(k)\} = 0$ e $\mathcal{E}\{r(k+n)r(k)\} = R_{rr}(n) = \delta(n)$ para todo $k \in \mathbb{Z}$ e $n \in \mathbb{Z}$. No presente caso fica claro que a dependência estatística ocorre apenas quando $n = 0$. Por definição, a sua média é nula e a sua variância é unitária. Trata-se, desta forma, de um processo estocástico no sentido amplo. □

Exemplo 7.9 (Série de exponenciais complexas) Considere um sinal obtido pela combinação linear de exponenciais complexas em que $\omega_i \in \mathbb{R}$ para todo $i \in \mathbb{Z}$ são valores dados.
$$s(k) = \sum_{i \in \mathbb{Z}} c_i e^{j\omega_i k}$$
Cada escalar $c_i \in \mathbb{C}$ é uma variável aleatória com média nula $\mathcal{E}\{c_i\} = 0$, variância $\mathcal{E}\{|c_i|^2\} = \sigma_i^2$ para todo $i \in \mathbb{Z}$ e não são correlatos entre si. O cálculo da média revela que $\mathcal{E}\{s(k)\} = 0$ e também que
$$\begin{aligned} \mathcal{E}\{s(k+n)s(k)^*\} &= \sum_{i \in \mathbb{Z}} \sum_{m \in \mathbb{Z}} \mathcal{E}\{c_i c_m^*\} e^{j\omega_i(k+n)} e^{-j\omega_m k} \\ &= \sum_{i \in \mathbb{Z}} \sigma_i^2 e^{j\omega_i n} \end{aligned}$$
o que permite concluir que se trata de um sinal estacionário no sentido amplo. Para impor que $s(k)$ seja um sinal real basta considerar $c_{-i} = c_i^*$ e $\omega_{-i} = -\omega_i$ para todo $i \in \mathbb{N}$. Neste caso, com $\sigma_{-i}^2 = \sigma_i^2$ para todo $i \in \mathbb{N}$, a média do sinal $s(k)$ continua nula e
$$\begin{aligned} \mathcal{E}\{s(k+n)s(k)^*\} &= \sum_{i \in \mathbb{Z}} \sigma_i^2 e^{j\omega_i n} \\ &= \sigma_0^2 + 2 \sum_{i=1}^{\infty} \sigma_i^2 \cos(\omega_i n) \end{aligned}$$

242 CAPÍTULO 7. FILTRAGEM ESTOCÁSTICA

de tal forma que obtemos um sinal $s(k)$ estacionário no sentido amplo com imagem real. A comparação com o Exemplo 7.2 mostra que as mesmas propriedades dos sinais a tempo contínuo permanecem válidas para sinais a tempo discreto. □

A estacionariedade estatística dos sinais em estudo é uma hipótese que, além de ser bastante realista em termos práticos, viabiliza o estudo e o projeto de filtros de maneira simples e acessível. O que caracteriza este conceito é a invariância em relação ao tempo. Desta forma, o fator preponderante é a aleatoriedade do processo, e não a sua variação temporal. Tendo como base esta observação, a seguir, o célebre filtro de Wiener é determinado no âmbito de sinais e estacionários no sentido amplo. Em diversas situações, deixamos claro que os resultados apresentados se restringem a sinais com imagem real, os mais importantes de serem considerados.

7.3.1 O Filtro de Wiener

O aspecto central que é responsável pela importância teórica e prática do filtro de Wiener é a sua otimalidade. Mesmo no âmbito de sinais aleatórios, este filtro estabelece um paradigma de desempenho, o qual, em muitos casos, não é atingido pois o filtro que resulta das condições de otimalidade do problema de síntese não é causal. A possível determinação de um filtro de Wiener causal é discutida em detalhes e se dá no domínio do tempo onde a restrição de causalidade é imposta de maneira mais natural. O conceito de *correlação* também é estratégico no contexto de sinais estacionários no sentido amplo a tempo discreto.

Definição 7.8 (Correlação) *Sejam $s(k)$ e $g(k)$ dois sinais aleatórios definidos para todo $k \in \mathbb{Z}$. A correlação entre ambos é a função $R_{sg}(n) : \mathbb{Z} \to \mathbb{C}$ dada por*

$$R_{sg}(n) = \mathcal{E}\{s(k+n)g(k)^*\} \tag{7.36}$$

Dois sinais são não correlatos *se $R_{sg}(n) = \mu_s \mu_g^*$ e são* ortogonais *se $R_{sg}(n) = 0$ para todo $n \in \mathbb{Z}$.*

Como os sinais são estacionários no sentido amplo, é natural que a correlação entre eles não dependa de $k \in \mathbb{Z}$, mas apenas de $n \in \mathbb{Z}$. Ou seja, a esperança matemática indicada em (7.36) deve ser invariante (a mesma) para todo $k \in \mathbb{Z}$. Com o mesmo raciocínio adotado anteriormente, para todo $n \in \mathbb{Z}$ ocorre a igualdade $R_{gs}(-n) = R_{sg}(n)^*$ no caso geral e $R_{gs}(-n) = R_{sg}(n) \in \mathbb{R}$ no caso de sinais reais. Em particular, para $n = 0$ temos

$$R_{sg}(0) = \mathcal{E}\{s(k)g(k)^*\}, \ \forall k \in \mathbb{Z} \tag{7.37}$$

7.3. FILTRAGEM A TEMPO DISCRETO

A autocorrelação, que é a correlação de um sinal com ele próprio, é dada por $R_{ss}(n) = \mathcal{E}\{s(k+n)s(k)^*\}$ e se iguala ao valor médio do quadrado da intensidade do sinal em qualquer instante de tempo, ou seja, $R_{ss}(0) = \mathcal{E}\{|s(k)|^2\}$, $\forall k \in \mathbb{Z}$, que se torna $R_{ss}(0) = \mathcal{E}\{s(k)^2\}$, $\forall k \in \mathbb{Z}$, sempre que o sinal for real. O próximo resultado mostra como a correlação entre sinais de entrada e de saída de um sistema LIT deve ser calculada. Ela depende basicamente da resposta ao impulso do sistema que através da convolução discreta modifica a função correlação. Ademais, esses sinais permanecem estacionários no sentido amplo.

Lema 7.3 *Considere um sistema LIT com resposta ao impulso $h(k)$ e função de transferência $H(\omega)$. A sua saída $y(k)$ correspondente a um sinal aleatório estacionário no sentido amplo $g(k)$, tem valor médio*

$$\mu_y = \left(\sum_{m=-\infty}^{\infty} h(m) \right) \mu_g \tag{7.38}$$

constante para todo $k \in \mathbb{Z}$ e funções correlação

$$\begin{cases} R_{yg}(n) &= h(n) * R_{gg}(n) \\ R_{yy}(n) &= h(n) * R_{gy}(n) \end{cases} \tag{7.39}$$

para todo $n \in \mathbb{Z}$, independente de $k \in \mathbb{Z}$.

Prova: A saída $y(k)$ do sistema LIT correspondente à entrada $g(k)$ é dada pela convolução discreta

$$y(k) = \sum_{m=-\infty}^{\infty} h(m)g(k - m) \tag{7.40}$$

da qual verifica-se que $y(k)$ é um sinal aleatório que depende linearmente de $g(k)$. Assim sendo, a esperança matemática de (7.40), conjuntamente com o valor médio da entrada $\mathcal{E}\{g(k)\} = \mu_g$ para todo $k \in \mathbb{Z}$, leva a

$$\begin{aligned} \mathcal{E}\{y(k)\} &= \sum_{m=-\infty}^{\infty} h(m)\mathcal{E}\{g(k - m)\} \\ &= \left(\sum_{m=-\infty}^{\infty} h(m) \right) \mu_g \end{aligned} \tag{7.41}$$

o que coloca em clara evidência que a média do sinal de saída é constante para

244   CAPÍTULO 7. FILTRAGEM ESTOCÁSTICA

todo $k \in \mathbb{Z}$. Isto prova a igualdade (7.38). Por outro lado temos que

$$\mathcal{E}\{y(k+n)g(k)^*\} = \sum_{m=-\infty}^{\infty} h(m)\mathcal{E}\{g(k+n-m)g(k)^*\}$$

$$= \sum_{m=-\infty}^{\infty} h(m)R_{gg}(n-m)$$

$$= h(n) * R_{gg}(n) \tag{7.42}$$

que nada mais é que a primeira igualdade em (7.39). Finalmente, adotando o mesmo procedimento, obtemos

$$\mathcal{E}\{y(k+n)y(k)^*\} = \sum_{m=-\infty}^{\infty} h(m)\mathcal{E}\{g(k+n-m)y(k)^*\}$$

$$= \sum_{m=-\infty}^{\infty} h(m)R_{gy}(n-m)$$

$$= h(n) * R_{gy}(n) \tag{7.43}$$

que nada mais é que a segunda igualdade em (7.39). Para obter as três últimas igualdades utilizamos o fato de $\mathcal{E}\{\cdot\}$ ser um operador linear e $h(m)$ ser uma função conhecida (determinística). A prova está concluída. $\square$

Este resultado permite afirmar que um sistema LIT não modifica a natureza estacionária de um sinal aleatório, sendo que as funções correlação conjuntas entre eles podem ser calculadas facilmente desde que se disponha da sua resposta ao impulso ou da sua função de transferência. É importante notar que, sendo válido para o caso geral, o resultado do Lema 7.3 permanece válido para sistemas LIT causais. Uma situação muito usual ocorre quando $g(k)$ é um sinal real, o que faz com que a saída do sistema em estudo $y(k)$ também seja real. Neste caso, definindo o sinal $z(k)$ para todo $k \in \mathbb{Z}$, com duas componentes reais, na forma

$$z(k) = \begin{bmatrix} y(k) \\ g(k) \end{bmatrix} \tag{7.44}$$

o resultado do Lema 7.3, em conjunto com as propriedades já conhecidas da função correlação e autocorrelação, permitem determinar as relações $R_{gy}(n) = R_{yg}(-n) = h(-n) * R_{gg}(-n) = h(-n) * R_{gg}(n) \in \mathbb{R}$ e, por conseguinte,

$$R_{zz}(n) = \begin{bmatrix} R_{yy}(n) & R_{yg}(n) \\ R_{gy}(n) & R_{gg}(n) \end{bmatrix}$$

$$= \begin{bmatrix} h(n) * h(-n) & h(n) \\ h(-n) & \delta(n) \end{bmatrix} * R_{gg}(n) \tag{7.45}$$

7.3. FILTRAGEM A TEMPO DISCRETO

onde se tornam explícitas as correlações cruzadas entre os sinais de entrada e de saída que formam o sinal real de duas componentes $z(k)$, definido para todo $k \in \mathbb{Z}$. Um caso importante devido à sua potencial aplicação em diversas situações ocorre se a entrada for um ruído branco, quando então (7.45) se reduz a

$$R_{zz}(n) = \begin{bmatrix} h(n) * h(-n) & h(n) \\ h(-n) & \delta(n) \end{bmatrix} \tag{7.46}$$

O fato de os elementos fora da diagonal principal desta matriz não serem nulos indica que o sistema LIT introduz uma correlação entre os sinais de entrada e de saída devido à atuação de sua resposta ao impulso. Isto se explica facilmente pelo fato de a saída depender fortemente do sinal de entrada. Finalmente, deve-se ressaltar que estas correlações dependem, sobretudo, da amplitude da resposta ao impulso $h(n)$, $n \in \mathbb{Z}$, de tal forma que tendem a diminuir conforme a distância temporal $|n|$ aumenta. O uso da transformada de Fourier na função correlação é viabilizado pela próxima definição.

Definição 7.9 (Densidade espectral de potência) *Seja $s(k)$ um processo estocástico estacionário no sentido amplo. A sua* densidade espectral de potência *é a função $\hat{R}_{ss}(\omega) : \Omega = [-\pi, \pi] \to \mathbb{C}$, dada por*

$$\hat{R}_{ss}(\omega) = \mathcal{F}[R_{ss}(n)] = \sum_{n=-\infty}^{\infty} R_{ss}(n)e^{-j\omega n} \tag{7.47}$$

A densidade espectral de potência é a transformada de Fourier da função correlação de um sinal aleatório estacionário no sentido amplo. Muito embora o conjunto $\Omega = [-\pi, \pi]$ tenha sido adotado, sem perda de generalidade, ele pode ser substituído por qualquer subconjunto real de comprimento 2π. Esta definição é conveniente do ponto de vista operacional pois viabiliza que várias manipulações algébricas sejam feitas de maneira bem mais simples. Em particular, a transformada de Fourier inversa da densidade espectral de potência leva a

$$R_{ss}(n) = \frac{1}{2\pi} \int_{\Omega} \hat{R}_{ss}(\omega)e^{j\omega n}d\omega \tag{7.48}$$

e, assim, determinamos

$$\mathcal{E}\left\{|s(k)|^2\right\} = R_{ss}(0) = \frac{1}{2\pi} \int_{\Omega} \hat{R}_{ss}(\omega)d\omega \tag{7.49}$$

para todo $n \in \mathbb{Z}$. Para sinais reais, que são os de maior interesse, esta última expressão torna-se $\mathcal{E}\left\{s(k)^2\right\} = R_{ss}(0)$, a qual é independente do instante de

246   CAPÍTULO 7. FILTRAGEM ESTOCÁSTICA

tempo $k \in \mathbb{Z}$, devido à estacionariedade estatística do sinal em consideração. A comparação do par de relações (7.48)-(7.49) com as suas versões que se aplicam a sinais em tempo contínuo (7.16)-(7.17) permite concluir que são muito similares sobretudo se desejarmos determinar o valor do erro médio quadrático. A única diferença entre elas é o respectivo domínio de integração.

Exemplo 7.10 Considere um sistema LIT com resposta ao impulso $h(k) = \mu^k v(k)$ com $|\mu| < 1$, $\mu \neq 0$, e seja $g(k)$ um ruído branco definido no Exemplo 7.8. Se $y(k)$ é a saída deste sistema correspondente à entrada $g(k)$, ambas são estacionárias no sentido amplo com as características que são determinadas pelo Lema 7.3. Como $\mu_g = 0$ e $R_{gg}(n) = \delta(n)$, então $\mu_y = 0$ e, além disso,

$$
\begin{aligned}
R_{gy}(n) &= h(-n) = \mu^{-n} v(-n) \\
R_{yg}(n) &= h(n) = \mu^n v(n) \\
R_{yy}(n) &= h(n) * h(-n) = \frac{\mu^{|n|}}{1 - \mu^2}
\end{aligned}
$$

o que nos leva a confirmar que $R_{gy}(n) = R_{yg}(-n) \in \mathbb{R}$ e $R_{yy}(n) = R_{yy}(-n) > 0$ para todo $n \in \mathbb{Z}$. É interessante observar que a igualdade

$$
R_{yy}(0) = \sum_{k=-\infty}^{\infty} h(k)^2
$$

não é uma coincidência deste exemplo. Ela é verdadeira sempre que um sistema LIT assintoticamente estável for excitado por um ruído branco. Mais adiante essa igualdade, que também é válida no contexto de sinais a tempo contínuo (veja o Exemplo 7.3), será objeto de análise mais detalhada.   □

Como ocorreu no caso de sistemas a tempo contínuo, a função densidade espectral de potência para sinais com imagem real apresenta duas propriedades muito peculiares e, até certo ponto, inesperadas. Elas são enunciadas no próximo lema e são fundamentais para que as condições de otimalidade do filtro de Wiener sejam estabelecidas.

Lema 7.4 *Seja $s(k)$ um sinal real, não nulo e estacionário no sentido amplo. A sua densidade espectral de potência é real e satisfaz $\hat{R}_{ss}(\omega) = \hat{R}_{ss}(-\omega) \geq 0$, $\forall \omega \in \Omega$.*

Prova: Vamos inicialmente provar que $R_{ss}(\omega) \in \mathbb{R}$ para todo $\omega \in \Omega$. Como o sinal $s(k)$ é, por hipótese, real, então, através dos cálculos já realizados, sabemos que a correlação é uma função com imagem real e satisfaz a igualdade $R_{ss}(n) =$

7.3. FILTRAGEM A TEMPO DISCRETO

$R_{ss}(-n)$ válida para todo $n \in \mathbb{Z}$. Com o conjugado de (7.47) obtemos

$$
\begin{aligned}
\hat{R}_{ss}(\omega)^* &= \sum_{n=-\infty}^{\infty} R_{ss}(n)e^{j\omega n} \\
&= \sum_{m=-\infty}^{\infty} R_{ss}(-m)e^{-j\omega m} \\
&= \hat{R}_{ss}(\omega)
\end{aligned}
\tag{7.50}
$$

Entretanto, como $\hat{R}_{ss}(\omega)^* = \hat{R}_{ss}(-\omega)$, temos que $\hat{R}_{ss}(\omega) = \hat{R}_{ss}(-\omega) \in \mathbb{R}$, $\forall \omega \in \Omega$. Em seguida, escolhendo o filtro passa-faixa ideal com função de transferência $H(\omega) = 1$ para $|\|\omega| - \omega_0| \leq \Delta$ e $H(\omega) = 0$, caso contrário, em que $\omega_0 \in \Omega$ é uma frequência arbitrária e $\Delta > 0$ é arbitrariamente pequeno de tal forma que $\{|\|\omega| - \omega_0| \leq \Delta\} \subset \Omega$, verifica-se que se trata de um sistema LIT não causal com resposta ao impulso $h(k) = (2\Delta/\pi)\cos(\omega_0 k)\operatorname{sinc}(\Delta k)$ para todo $k \in \mathbb{Z}$. Assim sendo, o Lema 7.3 se aplica. Considerando $s(k)$ como o sinal de entrada e $y(k)$ o sinal de saída correspondente, determina-se $R_{yy}(n) = h(n) * h(-n) * R_{ss}(n)$ e, assim,

$$
\begin{aligned}
\mathcal{E}\{y(k)^2\} &= \frac{1}{2\pi} \int_{\Omega} \hat{R}_{yy}(\omega)d\omega \\
&= \frac{1}{2\pi} \int_{\Omega} |H(\omega)|^2 \hat{R}_{ss}(\omega)d\omega \\
&\approx \frac{2\Delta}{\pi} \hat{R}_{ss}(\omega_0)
\end{aligned}
\tag{7.51}
$$

Como $\Delta > 0$ é arbitrariamente pequeno e $\mathcal{E}\{y(k)^2\} \geq 0$, a equação (7.51) implica que a densidade espectral de potência é não negativa para todo $\omega_0 \in \Omega$, o que prova o lema proposto. $\qquad\square$

Dessa forma, podemos afirmar que a densidade espectral de potência $\hat{R}_{ss}(\omega)$ de qualquer processo estocástico estacionário no sentido amplo $s(k)$, com imagem real, é uma função com imagem real. Entretanto, é preciso ficar atento pois, em geral, dois processos estocásticos conjuntos não exibem esta propriedade. Isto pode ser visto pela simples aplicação da transformada de Fourier em (7.45), ou seja,

$$
\hat{R}_{zz}(\omega) = \begin{bmatrix} H(\omega)H(\omega)^* & H(\omega) \\ H(\omega)^* & 1 \end{bmatrix} \hat{R}_{gg}(\omega)
\tag{7.52}
$$

a qual torna aparente a relação $\hat{R}_{yy}(\omega) = |H(\omega)|^2 \hat{R}_{gg}(\omega)$, que é real pois $\hat{R}_{gg}(\omega)$ é real, mas $\hat{R}_{yg}(\omega) = H(\omega)\hat{R}_{gg}(\omega)$ e $\hat{R}_{gy}(\omega) = H(\omega)^*\hat{R}_{gg}(\omega) = \hat{R}_{yg}(\omega)^*$ em geral

248   *CAPÍTULO 7. FILTRAGEM ESTOCÁSTICA*

não são reais pois $H(\omega)$ não é real. Finalmente, se $g(k)$ for um ruído branco a sua densidade espectral de potência é $\hat{R}_{gg}(\omega) = 1$, $\forall \omega \in \Omega$, e podemos novamente interpretar o ruído branco como sendo um sinal que atua em todas as faixas de frequências, indistintamente, no que se refere à correlação que ele produz entre os sinais de entrada e de saída de um sistema LIT.

Exemplo 7.11 Considere um sistema LIT com resposta ao impulso $h(k) = 1$, $|k| \leq N_h$ e zero fora deste intervalo, sendo $N_h \geq 1$ um número inteiro dado. A sua função de transferência é fornecida no Exemplo 4.12 como sendo

$$H(\omega) = \frac{\cos(\omega N_h) - \cos(\omega(N_h + 1))}{1 - \cos(\omega)}$$

para todo $\omega \in \Omega = [-\pi, \pi]$. Claramente se trata de um sistema não causal, mas, se for excitado por um ruído branco, produz um sinal de saída $s(k)$ com média $\mu_s = (2N_h + 1)\mu_g = 0$ e autocorrelação

$$R_{ss}(n) = h(n) * h(-n) = \begin{cases} 2N_h + 1 - |n| & , \quad |n| \leq 2N_h \\ 0 & , \quad |n| > 2N_h \end{cases}$$

cuja transformada de Fourier fornece a sua densidade espectral de potência $\hat{R}_{ss}(\omega) = |H(\omega)|^2$. Para $\omega = \omega_0 = 2\pi/(2N_h + 1) \in \Omega$ verifica-se que $\hat{R}_{ss}(\omega_0) = 0$. Considere agora como entrada do mesmo sistema LIT o sinal $g(k) = re^{j\omega_0 k}$, em que r é uma variável aleatória com média nula e variância unitária. Este sinal que tem média nula e função correlação $R_{gg}(n) = e^{j\omega_0 n}$ é, portanto, um sinal estacionário no sentido amplo. Denotando $y(k)$ a saída correspondente, obtemos $\hat{R}_{yy}(\omega) = 2\pi|H(\omega)|^2\delta(\omega - \omega_0)$ e também

$$\begin{aligned} \mathcal{E}\{|y(k)|^2\} &= \frac{1}{2\pi} \int_{-\pi}^{\pi} \hat{R}_{yy}(\omega)d\omega \\ &= \int_{-\pi}^{\pi} |H(\omega)|^2\delta(\omega - \omega_0)d\omega \\ &= |H(\omega_0)|^2 = 0 \end{aligned}$$

Como $y(k)$ é um sinal estacionário no sentido amplo, esta última relação impõe que $y(k) = 0$ para cada $k \in \mathbb{Z}$ com probabilidade um. Se a densidade espectral de potência for estritamente positiva, esta situação peculiar, na qual um sinal senoidal com frequência constante e amplitude aleatória tem como resposta um sinal nulo, é evitada.   □

Podemos agora apresentar o filtro de Wiener. Em linhas gerais, as mesmas considerações que já foram feitas no âmbito de filtragem determinística ou estocástica em tempo contínuo são válidas no atual contexto. O filtro de Wiener, que se aplica exclusivamente a sinais estacionários no sentido amplo, resulta da solução ótima do problema de otimização expresso na forma

$$\min_{F(\omega)} \frac{1}{2\pi} \int_{\Omega} \hat{R}_{\varepsilon\varepsilon}(\omega)d\omega \tag{7.53}$$

7.3. FILTRAGEM A TEMPO DISCRETO

com o qual o erro médio quadrático de estimação $\mathcal{E}\{|\varepsilon(k)|^2\}$ é minimizado. Segundo estabelecido em (7.1), o filtro produz a saída $y(k) = f(k) * g(k)$ correspondente à entrada $g(k) = s(k) + r(k)$ que, juntos, determinam o erro de estimação $\varepsilon(k) = s(k) - y(k)$ para todo $k \in \mathbb{Z}$. O leitor deve comparar (7.53) com o problema (6.47), que permite obter o filtro de Wiener determinístico. A semelhança entre ambos é notável. Assim sendo, com os mesmos argumentos, podemos afirmar que uma versão equivalente, porém mais simples de (7.53), assume a forma

$$\min_{F(\omega)} \hat{R}_{\varepsilon\varepsilon}(\omega), \ \forall \omega \in \Omega \tag{7.54}$$

Se este problema for resolvido supondo $\omega \in \Omega$ fixada, a mesma fórmula $F(\omega)$, ao ser estendida para todas as frequências do espectro, gera a solução ótima de (7.53), pois se trata de um problema com função objetivo completamente desacoplada. É um problema do mesmo tipo de vários outros que resolvemos até aqui, cuja solução é apresentada no próximo teorema.

Teorema 7.2 (Filtro de Wiener) *Considere que os sinais $s(k)$ e $g(k)$ sejam sinais aleatórios, reais, estacionários no sentido amplo e que $\hat{R}_{gg}(\omega) > 0$, $\forall \omega \in \Omega$. A solução ótima do problema (7.54) é dada por*

$$F_w(\omega) = \frac{\hat{R}_{sg}(\omega)}{\hat{R}_{gg}(\omega)} \tag{7.55}$$

A prova deste teorema é idêntica à prova do Teorema 7.1, no qual o filtro de Wiener a tempo contínuo foi obtido. Por este motivo ela é omitida. É claro que as respectivas funções correlação que constam de (7.55) necessitam ser calculadas a partir das definições corretas que se aplicam, neste caso, para sinais definidos no domínio de tempo discreto $k \in \mathbb{Z}$. No curso deste resultado, o valor mínimo do erro médio quadrático de estimação produzido pelo filtro de Wiener é

$$\mathcal{E}\left\{\varepsilon(k)^2\right\} = \frac{1}{2\pi} \int_\Omega \left(\hat{R}_{ss}(\omega) - \frac{|\hat{R}_{sg}(\omega)|^2}{\hat{R}_{gg}(\omega)}\right) d\omega \tag{7.56}$$

onde se nota que o integrando é uma função real, o que facilita os cálculos. Novamente, é preciso discutir as hipóteses que asseguram a validade do Teorema 7.2. Se os sinais aleatórios $s(k)$ e $r(k)$ forem reais e estacionários no sentido amplo, então o mesmo ocorre com o sinal $g(k) = s(k) + r(k)$. Ademais, se além disso, eles forem ortogonais, sem dificuldades determina-se que $R_{sg}(n) = R_{ss}(n)$ e $R_{gg}(n) = R_{ss}(n) + R_{rr}(n)$ para todo $n \in \mathbb{Z}$ e, assim, o filtro de Wiener torna-se

$$F_w(\omega) = \frac{\hat{R}_{ss}(\omega)}{\hat{R}_{ss}(\omega) + \hat{R}_{rr}(\omega)} \tag{7.57}$$

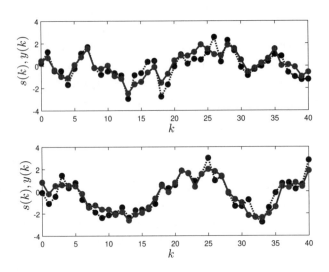

Figura 7.4: Filtro de Wiener não causal

desde que $\hat{R}_{gg}(\omega) > 0$. O Lema 7.4 implica que isto ocorre sempre que $\hat{R}_{rr}(\omega) > 0$, o que é uma hipótese usual. Por exemplo, esse é o caso do ruído branco para o qual tem-se $\hat{R}_{rr}(\omega) = 1$, $\forall \omega \in \Omega$. O Lema 7.4 também permite concluir que $F_w(\omega) = F_w(-\omega)$, o que, através da transformada de Fourier inversa, implica que a resposta ao impulso do filtro de Wiener satisfaz $f_w(-k) = f_w(k)$ para todo $k \in \mathbb{Z}$. Assim sendo, segundo as hipóteses usuais que aqui foram adotadas, podemos afirmar que o filtro de Wiener (7.57) é não causal. Isto ocorre pois a restrição de causalidade não foi levada em conta na prova do Teorema 7.2. Impor esta restrição no domínio da frequência é possível, mas apresenta certas dificuldades. Entretanto, como veremos mais adiante, esta restrição pode ser imposta de forma aproximada, de maneira bastante simples, no domínio do tempo.

Exemplo 7.12 Considere que $r(k)$ seja um ruído branco e $s(k)$ um sinal real com densidade espectral de potência

$$\hat{R}_{ss}(\omega) = \frac{1}{|e^{j\omega} - 1/2|^2}$$

Este sinal é a saída de um sistema LIT com função de transferência $H(\omega) = z/(z - 1/2)|_{z=e^{j\omega}}$, ou resposta ao impulso $h(k) = (1/2)^k v(k)$, tendo como entrada um outro ruído branco não correlato ao primeiro. Como ambos são sinais reais, estacionários no sentido amplo e ortogonais, o filtro de Wiener é dado por (7.57), isto é,

$$F_w(\omega) = \frac{4}{9 - 4\cos(\omega)}$$

7.3. FILTRAGEM A TEMPO DISCRETO

Com a transformada de Fourier inversa é possível determinar numericamente a resposta ao impulso $f_w(k)$ para todo $k \in \mathbb{Z}$, ou seja,

$$
\begin{aligned}
f_w(k) &= \frac{1}{2\pi} \int_{-\pi}^{\pi} F_w(\omega) e^{j\omega k} d\omega \\
&= \frac{4}{\pi} \int_{0}^{\pi} \frac{\cos(\omega k)}{9 - 4\cos(\omega)} d\omega
\end{aligned}
$$

que resulta em $f_w(k) = \{0{,}4961; 0{,}1163; 0{,}0273; 0{,}0064; 0{,}0015; 0{,}0004\}_{k=0}^{5}$ sendo aproximadamente nula para $k \geq 6$. Como esperado, verifica-se que $f_w(-k) = f_w(k)$ para todo $k \in \mathbb{Z}$, fazendo com que este filtro seja não causal. A Figura 7.4 mostra duas simulações independentes com sinais gerados segundo as características estocásticas definidas neste exemplo. Em cada gráfico vemos em linha tracejada o sinal $s(k)$ e em linha cheia a sua estimação obtida na saída do filtro $y(k)$. Nas duas simulações (e em muitas outras que foram realizadas) atesta-se um desempenho notável do filtro de Wiener. $\square$

Este último exemplo mostra que o desempenho do filtro de Wiener é excelente. É sempre assim por ser ótimo. Entretanto, ele não pode ser implementado pois não é causal. Serve como um paradigma de desempenho que jamais pode ser atingido no mundo real. Como já foi dito, uma maneira bastante simples de obter um filtro causal é resolver as condições de otimalidade que determinam o filtro de Wiener no domínio do tempo e impor a restrição $f_w(k) = 0$ para todo $k < 0$. Para um filtro genérico, com resposta ao impulso $f(k)$ definida para todo $k \in \mathbb{Z}$, o erro médio quadrático de estimação a ser minimizado em (7.53) se escreve na forma equivalente

$$
\mathcal{E}\{\varepsilon(k)^2\} = \mathcal{E}\left\{ \left(s(k) - \sum_{i=-\infty}^{\infty} f(i)g(k-i) \right)^2 \right\} \tag{7.58}
$$

que é uma função quadrática da sequência $f(i)$, $\forall i \in \mathbb{Z}$. Em um instante de tempo genérico $n \in \mathbb{Z}$ a derivada parcial desta função em relação $f(n)$ caracteriza o filtro ótimo e pode ser calculada invertendo-se a ordem da esperança matemática e da derivada, o que resulta em

$$
\mathcal{E}\left\{ \left(s(k) - \sum_{i=-\infty}^{\infty} f(i)g(k-i) \right) g(k-n) \right\} = 0 \tag{7.59}
$$

para todo $n \in \mathbb{Z}$. A mudança de variável $k' = k - n$, em conjunto com a estacionariedade dos sinais envolvidos, permite reescrever esta equação na forma

$$
R_{sg}(n) = \sum_{i=-\infty}^{\infty} f_w(i) R_{gg}(n-i) \tag{7.60}
$$

252   CAPÍTULO 7. FILTRAGEM ESTOCÁSTICA

ou seja, $R_{sg}(n) = f_w(n) * R_{gg}(n)$ para todo $n \in \mathbb{Z}$, cuja transformada de Fourier, como era de se esperar, recupera a versão a tempo discreto do filtro de Wiener dada em (7.55). Impondo causalidade, (7.60) se torna

$$R_{sg}(n) = \sum_{i=0}^{\infty} f_w(i) R_{gg}(n-i) \qquad (7.61)$$

para todo $n \in \mathbb{N}$. Novamente, a denominação *resposta ao impulso infinita - RII* indica um filtro causal com $f_w(n)$ definida para todo $n \in \mathbb{N}$, enquanto que um filtro causal com *resposta ao impulso finita - RIF* impõe $f_w(n) = 0$ para todo $n \geq N$ com $N \in \mathbb{N}$ dado e finito, embora possa ser suficientemente grande para assegurar um nível de precisão adequado. Neste último caso, a resposta ao impulso do filtro deve satisfazer

$$R_{sg}(n) = \sum_{i=0}^{N-1} f_w(i) R_{gg}(n-i) \qquad (7.62)$$

para todo $n \in [0, N-1]$. Para a determinação do filtro de Wiener causal devemos então resolver um sistema linear de N equações e N incógnitas. Mesmo que N seja um número bastante elevado, para que os valores de $f_w(n)$, $\forall n \geq N$, possam ser considerados nulos e, portanto, desprezados, este sistema de equações lineares pode ser resolvido sem dificuldades. É comum escolher N da ordem de várias dezenas sem que isso cause problemas na obtenção do filtro, veja o Exemplo 7.7. Este aspecto também é abordado na solução do próximo exemplo.

Exemplo 7.13 Vamos novamente resolver o Exemplo 7.12, mas impondo a restrição de causalidade. Inicialmente, com $N = 20$, calculamos com uma rotina de convolução discreta
$$R_{ss}(n) = h(n) * h(-n)$$
para todo $|n| \leq 20$ e $h(n) = (1/2)^n v(n)$. Em seguida, determinamos $R_{sg}(n) = R_{ss}(n)$ e $R_{gg}(n) = R_{ss}(n) + \delta(n)$ e resolvemos o sistema linear (7.62) com 41 equações e igual número de incógnitas. A resposta ao impulso do filtro de Wiener causal é $f_w(k) = 0$ para todo $-20 \leq k \leq -1$, $f_w(k) = \{0,5311; 0,1245; 0,0292; 0,0068; 0,0016; 0,0004\}_{k=0}^{5}$ e zero para $k \geq 6$. Isto indica claramente que não é necessário aumentar o valor de N. É interessante observar que a resposta ao impulso do filtro de Wiener causal é bastante próxima da resposta do filtro de Wiener não causal para $k \geq 0$. Simulações temporais, sob as mesmas condições descritas no Exemplo 7.12, foram realizadas e mostram que os desempenhos de ambos os filtros são semelhantes, mas não idênticos.   □

Os resultados que acabamos de apresentar são válidos para tratar sinais estacionários no sentido amplo, definidos no domínio de tempo contínuo e no domínio

7.4. DETERMINÍSTICO VERSUS ESTOCÁSTICO

de tempo discreto. Como é usual, o filtro de Wiener foi desenvolvido para tratar exclusivamente sinais desta classe com imagem real. Os exemplos resolvidos mostram que as operações matemáticas envolvidas são formalmente simples, mas requerem a utilização de rotinas numéricas para serem realizadas. Entretanto, com esta ferramenta em mãos, sinais e sistemas bastante complexos podem ser tratados.

7.4 Determinístico versus Estocástico

Em diversas oportunidades neste capítulo mencionamos que os resultados obtidos para filtragem em um ambiente de sinais estocásticos se assemelham com os resultados homônimos válidos para filtragem em ambiente de sinais determinísticos. Assim sendo, vale a pena explorar essas semelhanças, pois elas permitem interpretações e análises que, se não levam a simplificações nos procedimentos de síntese, certamente permitem melhor compreensão dos resultados obtidos. As manipulações matemáticas que viabilizam o estudo das relações entre sinais determinísticos e estocásticos baseiam-se no fato de que eles são gerados por sistemas LIT com entradas específicas. Assumimos que todos os sinais a tempo contínuo ou a tempo discreto são reais, ou seja, têm imagem em $\mathbb{R}$.

Inicialmente, consideramos sinais e sistemas a tempo contínuo. Seja $z(t)$ um processo estocástico gerado a partir de um sistema LIT com função de transferência $H(\omega)$, isto é,

$$z(t) = h(t) * w(t) \tag{7.63}$$

em que $h(t)$ é a sua resposta ao impulso que resulta da relação conhecida $H(\omega) = \mathcal{F}[h(t)]$ e $w(t)$ é um ruído branco. O Lema 7.1 assegura que $z(t)$ é um sinal aleatório estacionário no sentido amplo, com média nula e autocorrelação

$$
\begin{aligned}
R_{zz}(\tau) &= \mathcal{E}\left(z(t+\tau)z(t)\right) \\
&= h(\tau) * h(-\tau) \\
&= \int_{-\infty}^{\infty} h(\theta)h(\theta - \tau)d\theta
\end{aligned} \tag{7.64}
$$

que permite verificar a validade da relação $\phi_{hh}(\tau) = R_{zz}(\tau)$ para todo $\tau \in \mathbb{R}$. Isto indica que a autocorrelação do processo estocástico $z(t)$ é igual à autocorrelação determinística presente na resposta ao impulso $h(t)$ do sistema LIT que o gera a partir do ruído branco $w(t)$. Assim sendo, a transformada de Fourier desta relação leva ao resultado equivalente $\varphi_{hh}(\omega) = \hat{R}_{zz}(\omega)$ para todo $\omega \in \mathbb{R}$. Finalmente, a

254   CAPÍTULO 7. FILTRAGEM ESTOCÁSTICA

avaliação de (7.64) em $\tau = 0$ revela que

$$\mathcal{E}\{z(t)^2\} = \int_{-\infty}^{\infty} h(t)^2 dt = \|h\|^2 \qquad (7.65)$$

ou seja, o erro médio quadrático do sinal aleatório estacionário no sentido amplo $z(t)$ é igual à norma ao quadrado da resposta ao impulso $h(t)$ do sistema
LIT que o gera a partir do ruído branco. Até certo ponto é surpreendente e,
portanto, é importante notar que $z(t)$ é um sinal aleatório, mas $h(t)$ é um sinal
determinístico. Estas relações mostram como um sinal aleatório $z(t)$ se relaciona
com a resposta ao impulso determinística $h(t)$ a tal ponto de (7.65) igualar o erro
médio quadrático do primeiro com a norma ao quadrado do segundo.

Para adotar este mesmo caminho lógico na síntese do filtro de Wiener, é
preciso assumir que os sinais aleatórios $s(t)$ e $g(t)$ sejam gerados a partir de $s(t) =$
$h_s(t) * w(t)$ e $g(t) = h_g(t) * w(t)$, em que $h_s(t)$ e $h_g(t)$ são dois sinais determinísticos
que definem as funções de transferência $H_s(\omega) = \mathcal{F}[h_s(t)]$, $H_g(\omega) = \mathcal{F}[h_g(t)]$ de
dois sistemas LIT e que $w(t)$ seja um ruído branco. Dessa forma, o erro de
estimação associado a um filtro com resposta ao impulso $f(t)$ se escreve como

$$\begin{aligned} \varepsilon(t) &= s(t) - f(t) * g(t) \\ &= (h_s(t) - f(t) * h_g(t)) * w(t) \\ &= h_\varepsilon(t) * w(t) \end{aligned} \qquad (7.66)$$

em que $h_\varepsilon(t) = h_s(t) - f(t) * h_g(t)$ é a resposta ao impulso de um sistema LIT
com função de transferência $H_\varepsilon(\omega) = H_s(\omega) - F(\omega)H_g(\omega)$. Como esta última
relação é do mesmo tipo que (7.63), a igualdade

$$\mathcal{E}\{\varepsilon(t)^2\} = \int_{-\infty}^{\infty} h_\varepsilon(t)^2 dt = \|h_\varepsilon\|^2 \qquad (7.67)$$

se estabelece. Ela permite concluir que o filtro de Wiener resultante do Teorema
7.1 é o mesmo fornecido pelo Teorema 6.1 desde que as seguintes correspondências
sejam adotadas:

$$\left\{ \begin{array}{ccc} h_g(t) & \longmapsto & g(t) \\ h_s(t) & \longmapsto & s(t) \end{array} \right. \qquad (7.68)$$

Observe que os sinais estocásticos s e g são gerados por dois sistemas LIT determinísticos com a mesma entrada do tipo ruído branco. A resposta ao impulso
de cada um deles retém as informações para que o filtro de Wiener estocástico
coincida com a sua versão determinística.

Podemos abordar uma outra situação caracterizada pelos sinais $s(t) = h_s(t) *$
$w(t)$ e $g(t) = h_g(t) * w(t) + r(t)$ em que $w(t)$ e $r(t)$ são ruídos brancos não

7.4. DETERMINÍSTICO VERSUS ESTOCÁSTICO

255

correlacionados. Neste caso, o erro de estimação é dado por

$$\begin{aligned} \varepsilon(t) &= s(t) - f(t) * g(t) \\ &= h_\varepsilon(t) * w(t) + f(t) * r(t) \end{aligned} \tag{7.69}$$

do qual resulta o erro médio quadrático, que é obtido pela adição de apenas duas parcelas, tendo em vista que a correlação conjunta dos ruídos é nula. Uma delas é idêntica à anterior, ou seja, é gerada através de um sistema LIT com resposta ao impulso $h_\varepsilon(t)$ e entrada $w(t)$, enquanto que a outra é gerada através do filtro com entrada $r(t)$. Temos então

$$\begin{aligned} \mathcal{E}\{\varepsilon(t)^2\} &= \int_{-\infty}^{\infty} h_\varepsilon(t)^2 dt + \int_{-\infty}^{\infty} f(t)^2 dt \\ &= \|h_\varepsilon\|^2 + \|f\|^2 \end{aligned} \tag{7.70}$$

e novamente o filtro de Wiener estocástico pode ser determinado pela escolha de $f_w(t)$ que minimiza o lado direito de (7.70). Isto é feito de maneira equivalente pela determinação de $F_w(\omega)$ tal que

$$\min_F |H_s - FH_g|^2 + |F|^2 \tag{7.71}$$

onde, pelos argumentos já explicitados, a dependência em relação a $\omega \in \mathbb{R}$ é omitida. A solução deste problema é calculada via fatoração como em (7.25), ou seja,

$$F_w(\omega) = \frac{H_s(\omega)H_g(\omega)^*}{H_g(\omega)H_g(\omega)^* + 1} \tag{7.72}$$

com a qual fica aparente que o filtro é expresso através das funções de transferência que sintetizam os sinais $s(t)$ e $g(t)$ a partir de ruídos brancos $w(t)$ e $r(t)$. Impondo que $H_s(\omega) = H_g(\omega) = H(\omega)$, $\forall \omega \in \mathbb{R}$ recuperamos o importante caso em que $s(t) = h(t) * w(t)$ e $g(t) = s(t) + r(t)$. Neste caso, o filtro de Wiener (7.72) que acabamos de calcular se reduz a

$$F_w(\omega) = \frac{|H(\omega)|^2}{|H(\omega)|^2 + 1} \tag{7.73}$$

e o filtro de Wiener (7.27) é exatamente reproduzido, pois as autocorrelações $R_{ss}(\tau) = h(\tau) * h(-\tau)$ e $R_{rr}(\tau) = \delta(\tau)$ fazem com que as densidades espectrais de potência de cada sinal sejam $\hat{R}_{ss}(\omega) = |H(\omega)|^2$ e $\hat{R}_{rr}(\omega) = 1$, respectivamente. Isto coloca em evidência a mais perfeita conexão entre os cálculos realizados.

Vamos agora considerar sinais e sistemas a tempo discreto. Muito embora os cálculos sejam muito parecidos aos que acabamos de realizar, vale a pena

256   CAPÍTULO 7. FILTRAGEM ESTOCÁSTICA

refazê-los para colocar em evidência alguns aspectos específicos. O sinal $z(k) = h(k) * w(k)$ é um processo estocástico gerado a partir de um sistema LIT com função de transferência $H(\omega) = \mathcal{F}[h(k)]$ cuja entrada $w(k)$ é um ruído branco. O Lema 7.3 assegura que $z(k)$ é um sinal aleatório estacionário no sentido amplo, com média nula e autocorrelação

$$
\begin{aligned}
R_{zz}(n) &= \mathcal{E}\left(z(k+n)z(k)\right) \\
&= h(n) * h(-n) \\
&= \sum_{m=-\infty}^{\infty} h(m)h(m-n)
\end{aligned}
\tag{7.74}
$$

que permite estabelecer a relação $\phi_{hh}(n) = R_{zz}(n)$ para todo $n \in \mathbb{Z}$. Isto indica que a autocorrelação do processo estocástico $z(k)$ é igual à autocorrelação determinística presente na resposta ao impulso $h(k)$ do sistema LIT que o gera a partir do ruído branco $w(k)$. Assim sendo, a transformada de Fourier leva ao resultado equivalente $\varphi_{hh}(\omega) = \hat{R}_{zz}(\omega)$ para todo $\omega \in \Omega$. Finalmente, o valor de (7.74) em $n = 0$ produz

$$
\mathcal{E}\{z(k)^2\} = \sum_{k=-\infty}^{\infty} h(k)^2 = \|h\|^2
\tag{7.75}
$$

ou seja, como anteriormente, o erro médio quadrático do sinal aleatório estacionário no sentido amplo $z(k)$ é igual à norma ao quadrado da resposta ao impulso $h(k)$ do sistema LIT que o gera a partir do ruído branco. É importante notar que $z(k)$ é um sinal aleatório, enquanto que $h(k)$ é um sinal determinístico. Estas relações mostram como um sinal aleatório $z(k)$ se relaciona com a resposta ao impulso determinística $h(k)$ a ponto de igualar o erro médio quadrático do primeiro com a norma ao quadrado do segundo.

Assumindo que os sinais aleatórios $s(k)$ e $g(k)$ sejam gerados a partir de $s(k) = h_s(k) * w(k)$ e $g(k) = h_g(k) * w(k)$, em que $h_s(k)$ e $h_g(k)$ são dois sinais determinísticos que definem as funções de transferência $H_s(\omega) = \mathcal{F}[h_s(k)]$, $H_g(\omega) = \mathcal{F}[h_g(k)]$ de dois sistemas LIT e que $w(k)$ seja um ruído branco, então o erro de estimação associado a um filtro com resposta ao impulso $f(k)$ se escreve como

$$
\begin{aligned}
\varepsilon(k) &= s(k) - f(k) * g(k) \\
&= h_\varepsilon(k) * w(k)
\end{aligned}
\tag{7.76}
$$

em que $h_\varepsilon(k) = h_s(k) - f(k) * h_g(k)$ é a resposta ao impulso de um sistema LIT com função de transferência $H_\varepsilon(\omega) = H_s(\omega) - F(\omega)H_g(\omega)$. Portanto, como em

7.4. DETERMINÍSTICO VERSUS ESTOCÁSTICO

(7.75), dela resulta

$$\mathcal{E}\{\varepsilon(k)^2\} = \sum_{k=-\infty}^{\infty} h_\varepsilon(k)^2 dt = \|h_\varepsilon\|^2 \qquad (7.77)$$

com a qual podemos concluir que o filtro de Wiener obtido através do Teorema 7.2 é o mesmo fornecido pelo Teorema 6.2 desde que as seguintes correspondências sejam estabelecidas:

$$\begin{cases} h_g(k) & \longmapsto & g(k) \\ h_s(k) & \longmapsto & s(k) \end{cases} \qquad (7.78)$$

Vale a pena reafirmar que os sinais aleatórios s e g são gerados por sistemas LIT determinísticos, mas tendo como entrada o mesmo ruído branco. As suas respostas ao impulso conseguem reter todas as informações para que o filtro de Wiener estocástico coincida com a sua versão determinística. Podemos ainda tornar esses cálculos um pouco mais abrangentes e considerar os sinais $s(k) = h_s(k) * w(k)$ e $g(k) = h_g(k) * w(k) + r(k)$, em que $w(k)$ e $r(k)$ são ruídos brancos não correlacionados. O erro de estimação torna-se $\varepsilon(k) = h_\varepsilon(k)*w(k)+f(k)*r(k)$, de tal forma que o erro médio quadrático é obtido pela adição de apenas duas parcelas. Uma delas é idêntica à anterior, ou seja, é gerada através de um sistema LIT com resposta ao impulso $h_\varepsilon(k)$ e entrada $w(k)$, enquanto a outra é gerada através do filtro com entrada $r(k)$. Temos então

$$\begin{aligned} \mathcal{E}\{\varepsilon(k)^2\} &= \sum_{k=-\infty}^{\infty} h_\varepsilon(k)^2 + \sum_{k=-\infty}^{\infty} f(k)^2 \\ &= \|h_\varepsilon\|^2 + \|f\|^2 \end{aligned} \qquad (7.79)$$

e novamente o filtro de Wiener estocástico pode ser determinado pela escolha de $f_w(k)$ que minimiza o lado direito de (7.71). De maneira equivalente, devemos então determinar a função de transferência $F_w(\omega)$, solução do problema (7.79), que se expressa segundo a fórmula (7.72), válida para toda $\omega \in \Omega$. Impondo $H_s(\omega) = H_g(\omega) = H(\omega)$, $\forall \omega \in \mathbb{R}$, recuperamos o importante caso clássico em que $s(k) = h(k) * w(k)$ e $g(k) = s(k) + r(k)$ e, assim, o filtro de Wiener se reduz a (7.73), que é idêntica a (7.57) pois, como é facilmente verificado, $\hat{R}_{ss}(\omega) = |H(\omega)|^2$ e $\hat{R}_{rr}(\omega) = 1$, respectivamente. Novamente notamos uma perfeita conexão entre os cálculos realizados.

O filtro de Wiener manipula sinais aleatórios, sendo que o seu desempenho ótimo é fruto da minimização do erro médio quadrático. Este critério de desempenho envolve a esperança matemática de um processo estocástico estacionário no sentido amplo, a qual, após ter sido calculada, faz com que o problema resultante a ser resolvido seja determinístico. Nesta seção foi possível explicitar como

258　　　　　　　　　　　　　*CAPÍTULO 7.　FILTRAGEM ESTOCÁSTICA*

isso ocorre a partir do estabelecimento de conexões entre os diversos conceitos matemáticos que, em geral, ficam circunscritos a cada um desses ambientes.

7.5　Notas Bibliográficas

Não é exagerado dizer que não se pode estudar probabilidade e processos estocásticos sem dar especial atenção aos livros de A. Papoulis sobre estes e outros temas correlatos. Este é precisamente o caso da obra seminal [19]. A sua terceira edição contém material que abrange de forma precisa e clara os mais diversos aspectos relevantes para o aprendizado de probabilidade, variáveis aleatórias e processos estocásticos. Este capítulo segue o nosso propósito de dar ao leitor uma visão pessoal sobre o tema específico nele tratado, qual seja, filtragem em ambiente estocástico. Neste contexto, a referência [3] também é uma fonte de informações relevantes. Aproveitamos a base de conhecimentos adquiridos no capítulo anterior, em que diversos conceitos matemáticos similares, mas restritos a ambientes de sinais e sistemas determinísticos, foram introduzidos e estudados com detalhes. Este percurso teórico não é encontrado na literatura, mas acreditamos que ele seja eficaz para o aprendizado do tema abordado. Os livros [6], [16] e [21] também são referências que devem ser consultadas, pois se preocupam em elucidar aspectos teóricos de sinais e sistemas determinísticos que acabam sendo muito úteis no âmbito estocástico. O filtro de Wiener recebeu atenção especial por sua importância no contexto de sinais e sistemas. Ele foi obtido, nas formas causal e não causal, de maneira bastante simples para não trazer dificuldades intransponíveis ao leitor que inicia o estudo deste importante tema, cujo impacto pode ser muito relevante na sua vida profissional. Acreditamos que a abordagem proposta para obtenção do filtro de Wiener tanto a tempo contínuo como a tempo discreto, não causal, seja inédita. Resulta da manipulação direta de números complexos que acabam compondo a função de transferência do filtro. Informações adicionais sobre filtragem, em um sentido bastante amplo, podem ser conseguidas nas referências [9], [10] e [22].

7.6　Exercícios

Exercício 7.1 *Seja* $y = g(x)$ *uma função decrescente para todo* $x \in \mathbb{R}$*. Sendo* x *uma variável aleatória com função densidade de probabilidade* $f_x(\xi)$*, determine a função*

7.6. EXERCÍCIOS

densidade de probabilidade $f_y(\xi)$ e aplique o resultado para o caso linear $g(x) = ax + b$ em que a e b são parâmetros reais e $a < 0$.

Exercício 7.2 *Seja $y = g(x) = ax + b$ em que a e b são parâmetros reais e x é uma variável aleatória com distribuição uniforme no intervalo $[0, 1]$. Determine:*

a) *a função distribuição de probabilidade $F_y(\xi)$.*

b) *a função densidade de probabilidade $f_y(\xi)$.*

c) *a média e a variância da variável aleatória y.*

Exercício 7.3 *Considere uma variável aleatória real r de um certo tipo (com distribuição de probabilidade normal ou uniforme) com média μ_r e variância σ_r^2 dadas. Defina o vetor com duas componentes*

$$z = \begin{bmatrix} r_1 \\ r_2 \end{bmatrix}$$

sendo cada uma delas eventos de r. Determine:

a) *a média $\mu_z = \mathcal{E}\{z\}$ e a variância $V_{zz} = \mathcal{E}\{(z - \mu_z)(z - \mu_z)'\}$.*

b) *o vetor d e a matriz simétrica D de tal forma que o vetor $s = d + Dz$ com duas componentes tenha média μ_s e variância V_{ss} desejadas.*

c) *o vetor d e a matriz simétrica D considerando que r seja uma variável aleatória normal com média nula e desvio padrão unitário.*

d) *o vetor d e a matriz simétrica D considerando que r seja uma variável aleatória uniformemente distribuída no intervalo $[0\ 1]$.*

Exercício 7.4 *Considere o sinal $s(t) = \sum_{i \in \mathbb{N}}(a_i\cos(\omega_i t) + b_i\text{sen}(\omega_i t))$ em que $\omega_i \in \mathbb{R}$ são valores dados para todo $i \in \mathbb{N}$. Considerando (a_i, b_i) parâmetros aleatórios reais, determine condições para que $s(t)$ seja um processo estocástico estacionário no sentido amplo.*

Exercício 7.5 *Seja $g(t) = r(t)e^{j\omega_0 t}$ em que $\omega_0 > 0$ é dada e $r(t)$ é um ruído branco.*

a) *Mostre que $s(t)$ é um sinal estacionário no sentido amplo.*

b) *Calcule a autocorrelação $R_{ss}(\tau)$.*

c) *Determine a densidade espectral de potência $\hat{R}_{ss}(\omega)$.*

Exercício 7.6 *Seja $r(t)$ um ruído branco com largura de faixa limitada cuja densidade espectral é dada por*

$$\hat{R}_{rr}(\omega) = \begin{cases} 1 & , \quad |\omega| \leq W \\ 0 & , \quad |\omega| > W \end{cases}$$

a) *Determine a sua autocorrelação $R_{rr}(\tau)$.*

260 CAPÍTULO 7. FILTRAGEM ESTOCÁSTICA

b) *Determine a densidade espectral do sinal de saída $y(t)$ de um sistema LIT causal com resposta ao impulso $h(t)$ e entrada $r(t)$.*

c) *Para $h(t) = e^{-t}v(t)$, calcule a autocorrelação do sinal de saída $R_{yy}(\tau)$ considerando W arbitrariamente grande.*

d) *Para $h(t) = e^{-t}v(t)$ determine numericamente a autocorrelação $R_{yy}(\tau)$ para $|\tau| < 10$ [s] e $W \in \{1, 5, 10\}$. Compare com o resultado do item anterior.*

Exercício 7.7 *Um processo estacionário no sentido amplo com função autocorrelação*

$$R(\tau) = \frac{\sigma^2}{2\lambda} e^{-\lambda|\tau|}$$

em que $\lambda > 0$ é denominado processo de Gauss-Markov. Mostre que um sistema LIT com resposta ao impulso $h(t) = \sigma e^{-\lambda t}v(t)$, tendo como entrada um ruído branco, produz na sua saída $y(t)$ um processo desta classe. Neste sentido, determine:

a) *a função autocorrelação $R_{yy}(\tau)$. Verifique que $R_{yy}(\tau) = R(\tau)$.*

b) *a função densidade espectral de potência $\hat{R}_{yy}(\omega)$.*

Exercício 7.8 *Deseja-se projetar um filtro de Wiener para a classe de sinais definidos na forma $g(t) = h_g(t) * w(t) + a\, r(t)$ e $s(t) = h_s(t) * w(t)$, em que $w(t)$ e $r(t)$ são ruídos brancos não correlatos, $a > 0$ é um escalar dado e $h_g(t) = \delta(t) - e^{-2t}v(t)$, $h_s(t) = e^{-2t}v(t)$ são respostas ao impulso de dois sistemas LIT causais.*

a) *Mostre que $g(t)$ e $s(t)$ são sinais estacionários no sentido amplo.*

b) *Determine o filtro de Wiener $F_w(\omega)$.*

c) *Para $a = 0$, verifique se o filtro de Wiener determinado no item anterior é causal. Em caso afirmativo, determine a sua resposta ao impulso $f_w(t)$.*

d) *Apresente os gráficos de $|F_w(\omega)|$ para $a \in \{0,1; 0,5; 1\}$ e verifique que para $a \to 0$ o filtro se aproxima de $F_w(\omega) \approx H_s(\omega)/H_g(\omega)$.*

e) *Via integração numérica, determine as respostas ao impulso $f_w(t)$ para $a \in \{0, 1\}$ obtidas a partir de $F_w(\omega)$.*

f) *Obtenha numericamente a resposta ao impulso finita $f_w(t)$ para $a = \{0, 1\}$, $t \in [0, T_w]$ considerando a discretização com $T = T_w/N$ e $N \in \{50, 100, 500\}$. Compare com o resultado obtido no item anterior.*

Exercício 7.9 *Deseja-se projetar um filtro de Wiener para a classe de sinais definidos na forma $g(k) = h_g(k) * w(k) + a\, r(k)$ e $s(k) = h_s(k) * w(k)$, em que $w(k)$ e $r(k)$ são ruídos brancos não correlatos, $a > 0$ é um escalar dado e $h_g(k) = 2\delta(k) - 0,3^k v(k)$, $h_s(k) = (5/3)(-\delta(k) + 0,3^k v(k))$ são respostas ao impulso de dois sistemas LIT causais.*

a) *Mostre que $g(k)$ e $s(k)$ são sinais estacionários no sentido amplo.*

b) *Determine o filtro de Wiener $F_w(\omega)$.*

7.6. EXERCÍCIOS 261

c) Para $a = 0$, verifique se o filtro de Wiener determinado no item anterior é causal. Em caso afirmativo, determine a sua resposta ao impulso $f_w(k)$.

d) Apresente os gráficos de $|F_w(\omega)|$ para $a \in \{0{,}1; 0{,}5; 1\}$ e verifique que para $a \to 0$ o filtro se aproxima de $F_w(\omega) \approx H_s(\omega)/H_g(\omega)$.

e) Via integração numérica, determine as respostas ao impulso $f_w(k)$ para $a \in \{0, 1\}$ obtidas a partir de $F_w(\omega)$.

f) Determine numericamente a resposta ao impulso finita $f_w(k)$ para $a \in \{0, 1\}$, $n \in [0, N]$, considerando $N \in \{5, 10\}$. Compare com o resultado obtido no item anterior.

g) Para $N = 10$ apresente o gráfico de $|F_w(\omega)|$ correspondente ao filtro de resposta ao impulso finita e compare com a do filtro de Wiener obtido no item b) para $a \in \{0, 1\}$.

Exercício 7.10 Considere $g(k) = s(k) + r(k)$, sendo $s(k)$ e $r(k)$ sinais reais, estacionários no sentido amplo e ortogonais, com

$$R_{ss}(n) = \left(\frac{1}{2} \right)^{|n|}$$

e $r(k)$ um ruído branco.

a) Determine o filtro de Wiener $F_w(\omega)$, calcule numericamente a sua resposta ao impulso $f_w(k)$ e verifique que ele não é causal.

b) Obtenha um filtro causal com resposta ao impulso $f_c(k) = f_w(k)v(k)$. Determine sua função de transferência $F_c(\omega)$ e compare o seu módulo com o de $F_w(\omega)$.

c) Obtenha numericamente o filtro RIF causal $f_w(k)$ com $N = 10$ e compare com $f_c(k)$.

Exercício 7.11 Considere o filtro de Wiener da forma (7.27) com resposta ao impulso $f_w(t)$. Defina o filtro causal $f_c(t) = f_w(t)v(t)$.

a) Mostre que a seguinte relação é válida:

$$F_w(\omega) = 2\text{Re}(F_c(\omega)), \ \forall \omega \in \mathbb{R}$$

b) Verifique a validade desta relação para o filtro de Wiener que resulta de $g(t) = s(t) + r(t)$, sendo $s(t)$ e $r(t)$ sinais reais, estacionários no sentido amplo e ortogonais, com $R_{ss}(\tau) = e^{-|\tau|}$ e $r(t)$ um ruído branco.

Exercício 7.12 Considere o filtro de Wiener da forma (7.57) com resposta ao impulso $f_w(k)$. Defina o filtro causal $f_c(k) = f_w(k)v(k)$.

a) Mostre que a seguinte relação é válida:

$$F_w(\omega) = 2\text{Re}(F_c(\omega)) - f_w(0), \ \forall \omega \in \Omega$$

b) Verifique a validade desta relação para o filtro de Wiener obtido no Exercício 7.10.

Exercício 7.13 *Com relação ao Exemplo 7.11, considere $N_h \geq 1$ inteiro e defina as funções de transferência*

$$H(\omega) = \frac{\cos(\omega N_h) - \cos(\omega(N_h + 1))}{1 - \cos(\omega)}, \ G(\omega) = (2N_h + 1)\mathrm{sinc}((2N_h + 1)\omega/2)$$

com domínio $\Omega = [-\pi, \pi]$.

a) Faça os gráficos dessas funções na mesma figura. Elas são iguais para todo $\omega \in \Omega$?

b) Mostre que para $\omega = \omega_0 = 2\pi/(2N_h + 1) \in \Omega$ ambas são nulas.

c) Determine todos os pontos de Ω nos quais ambas se anulam.

d) Calcule numericamente as respostas ao impulso $h(k)$ e $g(k)$ para $k \in [-N_h, N_h]$.

Capítulo 8

Modelagem e Ensaios Práticos

8.1 Introdução

Este capítulo pretende mostrar como os resultados expostos anteriormente podem ser aplicados na solução de problemas que estão presentes no nosso dia a dia. Em todos os casos aqui tratados, os problemas têm interesse prático e os dados são reais. Eles são manipulados de maneira idêntica e com os mesmos recursos computacionais que foram empregados para resolver os exemplos ilustrativos propostos ao longo dos capítulos anteriores. Um aspecto importante a ser ressaltado é que, a não ser em situações realmente simples caracterizadas como sendo de cunho estritamente acadêmico, em geral, não é possível abordar problemas práticos sem contar com um suporte computacional adequado. De fato, como veremos em seguida, é bastante comum termos a necessidade de manipular sistemas LIT de ordem elevada (com dezenas de polos e/ou zeros) e de calcular a sua resposta a um sinal de entrada de interesse com espectro de frequência bastante rico e diversificado disponível apenas numericamente.

8.2 Eletrocardiograma

A maioria das pessoas adultas já se submeteram a um exame de eletrocardiograma - ECG. Nele, a atividade cardíaca é descrita a partir de sinais elétricos que são registrados em papel ou em um arquivo de computador. Desta forma, a partir dele, o médico deve ser capaz de verificar a normalidade ou identificar algum possível problema clínico do seu paciente. A Figura 8.1 mostra o sinal $g(t)$ expresso em milivolts [mV] medido durante um intervalo de tempo com duração

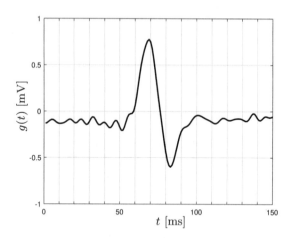

Figura 8.1: Eletrocardiograma real

de 150 milissegundos [ms]. Muito embora esta medida esteja sujeita a imprecisões e ruídos que precisam ser identificados e suprimidos, em linhas gerais, ela tem o comportamento característico que seria esperado neste curto espaço de tempo.

A situação é diversa quando registramos, do mesmo paciente, o sinal $g(t)$ [mV] medido em um intervalo de tempo muito maior, qual seja, $T_0 = 5$ segundos [s] por exemplo. Na parte superior da Figura 8.2 mostramos as amostras do sinal $x(k) = g(t)|_{t=kT}$, $\forall k \in [0, N_0)$, coletadas com o período de amostragem $T = 1$ [ms], de tal forma que $N_0 = T_0/T = 5000$. O sinal representado na figura anterior é o mesmo, mas apenas uma pequena porção correspondente a uma janela de tempo com 150 milissegundos de duração é mostrada. A parte inferior da mesma figura fornece o espectro do sinal a tempo discreto $x(k)$ em função da frequência $f_i = i/(N_0 T)$ para todo $i = 0, 1, \cdots, N_0 - 1$, expressa em hertz [Hz]. Estamos utilizando a unidade [Hz], e não [rad/s], como temos feito até agora, por ela ser a mais comumente adotada nos estudos de ECG. A este respeito, as seguintes observações são relevantes:

- Nota-se perfeitamente que as medidas obtidas em estado bruto, isto é, sem que nenhum tipo de tratamento tenha sido feito, sofrem uma distorção devido a uma espécie de modulação de baixa frequência que faz oscilar os picos de tensão. Este comportamento indesejável e espúrio deve ser eliminado. Observa-se pequenas oscilações de alta frequência entre picos de tensão consecutivos. Este segundo aspecto indesejável também deve ser eliminado.

8.2. ELETROCARDIOGRAMA

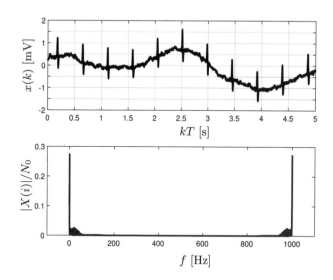

Figura 8.2: Eletrocardiograma e seu espectro

- O que acabamos de mencionar é confirmado pela parte inferior da Figura 8.2, que fornece o espectro do sinal em função da frequência. A presença de componentes de baixa frequência é nítida. As componentes da alta frequência, situadas um pouco acima daquelas que definem o sinal, serão determinadas por experimentação, conforme passamos a descrever em seguida.

Os valores espectrais $X(i)$ foram calculados a partir das relações (4.92) e (4.93) aplicadas ao sinal a tempo discreto $x(k)$, que é definido para todo $k \in [0, N_0)$, o que corresponde a 5000 medidas de tensão do ECG. Cada valor espectral $X(i)$ está relacionado à frequência $f_i = i/(N_0 T)$ expressa em hertz [Hz], com $i \in [0, N_0)$. Sem dificuldade, determinamos a frequência máxima que impede a ocorrência de *aliasing*, que é aquela igual à metade da frequência de amostragem, também denominada *frequência de Nyquist* ou seja $f_N = 1/(2T) = 500$ [Hz].

Os valores espectrais de baixa frequência julgados mais significativos, segundo o valor de $|X(i)|$, correspondem às frequências situadas no intervalo $0 \leq f_i \leq 3$ [Hz]. Os sete primeiros, mais relevantes, são aqueles listados na Tabela 8.1.

Nota-se um pequeno desvio constante no tempo dado por $X(0) = -0{,}0982$ e as demais componentes que definem a modulação de baixa frequência a serem eliminadas. Para que isso ocorra, escolhemos a frequência de corte $f_a = 3{,}0$ [Hz]. Em conformidade com o que está expresso na parte inferior da Figura 8.2, ve-

i	$X(i)/N_0$	$\|X(i)\|/N_0$	f_i [Hz]
0	$-0{,}0982$	$0{,}0982$	0
1	$-0{,}1457 - j0{,}2317$	$0{,}2737$	$0{,}2$
2	$0{,}2343 - j0{,}1000$	$0{,}2547$	$0{,}4$
3	$-0{,}0177 - j0{,}0400$	$0{,}0437$	$0{,}6$
4	$0{,}0298 - j0{,}0282$	$0{,}0410$	$0{,}8$
5	$-0{,}0121 - j0{,}0160$	$0{,}0201$	$1{,}0$
6	$-0{,}0186 - j0{,}0213$	$0{,}0283$	$1{,}2$

Tabela 8.1: Valores espectrais mais significativos

rificamos também que para frequências situadas acima da frequência de corte $f_b = 30{,}0$ [Hz] os valores espectrais são muito baixos, mas se espalham de forma homogênea por todo o espectro, o que permite classificá-los como componentes espectrais do ruído presente nas medidas.

Desta forma, projetamos um filtro digital passa-faixa da classe Butterworth de ordem quatro com ganho unitário e frequências de corte $\omega_a = 2\pi f_a = 18{,}85$ [rad/s] e $\omega_b = 2\pi f_b = 188{,}50$ [rad/s]. Isto é feito pela aplicação direta do Algoritmo 6.2, cujos passos detalhamos a seguir:

- **Passo 1:** Inicialmente, determina-se as frequências de corte como sendo $w_a = \text{tg}(\omega_a T/2) = 0{,}0094$ [rad/s] e $w_b = \text{tg}(\omega_b T/2) = 0{,}0945$ [rad/s], bem como o fator de qualidade $Q_{ab} = 0{,}3507$ e a frequência central $\omega_{ab} = 0{,}0298$ [rad/s], no domínio de tempo contínuo.

- **Passo 2:** Nesta segunda etapa, o filtro passa-baixas normalizado de segunda ordem do tipo Butterworth

$$\hat{f}_0(s) = \frac{1}{s^2 + 1{,}414s + 1} \tag{8.1}$$

é utilizado para a determinação de um filtro de quarta ordem da classe desejada. Em seguida, conjuntamente com a transformação que consta na terceira linha da Tabela 6.2, calcula-se o filtro

$$
\begin{aligned}
\hat{f}_c(s) &= \hat{f}_0\left(\frac{Q_{ab}}{\omega_{ab}}\left(\frac{s^2 + \omega_{ab}^2}{s}\right)\right) \\
&= \hat{f}_0\left(\frac{11{,}75s^2 + 0{,}01047}{s}\right) \\
&= \frac{0{,}007242s^2}{s^4 + 0{,}1203s^3 + 0{,}009024s^2 + 0{,}0001072s + 7{,}938e - 07} \tag{8.2}
\end{aligned}
$$

8.2. ELETROCARDIOGRAMA

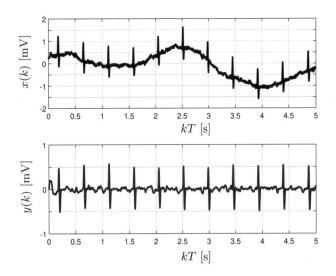

Figura 8.3: ECG antes e após a filtragem digital

do tipo passa-faixa ainda no domínio de tempo contínuo.

- **Passo 3:** Finalmente, a transformação bilinear (6.56) permite calcular o filtro digital

$$\hat{f}_d(z) = \hat{f}_c(s)\Big|_{s=\frac{z-1}{z+1}}$$

$$= \frac{0{,}006412z^4 - 0{,}01282z^2 + 0{,}006412}{z^4 - 3{,}754z^3 + 5{,}296z^2 - 3{,}329z + 0{,}7867} \quad (8.3)$$

que opera no domínio de tempo discreto com dados recebidos com o período de amostragem especificado, qual seja, $T = 1$ [ms].

O filtro digital que acabamos de projetar é do tipo RII - *resposta ao impulso infinita*. É de ordem quatro e o seu diagrama de Bode de módulo atesta que ele opera como um filtro com as características desejadas. Isto é, trata-se de um filtro digital do tipo Butterworth passa-faixa com ganho unitário no intervalo de frequências $\omega \in [18{,}85;\,188{,}50]$ [rad/s].

Neste ponto é preciso validar o filtro digital que acabamos de obter. Para isso, basta calcular a sua saída nos instantes de amostragem $y(k) = y(t)|_{t=kT}$ para todo $k \in [0, N_0)$ que resulta da operação de convolução discreta $y(k) = f_d(k) * x(k)$, em que $f_d(k)$ é a resposta ao impulso discreto do filtro com função de transferência

268   *CAPÍTULO 8. MODELAGEM E ENSAIOS PRÁTICOS*

dada por $F_d(\omega) = \hat{f}_d(z)|_{z=e^{j\omega T}}$ para toda $\omega T \in \Omega = [-\pi, \pi]$. A Figura 8.3 ilustra o que foi obtido. A sua parte superior mostra o sinal bruto, que é o mesmo que aparece na parte superior da Figura 8.2. A sua parte inferior mostra o sinal já filtrado pelo filtro digital projetado. Muito embora o filtro seja apenas de quarta ordem, nota-se uma melhoria significativa de qualidade, pois o sinal de tensão útil praticamente não foi alterado, mas a modulação de baixa frequência foi quase que totalmente removida. Entretanto, também é preciso colocar em evidência que o ruído de alta frequência não foi completamente eliminado.

O estudo de sinais do tipo ECG de forma cada vez mais precisa e detalhada consolidou o desenvolvimento do chamado *eletrocardiograma de alta resolução*. Neste caso, o estudo desses sinais permite avaliar a eventual existência de cardiopatias antes que um problema de saúde mais grave possa ocorrer. Neste contexto, em princípio, pode-se pensar na elaboração de filtros específicos que possam atuar como detectores de distorções nos sinais de ECG de tal forma a identificar a existência de determinadas cardiopatias previamente definidas. Entretanto, esta possível aplicação prática certamente vai além do escopo deste livro.

8.3   Rádio AM

Estamos imersos em um ambiente repleto de sinais de vários tipos - rádio, televisão, telefones móveis, etc. Sinais e ruídos se sobrepõem. É preciso selecionar, ou seja, filtrar aquele que tenha algum interesse específico a um potencial usuário. Uma classe interessante é a composta por sinais produzidos cotidianamente por estações de rádio AM, que empregam modulação de amplitude na transmissão. Elas ocupam a faixa de frequências de rádio AM (ondas de médio alcance), que vai de 530 [kHz] a 1700 [kHz], o que corresponde a um intervalo de frequências de aproximadamente 1200 [kHz], capaz de conter um número apreciável de estações.

O ouvido humano, por sua vez, é um dispositivo capaz de ser sensibilizado por emissões sonoras de até 20 [kHz]. Assim sendo, aos sinais de áudio é reservada uma faixa de frequências que pode ir até 20 [kHz]. Mais especificamente, a transmissão de voz requer uma faixa muito mais estreita, de apenas 3 [kHz], que vai de 400 [Hz] a 3,4 [kHz], fazendo com que a faixa de frequências AM possa suportar aproximadamente 300 transmissões simultâneas. Neste momento, vamos discutir alguns aspectos bastante simples, porém importantes, da transmissão e recepção de rádio AM. Eles ilustram, uma vez mais, o que aprendemos no decorrer dos diversos capítulos deste livro. Os resultados desta seção são apresentados com a preocupação de que possam ser reproduzidos pelo leitor sem grandes dificuldades. Esperamos que, deste modo, o presente projeto seja bastante ilustrativo das

8.3. RÁDIO AM

técnicas que foram até agora introduzidas.

Na prática, os sinais de áudio que são modulados e transmitidos por uma estação de rádio sofrem a ação de ruídos e a interferência dos sinais transmitidos por outras estações que disputam, em uma mesma região, a preferência dos ouvintes. É preciso sintonizar, demodular e filtrar o sinal desejado. Isto é feito com o auxílio de um filtro do tipo passa-baixas, com frequência de corte $\omega_b = 2\pi f_b$ [rad/s], que deve eliminar todas as componentes de interferência situadas fora da faixa de interesse, qual seja, $|\omega| \leq \omega_b$.

Esta seção também tem por objetivo mostrar como os sinais a tempo contínuo de um sistema de transmissão de rádio AM são representados e manipulados numericamente em tempo discreto a partir de suas amostras. O sistema construído guarda estreita relação com a realidade. Começamos com a definição de dois sinais a serem transmitidos, com as seguintes características:

- **Sinal de voz:** O sinal de voz denominado *Handel's Hallelujah Chorus* está disponível em várias versões e pode ser obtido na internet. A versão utilizada tem duração de aproximadamente $T_0 = 9$ [s] com frequência de amostragem 8192 [Hz], sendo que os valores numéricos das amostras, representados por 8 bits em dupla precisão, se situam no intervalo $[-1, 1]$. Este sinal foi reamostrado para obter $x(k) = g(t)|_{t=kT}$, definido para todo $k \in [0, N_0)$ com frequência de amostragem $1/T = 22050$ [Hz] e $N_0 = 196794$.

- **Ruído:** Construímos numericamente um som audível de $f_{rd} = 5000$ [Hz] através da relação

$$r(t)|_{t=kT} = 5\cos(2\pi f_{rd}t)|_{t=kT} \tag{8.4}$$

para todo $k \in [0, N_0)$. É importante observar que este ruído também foi amostrado com a mesma frequência. A sua amplitude foi escolhida para que, ao ser reproduzido, o seu volume seja parecido com o volume do sinal de voz. Ademais, esta escolha impõe uma relação sinal/ruído bastante desfavorável.

A Figura 8.4 fornece informações sobre o sinal e o ruído. O lado esquerdo mostra a representação no tempo do sinal de voz e do ruído, enquanto que o lado direito mostra os respectivos espectros de amplitude fornecidos pelas transformadas de Fourier a tempo discreto calculadas com auxílio de (4.92). A parte superior (direita) mostra o espectro do sinal de voz. Por ser real, nota-se perfeitamente a sua simetria em relação a $1/(2T) \approx 11$ [kHz] e a sua pouca significância para frequências acima de $\omega_s = 2\pi f_s$ em que $f_s = 4$ [kHz]. A parte inferior (direita) mostra o espectro do ruído e mais uma vez nota-se perfeitamente a sua simetria, mas o valor 2,5 esperado para a amplitude apenas na frequência $f_{rd} = 5$ [kHz]

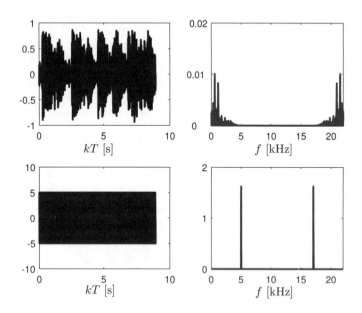

Figura 8.4: Sinal e ruído

não se verifica. Isto ocorre pois este valor de frequência não é um submúltiplo da frequência de amostragem considerada. Se a escala da referida figura for ampliada no entorno de f_{rd}, veremos que vários valores do espectro no intervalo bastante estreito de frequências $f_{rd} \pm 0{,}5$ [Hz] são não nulos. Obviamente, esta imprecisão numérica não tem importância e apenas indica que, neste caso, o ruído tem um espectro muito concentrado no entorno da frequência f_{rd}.

Vamos agora considerar duas estações de rádio reais que estão presentes na cidade de São Paulo e que são denominadas, de forma simbólica, como *verde* e *azul*. A rádio *verde* está localizada em $f_{vd} = 620$ [kHz] e transmite um sinal audível $g(t)$. Ao mesmo tempo, a rádio *azul* está localizada em $f_{az} = 610$ [kHz] e também transmite um sinal audível $r(t)$. Como indicado no Exemplo 4.4, os sinais transmitidos pelas duas estações resultam no sinal modulado pelas respectivas portadoras, ou seja,

$$f(t) = g(t)\cos(2\pi f_{vd}t) + r(t)\cos(2\pi f_{az}t) \qquad (8.5)$$

que pode ser captado pelos receptores de rádio presentes na região. Levando-se em conta que se trata de um sinal em tempo contínuo, a sua transformada de

8.3. RÁDIO AM

Fourier pode ser calculada e se escreve na forma

$$
\begin{aligned}
F(\omega) \;=\; & \frac{1}{2}\Big(G(\omega - \omega_{vd}) + G(\omega + \omega_{vd})\Big) \\
& + \frac{1}{2}\Big(R(\omega - \omega_{az}) + R(\omega + \omega_{az})\Big)
\end{aligned}
\tag{8.6}
$$

em que $\omega_{vd} = 2\pi f_{vd}$ e $\omega_{az} = 2\pi f_{az}$ são as frequências expressas em [krad/s]. Ao sintonizar a estação de rádio *verde*, este sinal é demodulado através da operação

$$
y(t) = f(t)\cos(2\pi f_{vd} t)
\tag{8.7}
$$

cuja parcela da transformada de Fourier correspondente à faixa de frequências da mesma ordem de grandeza do sinal de áudio é dada por

$$
\begin{aligned}
Y(\omega) \;=\; & \frac{1}{2}G(\omega) \\
& + \frac{1}{4}\Big(R(\omega - (\omega_{vd} - \omega_{az})) + R(\omega + (\omega_{vd} - \omega_{az}))\Big)
\end{aligned}
\tag{8.8}
$$

sendo que as demais componentes se situam no entorno das frequências $2\omega_{vd}$ e $\omega_{vd} + \omega_{az}$. Este resultado merece uma análise com base no Teorema da Amostragem. Suponha que $G(\omega)$ e $R(\omega)$ tenham a mesma largura de faixa ω_s. Para recuperar o sinal da rádio *verde* assim que ela é sintonizada, (8.8) requer que $2\omega_s < \omega_{vd} - \omega_{az}$, ou seja, $f_s < (f_{vd} - f_{az})/2 = 5$ [kHz]. Obviamente, os sinais de voz com faixa inferior a $f_s = 4$ [kHz] obedecem esta importante restrição. Ademais, ao considerarmos que a estação de rádio *azul* está transmitindo um sinal audível (ruído) de $f_{rd} = 5$ [kHz], configura-se uma situação de pior caso para estabelecer a qualidade do sinal que pode ser extraído da transmissão efetuada pela estação de rádio *verde*.

O sinal transmitido $f(t)$ é recebido e demodulado. Obtemos então o sinal $y(t)$, que é amostrado com a taxa já adotada anteriormente, isto é, $1/T = 22050$ [Hz]. Em seguida o sinal resultante é filtrado com um filtro digital que passamos a projetar.

Vamos considerar um filtro digital do tipo RIF - *resposta ao impulso finita* cuja síntese se dá de maneira diversa daquelas que estudamos no Capítulo 6, mas que é surpreendentemente simples. Este filtro deve ser capaz de rejeitar o ruído representado pelo sinal $r(t)$ cuja transformada de Fourier é dada por $R(\omega) = (1/2)(\delta(\omega - \omega_{rd}) + \delta(\omega + \omega_{rd}))$, em que $\omega_{rd} = 2\pi f_{rd}$, fazendo com que (8.8) se torne

$$
\begin{aligned}
Y(\omega) \;=\; & \frac{1}{2}G(\omega) \\
& + \frac{1}{8}\Big(\delta(\omega - \Delta) + \delta(\omega + \Delta)\Big)
\end{aligned}
\tag{8.9}
$$

272   CAPÍTULO 8. MODELAGEM E ENSAIOS PRÁTICOS

que é válida para toda frequência no intervalo $|\omega| \leq \Delta$, em que $\Delta = \omega_{vd} - \omega_{az} - \omega_{rd} = 2\pi f_\Delta$, da qual resulta $f_\Delta = f_{rd} = 5$ [kHz]. Assim sendo, devemos sintetizar um filtro digital passa-baixas com ganho $K = 2$ e frequência de corte $f_b = f_s = 4$ [kHz]. O ganho se faz necessário para compensar a atenuação no sinal $g(t)$ que pode ser recuperado do sinal demodulado $y(t)$, como se nota em (8.9). Por outro lado, a frequência de corte do filtro é igual à frequência máxima que define a largura de faixa do sinal de voz que desejamos reproduzir.

Os sinais modulados transmitidos pelas estações de rádio e os sinais demodulados recebidos nos receptores são sinais a tempo contínuo, mas desejamos projetar um filtro digital que atue no sinal a tempo discreto resultante da amostragem do sinal demodulado com a frequência de amostragem $1/T = 22050$ [Hz].

Neste sentido, devemos relembrar que um filtro passa-baixas ideal a tempo contínuo é definido por sua resposta ao impulso unitário $h_c(t) : \mathbb{R} \to \mathbb{R}$ e a sua respectiva transformada de Fourier $H_c(\omega) : \mathbb{R} \to \mathbb{C}$, a saber,

$$h_c(t) = \left(\frac{K\omega_b}{\pi} \right) \text{sinc}(\omega_b t) \Longleftrightarrow H_c(\omega) = \left\{ \begin{array}{ll} K & , \quad |\omega| \leq \omega_b \\ 0 & , \quad |\omega| > \omega_b \end{array} \right. \tag{8.10}$$

em que K é o seu ganho e ω_b [rad/s] é a sua frequência de corte. Denotando $h_d(k) = h_c(kT)$ para todo $k \in \mathbb{Z}$, a sua transformada de Fourier discreta $H_d(\omega) : [-\pi, \pi] \to \mathbb{C}$ resulta em

$$H_d(\omega) = \left\{ \begin{array}{ll} K & , \quad |\omega| \leq \omega_b T \\ 0 & , \quad \omega_b T < |\omega| \leq \pi \end{array} \right. \tag{8.11}$$

a qual naturalmente impõe, como de fato ocorre no presente caso, que a relação $\omega_b T \leq \pi$ se verifique. Com os resultados do Capítulo 5, determinamos a função de transferência pulsada que define o filtro digital, adotando-se a aproximação denominada *discretização impulso-invariante*. Ela resulta da transformada de Fourier das amostras $h_\sigma(kT) = T h_c(kT)$ avaliadas nos instantes de amostragem $t = kT$ para todo $k \in \mathbb{Z}$, ou seja, $H_\sigma(\omega) = \mathcal{F}[h_\sigma(kT)] = H_d(\omega T)$, que se escreve na forma

$$H_\sigma(\omega) = \left\{ \begin{array}{ll} K & , \quad |\omega| \leq \omega_b \\ 0 & , \quad \omega_b < |\omega| \leq \pi/T \end{array} \right. \tag{8.12}$$

Como o filtro a tempo contínuo é não causal, o mesmo ocorre com a sua versão digital. Ou seja, para que um filtro digital do tipo RIF possa ser implementado na prática, é preciso adotar uma providência, bem conhecida, para obter a sua resposta ao impulso $h(kT)$ a partir das amostras $h_\sigma(kT)$ para todo $k \in \mathbb{Z}$. Devemos restringir $h(kT) = 0$ para todo $k \in \mathbb{Z}$ tal que $k < 0$ e $k > N$, em que $N \geq 0$ é um número par de tal forma que $m = N/2 \geq 0$ seja um número inteiro.

8.3. RÁDIO AM

273

Determinamos então a resposta ao impulso causal

$$
\begin{aligned}
h(kT) &= h_\sigma(kT - mT) \\
&= \left(\frac{K\omega_b T}{\pi}\right) \mathrm{sinc}(\omega_b T(k - m))
\end{aligned}
\tag{8.13}
$$

para todo $k \in [0, N]$ e nula fora deste intervalo. A escolha de N e, portanto, de m requer parcimônia, pois aumentando m estamos aproximando de maneira mais precisa $h_\sigma(kT)$ por $h(kT)$, mas o atraso $\tau_m = mT$ também aumenta. A escolha de N deve refletir um compromisso adequado entre esses dois critérios conflitantes. Levando essas relações em conta, obtemos

$$
\begin{aligned}
H(\omega) &= \sum_{k=0}^{N} h(kT)e^{-j\omega Tk} \\
&= e^{-j\omega Tm} \sum_{n=-m}^{m} h_\sigma(nT)e^{-j\omega Tn}
\end{aligned}
\tag{8.14}
$$

que difere de $H_\sigma(\omega)$ devido ao truncamento e ao atraso que foram introduzidos como forma de impor causalidade. Neste ponto, é oportuno avaliar como estas duas operações que foram realizadas no filtro ideal, para assegurar a sua implementação prática, impactam o seu desempenho. Considerando que o atraso introduzido pelo filtro seja desprezível, o importante é avaliar o impacto do truncamento. Para isso, é preciso explicitar a relação existente entre as respectivas funções de transferência pulsadas, ou seja,

$$
\begin{aligned}
H(\omega) &= e^{-j\omega Tm} \left(\sum_{n=-\infty}^{\infty} h_\sigma(nT)e^{-j\omega Tn} - 2 \sum_{n=m+1}^{\infty} h_\sigma(nT)\cos(\omega Tn) \right) \\
&= e^{-j\omega Tm} \left(H_\sigma(\omega) - 2 \sum_{n=m+1}^{\infty} h_\sigma(nT)\cos(\omega Tn) \right)
\end{aligned}
\tag{8.15}
$$

pois as amostras da resposta ao impulso discreto satisfazem a relação de simetria $h_\sigma(-nT) = h_\sigma(nT)$ para todo $n \in \mathbb{N}$. A diferença entre o filtro passa-baixas ideal a tempo discreto definido por $H_\sigma(\omega)$ e sua aproximação causal com truncamento e atraso $H(\omega)$ não é fácil de ser determinada, a não ser numericamente. De fato, a partir de (8.15), cálculos simples fornecem a relação

$$
\begin{aligned}
\left| H(\omega) - e^{-j\omega Tm}H_\sigma(\omega) \right| &\leq \frac{2K}{\pi} \sum_{n=m+1}^{\infty} \frac{1}{n} \\
&\leq \frac{2K}{\pi} \int_m^\infty \frac{d\theta}{\theta} = +\infty
\end{aligned}
\tag{8.16}
$$

274　　　　　　*CAPÍTULO 8.　MODELAGEM E ENSAIOS PRÁTICOS*

válida para $\forall \omega \in \mathbb{R}$ tais que $\omega T \le \pi$, mas que não é útil aos nossos propósitos. Como veremos em seguida, o efeito do truncamento faz com que uma transformada de Fourier bastante simples $H_\sigma(\omega)$ dada em (8.12) se transforme em uma transformada de Fourier muito complicada $H(\omega)$, fornecida em (8.15). Entretanto, como era de se esperar, a diferença entre as versões causal e não causal do filtro projetado diminui conforme $m \ge 0$ aumenta. Ao fixarmos m, o espectro do filtro causal $H(\omega)$ em geral apresenta um comportamento oscilatório indesejável em altas frequências, mas cujo módulo se mantém muito pequeno. Por outro lado, como se trata de um filtro passa-baixas, o seu ganho na faixa de interesse se mantém aproximadamente constante $|H(\omega)| \approx K, \forall |\omega| \le \omega_b$. A escolha de m suficientemente grande assegura que esses atributos sejam atendidos.

Após um filtro digital ter sido projetado, é possível reforçar estes aspectos, que influenciam o desempenho, através da implantação de um dispositivo denominado **Janela de Hamming**. Na verdade, existem diversos tipos de janelas e, para explicá-las, vamos definir inicialmente a mais elementar, denominada *Janela Retangular*. Trata-se de uma função $w_R(k) : \mathbb{Z} \to \mathbb{R}$ definida por

$$w_R(k) = \left\{ \begin{array}{ll} 1 & , \quad |k| \le m \\ 0 & , \quad |k| > m \end{array} \right. \tag{8.17}$$

que seleciona como o truncamento da resposta ao impulso do filtro digital é realizado. De fato, a resposta ao impulso $h(kT)$ dada em (8.13) para $k \in [0, N]$, em conjunto com as restrições adicionais $h(kT) = 0$ para todo $k \notin [0, N]$, é reescrita diretamente na forma

$$h(kT) = \left(\frac{K\omega_b T}{\pi} \right) \operatorname{sinc}(\omega_b T(k - m)) w_R(k - m) \tag{8.18}$$

válida para todo $k \in \mathbb{Z}$. A denominação de janela retangular para esta função é bastante apropriada pois ela seleciona a janela de duração efetiva da resposta ao impulso do filtro. Esta interpretação nos leva a uma função alternativa

$$w_H(k) = \left\{ \begin{array}{ll} 0{,}54 + 0{,}46 \, \cos(\pi k/m) & , \quad |k| \le m \\ 0 & , \quad |k| > m \end{array} \right. \tag{8.19}$$

denominada *Janela de Hamming*, que é ligeiramente mais sofisticada que a janela retangular, mas faz com que os atributos desejáveis para um filtro digital, acima mencionados, sejam assegurados com folga.

Escolhendo $N = 64$, o que impõe $m = 32$, a resposta ao impulso do filtro digital passa-baixas com ganho $K = 2$ e frequência de corte $f_b = 4$ [kHz] é dada por

$$h(kT) = 0{,}7256 \, \operatorname{sinc}(1{,}1398(k - 32)) w_H(k - 32) \tag{8.20}$$

8.3. RÁDIO AM

para todo $k \in \mathbb{Z}$. Como a frequência de amostragem adotada é $1/T = 22050$ [Hz], a escolha $N = 64$ implica que as amostras que definem o filtro digital causal (8.20) ocorrem no intervalo de tempo $[0; 2{,}9025]$ [ms]. A parte superior da Figura 8.5 mostra as referidas amostras. Nela, nota-se que a resposta deste filtro causal introduz um atraso de $\tau_m = 1{,}4512$ [ms], que é pequeno o suficiente para não interferir na qualidade do sinal de voz filtrado. A parte inferior da mesma figura mostra o diagrama de Bode de módulo da função de transferência pulsada do filtro digital $H(\omega)$, cuja resposta ao impulso unitário discreto é dada em (8.20), ou seja,

$$
\begin{aligned}
H(\omega) &= \sum_{k=0}^{N} h(kT)e^{-j\omega Tk} \\
&= \hat{h}(z)\Big|_{z=e^{j\omega T}}
\end{aligned}
\tag{8.21}
$$

O seu módulo, expresso em [dB], foi calculado numericamente para $\omega = 2\pi f$ com $f \in [0; 11{,}025]$ [kHz]. Verifica-se claramente que o filtro apresenta um ganho constante $K \approx 6$ [dB], como projetado, em praticamente todo o intervalo $f \in [0; 4{,}0]$ [kHz], sendo que ele se reduz a 0 [dB] exatamente na frequência de corte $f_b = 4{,}0$ [Khz]. Em seguida, como comentamos anteriormente, há uma redução acentuada do módulo da função de transferência do filtro projetado com a ocorrência de oscilações devidas ao truncamento. Como indica a mesma figura, nesta região, a atenuação imposta pelo filtro é maior do que -60 [dB].

Tendo sido determinada a resposta ao impulso do filtro digital, as amostras do sinal de áudio $y(kT)$ para todo $k \in \mathbb{Z}$ são filtradas como resultado de uma simples convolução discreta, ou seja,

$$
\begin{aligned}
y_h(kT) &= h(kT) * y(kT) \\
&= \sum_{n=0}^{N} h(nT)y(kT - nT)
\end{aligned}
\tag{8.22}
$$

onde usamos o fato de $h(kT)$ ser nula para todo $k \notin [0, N]$. Isto coloca em evidência que a implementação prática deste filtro FIR causal é muito simples, pois, em qualquer instante de tempo kT com $k \in \mathbb{Z}$, a sua saída é determinada por uma mera combinação linear das $N+1$ últimas amostras do sinal de entrada. Ao aplicá-lo no sinal de voz transmitido pela estação de rádio *verde*, corrompido pelo ruído transmitido pela estação *azul*, verificamos que o seu desempenho é bastante adequado. No áudio sintonizado não se nota a existência de qualquer ruído. O leitor deve consultar os exercícios propostos no final deste capítulo para ter um roteiro que permita reproduzir e propor alternativas ao projeto que acabamos de apresentar.

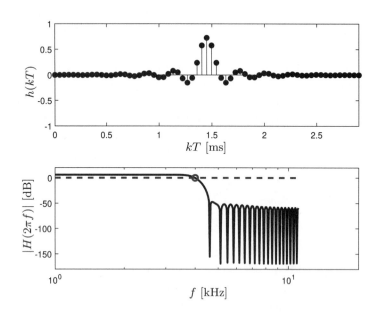

Figura 8.5: Características principais do filtro projetado

8.4 Vibrações Mecânicas

Vamos ilustrar através desta aplicação prática como proceder para estimar os modos de vibração de uma estrutura mecânica simples, mas da qual não conhecemos com precisão os seus elementos constituintes, tais como as massas e, sobretudo, os coeficientes de elasticidade das molas e o coeficiente de atrito viscoso do amortecedor. Ademais, também não é conhecido com precisão o coeficiente de atrito viscoso que resulta do movimento relativo das massas no ar, meio onde ocorre a vibração.

O sistema mecânico mostrado na Figura 8.6 é composto por três massas, quatro molas, um amortecedor e um atuador de força. A primeira massa sofre a ação de uma força externa com intensidade $g(t)$ e está conectada a uma parede através de uma mola. A segunda massa está conectada à primeira e à terceira através de duas molas e a um suporte fixo através de um amortecedor. Finalmente, a terceira massa está conectada a outra parede através de uma mola. Este sistema foi implementado em laboratório com sensores de posição que permitem registrar os deslocamentos de cada massa em instantes de amostragem igualmente espaçados,

8.4. VIBRAÇÕES MECÂNICAS

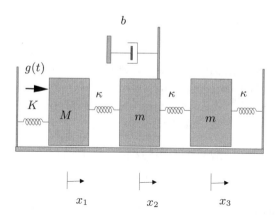

Figura 8.6: Estrutura mecânica simples

expressos na forma usual, isto é, $t_0 = 0$ e $t_{k+1} - t_k = T > 0$ para todo $k \in \mathbb{N}$, em que T é o período de amostragem. Os deslocamentos das três massas são medidos em relação aos referenciais inerciais mostrados na mesma figura, sendo que a origem de cada um deles é demarcada quando nenhuma força é exercida nos diversos dispositivos. Todas as grandezas físicas estão expressas em unidades do Sistema Internacional (SI). No laboratório dispomos dos valores nominais dos coeficientes de elasticidade κ e K expressos em [N/m], do coeficiente de atrito viscoso b expresso em [Ns/m] e da intensidade da força em [N]. Não dispomos do coeficiente de atrito viscoso entre o ar e as massas, bem como do eventual atrito de Coulomb existente entre as massas e os trilhos fixos sobre os quais elas se movimentam. Para fins de modelagem e de identificação dos parâmetros, embora seja pequeno, o efeito do atrito viscoso das massas com o ar, com coeficiente b_ϵ expresso em [Ns/m], será considerado. Entretanto, não vamos levar em conta o efeito produzido pelo atrito de Coulomb que tem intensidade desprezível. A validade dessas hipóteses será verificada *a posteriori*. Assumimos que todos os dispositivos têm modelos lineares.

Estabelecendo o equilíbrio dinâmico de forças em cada massa, podemos obter as equações diferenciais que descrevem os seus deslocamentos em relação aos respectivos referenciais inerciais indicados na Figura 8.6. De fato, para a massa M temos

$$M\ddot{x}_1 + b_\epsilon \dot{x}_1 + Kx_1 + \kappa(x_1 - x_2) = g \qquad (8.23)$$

enquanto que os deslocamentos das outras duas satisfazem

$$m\ddot{x}_2 + (b + b_\epsilon)\dot{x}_2 + \kappa(x_2 - x_1) + \kappa(x_2 - x_3) = 0 \qquad (8.24)$$

278   *CAPÍTULO 8. MODELAGEM E ENSAIOS PRÁTICOS*

e, respectivamente,

$$m\ddot{x}_3 + b_\epsilon \dot{x}_3 + \kappa x_3 + \kappa(x_3 - x_2) = 0 \tag{8.25}$$

em que, na equação (8.24), adicionamos os efeitos do atrito viscoso produzido pelo amortecedor e o do atrito viscoso entre a massa e o ar. A partir da definição do vetor $x = [x_1 \; x_2 \; x_3]' \in \mathbb{R}^3$, das seguintes matrizes de massas M_c e de coeficientes de atrito viscoso B_c expressas na forma

$$M_c = \text{diag}\{M, m, m\} \tag{8.26}$$
$$B_c = \text{diag}\{b_\epsilon, b + b_\epsilon, b_\epsilon\} \tag{8.27}$$

bem como das matrizes de coeficientes de elasticidade K_c e a que seleciona a variável de deslocamento de interesse G_c, dadas por

$$K_c = \begin{bmatrix} K + \kappa & -\kappa & 0 \\ -\kappa & 2\kappa & -\kappa \\ 0 & -\kappa & 2\kappa \end{bmatrix} \tag{8.28}$$

$$G'_c = \begin{bmatrix} 1 & 0 & 0 \end{bmatrix} \tag{8.29}$$

obtemos a forma final da equação diferencial que descreve o comportamento dinâmico do sistema em estudo e que permite obter o deslocamento $y = x_1$ resultante da ação da força externa g, ou seja,

$$M_c\ddot{x} + B_c\dot{x} + K_c x = G_c g \tag{8.30}$$
$$y = G'_c x \tag{8.31}$$

Trata-se de um sistema linear a tempo contínuo assintoticamente estável, que a partir do repouso em $x(0) = 0$ foi submetido a uma força externa constante $g(t) = g_0 = 10$ [N], o que levou cada massa à sua posição de equilíbrio, dada pela respectiva componente do vetor de posição $x_\infty = K_c^{-1} G_c g_0 \in \mathbb{R}^3$ e, por conseguinte, do qual resulta a posição de interesse $y_\infty = G'_c x_\infty$. Em seguida, a partir do repouso na posição $x(0) = x_\infty$, mas sem nenhuma força externa aplicada, isto é, $g(t) = 0$ para todo $t \geq 0$, o deslocamento $y(t)$ foi registrado. Aplicando a transformada de Fourier nas relações (8.30)-(8.31) e levando em conta a posição inicial das massas, obtemos

$$\hat{y}(\omega) = G'_c \Big(M_c s^2 + B_c s + K_c \Big)^{-1} \Big(M_c s + B_c \Big) x_\infty \Big|_{s=j\omega} \tag{8.32}$$

que estabelece a relação $y(t) = \mathcal{F}^{-1}[\hat{y}(\omega)]$, a qual, certamente, satisfaz a condição de causalidade $y(t) = 0$ para todo $t < 0$. Mesmo sem saber exatamente os

8.4. VIBRAÇÕES MECÂNICAS

279

valores dos parâmetros envolvidos, podemos extrair da transformada Fourier que acabamos de calcular diversas informações bastante úteis. O seu diagrama de Bode de módulo admite as seguintes aproximações:

- **Baixas frequências:** Para $\omega \in (0, \omega_c]$, em que a frequência de corte ω_c [rad/s] será determinada em seguida, com (8.32) vem

$$|\hat{y}(\omega)|_{dB} \approx 20 \, \log(G_c' K_c^{-1} B_c K_c^{-1} G_c g_0) \qquad (8.33)$$

pois K_c é uma matriz não singular e o chamado ganho DC resulta em um valor positivo.

- **Altas frequências:** Para $\omega \geq \omega_c$, em que a frequência de corte é a mesma, com (8.32) determinamos

$$|\hat{y}(\omega)|_{dB} \approx 20 \, \log(G_c' K_c^{-1} G_c g_0) - 20 \, \log(\omega) \qquad (8.34)$$

pois K_c, como sabemos, é uma matriz não singular e o ganho constante que aparece em (8.34) é positivo.

- **Frequência de corte:** O valor de ω_c, expresso em [rad/s], é determinado ao impormos que na frequência de corte as duas aproximações sejam iguais, isto é,

$$\omega_c = \frac{G_c' K_c^{-1} G_c}{G_c' K_c^{-1} B_c K_c^{-1} G_c} \qquad (8.35)$$

Assim sendo, a aproximação de altas frequências coloca em evidência que, para $\omega \gg \omega_c$, o sistema atenua as oscilações na razão de 20 decibéis por década. Para todos os efeitos práticos, podemos considerar que os valores significativos de $\hat{y}(\omega)$ situam-se na faixa $\omega \in (0, W_c]$, com $W_c \gg \omega_c$. Desta forma, para atender o Teorema da Amostragem, o período de amostragem máximo que pode ser adotado é $T_{max} = \pi/W_c$. Destes cálculos podemos ainda concluir que $\hat{y}(s)$ é uma fração racional em que o grau do polinômio denominador excede em apenas um o grau do polinômio numerador. Por este motivo, as aproximações que acabamos de obter devem ser usadas com a devida cautela.

Para poder colocar em evidência o que ocorre na prática, vamos inicialmente simular uma situação próxima da ideal, na qual os parâmetros $M = 1,0$ [kg], $m = 2,0$ [kg], $K = \kappa = 180$ [N/m] e $b_\epsilon = 1,0$ [Ns/m] do sistema mecânico da Figura 8.6 foram estimados sem grande precisão. Nesta simulação, o amortecedor permaneceu desconectado, o que é imposto fazendo-se $b = 0$. Como foi descrito anteriormente, as massas foram deslocadas do repouso em $x(0) = 0$ sob a ação de uma força constante de intensidade $g_0 = 10$ [N]. Em seguida, em $t = 0$,

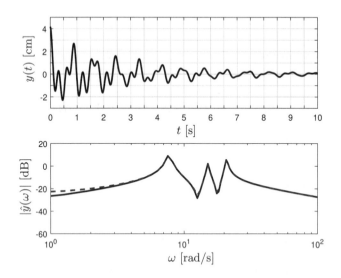

Figura 8.7: Simulação de um sistema mecânico ideal

elas se movem a partir do repouso em $x(0) = x_\infty$ sem a ação de nenhuma força externa. Com esses dados determinamos o vetor de posições de equilíbrio $x_\infty = [4{,}17 \quad 2{,}78 \quad 1{,}39]'$ [cm], colocando em evidência que a primeira massa atinge a posição de equilíbrio $y_\infty = 4{,}17$ [cm].

A Figura 8.7 mostra, na sua parte superior, o deslocamento $y(t)$ da massa M, expresso em centímetros, em função do tempo medido em segundos no intervalo $0 \leq t \leq T_0 = 10$ [s]. O deslocamento se inicia em $y(0) = y_\infty$ e oscila de maneira bastante irregular até que o movimento cessa (aproximadamente) sob a ação do atrito viscoso entre as massas e o ar.

Na parte inferior da mesma figura mostramos duas curvas. Uma delas, em linha contínua, é o diagrama de Bode de módulo de $\hat{y}(\omega)$, onde nota-se perfeitamente as frequências correspondentes aos três modos de vibração da estrutura, a saber, $\omega_{osc} = \{7{,}69; 15{,}08; 20{,}81\}$ [rad/s], calculadas através da solução da equação algébrica

$$\det\left(-M_c\omega^2 + K_c\right) = 0 \qquad (8.36)$$

que admite três raízes reais positivas. Observe que estas frequências foram determinadas sem levar em conta o efeito da matriz B_c. Neste sentido, estes valores devem ser denominados frequências naturais (não amortecidas) de vibração. Em seguida determinamos a transformada de Fourier discreta das amostras $y(t)|_{t=kT}$ para todo $k \in [0, N_0)$, em que $T = 10$ [ms] e $N_0 = T_0/T = 1000$. É im-

8.4. VIBRAÇÕES MECÂNICAS

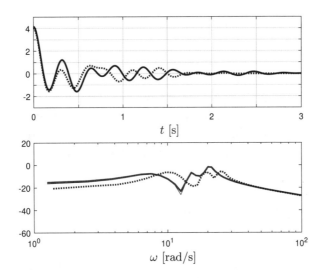

Figura 8.8: Deslocamentos em um sistema mecânico real

portante notar que $1/T = 100$ [Hz] satisfaz, com folga, o Teorema da Amostragem, pois a transformada de Fourier $\hat{y}(\omega)$ deixa de ser significativa para $\omega > W_c \approx 300$ [rad/s]. O espectro foi calculado com as equações (4.92)-(4.93), que fornecem os valores da transformada $Y(\omega_k)$ para $\omega_k = (2\pi k)/(N_0 T)$ para todo $k \in [0, N_0)$. Em seguida, os valores $T|Y(\omega_k)|$, expressos em decibéis, em função de ω_k, $\forall k \in [0, N_0)$, expressos em [rad/s], são mostrados em linha tracejada. Observe que a multiplicação de $Y(\omega_k)$ pelo período de amostragem $T = 0{,}01$ [s] se faz necessária para ajustar a transformada discreta das amostras que foi dividida por este mesmo valor pelo processo de amostragem. A concordância entre as curvas é notável, o que coloca em clara evidência que a transformada de Fourier discreta (rápida) é uma ferramenta útil para a determinação da resposta em frequência de qualquer sistema LIT assintoticamente estável, a partir de apenas uma resposta temporal.

Posteriormente, realizamos um ensaio no laboratório, com uma estrutura mecânica idêntica à primeira, mas com o amortecedor conectado à segunda massa. O valor do seu coeficiente de atrito viscoso foi adotado como sendo $b = 15{,}0$ [Ns/m]. A parte superior da Figura 8.8 mostra em linha cheia a simulação do modelo $y(t)$ e em linha pontilhada as medidas $y_{med}(t)$ realizadas no laboratório, ambas expressas em centímetros. No início, o deslocamento real da massa é muito parecido com o fornecido pelo modelo, mas logo em seguida eles

282   *CAPÍTULO 8. MODELAGEM E ENSAIOS PRÁTICOS*

se tornam bastante diferentes. Na parte inferior da mesma figura mostramos, em
linhas cheias, quase coincidentes, o diagrama de Bode de módulo de $\hat{y}(\omega)$ e o es-
pectro determinado via transformada de Fourier discreta das amostras $y(t)|_{t=kT}$
para todo $k \in [0, N_0)$, adotando-se o mesmo procedimento de cálculo empregado anteriormente. Isto atesta que os cálculos foram realizados com a precisão
adequada. No mesmo gráfico, mostramos em linha pontilhada o espectro das
amostras $y_{med}(t)|_{t=kT}$ para todo $k \in [0, N_0)$. A diferença entre eles é grande e
aparente. O que explica esta diferença é a possível existência de atrito de Coulomb e de fenômenos não lineares que estão presentes nas respostas das molas
e sobretudo na do amortecedor, mas que não são levadas em conta pelo modelo
linear proposto.

8.5   Notas Bibliográficas

Este capítulo foi elaborado a partir de dados de sistemas reais conseguidos
na internet (para os dois primeiros casos) que estão disponíveis a todos os interessados. Como sempre convém, procuramos fornecer todas as informações
para que os mesmos experimentos possam ser reproduzidos pelo leitor. Como
no decorrer de todo o livro, neste capítulo, em especial, foi necessário recorrer a
rotinas numéricas para resolver os diversos problemas que resultam dos processos de síntese. Assim sendo, elas devem estar disponíveis para que os resultados
intermediários de cada caso tratado possam ser reproduzidos. Essa possibilidade
é importante pois ajuda e consolida o aprendizado.

O aspecto central em aplicações práticas é a *modelagem matemática* do que se
deseja abordar. Neste sentido e, sobretudo, no âmbito deste livro, as referências
[1] e [7] devem ser consultadas. Para modelagem e tratamentos mais específicos
de sistemas elétricos e de sistemas mecânicos, pode-se recorrer às excelentes referências [4] e [23], respectivamente. Os livros [7], [11] e [12] também descrevem,
com bastantes detalhes, possíveis aplicações práticas de técnicas de análise e
síntese de sistemas de controle que podem ser úteis no presente contexto.

8.6   Exercícios

Exercício 8.1 *Determine numericamente os diagramas de Bode de módulo e de fase
do filtro digital projetado para filtrar o sinal ECG.*

  *a) A partir do diagrama de módulo, calcule as frequências de corte e compare com os
       valores projetados.*

8.6. EXERCÍCIOS

b) Determine a atenuação que o filtro produz nas décadas de frequências imediatamente acima e imediatamente abaixo da sua faixa de operação.

Exercício 8.2 *Realize o projeto do filtro digital de ordem seis para o sinal EGC. Para o filtro projetado, refaça o exercício anterior.*

Exercício 8.3 *Determine e represente graficamente a resposta ao impulso discreto do filtro de ordem quatro projetado para filtrar o sinal ECG. Repita o que acaba de ser feito para o filtro de ordem seis do Exercício 8.2.*

Exercício 8.4 *Construa um único ruído audível com frequências $\{5, 6, 7, 8\}$ [kHz] e amplitudes $\{1, 2, 3, 4\}$ correspondentes a cada uma delas.*

a) Com a frequência de amostragem $f_s = 17$ [kHz], determine o seu espectro e verifique se as amplitudes nas frequências correspondentes estão corretas.

b) Refaça o item anterior com a frequência de amostragem $f_s = 13$ [kHz] e compare os resultados.

Exercício 8.5 *Determine os diagramas de Bode de módulo e de fase da função de transferência pulsada $H(\omega)$, cujas amostras são dadas em (8.20).*

Exercício 8.6 *Determine os diagramas de Bode de módulo e de fase da função de transferência pulsada $H(\omega)$, cujas amostras são dadas em (8.18).*

Exercício 8.7 *Considere os dados da transmissão de rádio AM. Determine:*

a) Um filtro RIF com $N = 32$ e janela retangular, a sua resposta ao impulso discreto e os seus diagramas de Bode.

b) Um filtro RIF com $N = 16$ e janela de Hamming, a sua resposta ao impulso discreto e os seus diagramas de Bode.

Exercício 8.8 *Considere os dados da transmissão de rádio AM. Determine:*

a) Um filtro Butterworth digital (passa-baixas) de ordem $n = 3$ e janela retangular, a sua resposta ao impulso discreto e os seus diagramas de Bode.

b) Um filtro Butterworth digital (passa-baixas) de ordem $n = 3$ e janela de Hamming, a sua resposta ao impulso discreto e os seus diagramas de Bode.

Exercício 8.9 *Considere o sistema mecânico da Figura 8.6. A partir da sua função de transferência $H_c(s)$ definida em (8.32), determine:*

a) A frequência de corte ω_c dada em (8.35) em função dos parâmetros físicos do sistema.

b) Todos os polos de $H_c(s)$ assumindo que $B_c \approx 0$.

284   CAPÍTULO 8.   MODELAGEM E ENSAIOS PRÁTICOS

Exercício 8.10 *Considere o sistema mecânico da Figura 8.6. Para os valores nominais dos seus parâmetros, determine:*

a) *Os diagramas de Bode da sua função de transferência $H_c(\omega)$.*

b) *A aproximação do diagrama de Bode de módulo a partir de (8.33)-(8.34) e compare com o diagrama verdadeiro obtido no item anterior.*

Apêndice A

Noções Básicas de Cálculo e Simulação

Este apêndice contém material de apoio para alguns tópicos importantes que devem ser discutidos com mais detalhes. Não tem a pretensão de ser exaustivo sobre os temas abordados, mas discute o que julgamos ser essencial para assegurar ao leitor um bom entendimento dos capítulos do livro sem ter que recorrer a referências adicionais. Evita a consulta amiúde enquanto enfatiza a boa prática de se obterem informações suplementares das mais variadas fontes.

A.1 Vetores e Matrizes

Um vetor é uma coleção de $r \geq 2$ escalares, dispostos segundo uma *coluna*. A notação $v \in \mathbb{C}^r$ indica que os r escalares, cada qual definindo uma das suas *componentes* v_i, $i = 1, 2, \cdots, r$, são números complexos, isto é,

$$v = \begin{bmatrix} v_1 \\ v_2 \\ \vdots \\ v_r \end{bmatrix} \in \mathbb{C}^r \tag{A.1}$$

O número natural $r \in \mathbb{N}$ é a sua *dimensão*. Todas as componentes de um vetor podem pertencer ao conjunto dos números reais, o que é indicado pela notação $v \in \mathbb{R}^r$. Neste texto consideramos o caso mais geral em que os vetores são complexos $v \in \mathbb{C}^r$, mas o leitor sempre será alertado se um determinado resultado for válido apenas para vetores reais $v \in \mathbb{R}^r$.

286   APÊNDICE A. NOÇÕES BÁSICAS DE CÁLCULO E SIMULAÇÃO

É possível *somar* vetores de mesmas dimensões $v, u \in \mathbb{C}^r$ para obter um outro vetor com componentes $v_i + u_i \in \mathbb{C}$, $i = 1, 2, \cdots, r$. Com um escalar $\alpha \in \mathbb{C}$ e um vetor $v \in \mathbb{C}^r$ pode-se *multiplicar um vetor por um escalar* que resulta em um novo vetor $\alpha v \in \mathbb{C}^r$ com componentes $\alpha v_i \in \mathbb{C}$, $i = 1, 2, \cdots, r$. Um vetor *linha* denotado $v' \in \mathbb{C}^r$ é o *transposto* do vetor coluna $v \in \mathbb{C}^r$. O vetor $v^* \in \mathbb{C}^r$ é o *conjugado* de $v \in \mathbb{C}^r$ e suas componentes são os complexos conjugados de cada componente de $v \in \mathbb{C}^r$, a saber, v_i^*, $i = 1, 2, \cdots, r$. O vetor *conjugado transposto* de $v \in \mathbb{C}^r$ recebe a notação especial $v^\sim \in \mathbb{C}^r$. Talvez a operação mais importante entre vetores de mesmas dimensões $v, u \in \mathbb{C}^r$ seja a operação denominada *produto escalar* ou *produto interno*, definida na forma

$$\langle v, u \rangle = \sum_{i=1}^{r} v_i u_i^* = u^\sim v = v' u^* \tag{A.2}$$

Observe que para vetores complexos a ordem das operações é importante, pois $\langle v, u \rangle^* = v^\sim u = \langle u, v \rangle$, mas o mesmo não acontece para vetores reais. Para qualquer vetor $v \in \mathbb{C}^r$ sempre tem-se $\langle v, v \rangle \geq 0$, sendo que a igualdade ocorre se e apenas se $v = 0 \in \mathbb{C}^r$. Isto nos leva a definir uma *norma induzida* por este produto escalar, também chamada *norma Euclidiana* do vetor $v \in \mathbb{C}^r$, na forma

$$\|v\| = \sqrt{\langle v, v \rangle} = \sqrt{\sum_{i=1}^{r} |v_i|^2} \tag{A.3}$$

Para que esta definição seja consistente, calcula-se imediatamente que $\|\alpha v\| = |\alpha|\|v\|$ para todo vetor $v \in \mathbb{C}^r$ e todo escalar $\alpha \in \mathbb{C}$. Deve-se também verificar a validade da chamada *desigualdade triangular*, o que é feito através do próximo lema.

Lema A.1 *A desigualdade triangular* $\|v+u\| \leq \|v\|+\|u\|$ *é válida para quaisquer vetores* $v, u \in \mathbb{C}^r$.

Prova: Se $\|v\| = 0$ a desigualdade se verifica trivialmente. Assumindo que $\|v\| \neq 0$, definimos o escalar real $\alpha = (v^\sim u + u^\sim v)/(2\|v\|^2) \in \mathbb{R}$. De fato, trata-se de um número real resultado da soma de um número complexo com o seu conjugado, pois $(v^\sim u)^* = v' u^* = u^\sim v$. Portanto, a definição de norma implica em que

$$
\begin{aligned}
0 \;&\leq\; \|\alpha v - u\|^2 \\
&=\; \alpha^2 \|v\|^2 - \alpha(v^\sim u + u^\sim v) + \|u\|^2 \\
&=\; \|u\|^2 - \frac{(v^\sim u + u^\sim v)^2}{4\|v\|^2} \tag{A.4}
\end{aligned}
$$

A.1. VETORES E MATRIZES

da qual, após extração da raiz quadrada, resulta a desigualdade $|v^\sim u + u^\sim v| \leq 2\|v\|\|u\|$, que ao ser levada em

$$
\begin{aligned}
\|v + u\|^2 &= \|v\|^2 + (v^\sim u + u^\sim v) + \|u\|^2 \\
&\leq \|v\|^2 + 2\|v\|\|u\| + \|u\|^2 \\
&= (\|v\| + \|u\|)^2
\end{aligned}
\tag{A.5}
$$

permite obter o resultado desejado. $\qquad\square$

Simples manipulações algébricas mostram que a igualdade $\|v+u\| = \|v\|+\|u\|$ ocorre se e apenas se os vetores $v, u \in \mathbb{C}^r$ forem *colineares*, isto é, $u = \beta v$ para algum $\beta \in \mathbb{R}$. Ademais, (A.5) implica que a igualdade $\|v + u\|^2 = \|v\|^2 + \|u\|^2$ ocorre se e apenas se os vetores $v, u \in \mathbb{C}^r$ forem *ortogonais*, isto é, $\langle v, u \rangle = 0$. Este resultado nada mais é que o célebre Teorema de Pitágoras. É preciso colocar em grande evidência que a condição

$$
\langle v, u \rangle = 0
\tag{A.6}
$$

caracteriza, por completo, a ortogonalidade entre os vetores $v \in \mathbb{C}^r$ e $u \in \mathbb{C}^r$. Em outras palavras, dois vetores quaisquer $v, u \in \mathbb{C}^r$ são ortogonais se e apenas se o produto escalar entre eles for nulo. Um conjunto de vetores $v_i \in \mathbb{C}^r$, $i = 1, 2, \cdots, m$ é dito *linearmente independente* se o sistema de equações lineares

$$
\sum_{i=1}^{m} v_i \alpha_i = 0
\tag{A.7}
$$

admitir $\alpha_i = 0$ para todo $i = 1, 2, \cdots, m$ como única solução. Caso contrário, o conjunto de vetores é chamado *linearmente dependente*. Ao coletarmos os vetores dados em uma matriz e as incógnitas (escalares) em um vetor, tais como

$$
V = \begin{bmatrix} v_1 & v_2 & \cdots & v_m \end{bmatrix} \in \mathbb{C}^{r \times m}, \quad \alpha = \begin{bmatrix} \alpha_1 \\ \alpha_2 \\ \vdots \\ \alpha_m \end{bmatrix} \in \mathbb{C}^m
\tag{A.8}
$$

verifica-se que (A.7) se escreve na forma equivalente $V\alpha = 0$. É óbvio que $\alpha = 0 \in \mathbb{C}^m$ é sempre solução desta equação e, portanto, a condição essencial para assegurar independência linear é a sua unicidade. Neste contexto, um conceito fundamental é o de *base canônica* ou simplesmente *base*. Uma base para o $\mathbb{C}^r$ é um conjunto com um número mínimo de vetores $v_i \in \mathbb{C}^r$, $i = 1, 2, \cdots, m$ tais

288   APÊNDICE A. NOÇÕES BÁSICAS DE CÁLCULO E SIMULAÇÃO

que qualquer outro vetor $y \in \mathbb{C}^r$ pode ser gerado por uma combinação linear dos seus elementos. Ou seja, dado $y \in \mathbb{C}^r$, existe $\alpha \in \mathbb{C}^m$ que satisfaz

$$V\alpha = y \tag{A.9}$$

em que $V \in \mathbb{C}^{r \times m}$ é a matriz composta pelos vetores da base conforme (A.8). Observe que o vetor $\alpha \in \mathbb{C}^m$ que satisfaz (A.9), em princípio, depende de cada $y \in \mathbb{C}^r$ dado. Entretanto, a equação linear (A.8) sempre deve ter solução para todo e qualquer $y \in \mathbb{C}^r$. Com auxílio da regra de Cramer conclui-se que os vetores definidos pelas colunas da matriz $V \in \mathbb{C}^{r \times m}$ formam uma base se e apenas se $m = r$ e $\det(V) \neq 0$. Neste caso, a matriz $V \in \mathbb{C}^{r \times r}$ é quadrada e admite inversa, fazendo com que $\alpha = V^{-1}y$ seja a solução de (A.9). Observe que, sob estas condições, para $y = 0 \in \mathbb{C}^r$ tem-se $\alpha = 0 \in \mathbb{C}^r$ como solução única, o que garante que os vetores de uma base, necessariamente, constituem um conjunto linearmente independente. Uma base é denominada *ortonormal* se

$$\langle v_i, v_n \rangle = \begin{cases} 1 & , \quad i = n \\ 0 & , \quad i \neq n \end{cases} \tag{A.10}$$

ou seja, é aquela formada por vetores ortogonais entre si, cada qual com norma unitária $\|v_i\| = 1$ para todo $i = 1, 2, \cdots, r$. Neste caso, o produto $V^{\sim}V = I$ indica que, por definição, a sua inversa existe e é dada por $V^{-1} = V^{\sim}$. Como consequência obtemos $\alpha = V^{\sim}y$ como sendo a solução única de (A.9). A partir desta fórmula, para uma base ortonormal, a solução do sistema linear de equações (A.9) se escreve como

$$\alpha_i = \langle y, v_i \rangle, \quad i = 1, 2, \cdots, r \tag{A.11}$$

Para uma base ortonormal qualquer, a estrutura da matriz $V \in \mathbb{C}^{r \times r}$ é de tal maneira particular que a solução de $V\alpha = y$ é simples e faz com que o esforço computacional para a sua obtenção não dependa de sua dimensão $2 \leq r \in \mathbb{N}$. Este aspecto é explorado em vários tópicos abordados neste livro.

Uma coleção de $rm \geq 2$ escalares quando dispostos em r linhas e m colunas caracteriza os elementos de uma matriz. Uma matriz com elementos complexos é denotada por $A \in \mathbb{C}^{r \times m}$, enquanto que, se seus elementos forem reais, esse fato é indicado por $A \in \mathbb{R}^{r \times m}$. A matriz A' é a sua transposta em que as linhas são trocadas pelas colunas e vice-versa. Se uma matriz for igual à sua transposta, isto é, $A = A'$, ela é dita *simétrica*. A matriz $A^{\sim}$ é a matriz *conjugada transposta* em que as linhas conjugadas são trocadas pelas colunas e vice-versa. É claro que $A^{\sim} = A$ exige que A seja uma matriz quadrada com todos os elementos reais. Matrizes $A, B \in \mathbb{C}^{r \times m}$ de mesmas dimensões podem ser somadas aplicando-se esta operação elemento a elemento para obter $A + B \in \mathbb{C}^{r \times m}$. Da mesma forma,

A.2. PROBLEMA DE NORMA MÍNIMA

podemos multiplicar uma matriz por um escalar $\alpha \in \mathbb{C}$ pela simples multiplicação de todos os seus elementos, determinando assim a matriz resultante $\alpha A \in \mathbb{C}^{r \times m}$. Além daquelas já discutidas, matrizes, vetores e escalares admitem inúmeras operações entre si, tais como multiplicação, inversa, autovalores e autovetores, determinantes, etc. Pode-se calcular a inversa de uma matriz quadrada desde que o seu determinante seja diferente de zero. Ademais, se $A^{\sim}A = I$, então a inversa se resume a $A^{-1} = A^{\sim}$, fazendo com que ela seja determinada de maneira trivial qualquer que seja a sua dimensão.

A.2 Problema de Norma Mínima

O seguinte problema de otimização, conhecido como *problema de norma míni-ma*, é muito importante e ocorre amiúde em diversas áreas da ciência e, em particular, em engenharia.

$$\min_{\alpha_1, \alpha_2, \cdots, \alpha_m} \left\| y - \sum_{i=1}^{m} \alpha_i v_i \right\|^2 \tag{A.12}$$

A partir do estudo de bases que acabamos de fazer, podemos afirmar que o caso de maior interesse ocorre quando $2 \leq r$ e $1 \leq m \leq r$, em que a dimensão r dos vetores envolvidos é maior ou igual ao número de parâmetros da combinação linear. Sem que isto se verifique, o problema pode ser reduzido ao caso precedente. De fato, se $m = r$ e os vetores formarem uma base para o espaço linear $\mathbb{C}^r$, então $\alpha = V^{-1}y$ é a solução ótima, pois o valor do critério se reduz a zero. A solução do problema em estudo é estabelecida através do próximo lema.

Lema A.2 *Os parâmetros α_i, $i = 1, 2, \cdots, m$ resolvem o problema (A.12) se e apenas se o erro por eles produzido*

$$\epsilon = y - \sum_{i=1}^{m} \alpha_i v_i \tag{A.13}$$

for tal que $\langle \epsilon, v_n \rangle = 0$, $n = 1, 2, \cdots, m$.

Prova: A prova se dá a partir de argumentos puramente geométricos, conforme é ilustrado na Figura A.1. Para cada conjunto de parâmetros α_i, $i = 1, 2, \cdots, m$ o vetor $v = \sum_{i=1}^{m} \alpha_i v_i$ é gerado. Ele se encontra confinado em um subespaço do $\mathbb{C}^r$ definido pela base $v_1, v_2, \cdots, v_m$ cuja distância ao ponto que se situa na extremidade do vetor $y \in \mathbb{C}^r$ deve ser a menor possível. Para que isto ocorra, o

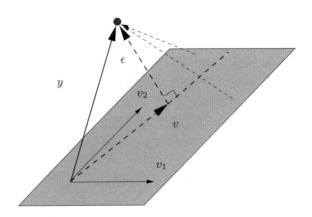

Figura A.1: Solução do problema de norma mínima

vetor $\epsilon \in \mathbb{C}^r$ deve ser ortogonal a todos vetores $v \in \mathbb{C}^r$ deste subespaço. Isto é conseguido se e apenas se $\epsilon \in \mathbb{C}^r$ for ortogonal a todos os vetores $v_1, v_2, \cdots, v_m$, ou seja, $\langle \epsilon, v_n \rangle = 0$, $n = 1, 2, \cdots, m$. O que prova o lema proposto. □

A condição de otimalidade do Lema A.2 pode ser escrita na forma mais compacta de um sistema de equações lineares $A\alpha = b$ com $A \in \mathbb{C}^{m \times m}$ e $b \in \mathbb{C}^m$. De fato, as igualdades

$$\langle \epsilon, v_n \rangle = \langle y, v_n \rangle - \sum_{i=1}^{m} \alpha_i \langle v_i, v_n \rangle, \ n = 1, \cdots, m \qquad (A.14)$$

permitem obter os elementos $a_{ni} = \langle v_i, v_n \rangle$ e $b_n = \langle y, v_n \rangle$ para todo $n = 1, 2, \cdots, m$ e $i = 1, 2, \cdots, m$. Desta maneira, determinamos a solução ótima de (A.12) como sendo

$$\alpha = A^{-1} b \qquad (A.15)$$

o que coloca em evidência que o esforço computacional envolvido neste cálculo depende quase que exclusivamente da inversão da matriz $A \in \mathbb{C}^{m \times m}$. Por sua vez, a dificuldade dessa operação depende da sua dimensão $m \in \mathbb{N}$, mas pode ser completamente eliminada se os vetores $v_1, v_2, \cdots, v_m$ forem bem escolhidos, o que nos leva às soluções já conhecidas

$$\text{ortonormais} \implies \alpha_i = \langle y, v_i \rangle, \ i = 1, 2, \cdots, m$$
$$\text{ortogonais} \implies \alpha_i = \frac{\langle y, v_i \rangle}{\langle v_i, v_i \rangle}, \ i = 1, 2, \cdots, m$$

A.2. PROBLEMA DE NORMA MÍNIMA

pois no primeiro caso a matriz A é uma matriz identidade e no segundo uma matriz diagonal. Nesses dois casos, o número de elementos da base $m \in \mathbb{N}$ torna-se irrelevante, podendo assumir valores arbitrariamente elevados.

Essas mesmas ideias podem ser generalizadas para contemplar outros contextos em que os vetores $v_i \in \mathbb{C}^r$ para todo $i = 1, 2, \cdots$ são substituídos por sinais definidos nos domínios de tempo contínuo ou discreto, como abordado nos exemplos que são discutidos em seguida.

Exemplo A.1 (Série de Fourier - tempo contínuo) Este é o caso de sinais periódicos a tempo contínuo com período $T_0 > 0$, domínio $t \in [0, T_0] \subset \mathbb{R}$ e imagem em $\mathbb{C}$ denotados por $v_i(t)$, $\forall i \in \mathbb{Z}$. O passo central é a definição do produto escalar de dois deles como sendo

$$\langle v_i, v_n \rangle = \int_0^{T_0} v_i(t) v_n(t)^* dt$$

Como foi feito no Capítulo 3 para o desenvolvimento em série de Fourier de sinais periódicos, ao considerarmos

$$v_i(t) = e^{j\omega_i t}, \ \omega_i = \frac{2\pi}{T_0} i$$

para todo $i \in \mathbb{Z}$, verificamos imediatamente que $\langle v_i, v_n \rangle = 0$ se $i \neq n$ e $\langle v_i, v_i \rangle = T_0$ para todo $i \in \mathbb{Z}$ e todo $n \in \mathbb{Z}$. Trata-se, portanto, de uma base constituída por um número infinito de sinais ortogonais. Dado um sinal periódico $y(t)$, os coeficientes da série de Fourier resultam da solução ótima do problema (A.12), ou seja,

$$\alpha_i = \frac{\langle y, v_i \rangle}{\langle v_i, v_i \rangle} = \frac{1}{T_0} \int_0^{T_0} y(t) e^{-j\omega_i t} dt, \ i \in \mathbb{Z}$$

que é o resultado esperado. □

Exemplo A.2 (Série de Fourier - tempo discreto) O mesmo pode ser feito para sinais periódicos a tempo discreto com período $0 < N_0 \in \mathbb{Z}$, domínio $k \in [0, N_0) \subset \mathbb{Z}$ e imagem em $\mathbb{C}$ denotados por $v_i(k)$, $\forall i \in \mathbb{Z}$. Mais uma vez, o passo inicial é a definição do produto escalar de dois deles como sendo

$$\langle v_i, v_n \rangle = \sum_{k=0}^{N_0-1} v_i(k) v_n(k)^*$$

e como também foi feito no Capítulo 3 para o caso da série de Fourier discreta, adotando

$$v_i(k) = e^{j\omega_i k}, \ \omega_i = \frac{2\pi}{N_0} i$$

para todo $i \in \mathbb{Z}$ verificamos imediatamente que $\langle v_i, v_n \rangle = 0$ se $i \neq n$ e $\langle v_i, v_i \rangle = N_0$ para todo $i \in \mathbb{Z}$ e todo $n \in \mathbb{Z}$. Trata-se, portanto, de uma base constituída por um número infinito de sinais ortogonais, mas apenas N_0 necessitam ser determinados. De fato, para

292 APÊNDICE A. NOÇÕES BÁSICAS DE CÁLCULO E SIMULAÇÃO

um sinal periódico $y(k)$ dado, os coeficientes da série de Fourier resultam da solução ótima do problema (A.12), ou seja,

$$\alpha_i = \frac{\langle y, v_i \rangle}{\langle v_i, v_i \rangle} = \frac{1}{N_0} \sum_{k=0}^{N_0-1} y(k)e^{-j\omega_i k}, \ i \in [0, N_0)$$

Essas duas últimas versões do problema de norma mínima que acabamos de discutir mostram que para sinais ortogonais, mesmo se a dimensão da base escolhida for infinita, a sua solução ótima pode calculada sem grandes dificuldades. Neste sentido, todo o crédito deve ser dado a Fourier pela escolha da base que resultou na célebre série que leva o seu nome. □

O problema de norma mínima tem grande importância teórica em várias áreas da ciência. A sua solução ótima é completamente caracterizada pelo Lema A.2, a partir de argumentos puramente geométricos. Ela exibe uma propriedade essencial no contexto de otimização, qual seja, é uma solução global. Isto quer dizer que não existe nenhuma outra solução que produza uma norma menor que a produzida pela solução ótima. Esta propriedade é consequência de um conceito básico denominado *convexidade*.

Definição A.1 (Função convexa) *Uma função $f(x) : \mathbb{R} \to \mathbb{R}$ é convexa se a desigualdade*

$$f(\lambda x_1 + (1 - \lambda)x_2) \leq \lambda f(x_1) + (1 - \lambda)f(x_2) \tag{A.16}$$

se verificar para todo $x_1, x_2 \in \mathbb{R}$ e todo $\lambda \in \mathbb{R}$ tais que $0 \leq \lambda \leq 1$.

A interpretação desta definição é simples. Considere o plano (x, f) onde se encontra o gráfico da função. Nele, se traçarmos os pontos definidos por $x = \lambda x_1 + (1 - \lambda)x_2$ e $f = \lambda f(x_1) + (1 - \lambda)f(x_2)$ para todo $0 \leq \lambda \leq 1$ obtemos o segmento de reta que une os pontos $(x_1, f(x_1))$ e $(x_2, f(x_2))$. A condição (A.16) impõe que o valor da função sempre está abaixo do valor definido pelo segmento reta.

Ao aplicarmos esta definição para a função

$$f(x) = \|x\| \ : \ \mathbb{R} \to \mathbb{R} \tag{A.17}$$

verificamos que ela é convexa. De fato, com a desigualdade triangular a condição (A.16) resulta em

$$\begin{aligned} \|\lambda x_1 + (1 - \lambda)x_2\| &\leq \|\lambda x_1\| + \|(1 - \lambda)x_2\| \\ &= \lambda\|x_1\| + (1 - \lambda)\|x_2\| \end{aligned} \tag{A.18}$$

que é válida para todo $x_1, x_2 \in \mathbb{R}$ e todo $\lambda \in \mathbb{R}$ tais que $0 \leq \lambda \leq 1$. O ponto interessante a ser ressaltado é que este mesmo resultado permanece válido para

A.3. FUNÇÕES DE VARIÁVEIS COMPLEXAS

a norma de sinais definidos no domínio do tempo ou definidos no domínio da frequência. Este é o caso dos problemas de norma mínima (6.3) que permitem calcular o célebre filtro de Wiener.

A.3 Funções de Variáveis Complexas

Números complexos fazem parte do conjunto essencial de conhecimento que é preciso ter para enfrentar, com sucesso, o conteúdo deste livro. Um número complexo $z \in \mathbb{C}$ pode ser expresso de duas formas equivalentes a partir da unidade imaginária $j = \sqrt{-1}$. A primeira é a forma cartesiana

$$z = a + jb \tag{A.19}$$

em que $a = \text{Re}(z)$ é sua parte real e $b = \text{Im}(z)$ é a sua parte imaginária. A segunda é a forma polar

$$z = re^{j\theta} \tag{A.20}$$

em que $r = |z|$ é o seu módulo e $\theta = \arg(z)$ é a sua fase ou argumento. As relações entre essas grandezas são dadas por

$$r = \sqrt{a^2 + b^2}, \ \theta = \text{tg}^{-1}(b/a) \tag{A.21}$$

e também

$$a = r\cos(\theta), \ b = r\,\text{sen}(\theta) \tag{A.22}$$

sendo que a equivalência entre ambas decorre da fórmula bem conhecida

$$e^{j\theta} = \cos(\theta) + j\text{sen}(\theta) \tag{A.23}$$

chamada *fórmula de Euler*. Estas relações são importantes para serem utilizadas conforme cada situação específica. Por exemplo, para calcular a potência z^n com $n \in \mathbb{N}$ de um número complexo qualquer, a sua representação polar, por envolver manipulações algébricas muito mais simples e diretas, é a que deve ser adotada. De fato, com (A.20) obtemos

$$z^n = r^n e^{jn\theta} \tag{A.24}$$

que é muito mais simples do que realizar diretamente o cálculo de $(a + jb)^n$. Tendo em vista o seu grande potencial de aplicação, os números complexos e suas inúmeras propriedades devem ser objeto de particular atenção.

Uma função de variável complexa é uma função com domínio e imagem em $\mathbb{C}$, ou seja, $f(z) : \mathbb{C} \to \mathbb{C}$. A operação de cálculo do limite

$$f_0 = \lim_{z \to z_0} f(z) \tag{A.25}$$

294   *APÊNDICE A. NOÇÕES BÁSICAS DE CÁLCULO E SIMULAÇÃO*

é central no estudo desta classe de funções. O motivo reside no entendimento preciso do significado de $z \to z_0$ (z tende a z_0 dado). No plano complexo, com abscissa $\text{Re}(z)$ e ordenada $\text{Im}(z)$, uma vizinhança do ponto $z_0 \in \mathbb{C}$ pode ser escrita na forma

$$\mathbb{B} = \{z \in \mathbb{C} : |z - z_0| \leq \epsilon\} \tag{A.26}$$

com $\epsilon > 0$ arbitrariamente pequeno fazendo com que qualquer $z \in \mathbb{B}$ seja dado por $z = z_0 + \epsilon \Delta z$ para algum $|\Delta z| = 1$. Temos então

$$f_0 = \lim_{\epsilon \to 0} f(z_0 + \epsilon \Delta z), \; \forall |\Delta z| = 1 \tag{A.27}$$

o que quer dizer que para todo Δz tal que $|\Delta z| = 1$ o valor do limite no lado direito de (A.27) sempre será o mesmo valor f_0. Em outras palavras, em uma vizinhança de z_0, de qualquer maneira que se escolha para fazer z tender a z_0 o resultado não pode se alterar. Se isto acontecer, o limite indicado em (A.25) existe e vale f_0. É claro que este fato tem consequências no conceito de continuidade que requer $f(z_0) = f_0$ e, sobretudo, no conceito de derivada

$$f'(z_0) = \lim_{z \to z_0} \frac{f(z) - f(z_0)}{z - z_0} \tag{A.28}$$

que requer condições especiais, além da continuidade, para que o resultado desta operação exista e possa ser determinado. Isto torna as funções de variáveis complexas um ente matemático muito especial.

Uma função de variável complexa de grande utilidade é a *função racional*

$$f(z) = \frac{N(z)}{D(z)} \tag{A.29}$$

em que $N(z)$ e $D(z)$ são polinômios com coeficientes reais com o grau do primeiro menor ou igual ao grau do segundo. As raízes do polinômio numerador são os *zeros* de $f(z)$, enquanto que as raízes do polinômio denominador são os seus *polos*. Esta função tem derivada $f'(z)$ em todos os pontos onde pode ser calculada, ou seja, em todos os pontos do plano complexo à exceção dos seus polos. Ademais, é simples verificar que se $f(z)$ e $g(z)$ são funções racionais, então o mesmo ocorre com a função composta $f(g(z))$. Por este motivo, funções desta classe são utilizadas para definir as transformações que constam na Tabela 6.2 do Capítulo 6. Elas são utilizadas no projeto de filtros e passam a ser analisadas em detalhes.

A função de transferência $F_0(\omega) = \hat{f}_0(s)|_{s=j\omega}$ é a de um filtro passa-baixas normalizado com ganho unitário e frequência de corte 1 [rad/s]. Com $\omega_b > 0$ dada, a relação $w = \omega/\omega_b$ que resulta da primeira linha da Tabela 6.2 permite determinar

$$\begin{aligned} |\omega| \leq \omega_b &\iff |w| \leq 1 \\ |\omega| > \omega_b &\iff |w| > 1 \end{aligned} \tag{A.30}$$

A.3. FUNÇÕES DE VARIÁVEIS COMPLEXAS

e assim, a função racional $\hat{f}(s) = \hat{f}_0(s/\omega_b)$ faz com que $F(\omega) = \hat{f}(s)|_{s=jw}$ seja um filtro passa-baixas com frequência de corte ω_b. Com $\omega_a > 0$ dada e $w = \omega_a/\omega$, a segunda linha da Tabela 6.2 leva a

$$\begin{aligned} |\omega| \geq \omega_a &\iff |w| \leq 1 \\ |\omega| < \omega_a &\iff |w| > 1 \end{aligned} \tag{A.31}$$

e assim a função racional $\hat{f}(s) = \hat{f}_0(\omega_a/s)$ faz com que $F(\omega) = \hat{f}(s)|_{s=jw}$ seja um filtro passa-altas com frequência de corte ω_a. Consideramos agora a terceira linha da mesma tabela, com a qual definimos $w = Q_{ab}(\omega/\omega_{ab} - \omega_{ab}/\omega)$ e notamos que $\omega = \omega_a$ implica $w = -1$ e $\omega = \omega_b$ implica $w = 1$ e ainda

$$\begin{aligned} \omega_a \leq |\omega| \leq \omega_b &\iff |w| \leq 1 \\ |\omega| > \omega_b &\iff |w| > 1 \\ |\omega| < \omega_a &\iff |w| > 1 \end{aligned} \tag{A.32}$$

e, portanto, a função racional $\hat{f}(s) = \hat{f}_0(Q_{ab}(s/\omega_{ab} + \omega_{ab}/s))$ faz com que $F(\omega) = \hat{f}(s)|_{s=jw}$ seja um filtro passa-faixa com frequências de corte $\omega_b > \omega_a > 0$. A mesma análise pode ser feita com a transformação que consta na quarta linha da Tabela 6.2. Basta notar que ela é o inverso da linha anterior e adotar o mesmo raciocínio que leva ao filtro bloqueia-faixa com frequências de corte $\omega_b > \omega_a > 0$.

Como sabemos, um sistema LIT qualquer é completamente caracterizado por sua função de transferência, que é a transformada de Fourier da sua resposta ao impulso $H(\omega) = \hat{h}(s)|_{s=jw}$. Para toda esta classe de sistemas a sua função de transferência é uma função racional. Muitos circuitos elétricos são sistemas LIT causais que são obtidos pela interligação de três elementos básicos, a saber, indutor, capacitor e resistor. O modelo matemático de cada um estabelece que, ao ser percorrido pela corrente $i(t)$, cada elemento produz nos seus terminais uma tensão $v(t)$ dada por

$$v = Ri \qquad \text{resistor} \tag{A.33}$$

$$C\frac{dv}{dt} = i \qquad \text{capacitor} \tag{A.34}$$

$$L\frac{di}{dt} = v \qquad \text{indutor} \tag{A.35}$$

em que R, C e L são parâmetros - resistência, capacitância e indutância. Aplicando a transformada de Fourier verifica-se que todos eles obedecem uma única equação da forma $\hat{v} = Z(\omega)\hat{i}$ em que a função $Z(\omega)$ denominada *impedância* é

296   APÊNDICE A. NOÇÕES BÁSICAS DE CÁLCULO E SIMULAÇÃO

expressa por

$$Z(\omega) = R \qquad \text{resistor} \tag{A.36}$$

$$Z(\omega) = \frac{1}{j\omega C} \qquad \text{capacitor} \tag{A.37}$$

$$Z(\omega) = j\omega L \qquad \text{indutor} \tag{A.38}$$

Este fato é bastante utilizado para sintetizar circuitos elétricos que tenham uma função de transferência racional dada, como é o caso dos filtros analógicos tratados na primeira parte do Capítulo 6.

A.4   Simulação

É preciso saber determinar numericamente a saída $y(t)$ de um sistema LIT causal, a tempo contínuo, com resposta ao impulso $h(t)$, quando sua entrada é um sinal $g(t)$ conhecido. Deseja-se determinar

$$y(t) = \int_{-\infty}^{t} h(\tau)g(t-\tau)d\tau \tag{A.39}$$

para todo $t \in [0, t_{max}]$, que é o intervalo de tempo de interesse, sendo que o sinal de entrada é nulo para todo $t < 0$. A integral (A.39) deve ser calculada de forma aproximada nos instantes $t_k = kT$ para todo $k = 0, 1, \cdots, N$ em que $t_{max}/N = T$. A escolha do número de segmentos N em que o intervalo de tempo é dividido depende exclusivamente da precisão desejada. A primeira possibilidade resulta da aplicação do método de integração de Euler, que leva imediatamente a

$$
\begin{aligned}
y(t_k) &= \sum_{i=-\infty}^{k} \int_{t_{i-1}}^{t_i} h(\tau)g(t_k-\tau)d\tau \\
&\approx T\sum_{i=0}^{k} h(t_i)g(t_k-t_i)
\end{aligned}
\tag{A.40}
$$

para todo $k = 0, 1, \cdots, N$. É claro que esta equação indica que os valores da saída $y(t_k)/T$ são aproximadamente obtidos pela convolução discreta entre as sequências $\{h(t_k)\}$ e $\{g(t_k)\}$. Não há dificuldade em fazer este cálculo como forma de obter um resultado final com boa precisão, mesmo que N seja um número inteiro bastante grande.

Outras possibilidades que se originam nos procedimentos de digitalização de sistemas apresentadas no Capítulo 5 também podem ser adotadas. De fato, com a

A.4. SIMULAÇÃO

aproximação constante por partes do sinal de entrada $g(t) = g(kT)$, $t \in [t_k, t_{k+1})$, obtemos

$$
\begin{aligned}
y(t_k) &= \sum_{i=-\infty}^{k} \int_{t_{i-1}}^{t_i} h(\tau)g(t_k - \tau)d\tau \\
&= \sum_{i=-\infty}^{k} \int_{t_{i-1}}^{t_i} h(\tau)d\tau g(t_k - t_i) \\
&= \sum_{i=0}^{k} h_\upsilon(t_i)g(t_k - t_i) \tag{A.41}
\end{aligned}
$$

em que

$$
h_\upsilon(t) = \int_{t-T}^{t} h(\tau)d\tau \tag{A.42}
$$

Novamente, fica claro que os valores de $y(t_k)$ são obtidos pela convolução discreta entre as sequências $\{h_\upsilon(t_k)\}$ e $\{g(t_k)\}$. A integral indicada em (A.42) pode ser aproximada por $h_\upsilon(t_i) \approx Th(t_i)$, fazendo com que o resultado anterior seja recuperado. Porém, se esta integral for calculada com maior precisão, isto numericamente aprimora a qualidade da resposta do sistema em estudo. Nos dois casos, a precisão da solução aumenta conforme $T > 0$ diminui.

Apêndice B

Probabilidade

Este apêndice é inteiramente dedicado ao estudo de probabilidade, que dá suporte a algumas de suas mais notáveis consequências em análise de sinais em tempo contínuo e em tempo discreto. Sua importância reside no fato de permitir a modelagem de sinais incertos (ruídos), de forma natural, através de modelos probabilísticos que se adaptam de forma notável à realidade prática. Os resultados que serão aqui apresentados formam um conjunto que acreditamos ser básico, mas suficientemente abrangente para a análise e o projeto de filtros lineares que atuam em ambientes estocásticos. As diversas manipulações matemáticas que serão introduzidas são bastante conhecidas e foram selecionadas para facilitar a leitura do corpo principal deste livro, em especial o material que consta do Capítulo 7.

B.1 Definições e Conceitos Básicos

Probabilidade é uma medida da frequência com que determinados eventos, objeto de análise, ocorrem. O conjunto Φ que contém todos os subconjuntos que caracterizam os possíveis eventos é denominado *espaço* ou *conjunto universo*. O *conjunto vazio*, denotado por ϕ, é aquele desprovido de elementos. Duas operações envolvendo conjuntos são as mais importantes. A saber, o conjunto *soma* ou *união* denotado por $A + B$ ou $A \cup B$ é formado por todos os elementos que são elementos de, ao menos, um deles. O conjunto *produto* ou *interseção* denotado por $A \cdot B$ ou $A \cap B$ é formado por todos os elementos que são elementos de ambos, simultaneamente. A partir destas definições é imediato verificar que

300   *APÊNDICE B. PROBABILIDADE*

as relações

$$A + \phi = A \quad , \quad A \cdot \phi = \phi \tag{B.1}$$

$$A + \Phi = \Phi \quad , \quad A \cdot \Phi = A \tag{B.2}$$

são verdadeiras para todo subconjunto A de Φ. Observe que $\phi \subseteq A \subseteq \Phi$. Dois conjuntos A e B são *mutuamente exclusivos* ou *disjuntos* se $A \cdot B = \phi$, ou seja, quando não apresentam nenhum elemento em comum. Dois conjuntos disjuntos são *complementares* se $A + B = \Phi$. A união de ambos gera exatamente o espaço de eventos.

Definição B.1 (Axiomas de probabilidade) *O número real $p(A)$, denominado* probabilidade do evento A, *satisfaz, simultaneamente, as seguintes condições:*

- $p(A) \geq 0$.

- $p(\Phi) = 1$.

- *Se $A \cdot B = \phi$, então $p(A + B) = p(A) + p(B)$.*

Estes axiomas podem ser aplicados de tal forma que (B.1)-(B.2) permitem concluir que a probabilidade de qualquer evento satisfaz as relações

$$p(\phi) = 0 \leq p(A) \leq 1 = p(\Phi) \tag{B.3}$$

ou seja, como sabemos, a probabilidade de um evento qualquer é um número real que se situa no intervalo $[0, 1]$. Se $A \subseteq B$, então existe C tal que $A + C = B$ e $A \cdot C = \phi$, de tal forma que o terceiro axioma fornece $p(B) = p(A + C) = p(A) + p(C) \geq p(A)$, ou seja, a probabilidade é um número real ordenado pela relação entre subconjuntos. Finalmente, o terceiro axioma também permite obter

$$\begin{aligned} p(A + B) &= p(A) + p(B) - p(A \cdot B) \\ &\leq p(A) + p(B) \end{aligned} \tag{B.4}$$

que recai no último axioma no caso de os eventos A e B serem mutuamente exclusivos. Se esse não for o caso, a igualdade é mantida desde que se retire a contribuição da ocorrência do evento $A \cdot B$ que foi contada duas vezes.

Definição B.2 (Probabilidade condicional) *Seja C um evento tal que $p(C) \neq 0$. A probabilidade condicional* do evento A dado C *é definida na forma*

$$p(A|C) = \frac{p(A \cdot C)}{p(C)} \tag{B.5}$$

B.1. DEFINIÇÕES E CONCEITOS BÁSICOS

Vamos considerar algumas situações que permitem dar uma interpretação para esta definição. Suponha que $C \subseteq A$. Neste caso, $A \cdot C = C$ e assim (B.5) fornece $P(A|C) = 1$, ou seja, se tivermos a informação de que um subconjunto C de A ocorreu, então é certa a ocorrência de A. Por outro lado, se $A \subseteq C$, então $A \cdot C = A$ e assim (B.5) nos leva a

$$p(A|C) = \frac{p(A)}{p(C)} \geq p(A) \tag{B.6}$$

e, também, quando aplicamos esta mesma fórmula com $C = \Phi$,

$$p(A|\Phi) = \frac{p(A)}{p(\Phi)} = p(A) \tag{B.7}$$

A probabilidade condicional de um evento A dado todo o espaço de eventos é igual à probabilidade do evento A. Entretanto, a probabilidade condicional de um evento A dado $C \subseteq \Phi$ é maior ou igual à probabilidade do evento A, pois estamos fornecendo uma informação adicional que reduz o espaço total de eventos ao subconjunto C de Φ. De certa forma, a probabilidade condicional é o mecanismo através do qual podemos levar em conta informações adicionais que podem se tornar disponíveis (através de medidas) em um espaço de eventos. Um caso extremo ocorre para eventos ditos *independentes*, quando $p(A|C) = p(A)$, ou seja, quando a condição de C ser dado nada acrescenta e, assim, $p(A \cdot C) = p(A)p(C)$.

Não podemos deixar de mencionar um fato relevante a respeito da definição B.2, qual seja, a probabilidade condicional dado $C \subseteq \Phi$ com $p(C) \neq 0$ satisfaz os três axiomas de probabilidade. De fato, é claro que $p(A|C) \geq 0$ e que $p(\Phi|C) = p(C)/p(C) = 1$, pois $\Phi \cdot C = C$. Além disso, se A e B são mutuamente exclusivos, o mesmo ocorre para $A \cdot C$ e $B \cdot C$, o que leva a

$$
\begin{aligned}
p(A + B|C) &= \frac{p(A \cdot C + B \cdot C)}{p(C)} \\
&= \frac{p(A \cdot C)}{p(C)} + \frac{p(B \cdot C)}{p(C)} \\
&= p(A|C) + p(B|C) \tag{B.8}
\end{aligned}
$$

ou seja, como era de se esperar, a definição de probabilidade condicional é coerente com os axiomas de probabilidade.

Uma situação particularmente útil resulta quando decompomos $\Phi = \cup_{i=1}^{N} C_i$, em que C_i e C_j para todo $i \neq j = 1, 2, \cdots, N$ são conjuntos mutuamente exclu-

302 APÊNDICE B. PROBABILIDADE

sivos, o que leva a $A = A \cdot (C_1 + \cdots + C_N)$ e assim

$$
\begin{aligned}
p(A) &= p(A \cdot C_1 + \cdots + A \cdot C_N) \\
&= \sum_{i=1}^{N} p(A \cdot C_i) \\
&= \sum_{i=1}^{N} p(A|C_i)p(C_i)
\end{aligned}
\tag{B.9}
$$

que é um resultado conhecido como *Teorema de Probabilidade Total*. Sua utilização permite uma avaliação indireta da probabilidade de um evento a partir do conhecimento das probabilidades condicionais de um conjunto de eventos que compõe todo o espaço de eventos. O ponto central é que qualquer conjunto de eventos mutuamente exclusivos fornece o mesmo resultado. Ou, dizendo de outra maneira, a escolha dos conjuntos mutuamente exclusivos C_i, $i = 1, 2, \cdots, N$ é irrelevante.

B.2 Variável Aleatória

Antes de mais nada, é imperativo conceituar o que é uma variável aleatória, pois ela é objeto central no estudo de probabilidades. Ela torna este estudo operacional. Como fica claro na definição dada a seguir, o conceito de variável aleatória vai além da mera associação de um valor real a um determinado evento.

Definição B.3 (Variável aleatória) *Considere* $\Phi = \mathbb{R}$. *A variável* $x \in \mathbb{R}$ *é uma variável aleatória se o conjunto* $X(\xi) = \{x \leq \xi\}$ *for um evento para cada* $\xi \in \mathbb{R}$.

Assim sendo, para qualquer $\xi \in \mathbb{R}$ dado, o conjunto $X(\xi)$ é formado por todos os resultados do processo aleatório que satisfazem a desigualdade $x \leq \xi$. A função *densidade de probabilidade* denotada como $f_x(\xi)$ e a função *distribuição de probabilidade* denotada como $F_x(\xi)$ são definidas através das igualdades

$$
\int_{-\infty}^{\xi} f_x(\theta)d\theta = F_x(\xi) = p(x \leq \xi)
\tag{B.10}
$$

e, assim, exibem diversas propriedades, a saber:

- A função distribuição de probabilidade tem domínio $\mathbb{R}$ e imagem no intervalo real $[0, 1]$. Ademais, $F_x(-\infty) = 0$, $F_x(\infty) = 1$ e é uma função não decrescente, pois com $b \geq a$ reais tem-se imediatamente que $F_x(b) = p(x \leq b) = p(x \leq a) + p(a < x \leq b) \geq F_x(a)$.

B.2. VARIÁVEL ALEATÓRIA

- Supondo que $F_x(\xi)$ seja diferenciável, então (B.10) implica que

$$f_x(\xi) = \frac{dF_x}{d\xi}(\xi) \tag{B.11}$$

ou seja, a função densidade é igual à derivada da função distribuição. Mas como $F_x(\xi)$ é não decrescente, concluímos que $f_x(\xi) \geq 0$ para todo $\xi \in \mathbb{R}$, o que faz com que o seu domínio seja $\mathbb{R}$ e sua imagem seja $\mathbb{R}_+$. Ela também satisfaz a igualdade

$$\int_{-\infty}^{\infty} f_x(\theta)d\theta = 1 \tag{B.12}$$

para assegurar que $F_x(\infty) = 1$.

Sempre que a função distribuição de probabilidade for diferenciável podemos determinar que

$$\begin{aligned} p(x_0 < \xi \leq x_0 + \Delta) &= \int_{x_0}^{x_0+\Delta} f_x(\theta)d\theta \\ &\approx f_x(x_0)\Delta \end{aligned} \tag{B.13}$$

para todo $\Delta > 0$ arbitrariamente pequeno, o que nos leva a $p(\xi = x_0) = 0$ para todo $x_0 \in \mathbb{R}$. Entretanto, este resultado não permanece válido em algumas situações específicas nas quais a função distribuição de probabilidade é contínua, mas não é diferenciável em pontos isolados do seu domínio. Neste caso, a função densidade de probabilidade contém impulsos de Dirac e assume a forma genérica

$$f_x(\xi) = \sum_{i=1}^{N} p_i \delta(\xi - x_i) \tag{B.14}$$

em que $p_i \geq 0$ para todo $i = 1, 2, \cdots, N$ e $\sum_{i=1}^{N} p_i = 1$. Realizando os mesmos cálculos, obtemos a igualdade

$$\begin{aligned} p(x_i < \xi \leq x_i + \Delta) &= \int_{x_i}^{x_i+\Delta} f_x(\theta)d\theta \\ &= \int_{x_i}^{x_i+\Delta} p_i \delta(\theta - x_i)d\theta \\ &= p_i \end{aligned} \tag{B.15}$$

que é válida para todo $0 < \Delta \leq x_{i+1} - x_i$. Esta função densidade de probabilidade está associada a um processo aleatório discreto cujos eventos estão restritos aos N números reais $\{x_i\}_{i=1}^{N}$ previamente definidos. A seguir, ilustramos estes resultados através de alguns exemplos.

304   APÊNDICE B. PROBABILIDADE

Exemplo B.1 Uma variável aleatória x é chamada *uniforme* no intervalo real $[0,1]$ quando $f_x(\xi) = 1$ para todo $0 \le \xi \le 1$ e $f_x(\xi) = 0$ fora deste intervalo. Via integração obtemos, sem dificuldade, a sua função distribuição de probabilidade

$$F_x(\xi) = \begin{cases} 0 & , \quad \xi \le 0 \\ \xi & , \quad 0 \le \xi \le 1 \\ 1 & , \quad \xi \ge 1 \end{cases}$$

Observe que $f_x(\xi)$ tem dois pontos de descontinuidade, fazendo com que nesses dois pontos $F_x(\xi)$ não seja diferenciável. Este fato não causa nenhuma dificuldade em obter-se $F_x(\xi)$ a partir da integração de $f_x(\xi)$. $\qquad\square$

Exemplo B.2 Uma variável aleatória x é chamada *normal ou gaussiana* quando a sua função densidade de probabilidade for dada por

$$f_x(\xi) = \frac{1}{\sqrt{2\pi}} e^{-\xi^2/2}$$

para todo $\xi \in \mathbb{R}$. Neste caso, a função distribuição de probabilidade só pode ser calculada numericamente levando em conta que para $\xi \ge 0$ temos

$$\begin{aligned} F_x(\xi) &= \frac{1}{\sqrt{2\pi}} \int_{-\infty}^{\xi} e^{-\theta^2/2} d\theta \\ &= \frac{1}{2} \left(1 + \mathrm{erf}\left(\frac{\xi}{\sqrt{2}} \right) \right) \end{aligned}$$

em que $\mathrm{erf}(\theta)$ é a *função erro* definida na forma

$$\mathrm{erf}(\theta) = \frac{2}{\sqrt{\pi}} \int_0^{\theta} e^{-t^2} dt$$

a qual está implementada e disponível para uso público. Com a relação $F_x(-\xi) = 1 - F_x(\xi)$ determina-se a função distribuição para todo $\xi \in \mathbb{R}$. $\qquad\square$

Existem muitas outras funções densidade de probabilidade que permitem caracterizar aspectos peculiares de uma variável aleatória a ser usada para modelar um determinado fenômeno aleatório. No contexto de sinais e, em particular, no de filtragem a mais importante é a função densidade de probabilidade gaussiana, por motivos que estão discutidos no Exemplo B.5.

A determinação de funções densidade e distribuição de probabilidade condicionais merece uma atenção especial. Na verdade, como qualquer probabilidade condicional satisfaz os axiomas de probabilidade, este objetivo decorre naturalmente dos passos que acabamos de adotar. Seja $C \subseteq \mathbb{R}$ um conjunto não vazio, por definição temos

$$\begin{aligned} F_{x|C}(\xi) &= p(x \le \xi | C) \\ &= \frac{p(\{x \le \xi\} \cdot C)}{p(C)} \end{aligned} \tag{B.16}$$

B.2. VARIÁVEL ALEATÓRIA

e, assim, após a função distribuição condicional ser determinada, a função densidade condicional $f_{x|C}(\xi)$ resulta de sua derivada. Um caso particular importante ocorre quando C é o conjunto não vazio $C = \{\xi \in \mathbb{R} : a < \xi \le b\}$. O cálculo das probabilidades envolvidas pode ser feito com a função distribuição avaliada nos pontos extremos do intervalo real definido pelo conjunto C e nos pontos extremos do intervalo real que resulta da interseção entre $\{x \le \xi\}$ e $\{x \in C\}$. Assim procedendo obtemos a função distribuição condicional

$$F_{x|C}(\xi) = \begin{cases} 0 & , \quad \xi < a \\ \frac{F_x(\xi)-F_x(a)}{F_x(b)-F_x(a)} & , \quad a \le \xi < b \\ 1 & , \quad \xi \ge b \end{cases} \tag{B.17}$$

e, por diferenciação, a função densidade condicional

$$f_{x|C}(\xi) = \begin{cases} 0 & , \quad \xi < a \\ \frac{f_x(\xi)}{F_x(b)-F_x(a)} & , \quad a \le \xi < b \\ 0 & , \quad \xi \ge b \end{cases} \tag{B.18}$$

que não é uma função contínua mesmo que $f_x(\xi)$ seja contínua. Para ilustrar este resultado, consideramos x uma variável aleatória gaussiana como descrita no Exemplo B.2 e determinamos numericamente as funções dadas por (B.17) e (B.18).

A Figura B.1 mostra o que foi obtido. Em ambas as partes desta figura as linhas tracejadas mostram as funções densidade $f_x(\xi)$ e distribuição $F_x(\xi)$ normais, enquanto que as linhas contínuas mostram as funções densidade $f_{x|C}(\xi)$ e distribuição $F_{x|C}(\xi)$ condicionais calculadas para o conjunto $C = \{\xi \in \mathbb{R} : -1 < \xi \le 1/2\}$. Elas confirmam os resultados que acabamos de apresentar e permitem uma interpretação bastante convincente do conceito de probabilidade condicional. Pela parte inferior da mesma figura determinamos

$$p(x \le 1/2) \quad = \quad 0{,}6915 \tag{B.19}$$
$$p(x \le 1/2|C) \quad = \quad 1 \tag{B.20}$$

o que permite afirmar que, segundo a distribuição normal, a probabilidade de um evento satisfazer $x \le 1/2$ é de aproximadamente 70%, mas, se for informado *a priori* que $x \in C = (-1, 1/2]$, então com certeza o mesmo evento satisfaz $x \le 1/2$, como indicado em (B.20). Desta forma, a probabilidade condicional viabiliza levar em conta informações eventualmente disponíveis sobre eventos aleatórios.

Uma outra situação bastante usual diz respeito à determinação da função densidade de probabilidade $f_y(\xi)$ da variável aleatória $y = g(x) : \mathbb{R} \to \mathbb{R}$. Ou seja,

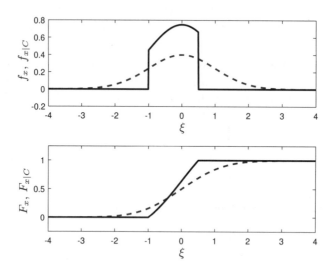

Figura B.1: Densidade e distribuição condicionais

y é obtida através da aplicação de uma função conhecida à variável aleatória x. Assumimos que esta função seja diferenciável e que seja crescente, isto é, $g'(x) > 0$ para todo $x \in \mathbb{R}$, o que assegura a existência da função inversa $x = g^{-1}(y)$ e que $p(y \leq \xi) = p(g(x) \leq \xi) = p(x \leq \eta)$, em que $\eta = g^{-1}(\xi)$ ou, de forma equivalente, $g(\eta) = \xi$. Por definição, essas relações nos levam a

$$F_y(\xi) = F_x\left(g^{-1}(\xi)\right) = F_x(\eta)\Big|_{g(\eta)=\xi} \qquad (B.21)$$

a qual, por diferenciação em relação a $\xi \in \mathbb{R}$, lembrando que $g'(\eta)d\eta = d\xi$, fornece

$$f_y(\xi) = f_x(\eta)\frac{d\eta}{d\xi} = \frac{f_x(\eta)}{g'(\eta)}\Big|_{g(\eta)=\xi} \qquad (B.22)$$

O caso particular de maior interesse é o linear caracterizado por $y = g(x) = (x - \mu)/\sigma$, em que $\mu \in \mathbb{R}$ e $\sigma \in \mathbb{R}_+$. Aplicando (B.21) e (B.22) obtemos imediatamente

$$\begin{aligned} F_y(\xi) &= F_x(\mu + \sigma\xi) & (B.23) \\ f_y(\xi) &= \sigma f_x(\mu + \sigma\xi) & (B.24) \end{aligned}$$

Com o mesmo raciocínio, não há dificuldade se desejarmos considerar $g(x)$ como sendo uma função decrescente em todo o seu domínio. Outras situações, entretanto, não serão aqui tratadas pois vão além do escopo deste texto.

B.2. VARIÁVEL ALEATÓRIA

Definição B.4 (Média e variância) *Para uma variável aleatória* $x \in \mathbb{R}$ *com função densidade de probabilidade* $f_x(\xi)$ *definimos a sua* média *ou* valor esperado *na forma*

$$\mu_x = \int_{-\infty}^{\infty} \xi f_x(\xi) d\xi \qquad (B.25)$$

e a sua variância *como sendo*

$$\sigma_x^2 = \int_{-\infty}^{\infty} (\xi - \mu_x)^2 f_x(\xi) d\xi \qquad (B.26)$$

A variância indica a dispersão com que os eventos ocorrem em relação ao seu valor médio. O valor $\sigma_x \in \mathbb{R}_+$, denominado *desvio padrão*, tem a mesma unidade física que a média, o que viabiliza a sua comparação com $|\mu_x|$. Existem outras grandezas denominadas momentos de uma variável aleatória que podem ser calculadas e que fornecem medidas adicionais de dispersão. Entretanto, não serão tratadas por não serem de real importância no presente contexto. A seguir, calculamos estas duas grandezas para variáveis aleatórias com distribuição uniforme e gaussiana.

Exemplo B.3 Para a variável aleatória uniforme com a função densidade dada no Exemplo B.1 determinamos facilmente

$$\mu_x = \int_0^1 \xi d\xi = \frac{1}{2}$$

$$\sigma_x^2 = \int_0^1 \xi^2 d\xi - \frac{1}{4} = \frac{1}{12}$$

Por outro lado, para a variável aleatória gaussiana com função densidade dada no Exemplo B.2, a sua simetria permite concluir que $\mu_x = 0$. A variância, por sua vez, é determinada através de

$$\sigma_x^2 = \frac{1}{\sqrt{2\pi}} \int_{-\infty}^{\infty} \xi^2 e^{-\xi^2/2} d\xi = 1$$

em que essa integral definida da função gaussiana tem valor conhecido. Integrais definidas que envolvem a função exponencial quadrática, multiplicada por potências da variável de integração, têm valores expressos em forma fechada. $\qquad \square$

Essas duas grandezas também podem ser calculadas para variáveis aleatórias caracterizadas por probabilidades condicionais. Neste caso, a definição não se altera, ou seja,

$$\mu_{x|C} = \int_{-\infty}^{\infty} \xi f_{x|C}(\xi) d\xi \qquad (B.27)$$

$$\sigma_{x|C}^2 = \int_{-\infty}^{\infty} (\xi - \mu_{x|C})^2 f_{x|C}(\xi) d\xi \qquad (B.28)$$

308 APÊNDICE B. PROBABILIDADE

com o conjunto C dado, a função densidade de probabilidade condicional é calculada, exatamente como feito anteriormente. Essas definições são de tal maneira importantes que permitem introduzir um operador matemático que simplifica e dá maior uniformidade ao tratamento de inúmeros problemas que surgem no âmbito de sinais aleatórios.

Definição B.5 (Esperança matemática) *Para uma variável aleatória* $x \in \mathbb{R}$ *com função densidade de probabilidade* $f_x(\xi)$, *o operador* esperança matemática *é definido na forma*

$$\mathcal{E}\{x\} = \int_{-\infty}^{\infty} \xi f_x(\xi)d\xi \tag{B.29}$$

É aparente que $\mu_x = \mathcal{E}\{x\}$, mas a importância deste operador é que ele pode ser aplicado a qualquer função que dependa da variável aleatória $x \in \mathbb{R}$, isto é,

$$\mathcal{E}\{g(x)\} = \int_{-\infty}^{\infty} g(\xi) f_x(\xi)d\xi \tag{B.30}$$

e isto resulta ser igual a

$$\mathcal{E}\{y\} = \int_{-\infty}^{\infty} \xi f_y(\xi)d\xi \tag{B.31}$$

em que $y = g(x)$ é a nova variável aleatória cuja função densidade de probabilidade $f_y(\xi)$ foi calculada a partir de $f_x(\xi)$. Esta propriedade é verdadeira para qualquer função e, assim, constitui um importante teorema em teoria de probabilidade. A conclusão é que não há necessidade de se trabalhar com a nova variável aleatória $y = g(x)$, pois todos os cálculos podem ser feitos diretamente no âmbito da variável $x \in \mathbb{R}$. Ademais, observe que o operador esperança matemática é um operador linear, pois $\mathcal{E}\{\alpha_1 g_1(x) + \alpha_2 g_2(x)\} = \alpha_1\mathcal{E}\{g_1(x)\} + \alpha_2\mathcal{E}\{g_2(x)\}$, desde que α_1 e α_2 sejam escalares. Assim sendo, temos

$$\begin{aligned} \sigma_x^2 &= \mathcal{E}\{(x - \mu_x)^2\} \\ &= \mathcal{E}\{x^2 - 2\mu_x x + \mu_x^2\} \\ &= \mathcal{E}\{x^2\} - \mathcal{E}\{x\}^2 \end{aligned} \tag{B.32}$$

De forma coerente com o que foi exposto, o operador *esperança matemática condicional* torna-se

$$\mathcal{E}\{x|C\} = \int_{-\infty}^{\infty} \xi f_{x|C}(\xi)d\xi \tag{B.33}$$

exibindo a mesma propriedade elencada em (B.32), a partir de (B.28). Como fizemos anteriormente, com a função densidade de probabilidade $f_x(\xi)$ de uma variável aleatória e o conjunto C dado, a função densidade de probabilidade

B.3. DUAS VARIÁVEIS ALEATÓRIAS 309

condicional $f_{x|C}(\xi)$ é determinada. Em seguida, o procedimento para o cálculo da média e da variância condicionais segue o caminho normal introduzido pela Definição B.4.

É interessante verificar como a média e a variância são impactadas por uma transformação linear. Considere $y = (x - \mu)/\sigma$ com μ e $\sigma > 0$ parâmetros reais dados e x uma variável aleatória com função densidade de probabilidade dada. Com o operador esperança matemática vem

$$
\begin{aligned}
\mu_y &= \mathcal{E}\left\{\frac{x - \mu}{\sigma}\right\} \\
&= \frac{\mu_x - \mu}{\sigma}
\end{aligned}
\tag{B.34}
$$

e também

$$
\begin{aligned}
\sigma_y^2 &= \mathcal{E}\left\{\left(\frac{x - \mu}{\sigma} - \mu_y\right)^2\right\} \\
&= \mathcal{E}\left\{\left(\frac{x - \mu_x}{\sigma}\right)^2\right\} \\
&= \frac{\sigma_x^2}{\sigma^2}
\end{aligned}
\tag{B.35}
$$

e, assim, uma variável aleatória x com média e variância normalizadas $(\mu_x, \sigma_x^2) = (0,1)$ é capaz de gerar uma variável aleatória y com qualquer média e variância (μ_y, σ_y^2) desde que se adote a transformação linear $y = \sigma_y x + \mu_y$ que resulta da anterior com a escolha dos parâmetros $\mu = -\mu_y/\sigma_y$ e $\sigma = 1/\sigma_y$. Sendo x uma variável aleatória gaussiana, a relação (B.24) fornece

$$
f_y(\xi) = \frac{1}{\sigma_y\sqrt{2\pi}} e^{-\frac{1}{2}\left(\frac{\xi - \mu_y}{\sigma_y}\right)^2}
\tag{B.36}
$$

que é a função densidade de probabilidade de uma variável aleatória gaussiana genérica, isto é, com média e variância como previamente especificadas.

B.3 Duas Variáveis Aleatórias

Neste ponto, vale a pena estudarmos o que ocorre quando manipulamos duas variáveis aleatórias simultaneamente. De fato, de maneira similar ao que já fizemos, considere a função densidade de probabilidade conjunta $f_{xy}(\xi, \eta)$ e a função

310   APÊNDICE B. PROBABILIDADE

distribuição de probabilidade conjunta $F_{xy}(\xi, \eta)$ definida para todo $(\xi, \eta) \in \mathbb{R} \times \mathbb{R}$, na forma

$$\int_{-\infty}^{\xi} \int_{-\infty}^{\eta} f_{xy}(\theta, \nu) d\theta d\nu = F_{xy}(\xi, \eta) = p(x \leq \xi, y \leq \eta) \qquad (B.37)$$

sendo que algumas de suas propriedades decorrem naturalmente. Considerando $\eta = \infty$, recuperamos (B.10) tendo em vista que

$$\int_{-\infty}^{\infty} f_{xy}(\theta, \nu) d\nu = f_x(\theta), \ F_{xy}(\xi, \infty) = F_x(\xi) \qquad (B.38)$$

Da mesma forma, adotando $\xi = \infty$, obtemos as funções densidade e distribuição de probabilidade para a variável aleatória y. Resulta também que $F_{xy}(\xi, -\infty) = F_{xy}(-\infty, \eta) = 0$ para todo $\xi \in \mathbb{R}$ e $\eta \in \mathbb{R}$ e $F_{xy}(\infty, \infty) = 1$. Por simples derivação de (B.37), obtemos

$$f_{xy}(\xi, \eta) = \frac{\partial^2 F_{xy}}{\partial \xi \partial \eta}(\xi, \eta) \qquad (B.39)$$

mas, como já fizemos anteriormente, devemos ressaltar que a função distribuição pode não ser diferenciável ou ainda pode não ser nem mesmo contínua em pontos isolados do seu domínio. O conceito de probabilidade condicional é particularmente importante neste contexto. De fato, a partir de

$$
\begin{aligned}
F_{x|y \leq \eta}(\xi) &= \frac{p(\{x \leq \xi\} \cdot \{y \leq \eta\})}{p(\{y \leq \eta\})} \\
&= \frac{F_{xy}(\xi, \eta)}{F_y(\eta)}
\end{aligned} \qquad (B.40)
$$

uma vez mais por simples diferenciação determinamos

$$f_{x|y \leq \eta}(\xi) = \frac{\partial F_{xy}(\xi, \eta)/\partial \xi}{F_y(\eta)} \qquad (B.41)$$

Quando trabalhamos com densidades ou distribuições de probabilidade conjuntas, os cálculos envolvendo probabilidades condicionais são mais simples de serem realizados. O motivo é que a probabilidade do evento definido pelo conjunto interseção $\{x \leq \xi\} \cdot \{y \leq \eta\}$ é dada pela função de distribuição conjunta $F_{xy}(\xi, \eta)$. Um outro aspecto importante a ser analisado depende do conceito de independência entre variáveis aleatórias que é formalizado a seguir.

Definição B.6 (Variáveis aleatórias independentes) *Duas variáveis aleatórias são* independentes *se para todo $(\xi, \eta) \in \mathbb{R} \times \mathbb{R}$ valer a igualdade*

$$p(\{x \leq \xi\} \cdot \{y \leq \eta\}) = p(\{x \leq \xi\})p(\{y \leq \eta\}) \qquad (B.42)$$

Neste caso, $F_{xy}(\xi, \eta) = F_x(\xi)F_y(\eta)$ e $f_{xy}(\xi, \eta) = f_x(\xi)f_y(\eta)$.

B.3. DUAS VARIÁVEIS ALEATÓRIAS

Se duas variáveis aleatórias são *independentes*, então (B.41) implica naturalmente que $f_{x|y\leq\eta}(\xi) = f_x(\xi)$, o que permite concluir que o conhecimento de uma não adiciona nada a respeito da outra. Entretanto, se elas não são independentes, o conhecimento de algo a respeito de uma implica em conhecermos melhor a outra. Esta é a propriedade central que se usa no projeto de filtros (ou estimadores) que operam em ambientes estocásticos.

O operador esperança matemática permite determinar o valor médio

$$\mu_x = \mathcal{E}\{x\} = \int_{-\infty}^{\infty} \xi f_x(\xi)d\xi \tag{B.43}$$

em que $f_x(\xi)$ pode ser determinada a partir de $f_{xy}(\xi, \eta)$ por (B.38). De maneira similar, o mesmo pode ser feito para o cálculo de $\mu_y = \mathcal{E}\{y\}$. Da mesma forma, com auxílio da Definição B.4, determinam-se as variâncias σ_x^2 e σ_y^2 das variáveis aleatórias x e y, respectivamente. Agora surge um novo e importante ente matemático, conforme definido em seguida.

Definição B.7 (Covariância) *Para duas variáveis aleatórias x, y com função densidade de probabilidade conjunta $f_{xy}(\xi, \eta)$, definimos a* covariância *como sendo*

$$\sigma_{xy} = \int_{-\infty}^{\infty} \int_{-\infty}^{\infty} (\xi - \mu_x)(\eta - \mu_y) f_{xy}(\xi, \eta)d\xi d\eta \tag{B.44}$$

Para bem compreender esta definição, note que a covariância de cada uma das variáveis aleatórias com ela própria resulta na sua variância, ou seja, aplicando (B.44) vem $\sigma_{xx} = \sigma_x^2$ e $\sigma_{yy} = \sigma_y^2$. Ademais, com o operador esperança matemática expressamos a covariância na forma $\sigma_{xy} = \mathcal{E}\{(x - \mu_x)(y - \mu_y)\}$, o que permite explicitar

$$\sigma_{xy} = \mathcal{E}\{xy\} - \mathcal{E}\{x\}\mathcal{E}\{y\} \tag{B.45}$$

Como veremos, o valor médio do produto de duas variáveis aleatórias é uma grandeza muito importante, em particular, no estudo de sinais e sistemas. Por este motivo, a quantidade $\mathcal{E}\{xy\}$ recebe uma denominação própria, a saber, *correlação*. Ademais, duas variáveis aleatórias são ditas *não correlatas* se tiverem covariância nula, o que quer dizer que para variáveis desse tipo a igualdade se verifica

$$\mathcal{E}\{xy\} = \mathcal{E}\{x\}\mathcal{E}\{y\} \tag{B.46}$$

e ainda essas mesmas variáveis aleatórias são ditas *ortogonais* se apresentarem correlação nula, ou seja, $\mathcal{E}\{xy\} = 0$. Se as variáveis aleatórias forem independentes, então a covariância (B.44) revela que

$$
\begin{aligned}
\mathcal{E}\{xy\} &= \int_{-\infty}^{\infty} \int_{-\infty}^{\infty} \xi\eta f_x(\xi)f_y(\eta)d\xi d\eta \\
&= \mathcal{E}\{x\}\mathcal{E}\{y\}
\end{aligned}
\tag{B.47}
$$

312   *APÊNDICE B. PROBABILIDADE*

ou seja, elas são não correlatas. Entretanto, o fato de serem não correlatas não implica que sejam necessariamente independentes. Independência, por ser uma propriedade da função densidade de probabilidade conjunta, requer mais. Dois cálculos ilustrativos são dados a seguir. O primeiro diz respeito ao cálculo da matriz simétrica

$$Q = \mathcal{E}\left\{ \begin{bmatrix} x \\ y \end{bmatrix} \begin{bmatrix} x & y \end{bmatrix} \right\} \tag{B.48}$$

em que x e y são duas variáveis aleatórias com médias nulas. Observe que o produto de dois vetores que aparece no interior do operador esperança matemática tem como resultado uma matriz simétrica semidefinida positiva (todos os seus autovalores são não negativos). A média de uma matriz deste tipo resulta em uma matriz deste mesmo tipo. Fazendo os produtos indicados obtemos

$$Q = \begin{bmatrix} \mathcal{E}\{x^2\} & \mathcal{E}\{xy\} \\ \mathcal{E}\{yx\} & \mathcal{E}\{y^2\} \end{bmatrix} = \begin{bmatrix} \sigma_x^2 & \sigma_{xy} \\ \sigma_{xy} & \sigma_y^2 \end{bmatrix} \tag{B.49}$$

e notamos que o resultado depende da covariância entre as variáveis aleatórias. Como $Q \in \mathbb{R}^{2\times2}$ é simétrica com os elementos da diagonal principal positivos, ela é semidefinida positiva se e apenas se $|\sigma_{xy}| \leq \sigma_x\sigma_y$, que é um resultado bastante conhecido. Se as variáveis aleatórias forem ortogonais a matriz Q será diagonal. O segundo exemplo requer o cálculo do escalar positivo

$$q = \mathcal{E}\left\{ \begin{bmatrix} x & y \end{bmatrix} \begin{bmatrix} x \\ y \end{bmatrix} \right\} \tag{B.50}$$

que resulta em $q = \mathcal{E}\{x^2\} + \mathcal{E}\{y^2\} = \sigma_x^2 + \sigma_y^2$. É interessante verificar que, neste caso, o resultado final não depende da correlação entre as variáveis aleatórias x e y.

Exemplo B.4 (Estimador linear) Vamos mostrar através de um exemplo clássico como a existência de alguma correlação entre variáveis aleatórias pode impactar uma decisão. Considere (x, y) um par de variáveis aleatórias, independentes do tempo, com médias (μ_x, μ_y), variâncias $\sigma_{xx} = \sigma_x^2$, $\sigma_{yy} = \sigma_y^2$ e covariância $\sigma_{xy} = \sigma_{yx}$. Desejamos determinar os parâmetros reais (α, β) de tal forma que a função linear $\psi(x) = \alpha x + \beta$ forneça a melhor estimativa de y segundo o critério

$$\min_{\alpha,\beta} \mathcal{E}\left\{ (y - \psi(x))^2 \right\}$$

ou seja, o estimador resulta da minimização do *erro médio quadrático* entre a variável aleatória y e o valor fornecido por $\psi(x)$. Substituindo $\psi(x)$, o problema a ser resolvido se escreve na forma

$$\min_{\alpha,\beta} \mathcal{E}\left\{ (y - \alpha x - \beta)^2 \right\}$$

B.3. DUAS VARIÁVEIS ALEATÓRIAS

313

o que coloca em evidência que, após a esperança matemática ter sido calculada, a função objetivo se expressa em termos dos parâmetros a serem determinados. Ocorre, entretanto, que não é preciso adotar este caminho, que em geral requer muito trabalho. Como o operador esperança matemática é um operador linear, é possível alterar a sua ordem com as derivadas parciais da função objetivo em relação a α e β, o que caracteriza a solução ótima procurada. Temos então

$$\frac{\partial}{\partial \alpha} \mathcal{E}\left\{(y - \alpha x - \beta)^2\right\} = \mathcal{E}\left\{\frac{\partial}{\partial \alpha}(y - \alpha x - \beta)^2\right\} = -2\mathcal{E}\{(y - \alpha x - \beta)x\}$$

$$\frac{\partial}{\partial \beta} \mathcal{E}\left\{(y - \alpha x - \beta)^2\right\} = \mathcal{E}\left\{\frac{\partial}{\partial \beta}(y - \alpha x - \beta)^2\right\} = -2\mathcal{E}\{(y - \alpha x - \beta)\}$$

Igualando as duas condições a zero, delas resultam os parâmetros ótimos procurados que fornecem o melhor estimador linear possível:

$$\psi(x) = \mu_y + \frac{\sigma_{yx}}{\sigma_x^2}\left(x - \mu_x\right)$$

Nota-se que esta solução não depende da variância de y, mas depende da variância de x e da covariância entre essas duas variáveis. Se ocorrer de x e y serem variáveis aleatórias não correlatas, então $\sigma_{xy} = 0$ implica que $\psi(x) = \mu_y$ independe de x. Neste caso, como y nada tem a ver com x, a melhor estimação de y é a sua média. Por outro lado, sendo x uma variável aleatória com média μ_x e variância σ_x^2, se calcularmos para $y = ax + b$, com os parâmetros (a, b) dados, a sua média, a sua variância e a covariância entre x e y, então, ao resolvermos o problema de estimação linear acima, obtemos como solução ótima $(\alpha, \beta) = (a, b)$. Extrair a real dependência entre as variáveis aleatórias melhora a qualidade do estimador. O valor mínimo do critério é calculado considerando-se a solução ótima obtida, ou seja,

$$\mathcal{E}\left\{(y - \alpha x - \beta)^2\right\} = \mathcal{E}\left\{(y - \alpha x - \beta)y\right\} - \mathcal{E}\left\{(y - \alpha x - \beta)(\alpha x + \beta)\right\}$$

$$= \mathcal{E}\{y^2\} - \alpha\mathcal{E}\{xy\} - \beta\mathcal{E}\{y\}$$

$$= \sigma_y^2 - \frac{\sigma_{yx}^2}{\sigma_x^2} \geq 0$$

Fica evidente que, se as variáveis x e y são não correlatas, então $\psi(x) = \mu_y$ produz o maior valor possível do critério que é igual à variância de y. A melhor situação ocorre se $|\sigma_{yx}| = \sigma_x \sigma_y$ quando o critério torna-se nulo. Neste caso a correlação é máxima, fazendo com que todos os pares (x, y), embora aleatórios, ocorram sobre a reta $\psi(x) = \mu_y + \sigma_y^2(x - \mu_x)$.

Para ilustrar numericamente este resultado geramos um conjunto de pontos aleatórios com coordenadas (x, y), média $\mu_x = \mu_y = 5$, variâncias $\sigma_x^2 = 2$, $\sigma_y^2 = 3/5$ e covariância $\sigma_{yx} = -1$. O lado esquerdo da Figura B.2 mostra os pontos gerados a partir de uma distribuição normal, enquanto que o seu lado direito mostra os pontos gerados com uma distribuição uniforme. Nos dois casos temos a mesma solução ótima $(\alpha; \beta) = (-0,5; 7,5)$ que define a reta que aparece nas duas partes da figura mencionada. Visualmente, em ambos os casos, a interpolação linear é bastante efetiva, como atesta o valor mínimo do critério, que é igual a 0,1. Este valor é pequeno se comparado com $\sigma_y^2 = 0,6$. □

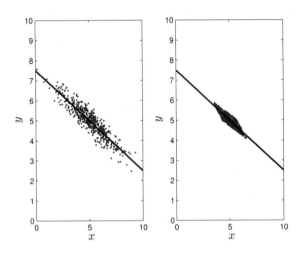

Figura B.2: Estimador linear

Exemplo B.5 (Estimador não linear) Uma importante questão que se coloca é quanto à possibilidade de obtermos um estimador melhor se permitirmos que $\psi(x)$ seja uma função qualquer com domínio e imagem em $\mathbb{R}$. Inicialmente, vamos considerar que $y \in \mathbb{R}$ seja uma variável aleatória e que se deseja determinar $\psi \in \mathbb{R}$ (ainda não estamos supondo que ψ seja uma função de $x \in \mathbb{R}$) tal que

$$\min_{\psi} \mathcal{E}\left\{(y-\psi)^2|C\right\}$$

em que C é um conjunto conhecido. Ou seja, desejamos determinar $\psi \in \mathbb{R}$ para que o erro médio quadrático condicional seja mínimo. Calculando a função objetivo imediatamente, vem

$$\mathcal{E}\left\{(y-\psi)^2|C\right\} = \mathcal{E}\{y^2|C\} - 2\mathcal{E}\{y|C\}\psi + \psi^2$$

o que coloca em evidência a solução ótima procurada $\psi = \mathcal{E}\{y|C\}$. Em seguida, desejamos resolver o mesmo problema, mas considerando que (x,y) sejam variáveis aleatórias conjuntas. Expressando a função objetivo daquele problema através da densidade de probabilidade condicional, obtemos

$$\begin{aligned}
\mathcal{E}\left\{(y-\psi)^2\right\} &= \int_{-\infty}^{\infty}\int_{-\infty}^{\infty}(\nu-\psi)^2 f_{xy}(\theta,\nu)d\theta d\nu \\
&= \int_{-\infty}^{\infty} f_x(\theta)\left(\int_{-\infty}^{\infty}(\nu-\psi)^2 f_{y|x=\theta}(\nu)d\nu\right)d\theta \\
&= \int_{-\infty}^{\infty} \mathcal{E}\left\{(y-\psi)^2|x=\theta\right\} f_x(\theta)d\theta
\end{aligned}$$

B.3. DUAS VARIÁVEIS ALEATÓRIAS

Neste ponto vamos utilizar um argumento ao qual já recorremos quando estudamos filtros determinísticos. Tendo em vista que $f_x(\theta) \geq 0$ para todo $\theta \in \mathbb{R}$, o mínimo desta expressão com dupla soma ocorre quando ψ for determinada de tal forma a minimizar a esperança condicional $\mathcal{E}\left\{(y - \psi)^2 | x\right\}$. Entretanto, este problema é do mesmo tipo daquele que foi inicialmente tratado e, assim, a sua solução se escreve na forma

$$\psi = \psi(x) = \mathcal{E}\{y|x\}$$

onde deixamos clara a dependência da solução ótima com cada valor da variável x dada. Determinamos assim a função procurada. O valor mínimo do critério adotado, neste caso, torna-se

$$
\begin{aligned}
\mathcal{E}\left\{(y - \psi(x))^2\right\} &= \int_{-\infty}^{\infty} \mathcal{E}\left\{(y - \psi(\theta))^2 | x = \theta\right\} f_x(\theta) d\theta \\
&= \int_{-\infty}^{\infty} \left(\mathcal{E}\{y^2 | x = \theta\} - \mathcal{E}\{y | x = \theta\}^2\right) f_x(\theta) d\theta \\
&= \mathcal{E}\{y^2\} - \mathcal{E}\left\{\psi(x)^2\right\}
\end{aligned}
$$

Observe que, se y e x forem variáveis aleatórias independentes, então $\psi(x) = \mathcal{E}\{y|x\} = \mathcal{E}\{y\}$ é uma constante, o que revela que o conhecimento de $x \in \mathbb{R}$ é irrelevante para se estimar a outra variável $y \in \mathbb{R}$.

A função $\psi(x) = \mathcal{E}\{y|x\}$ é, em geral, não linear. Entretanto, um fato fundamental no contexto de estimação e filtragem emerge desses cálculos. Ele se resume na afirmação: para variáveis aleatórias gaussianas o estimador ótimo $\psi(x)$ é uma função linear. Em um ambiente de processos estocásticos gaussianos nada se perde se nos restringirmos ao projeto de filtros lineares. $\square$

Estes dois últimos exemplos colocam em evidência como devemos enfrentar os problemas de filtragem no âmbito de sinais estocásticos. Em resumo, o que se deseja é extrair de um conjunto de informações disponíveis a tendência do comportamento esperado. No caso do projeto de filtros, a única diferença com o que acabamos de expor é a presença da variável independente $t \in \mathbb{R}$ em tempo contínuo ou $k \in \mathbb{Z}$ em tempo discreto. A estacionariedade no sentido amplo fará com que o filtro seja um sistema LIT.

Bibliografia

[1] V. I. Arnold, *Métodos Matemáticos da Mecânica Clássica*, Mir, Moscou, 1987.

[2] R. Bellman, *Introduction to Matrix Analysis*, 2nd edition, McGraw-Hill, New York, 1970.

[3] R. G. Brown and P. Y. C. Hwang, *Introduction to Random Signals and Applied Kalman Filtering*, John Wiley & Sons, Hoboken, NJ, 2012.

[4] Y. Burian Jr. e A. C. C. Lyra, *Circuitos Elétricos*, Pearson Prentice Hall, São Paulo, 2006.

[5] G. Doetsch, *Introduction to the Theory and Application of the Laplace Transformation*, Springer-Verlag, Berlin, 1974.

[6] A. C. Faleiros e T. Yoneyama, *Teoria Matemática de Sistemas*, Arte & Ciência, São Paulo, 2002.

[7] G. F. Franklin and J. D. Powell, *Digital Control of Dynamic Systems*, Addison-Wesley, Reading, MA, 1980.

[8] G. G. Garbi, *A Rainha das Ciências*, Livraria da Física, São Paulo, 2006.

[9] J. C. Geromel, Optimal Linear Filtering under Parameter Uncertainty, *IEEE Trans. on Signal Processing*, vol. 47, pp. 168–175, 1999.

[10] J. C. Geromel, M. C. de Oliveira, and J. Bernussou, Robust Filtering of Discrete-Time Linear Systems with Parameter Dependent Lyapunov Functions, *SIAM J. on Contr. and Optim.*, vol. 41, pp. 700–711, 2002.

BIBLIOGRAFIA

[11] J. C. Geromel e R. H. Korogui, *Controle Linear de Sistemas Dinâmicos: Teoria, Ensaios Práticos e Exercícios*, 1ª edição, Edgard Blücher, São Paulo, 2011.

[12] J. C. Geromel e A. G. B. Palhares, *Análise Linear de Sistemas Dinâmicos: Teoria, Ensaios Práticos e Exercícios*, 2ª edição, Edgard Blücher, São Paulo, 2011.

[13] S. Haykin and B. V. Veen, *Signals and Systems*, John Wiley & Sons, New York, 1999.

[14] R. A. Horn and C. R. Johnson, *Matrix Analysis*, Cambridge University Press, Cambridge, 1985.

[15] W. Kaplan, *Advanced Calculus*, 6th edition, Addison-Wesley, Reading, MA, 1971.

[16] B. P. Lathi, *Signal Processing & Linear Systems*, Berkeley-Cambridge Press, Carmichael, CA, 1998.

[17] L. A. J. Medeiros, *Introdução às Funções Complexas*, McGraw-Hill do Brasil, São Paulo, 1972.

[18] A. V. Oppenheim, A. S. Willsky and S. H. Nawab, *Signals and Systems*, 2nd edition, Prentice Hall, Upper Saddle River, NJ, 1997.

[19] A. Papoulis, *Probability, Random Variables, and Stochastic Processes*, 3rd edition, McGraw-Hill, New York, 1991.

[20] T. W. Parks and C. S. Burrus, *Digital Filter Design*, John Wiley & Sons, New York, 1987.

[21] J. G. Proakis and D. G. Manolakis, *Digital Signal Processing*, 4th edition, Prentice Hall, Upper Saddle River, NJ, 2007.

[22] J. M. T. Romano, R. R. F. Attux, C. C. Cavalcante, and R. Suyama, *Unsupervised Signal Processing*, CRC Press, Boca Raton, FL, 2011.

[23] I. F. Santos, *Dinâmica de Sistemas Mecânicos: Modelagem, Simulação, Visualização e Verificação*, Makron Books, São Paulo, 2001.

[24] M. Unser, Sampling – 50 Years After Shannon, *Proceedings of the IEEE*, vol. 88, pp. 569–587, 2000.

Índice

A

Amostragem
    de sinais, 141
    dual, 23, 162
    ideal, 153
    período, 141
Aproximação de Tustin, 176
Autocorrelação
    de sinais estocásticos, 227
    determinística, 183, 205

B

Base
    ortogonal de sinais, 72
    ortonormal de vetores, 288

C

Causalidade, 186
Classes
    de filtros analógicos, 192
    de filtros ideais, 192
Conjuntos
    complementares, 300
    mutuamente exclusivos, 300
    produto ou interseção, 299
    soma ou união, 299
Convexidade, 292
Convolução
    a tempo contínuo, 50, 108
    a tempo discreto, 56, 127
Correlação
    determinística, 182, 205

    sinais a tempo contínuo, 227
    sinais a tempo discreto, 242
    variáveis aleatórias, 311
Covariância, 311

D

Decibel, 193
Deconvolução, 187, 208, 236
Demodulação, 13
Densidade espectral
    de energia, 181, 204
    de potência, 230, 245
Dependência linear, 287
Descrição
    dos apêndices, 26
    dos capítulos, 19
Deslocamento
    em frequência, 106, 126
    no tempo, 106, 126
Determinístico versus estocástico, 253
Diagrama de Bode
    de fase, 193
    de módulo, 193
Diferenciação, 107
Discretização
    de sistemas, 142, 165
    impulso-invariante, 171
    via segurador de ordem zero, 171
Dualidade, 109

E

Eletrocardiograma

de alta resolução, 268
descrição, 263
filtro digital, 266
Energia, 37
Ensaios práticos, 263
Equação característica, 114, 131
Erro
de estimação, 179
de truncamento, 7
quadrático mínimo, 70
Escalamento, 105, 125
Espectro
de vazão, 6
módulo e fase, 77
Esperança matemática
condicional, 308
operador, 308
Estabilidade
assintótica, 56, 62
Estimador
linear, 312
não linear, 314
Eventos
independentes, 301

F
Fórmula
de Euler, 18
Fator de qualidade, 195
Fenômeno de Gibbs, 77
Filtragem
a tempo contínuo, 181
a tempo discreto, 203
determinística, 24, 179
estocástica, 25
Filtro
analógico, 13, 24, 191
de Wiener, 185, 203, 226, 233, 249
de Wiener causal, 24, 237
diagrama de blocos, 179

digital, 24, 210
tipo Butterworth, 15, 200
tipo Chebyshev, 202
Filtro anti-*aliasing*, 157
Filtro *notch*, 195
Frequência central, 195
Frequências de corte, 192
Função
de variável complexa, 18, 293
exponencial, 18
impulso (Dirac), 20
impulso (Kronecker), 20
racional, 294
seno integral, 123
sinc, 9
zeta, 2
Função de transferência
pulsada, 168
sistemas a tempo contínuo, 113
sistemas a tempo discreto, 131
Função densidade de probabilidade
condicional, 304
conjunta, 309
definição, 302
Função distribuição de probabilidade
condicional, 304
conjunta, 310
definição, 302
Função erro, 304

G
Geração de energia elétrica, 4

H
Harmônicas, 73, 80
Hipótese de Riemann, 2

I
Impedâncias elétricas, 197, 295
Impulso unitário
a tempo contínuo, 38

ÍNDICE

a tempo discreto, 47
Independência linear, 287
Integração
  discreta, 126
  no tempo, 106

L
Largura de faixa, 195
Linearidade, 105, 125

M
Matrizes
  operações básicas, 288
  sistema linear de equações, 18
Modelagem
  de vazão, 4
Modulação
  de amplitude, 13, 100

N
Números complexos
  módulo e fase, 293
Notação, 27

O
Ortogonalidade, 287
Oscilações
  elétricas, 13
  mecânicas, 7

P
Período, 31
Potência, 37
Probabilidade
  axiomas, 300
  condicional, 300
  conjunto universo, 299
  conjunto vazio, 299
  definição, 299
  densidade e distribuição, 27
Problema de norma mínima, 289

Processamento digital de sinais, 168
Processo estocástico estacionário
  sentido amplo, 225, 241
  sentido estrito, 225, 240
Processo estocático, 224
Produto escalar, 33, 41, 148
Projeto de filtros digitais
  algoritmo, 212, 215

R
Rádio AM
  demodulação, 271
  filtro digital RIF, 271
  janela de Hamming, 274
  modulação, 270
  ruído de transmissão, 269
  sinal de voz transmitido, 269
Reconstrução de sinais, 153
Relação
  sinal/ruído, 188, 236
Requisitos básicos, 18
Resposta ao degrau
  sistemas a tempo contínuo, 52
  sistemas a tempo discreto, 59
Resposta ao impulso
  finita - RIF, 190, 209, 238, 252
  infinita - RII, 190, 209, 238, 252
  sistemas a tempo contínuo, 50
  sistemas a tempo discreto, 57
Resposta ao sinal exponencial
  sistemas a tempo contínuo, 52
Resposta ao sinal geométrico
  sistemas a tempo discreto, 59
Ressonância, 54
Ruído branco, 225, 241

S
Série
  exponenciais complexas, 225, 241
Série de Fourier

322   *ÍNDICE*

a tempo contínuo, 74, 291
a tempo discreto, 79, 291
Síntese
    filtro de Wiener causal, 190
Segurador
    de ordem um, 159
    de ordem zero, 157
Simulação, 19, 296
Sinais
    a tempo contínuo, 21, 30
    a tempo discreto, 21, 30
    analógicos, 31
    determinísticos, 31
    digitais, 31
    estocásticos, 31
    periódicos, 20, 31
Sinais de banda limitada
    norma e valor eficaz, 150
Sinais em tempo limitado, 163
Sinal
    ímpar, 36, 45
    par, 36, 45
Sinal falso
    Aliasing, 116
Sistemas
    causais, 49
    invariantes no tempo, 49
    lineares, 49
    lineares invariantes, 20, 130
    resposta via simulação, 296

T
Teorema
    da amostragem, 142, 146
    de Euclides, 1
    de Parseval, 3, 77, 83, 103, 123
    de probabilidade total, 302
    Fundamental da Aritmética, 1
Transformações
    filtros análogicos, 294

Transformada $\mathcal{Z}$, 131
Transformada de Fourier
    a tempo contínuo, 94
    a tempo discreto, 114
    análise numérica, 132
    degrau unitário, 101, 121
    exponencial, 99, 119
    impulso unitário, 98, 119
Transformada de Fourier inversa
    a tempo contínuo, 95
    a tempo discreto, 116
Transformada de Laplace, 113
Transformada rápida de Fourier
    truncamento, 134

U
Usina hidrelétrica, 5

V
Valor eficaz, 34, 41
Variáveis aleatórias independentes, 310
Variável aleatória
    definição, 27, 302
    desvio padrão, 307
    média ou valor esperado, 307
    normal ou gaussiana, 304
    uniforme, 304
    variância, 307
Vetores
    base, 287
    desigualdade triangular, 286
    dimensão, 285
    norma Euclidiana, 286
    operações básicas, 286
    produto escalar, 286
Vibrações mecânicas
    espectro do deslocamento, 281
    modelagem, 277
    modos, 280
    simulação, 279

GRÁFICA PAYM
Tel. [11] 4392-3344
paym@graficapaym.com.br